# CÓMO
## *llamarte*
# AMOR₂

## *En*
## *susurros*

Novela

ALINA NOT

# CÓMO llamarte AMOR₂

## En susurros

CROSS BOOKS

La lectura abre horizontes, iguala oportunidades y construye una sociedad mejor.
La propiedad intelectual es clave en la creación de contenidos culturales porque
sostiene el ecosistema de quienes escriben y de nuestras librerías.
Al comprar este libro estarás contribuyendo a mantener dicho ecosistema vivo y
en crecimiento.
En **Grupo Planeta** agradecemos que nos ayudes a apoyar así la autonomía creativa
de autoras y autores para que puedan seguir desempeñando su labor.
Dirígete a CEDRO (Centro Español de Derechos Reprográficos) si necesitas fotocopiar
o escanear algún fragmento de esta obra. Puedes contactar con CEDRO a través de la
web www.conlicencia.com o por teléfono en el 91 702 19 70 / 93 272 04 47

Adaptación de la cubierta: Booket / Área Editorial Grupo Planeta
Primera edición en Colección Booket: septiembre de 2024

Depósito legal: B. 13.450-2024
ISBN: 978-84-08-29229-6
Impresión y encuadernación: Liberdúplex, S. L.
*Printed in Spain* - Impreso en España

## Biografía

Alina Not nació en Logroño, se licenció en Veterinaria por la Universidad de Zaragoza y se especializó en Bienestar Animal. Sin embargo, su principal afición desde su infancia ha sido la lectura, a la que muy pronto se uniría la escritura. Tras ser seleccionada en la convocatoria Nuevo Talento Crossbooks, su trilogía *Bad Ash*, a la que siguió la bilogía *Suelo sagrado*, se convirtió en un repentino fenómeno editorial. A esta serie le siguieron la bilogía *Cómo llamarte amor*, *Fin de gira* y la trilogía *Azar*.

*A quienes no se rinden y vuelven a brillar*

## CÓMO LLAMARTE AMOR

*Eres mía.*
*No puedes ser de nadie más.*
*Tus amigos quieren apartarte de mí.*
*No voy a permitir que nadie toque lo que es mío.*
*No seas dramática.*
*Estás exagerando.*
*No quiero que pienses.*
*Esto es culpa tuya.*
*Tú me haces actuar así.*
*Tiene que doler para que merezca la pena.*
*No puedes escapar de esto.*
*Nunca voy a dejar de perseguirte.*
*No vas a dejarme.*
*Sin ti voy a morirme.*

Vuelvo a leer todas esas frases con las que he conformado una lista en el diario que llevo por recomendación de la psicóloga. Es más larga de lo que pensaba.

Acaricio la cabeza de *Ron*, acomodado conmigo en el sofá. Mamá está al otro lado, con una mano en su lomo y la otra sosteniendo un libro. Oigo las risas de papá y Liam en lo alto de la escalera.

Agarro el bolígrafo con fuerza para encerrar todas esas palabras en un cuadro y luego escribir algo más, bajo todo ello, con mayúsculas:

ESTO NO ES AMOR.

Y subrayo el *NO*. Varias veces.

# 1

# JAYDEN

—Hace cuatro años que no pruebo esta cerveza, pero creo que puedo afirmar, sin temor a equivocarme, que sigue siendo igual de mala.

Dejo escapar media sonrisa al oír el comentario de Niall y cojo el botellín que me tiende Asher, recién separado del *pack* de seis. Me muerdo la lengua para no decir que pienso como él, porque decirlo en voz alta sería como una traición a Sarah y yo nunca dejé de ser el que siempre estaba de su parte, pasara lo que pasara. *Pasara lo que pasara.* Eso es lo que debería haber hecho, estar de su lado, aunque estuviera con el tío equivocado, y a lo mejor así ella no...

—Sabéis que su asquerosa cerveza favorita es el homenaje que ella querría, así que no nos queda otra que beber —bromea Asher.

Hago saltar la chapa del botellín con el borde del mechero que siempre llevo en el bolsillo, ya solo por costumbre, y luego se lo paso a Niall para que él pueda hacer lo mismo.

Hoy Sarah habría cumplido veintiún años. Y hemos quedado para hacer un brindis en su honor. Hemos salido de las casas de nuestros padres después de cenar y nos hemos reunido tras la caseta llena de trastos viejos del jardín trasero de Asher, como cuando éramos unos críos.

El mechero vuelve a mí. Me lo guardo en el bolsillo y los invito a brindar.

—Por Sarah.

Los dos repiten mis palabras y entrechocamos los envases antes de dar un trago. Soltamos unas cuantas palabrotas al unísono cuando nuestras papilas gustativas nos recuerdan lo mala que era de verdad esta marca de cerveza.

—¿Os acordáis del día que cumplió diecisiete y apareció aquí por la noche con la mejor botella de *whisky* de la bodega de su padre? Un *whisky* escocés de primera y era la noche de un martes... —recuerda Niall.

—Lo peor de todo es que la mitad de lo que se llevó a la boca lo escupió en mi camiseta —rememoro, con una risita—. Mi padre me olisqueó como un sabueso cuando volví.

—Y a pesar de que escupió más de la mitad, acabé teniendo que acompañarla a casa porque ya estaba medio borracha —aporta Asher—. Nunca he conocido a nadie con tan nula tolerancia al alcohol.

—Por eso bebía esta mierda de cerveza —bromea Niall—. Y su padre pensaba que éramos nosotros la mala influencia, cuando era ella la que le arrasaba la bodega para luego apenas dar dos tragos y que los malos fuéramos nosotros.

—¡No podíamos dejar que se perdiera aquella botella de *whisky*! —Asher finge estar indignado por la acusación.

—Ya, pero no sé si su padre se enfadó más por la botella o porque ella apareciera en casa casi a las dos de la madrugada de un martes y colgada de tu cuello —pica el otro.

—No lo estás haciendo bien con una chica si su padre no te mira mal ni una sola vez...

Mantiene la sonrisa en la boca, pero un tanto congelada. Le doy una palmada en el hombro y luego un apretón, porque sé perfectamente que está pensando en cuando Niall y yo nos fuimos y los dejamos solos y se comieron a besos entre estrella fugaz y estrella fugaz del espectáculo de las perseidas de una noche de agosto. Luego los tres volvemos a beber, para tragarnos los sentimientos.

—No sé si fue peor lo de los diecisiete o la fiesta de sus dieciséis, también os lo digo... —lanzo la siguiente anécdota para evitar la melancolía.

Pasamos un buen rato riéndonos a carcajadas mientras rememoramos los mejores momentos de cuando éramos una panda de cuatro críos que se creían lo suficientemente mayores para comerse el mundo. Todo era fácil y emocionante entonces. Antes de que la vida se nos complicara, supongo. Y antes de que pasáramos a ser solo tres.

A pesar de que no paramos de criticar la cerveza, abrimos la segunda ronda. Fumaría un cigarrillo ahora..., pero descarto la apetencia enseguida, en cuanto recuerdo por qué lo he dejado.

—Oye, Jayden, ¿es verdad que hoy pasas la noche en casa de tus padres, no porque hubieras quedado con nosotros para esto, sino sobre todo por el hecho de que *alguien* viene mañana a comer?

Niall se descojona en cuanto oye la malintencionada pregunta de nuestro amigo.

Solo la mención de que mañana viene *alguien* a comer con mis padres hace que mi estómago salte como en la primera bajada de una montaña rusa. Una de esas enormes, que desafían a la gravedad con un par de tirabuzones y la altura ridiculizando a la de la noria.

Haley vuelve mañana de Oakland. La semana que viene empiezan los exámenes de recuperación del semestre pasado. Y ya está preparada para volver a Los Ángeles. Para volver a la universidad. Para retomar su vida. O eso es lo que dice. Quiero pensar que es verdad. Ya hace casi seis meses desde que tuvo que salir de Los Ángeles y hace mes y medio que no la veo, pero hemos hablado mucho en este tiempo y cada día es un poco más la Haley que conocí de verdad —a pesar de *conocernos* desde siempre— cuando su padre me pidió que le enseñara el campus y estuviera «pendiente de ella». Esa Haley que se cabrea cuando la llamo enana y me tacha de insufrible ante mis tonterías de tío arrogante. La Haley que me gustaba... La Haley que *me gusta*.

Y Styles se largó de la ciudad a final de curso, de eso nos hemos asegurado.

—Se ha traído la ropa buena y la colonia de salir a ligar —sigue Niall.

—¡Míralo, pero si se está poniendo rojo! —acusa Asher, y me clava un dedo en la mejilla.

Lo aparto de un manotazo y los miro a los dos con cara de pocos amigos. Les encanta tener algo como esto para meterse conmigo. Tampoco se me nota tanto.

—Sois un par de payasos.

Solo consigo hacerlos reír a carcajadas.

—Quiero conocerla —exige Asher.

—Olvídalo. Y no vayáis contando estos cuentos de fantasía por ahí. —Miro a Niall.

—Si lo dices por Britt, tiene ojos y oídos, tranquilo.

Gruño otra vez. No me hace gracia. Primero, porque no quiero que nadie vaya hablando por ahí de lo que siento o no siento sin tener ni idea, y, segundo, porque Haley no está ahora para que nadie le diga: «Oye, ¿no ves que Jayden te está poniendo ojitos?». Haley necesita un amigo y no un cobarde que se asuste por lo mucho que le gusta cuando está cerca de ella.

—Jayden Sparks enamorado. A Sarah le habría encantado ver esto —medita Asher.

—Ya te digo —lo apoya Niall.

Ya te digo. Sarah estaría burlándose de mí mucho más que este par de tontos.

—No estoy enamora...

—Claro que no —me cortan los dos a la vez, con un tono que contradice sus palabras.

Pues claro que no.


La casa está a oscuras cuando llego de madrugada. Abro todo lo sigiloso que aprendí a ser en mi adolescencia, cuando lo último que quería era que mi madre me pillara con una copa de más. Está todo en silencio. Cierro despacio y luego doy un primer paso hacia las escaleras.

*¡Miau!*

El cuerpo se me tensa ante el susto. Ya me había olvidado de que a *Piezas* no hay nada que le guste más que delatarme... y provocarme una taquicardia.

—¿Quieres callarte, escandalosa? ¿No ves que vas a despertar a todos? —la regaño en susurros mientras la cojo en brazos.

Empieza a ronronear al instante y me hace cosquillas con los bigotes en el lóbulo de la oreja.

Cargo con ella y, una vez en mi cuarto, la lanzo sobre la cama. Solo me ha dado tiempo a quitarme las zapatillas, y oigo que se abre la puerta a mi espalda, despacio. Me giro de golpe y veo el pelo negro y revuelto de mi hermano asomando tímidamente.

—Jay —susurra.

—Pasa —doy permiso en el mismo tono—. ¿Qué haces despierto?

Entra y cierra tras él, sin contestar. Se acerca, se sienta sobre el colchón y acaricia a *Piezas*. Va en pijama y, por lo arrugado que está, parece haber dado muchas vueltas en la cama. Me dejo caer a su lado.

—¿Estás bien? ¿Qué pasa?

Sé que no es por mamá. No, porque mamá está bien y hemos cenado los cuatro juntos y todo iba estupendamente. Aún le quedan unas cuantas sesiones de radioterapia, pero está mucho mejor que antes y ya recuperada del posoperatorio, así que estoy bastante seguro de que no es eso lo que no deja dormir a Luke.

—Me he peleado con Alex.

Alexander es el mejor amigo de mi hermano desde hace un par de años. Su mejor amigo, sí, aunque yo sé que eso no es todo.

—¿Qué ha pasado?

—Alguien le ha dicho algo sobre mí y ahora ya no quiere que seamos amigos.

Me duele el corazón. Porque entiendo al instante cómo le está doliendo a él. Y además tengo una bola de rabia en el estómago que me hace apretar los dientes. Ese instinto de hermano mayor que te hace querer matar a cualquiera que se atreva a hacerle daño a tu hermanito.

—Alguien le ha dicho que... te gustan los chicos.

Levanta la vista de golpe para clavar sus ojos avellana en los míos. Se parece más a mamá que yo, pero tiene los ojos de papá. Y esa mirada desafiante de los Sparks de cuando nos ponemos a la defensiva al escuchar cosas que no nos esperamos. Frunce el ceño.

—¿Te lo ha dicho Haley?

Está contrariado, creo que incluso molesto.

—¿Haley? ¿Se lo has contado a Haley antes que a mí?

No dice nada. Sigue mirándome como si el enemigo fuera yo. Y lo peor es que me veo en la obligación de ser quien da explicaciones:

16

—No hace falta que nadie me diga nada, Luke. Eres mi hermano. Te conozco desde que naciste. Y, además, lo siento, pero, en fin, si Alex no se ha querido enterar antes de que te gusta él es porque está bastante ciego... Eres como un libro abierto.

—¿Qué? ¿Sabes que me gusta Alex?

—Eh, tranquilo. Vas a despertar a papá y a mamá.

—De verdad, eres increíble, Jayden —farfulla, enfadado, se levanta y da dos pasos hacia la puerta.

Me planto en su camino para cortarle el paso. No tengo ni idea de por qué de pronto está tan enfadado conmigo. Bueno, sí, entiendo que pensaba que tenía un secreto que le costaba horrores confesar y le acabo de decir, sin paños calientes, que no hacía falta que lo guardara tanto porque es bastante obvio. Se estará preguntando cuánta gente más lo sabe. Si lo saben nuestros padres, si lo saben todos sus compañeros del instituto...

—Oye, lo siento —trato de tranquilizarlo—. No es que lleves un letrero, ¿vale? Es que te conozco bien. Y siento no haber dicho nada antes o no haber intentado hablar contigo por si tú necesitabas hablarlo conmigo, pero es que esperaba que me lo contaras tú cuando quisieras, cuando estuvieras preparado para...

—¿Contártelo? ¿Esperarías también que te lo contara si me gustaran las chicas?

Oh, oh. Esta no es la discusión que yo debería tener con mi hermano pequeño.

—Esperaría que vinieras a contarme si te hubieras colado por una chica exactamente igual que esperaba que vinieras a contarme que te has colado por un chico, sí —le dejo claro.

Se queda callado. Se lo está pensando. En realidad, sé que solo está esperando encontrar algo muy bueno con lo que poder replicar.

—Ya. Igual que tú has venido a contarme cuando te has colado por una chica, ¿no? ¿O te crees que no te he visto babear por Haley?

—Pero ¿qué dices? —salto—. Yo no babeo por Haley.

—Y yo no soy como un libro abierto con Alex.

Levanto las manos en son de paz y él da un paso atrás y relaja los hombros, abandonando esa pose de animal acorralado a punto de atacar que había adoptado.

Vuelve a sentarse en la cama. *Piezas* se ha acurrucado hecha un ovillo, pero él la coge y la pone sobre su regazo.

—Me gustan los chicos —dice, en voz muy baja.

Me dejo caer a su lado.

—Muy bien. Pues vale —me limito a decir. Me mira de reojo solo a pequeños intervalos—. Me gustan las chicas.

Suelta una risita y yo sonrío al oírlo.

—Mentira —me lleva la contraria—. No te gustan «las chicas». Te gusta Haley.

—Me gusta Haley.

Es la primera vez que lo digo en voz alta y un estremecimiento extrañamente agradable me recorre la columna vertebral al tiempo que pronuncio las palabras. Nunca me había gustado nadie así. Y es una mierda. Porque no es, en absoluto, para nada, lo que ella necesita.

—Ya. Pues estamos jodidos los dos.

—¡Oye! No digas palabrotas —regaño—. Y no se te ocurra decirle a Haley ni una palabra de todo esto.

—Claro que no. El que tiene que decírselo eres tú.

Niego con la cabeza. Este crío no tiene ni idea de la vida todavía.

# 2

# JAYDEN

—¡Hola! ¡Ya estoy aquí! ¿Qué hay para comer?

Bajo las escaleras de dos en dos. Ahí está, abrazando a mi madre. Veo su cara cuando se aparta, decorada con una enorme sonrisa. Me encanta ver esa sonrisa ahí, como si no le estuviera costando nada de esfuerzo dibujarla; hace unos meses no podía decir lo mismo. Le está diciendo a mi madre que está muy guapa y que le gusta mucho cómo le queda el pelo así. Ella está preciosa. Y yo estoy plantado en el último escalón, sin ser capaz de hacer nada más que mirarla.

*Espabila, Jayden.*

—El que ha hecho la comida soy yo, ¿para mí no hay abrazo? —protesta mi padre.

Ella ensancha su sonrisa y da dos pasos hacia él para dejarse abrazar por unos segundos.

—Os he traído un par de cosas de parte de los pesados de mis padres. Están en el maletero.

—No te preocupes, ahora las cogemos.

Mi hermano, que seguramente ha sido el primero en saludarla en el jardín, atraviesa la puerta principal. Me mira y alza una ceja en plan burlón al verme aquí parado contemplando la escena, como un maldito mirón.

19

Será mejor que diga algo antes de que el chivato me delate.

—¡Eh!

Se gira de golpe a mirarme y sonríe tanto que me contagia. Se me lanza encima de un salto y se me cuelga del cuello. Me río ante su entusiasmo y rodeo su cintura con los brazos para mantenerla pegada al pecho por unos segundos.

—Hola. Qué ganas tenía de verte —dice, en voz bajita, y estoy bastante seguro de que solo puedo oírlo yo.

Cierro los ojos un instante, mientras esa afirmación colapsa de bienestar todos mis rincones. Sé que sus ganas de verme no son ni remotamente parecidas a mis ganas de verla a ella. Pero esto también me vale.

La dejo en el suelo, despacio, y me aparto para poder mirarla a la cara. Nuestros ojos conectan y puedo ver mi sonrisa brillando en los míos reflejada en el brillo de su sonrisa en los suyos.

—¿Qué tal estás? —pregunto, y presiono con los pulgares en sus mejillas hasta conseguir molestarla.

Sacude la cabeza hacia los lados.

—Cansada de conducir, pero bien. ¿Dónde está *Piezas*?

Como si la hubiera oído, *Piezas* suelta un maullido desde mitad de la escalera. Y Haley pasa de mí para ir a achucharla a ella.

Salgo a ayudarla con las cosas que tiene que meter del coche. Me da una de las bolsas que saca del maletero y se estira hacia un lado, para poder mirar la casa y asegurarse de que estamos solos. Luego habla en voz baja:

—¿Qué tal está tu madre?

Me pongo serio. Mi madre tiene días mejores y días peores, y es normal con el tratamiento que está llevando, pero lo importante es que ya no hay células cancerígenas y que, tarde o temprano, va a recuperarse totalmente. Aun así, no puedo evitar estar preocupado cada vez que la veo mal.

—Hoy no tiene muy buen día. Pero supongo que ahora que estás tú se va a animar bastante.

La veo ensombrecer el gesto y morderse el labio. No puedo evitar mirar ese labio inferior. Quiero tocarlo. Quiero besarlo. Quiero morderlo igual que hace ella..., no, morderlo más.

—La última sesión de radio no le ha sentado muy bien, ¿no?

Me saca de mis pensamientos y seguro que me pongo rojo, como si me hubiera pillado pensándolo en voz alta. Aparto la mirada al instante y me centro en cerrar el maletero.

—Solo está muy cansada —le quito importancia—. Nos dijeron que es normal. Mañana estará bien.

Asiente, aunque no parece que la haya tranquilizado en absoluto. Le paso un brazo por los hombros y la zarandeo hasta hacerla protestar, aunque la veo sonreír mientras se queja.

—¿Y tú qué? ¿Tenías ganas de volver?

No sé si este tema es mucho mejor, pero quiero saberlo. Lleva tiempo diciendo que ya está preparada, pero no es lo mismo decirlo desde sitio seguro que cuando tienes que lanzarte a pleno campo de batalla. Pasaron demasiadas cosas el curso pasado.

—Tenía ganas, sí —admite, y luego arruga la nariz, en un gesto adorable—. Pero ahora que estoy aquí, ya no estoy tan segura.

—No te preocupes. Va a ir todo bien, enana. Ya verás.

Me pega un codazo suave y se aparta de mí.

—Claro que sí. Pero no me llames enana. O tendremos un problema.

La sigo de vuelta al interior de la casa con una sonrisa pegada a los labios. Y no me extraña nada que sea capaz de subirle el ánimo a mi madre solo con estar aquí.

Mi padre se acerca a Haley mientras Luke y yo ponemos la mesa y ella revolotea a nuestro alrededor pidiendo que la dejemos ayudar y nosotros repetimos que es nuestra invitada y que no debe hacer nada, solo para molestarla. Veo que le tiende una tarjeta, sujeta entre los dedos índice y corazón.

—Antes de que se me olvide, aquí tienes la tarjeta de la psicóloga que le comenté a tu madre.

Ella sonríe.

—Gracias, Tyler. La llamaré mañana mismo, a ver cuándo puede hacerme un hueco.

Mi padre le sonríe de vuelta, con los labios sellados, y se inclina hacia ella y deposita un beso suave en su frente. Me gustaría acercarme en este preciso instante y hacer lo mismo, pero creo que daría demasiado el cante. Sé que Haley estaba preocupada por tener que interrumpir la terapia con su psicóloga de San Francisco al volver aquí, pero, si esa nueva psicóloga viene recomendada por mi padre, no tengo dudas de que ha seleccionado para ella a la persona más adecuada. También me gustaría decirle lo increíble que me parece por hacer todo lo que está haciendo, no solo por volver a Los Ángeles a retomar todo lo que se vio obligada a dejar aquí, sino también por luchar cada día por enfrentarse a todo lo que ha supuesto para ella. A veces me ha confesado que odia sentirse tan débil, y se reprocha a sí misma no ser capaz de seguir adelante sola, sin ayuda. Tengo que acordarme de decirle alguna vez que a mí me parece que lo que está haciendo es de ser valiente: admitir que necesitas ayuda para algo y aceptar la que puedan ofrecerte no es de débiles, como tampoco lo es sentarte en la consulta de un psicólogo cada dos semanas para mirar tu propio interior en un espejo y explorar todas esas cosas que escondemos hasta de nosotros mismos. Al contrario, eso me parece lo más valiente que la he visto hacer nunca: enfrentarse a sí misma. Y la admiro mucho por ello.

Después de la comida preparo café para todos y mi madre desaparece discretamente cuando salgo al porche trasero donde estaba con nuestra invitada.

—Café, leche hasta arriba y una de azúcar —canto la lista de ingredientes al tenderle a Haley su taza.

La coge con las dos manos y me paga con una sonrisa leve. Me siento a su lado, cerca pero sin rozarnos, en el sitio que mi madre acaba de abandonar.

—Parece que mis preferencias en café no guardan ningún misterio para ti.

—Presto atención a los detalles. Por algo me llaman Jayden, el observador.

—Jayden, el insufrible —mascullo entre dientes, pero asegurándose de que puedo oírla.

—¿Cómo? Devuélveme inmediatamente ese café.

Sonríe y lo aparta de mi alcance.

Sopla al contenido de la taza y luego da un pequeño sorbo y cierra los ojos. Me doy prisa en apartar la vista de sus labios cuando me mira de reojo.

No dice nada y se dedica a mirar más allá de la valla, mucho más seria de lo que ha estado en todo el tiempo que lleva aquí. Me imagino que estará sintiendo un montón de emociones encontradas hoy.

—Me alegro de que hayas vuelto.

Me mira y relaja la expresión. Encoge un solo hombro.

—Tampoco podía hacer ninguna otra cosa. Tengo exámenes —me recuerda.

—Ya. Pero podrías haber pasado de los exámenes, haberte quedado en Oakland, puede que estudiar algo en Berkeley.

—No, no podía.

23

Lo dice muy seria, y también muy tajante. Entiendo lo que quiere decir: huir y evitar lo que da miedo solo empeora el problema. Yo eso lo sé muy bien.

—¿Cómo te sientes ahora que ya estás aquí? —pregunto, prudente.

Coge aire y creo que está a punto de decir que bien, pero se arrepiente en el último instante y vuelve a cerrar la boca. Lo piensa un poco más antes de darme una respuesta.

—La verdad es que no tengo ni idea. No lo sé. Es un poco raro. Pero estoy bien, pensaba que me iba a costar más no pensar... Bueno, eso. A ver, sinceramente, me he visto obligada a volver porque sé de buena tinta que ibas a aburrirte muchísimo sin mí —bromea, con media sonrisa traviesa.

Lo que me parece gracioso es que ella no tiene ni idea de hasta qué punto es verdad.

—Sí, pensaba apuntarme a clases de alfarería para poder matar las eternas horas en las que no estoy escuchando tus parloteos por teléfono.

—Me habrías hecho una taza, ¿no? —me sigue el juego.

—Claro, una de esas pequeñitas de café, perfecta para tu tamaño.

—Genial. Me vendría ideal para poder guardar dentro tu cerebro —responde, y a mí se me escapa una carcajada ante su rapidez.

Doy otro sorbo al café, para no darle la satisfacción de reírme con chistes malos sobre mi inteligencia.

—Todo el mundo que me conoce te dirá que soy un chico muy listo. —La miro con suficiencia.

Pero ella se queda seria de golpe.

—Estoy nerviosa y acojonada. Así es como me siento al volver aquí. No sé si va a ser un paso hacia delante o dos hacia atrás, y eso me da miedo porque no quiero volver atrás por nada del mundo.

Me da miedo hasta a mí. Tampoco quiero que vuelva atrás por nada del mundo. No puedo verla de nuevo como estaba cuando tuve que llevarla a su casa en medio de la noche. No quiero verla así nunca más.

—Claro que no. Siempre hacia delante. Vas a estar bien. Y, cuando no lo estés, nos tomaremos el día libre y nos iremos a cualquier sitio, lejos, donde podamos coger aire y olvidarnos de todo. Y al día siguiente daremos otro paso más hacia delante y ya está, ¿vale?

Esboza una sonrisa pequeña pero tierna, con los labios sellados. Inclina el torso hacia mí y apoya la cabeza en mi pecho, delicadamente. Acaricio su espalda despacio.

—Necesitaba escuchar algo como eso —dice, en voz baja—. Gracias, Jay. Te juro que no sé si podría haberlo hecho sin ti. Negaré haber dicho esto y no quiero que lo utilices en mi contra, pero... eres el mejor amigo del mundo.

Ay.

Mi corazón.

Mi estúpido corazón.

*El mejor amigo del mundo.*

# 3

## HALEY

Creo que he perdido la capacidad de expresarme con precisión, de un año para acá. No me siento del todo capaz de llegar a transmitir con palabras algunas de las cosas que pienso o siento, por mucho que haya trabajado en ello con mi psicóloga. Y eso es lo que me pasa con Jayden. Sí, sobre todo, me pasa con él. Y, hace un rato, cuando le he dicho eso de que es el mejor amigo del mundo, he vuelto a quedarme corta, como siempre. Porque esa manera de expresarlo no es exacta y resulta bastante escasa para el concepto que tengo de él. Es como si tuviera diferentes categorías donde encaja la gente más importante para mí: está el apartado de la familia, claro, y el apartado de los amigos. Tyler, Sue y Luke se ajustan perfectamente al primero, y Britt, Tracy y Mark, inequívocamente al segundo. Hannah y mi primo Simon forman parte de uno que entrelaza los dos conceptos y que los hace diferir del resto. Pero Jayden no encaja del todo en ninguno. Jayden es diferente. Pertenece a una categoría distinta que todavía no sé cómo denominar. Y puede que «el mejor amigo del mundo» se le acerque, pero no lo termina de definir.

Hemos pasado un buen rato juntos tras terminar el café,

sin parar de hablar. Había echado de menos estar a su lado y que fuera todo él y no solo su voz al otro lado del teléfono. Aun así, he pasado un buen verano. Las cosas no han parado de mejorar desde que Hannah volvió a mi vida del todo, con la fuerza de un tsunami. Me ha costado esfuerzo y trabajo, no lo voy a negar, y también he necesitado mucha ayuda. Soy consciente de lo afortunada que soy, ahora que veo las cosas con perspectiva. Los últimos meses han sido un largo camino de vuelta de lo profundo del infierno. Y si he sido capaz de seguir adelante no ha sido porque yo sea más fuerte o más inteligente que otras personas. Entiendo a la gente que no lo logra; puedo comprender a las chicas que se meten en la boca del lobo, justo como yo lo hice, en una relación tóxica y destructiva, y no consiguen ver la salida. He pensado mucho en Sarah últimamente. Y también he pensado mucho que yo no he estado tan lejos de acabar como ella.

Este rato con los Sparks me ha sabido a poco y, desde luego, tampoco ha sido suficiente el tiempo que he tenido con Jayden. Pero ahora voy a verlo casi todos los días y la verdad es que también tengo ganas de llegar e instalarme en mi nuevo hogar. Aún no he estado nunca allí y me muero por ver cómo es en realidad y no solo a través de fotos. Claro, yo no he estado aquí para elegirlo, ni para participar en nada del proceso..., al menos en directo, pero mis amigos me tuvieron muy en cuenta en todo momento y eso es algo que agradecer. Una noche de final de curso recibí una llamada de Mark. Britt y Tracy estaban cenando con él y se les acababa de ocurrir lo que intentaron venderme como la mejor idea de nuestras vidas: alquilar un piso los cuatro juntos para el próximo curso. Yo ni siquiera estaba pensando en que tenía que existir un próximo curso, y mucho menos dónde viviría, pero no les costó convencerme. Es un segundo piso, tiene ascensor y una plaza de garaje por la que no hemos tenido que pelear porque soy la única que tiene coche. Así que es perfecto.

Britt me está esperando allí. Mark llegará la semana que viene, porque tiene un par de exámenes que hacer. Y Tracy, dentro de dos, porque es una empollona que no suspendió ni una sola asignatura el curso pasado.

Llamo a Brittany cuando estoy llegando al portal. Viene corriendo y se monta en el coche con una sonrisa enorme.

—Te va a encantar —vaticina, y luego me señala el camino hasta el garaje.

La puerta principal da a la enorme estancia que abarca la cocina, el comedor y el salón. Este, a la izquierda, tiene dos sofás de tamaño suficiente para los cuatro. Un televisor grande y estanterías a los lados del mueble. Y, a la derecha, nada más entrar, la enorme mesa de comedor separando salón de cocina, donde está la salida a la terraza. Es muy bonito.

Camino enseguida hacia la terraza y Britt sale conmigo para no perderse mi reacción.

—Es la mejor parte —asegura.

En la casa hay dos cuartos con cama doble y dos con cama individual. Las individuales nos han tocado a Brittany y a mí. Además de la cama y una mesilla, hay una mesa de estudio, una estantería y un armario grande. Más que suficiente. Y la ventana da a la calle de atrás y es el acceso a la escalera de incendios, así que estoy en la habitación más segura de la casa en caso de que alguien prenda fuego a la cocina.

—¿Te gusta?

Me giro para mirarla y sonrío.

—Sí, claro que me gusta. Me encanta el piso. Y la ubicación es perfecta.

Estamos cerca del campus, a menos de quince minutos

andando. Y a más o menos lo mismo del apartamento de Jayden y Niall.

Mi amiga me ayuda en la tarea de vaciar maletas y organizar apuntes. Me gusta que estar con Britt sea como si el tiempo no hubiera pasado, como si yo no hubiera estado la mitad del curso anterior fuera de su vida, por una u otra razón. No paramos de hablar para ponernos al día, bromear y reír. Es tan fácil y tan agradable que me olvido de todos esos fantasmas que no han parado de danzar a mi alrededor durante los días pasados, cada vez que pensaba en cómo sería este regreso.

Es casi hora de cenar cuando decidimos que ya es suficiente la tarea de desempaquetar por hoy. Britt me ayuda a hacer la cama, y luego voy a dejar cosas en el baño mientras ella corre por el pasillo para contestar al portero automático, que acaba de sonar.

Oigo la voz de Niall y, justo después, la de Jayden. Solo me doy cuenta de que estoy sonriendo cuando me veo en el espejo. Borro la sonrisa enseguida. Que ya se tiene bastante creído lo de que lo he echado mucho de menos este verano. Niall me recibe con un abrazo y suena muy sincero cuando dice que se alegra de verme. Han traído algo para cenar. Me gusta esto. Me gusta que vengan a visitarnos y a cenar aquí siempre que quieran y saber que yo puedo hacer lo mismo y pasarme por su piso si alguna vez me apetece su compañía. Es como tener siempre cerca a la familia.

—¿Habéis terminado de subir todo del coche? —pregunta Jayden.

—Absolutamente todo, sin necesitarte a ti para nada —deja claro Britt, con suficiencia.

—Brittany, ¿no habíamos quedado en que me echarías un cable para hacerme el héroe delante de Haley? —bromea, bajito, como si así yo no fuera a oírlo.

Pongo los ojos en blanco y niego con la cabeza. Britt suelta una risita y luego mantiene la sonrisa pícara mientras replica:

—No creo que te haga mucha falta.

Y yo me callo que, para mí, Jayden fue un héroe cuando supo estar a mi lado en silencio cuando las palabras sobraban, lo fue cuando me recogió y me sostuvo en el momento en que yo me encontraba en caída libre, lo fue cuando dijo eso de que me cubriría la espalda con mi dolor, si yo hacía lo mismo por él. A veces los héroes no necesitan superpoderes, fuerza o velocidad. A veces, los héroes te ofrecen un casco y un viaje por carretera con la moto vieja de su padre; a veces, los héroes te demuestran que lo son cuando no temen reconocer que tienen miedo y dejan que les veas llorar; a veces, un héroe solo tiene que mandarte un vídeo de gatitos cuando sabe que has tenido un mal día. Y él sabe ser un héroe para mí cada vez que lo necesito.

Cenamos los cuatro juntos alrededor de la mesa de la terraza. Se está muy bien aquí fuera cuando ya ha caído la noche. Y la compañía es muy agradable. Creía que el lugar iba a afectarme mucho más, pensaba que Los Ángeles a lo mejor ya iba a ser para siempre esa ciudad en la que me enamoré de Daryl. Esa ciudad en la que me perdí. Pero aquí estoy y ya no me siento perdida. Siento que estoy en el camino de ser quien quiero ser. Siento que este es mi lugar, y no precisamente por la ciudad. A lo mejor lo único que hay que hacer para vencer los recuerdos que duelen es crear nuevos recuerdos que curen.

Mi hermano me manda un par de mensajes mientras estamos cenando, aunque no los leo hasta un rato después, cuando entro para coger otra ronda de cervezas. Me ha mandado un vídeo de *Ron* en mi habitación olisqueando los muebles. Pobre.

Has vuelto a deprimir al perro con tu marcha.

¿Qué tal la vuelta? ¿Vas a estar bien?

Oigo las risas demasiado altas de los chicos mientras Britt protesta por algo que ha dicho alguno de los dos y sonrío.

Voy a estar muy bien.

# 4

# HALEY

Me sorprende oír voces cuando abro la puerta de casa. Britt no está sola y agudizo el oído para ver si es... ¿Ese es Mark? Se suponía que no iba a llegar hasta la hora de cenar.

—¡Mark! —llamo, antes incluso de cerrar la puerta.

—¡Haley! —exclama con el mismo entusiasmo, y en menos de dos segundos aparece en el hueco de la doble puerta abierta que comunica con las habitaciones.

Abandono los apuntes y el bolso sobre la mesa y me lanzo para colgarme de su cuello. Me abraza riendo y me da una vuelta en el aire. Brittany tiene que echarse un paso atrás para que mis pies no la golpeen al girar.

—¿Qué haces ya aquí? Pensaba que no habrías llegado todavía.

—Tenía prisa por veros. Y unas ganas horrorosas de volver a esta ciudad. El próximo verano me quedo aquí.

—Claro, ¿cómo no vas a quedarte? Tienes la mejor habitación —acusa Britt entre dientes.

—La suerte estaba de mi lado o la mano inocente me prefiere a mí —se burla él.

—La mano inocente se ha pasado el verano encajando

conmigo en una cama individual, créeme que ha tenido tiempo para arrepentirse de no haber hecho trampas.

—¿No lo has pasado bien en verano? —lo dudo al volver a conectar con los ojos azules de Mark—. A mí me ha parecido lo contrario...

Sonríe con aire canalla cuando me oye decir eso. No es ningún secreto lo suyo con cierto chico del pueblo de al lado. Solo sexo esporádico y nada más, pero, desde luego, para nada aburrido.

—Eso mejor os lo cuento mientras cenamos. Ahora tengo que terminar de instalarme. ¿Qué tal llevas el examen de mañana? —me pregunta, al tiempo que me coge de una mano y me arrastra hacia su habitación, y hace lo mismo con Brittany cuando pasamos a su lado—. Yo lo llevo fatal. Al final vas a aprobar tú con mis apuntes y yo no, ya verás.

—¿Qué habrás estado haciendo tú todo el verano en vez de estudiar? —se burla Britt, sin darme tiempo a replicar.

—No preguntes si no quieres detalles, rubita. Mejor no preguntes, y yo tampoco preguntaré.

Me siento en la cama aún sin hacer, con Britt, y le damos conversación mientras él pasa ropa de un par de maletas al armario. Me parece que todos mis amigos han pasado un buen verano en lo que se refiere a su vida amorosa. No me dan envidia. Me alegro por ellos y me muero por cotillear y escuchar sus historias. Yo tampoco estoy para pensar en eso. Lo que menos me apetece ahora es complicarme la vida con un chico.

Los tres nos sentamos a cenar en torno a la mesa de comedor.

—Entonces ¿qué pasa con tu amorcito de verano? —empieza Britt.

Mark hace una mueca y termina de masticar antes de hablar:

33

—Haz el favor de no llamarlo así, esto no tiene nada en absoluto que ver con el amor —aclara muy serio—. Cuando hay amor de por medio no se hacen tantas guarradas irrespetuosas como hemos hecho nosotros.

—¡Mark! —Mi amiga y yo protestamos a la vez, pero solo conseguimos hacerlo reír.

—¿El final del verano supone que ya no vais a veros más? —pregunto.

—Bueno... Es probable que venga a Los Ángeles en algún momento, está buscando trabajo para poder vivir aquí mientras se presenta a *castings* y va a algunas clases de interpretación.

Brittany y yo cruzamos una mirada con la que no nos hacen falta palabras para entendernos. Mark sabe demasiado de ese chico, sus planes y sueños como para que intente hacernos creer que no ha habido nada de química entre ellos aparte de la sexual.

—Ay, Mark, me parece que ya estás colado —suspira ella.

—No seáis tontas, que yo no soy como vosotras. Tú, que estás casada con veinte años sin haber pasado por el altar, y Tracy que... En fin, ni me hagáis hablar de Tracy, que cortó con su novio el año pasado y ni siquiera se enrolló con ningún tío bueno antes de volver corriendo a sus brazos otra vez. Y Haley...

—Haley, ¿qué? —presiono, al ver que deja la frase en el aire.

Mi amigo se gira para encararme. Alza una ceja en un gesto burlón y me mira de arriba abajo como si necesitara verme bien para poder terminar de juzgarme.

—Haley, que intentó ir de dura y de que ella era libre y follaba sin compromiso hasta que resultó que eso no era verdad y que follaba mucho, sí, pero colada del todo por un capullo de primera, y que después de eso no ha vuelto ni a mirar a un tío en más de cinco meses a pesar de que todo el mundo sabe que un buen polvo sacude las telarañas.

—Mark —regaña Britt, insegura, como si temiera que esto vaya a derrumbar alguno de mis inestables cimientos.

Le hago un gesto con la mano, para tranquilizarla y hacerle saber que todo está bien, mientras sostengo la mirada de mi amigo. Él sigue hablando sin darme tiempo a decir nada:

—Me niego a pasarme el resto de nuestras vidas sin poder hablar de esto y llevando a Haley entre algodones, porque la verdad es que no creo que lo necesite —deja claro. Centra toda su atención en mí—. ¿Puedo hablar con naturalidad de lo hijo de puta que es tu ex y animarte a echar un polvo con algún tío bueno si veo alguno que considere digno de meterse en tus bragas? Es lo que hacen los buenos amigos, Haley.

—La verdad es que agradecería que hablaseis conmigo de lo que os dé la gana con toda la confianza, y no creo que haya temas de los que me venga bien negarme a hablar o ignorarlos como si no existieran. Y en cuanto a los tíos... no voy a hacerte ningún caso porque la verdad es que es lo que menos me apetece y va a seguir siendo así una buena temporada, pero si no me hicieras insinuaciones de ese tipo dos o tres veces al día acabaría preguntándome quién eres y qué has hecho con Mark, así que no te cortes.

Sonrío de medio lado cuando veo que él lo hace.

—Te he echado de menos, Haley —dice, sin apartar sus ojos de los míos.

Ensanchamos la sonrisa los dos a la vez.

—Yo también te he echado de menos, a ti y a tu brutal sinceridad.

Britt suelta una exclamación enternecida y Mark estira un brazo para rodearme el cuello con él y achucharme contra su costado.

—Mejor, ¿sabes? Porque ya tengo un tío en mente que está buenísimo y que es perfecto para ti.

Lo miro de reojo. Se hace el misterioso y se lleva un tenedor lleno a la boca.

—Mejor no me lo digas.

—Sí, mejor deja que cada uno se líe con quien quiera, cuando quiera y al ritmo que quiera —interviene también Britt, y suena tanto a advertencia, que me hace levantar la vista para mirarla.

Ella no me devuelve la mirada. La esconde demasiado bien para que sea una casualidad eso de que sus ojos no se crucen con los míos.

—Bueno, mira, te lo voy a decir —salta Mark, tras solo dos segundos de silencio, como si ya no pudiera aguantarse más—: estoy hablando del bombón Sparks, por supuesto. Lo tienes delante de tus ojos, chica.

A ver, un momento, ¿estoy teniendo un *déjà-vu*? Mark ya me insinuó algo como esto muchas veces antes, el año pasado. Y, sí, en esa época había una innegable tensión sexual entre Jayden y yo, pero las cosas han cambiado mucho desde entonces. En aquel momento él dejó claro que no quería tener nada conmigo. Dejamos pasar lo que podría haber sido. Y Jay y yo ahora somos amigos. Demasiado amigos para que algo se interponga entre nosotros.

—No me vais a ver con nadie en una buena temporada, y mucho menos con Jayden, ¿vale? —termino con la locura—. Estábamos hablando del rollo de verano de Mark, no sé por qué nos hemos desviado del tema. ¿Cómo se llama?

Mark gruñe al ver que hemos vuelto a lo mismo cuando ya creía haberlo esquivado.

—Fer.

—Fer —repite Britt, con cierto tono interrogante.

—Sí, Fer. Fernando —dice el nombre completo como si le

estuviéramos sonsacando el ingrediente secreto de su más preciada receta familiar.

—¡Fernando! —exclamamos Britt y yo al unísono, con una entonación bastante sensual.

—Sois tontísimas, de verdad —protesta Mark, mientras nosotras nos partimos de risa.

Aún bromeamos un poco más antes de dejar que se vaya a estudiar. Y Britt y yo pasamos de la mesa de comedor al sofá y charlamos un rato, hasta que decido que es hora de irme a dormir si quiero estar descansada mañana en el examen.

No puedo evitar acordarme de las tonterías de Mark en la cena. Lo que les he dicho iba muy en serio: no voy a tener nada con ningún chico por mucho tiempo. Y mucho menos con este chico en concreto.

Si algo me ha enseñado el pasado es que dejarse llevar por los impulsos no es la mejor idea del mundo. Y si algo me ha enseñado mi pasado con Jayden es que acercarnos demasiado en ese sentido solo enrarece las cosas y se interpone entre nosotros. Y no puedo permitirme eso. Necesito a mi amigo a mi lado, justo como ahora.

Colgarme de Jayden Sparks sería un enorme error.

# 5

## HALEY

Jay conduce a la máxima velocidad permitida —y sospecho que, a ratos, hasta por encima del límite legal—, mientras yo disfruto del paisaje y las sensaciones. Permanecemos pegados a la costa durante largo rato hasta que se desvía hacia el interior por una carretera secundaria mucho más estrecha y menos cuidada. Entiendo por qué lo hace y confío en que él conoce bien este camino, porque es perfecto para disfrutar con la moto: entre árboles, adentrándose en la montaña y plagado de curvas. Además, el tráfico por aquí es prácticamente inexistente. Sigo con la pantalla del casco subida y, a pesar de la zigzagueante carretera, aflojo mi agarre, relajo los hombros y echo la cabeza hacia atrás.

—¿Vas bien? —Oigo preguntar a Jayden.

—¡Perfecta!

—Vale, agárrate, voy a acelerar.

Le hago caso y estoy a punto de preguntar «¿Más?», pero no me da tiempo porque él aumenta la velocidad para tomar las curvas de la manera más divertida. Ascendemos siguiendo el sinuoso camino hasta llegar a la parte más alta del recorrido. Ahí disminuye la velocidad y creo que es solo para que yo pueda disfrutar de las vistas. Lo agradezco, porque merecen ser contempladas.

—¡Jay! ¿Podemos parar aquí un momento? —grito para hacerme oír por encima del ruido del motor.

Aunque no responde, frena un poco más adelante, desviándose por un camino asfaltado que hay a la derecha.

—¿Qué pasa? ¿Estás bien? —pregunta, tras quitarse el casco.

—Muy bien. Quería poder mirar esto.

Bajo de la moto y vuelvo unos pasos atrás, donde los árboles se espacian y puedo echar un vistazo a la ladera de la montaña.

Lo miro por un segundo cuando se para de pie a mi lado.

—Es una ruta muy chula.

—Sí. Me la enseñó mi padre. No está lejos de casa y la carretera suele estar siempre despejada, los coches van por otros caminos más directos.

— Gracias por traerme.

—De nada. Pensé que podría gustarte.

—Me gusta.

—Bien. Estamos celebrando que has acabado los exámenes así que habría sido todo un fracaso que la odiaras —bromea.

Sonrío de medio lado.

—Si estamos celebrando que he hecho todos mis exámenes, con independencia de los resultados finales, y que me merezco este día para compensar todo ese esfuerzo... ¿puedo pedirte algo? —pruebo, con una mirada de reojo y cara de buena.

—Oh, oh. —Sonríe cuando le pego un codazo suave en el costado—. Puede que me arrepienta de decir esto, pero puedes pedirme lo que quieras.

Me giro a mirarlo y nuestros ojos se encuentran. Siento un cosquilleo de emoción calentándome el organismo y sonrío con seguridad cuando la decisión tira de mí.

—Genial. ¿Me dejas conducir tu moto?

Echo a andar, dejándolo atrás. Lo oigo seguirme apresurado.

—Espera, ¿qué? No vas en serio, ¿no, Haley?

Alcanzo mi objetivo y me subo a horcajadas sobre el asiento, acaricio el depósito de gasolina y compruebo que controlo dónde está todo lo que necesito para conducir.

—Oye, tranquilo. —Quito la patilla y trato de disimular que pesa más de lo que creía—. Has dicho que podía pedirte lo que quisiera. No soy novata en esto, ¿vale? Sé conducir una moto. Un colega del instituto me enseñó, conduje su moto un montón de veces.

Un montón de veces que puedo contar con los dedos de una mano, pero eso no lo digo. Aún recuerdo cómo hacerlo. Y se me dio bien desde el primer momento. Además, no voy a ir muy lejos, solo quiero comprobar que puedo hacerlo.

—¿Estás segura? Porque la moto es muy grande y tú muy pequeña.

—Relájate, chico —respondo, en tono chulesco—. No voy a hacerle ni un rasguño.

—Ya. No me preocupa la moto, no quiero que te hagas ni un rasguño tú —confiesa. Aparta la vista rápido y creo que hasta carraspea antes de dar un paso y acercarse más a mí—. Vale, ¿la moto de tu amigo era parecida? ¿Sabes dónde está todo? ¿Lo tienes controlado?

—Controlado —aseguro, arranco el motor sin problema y acelero sin dejarla salir, solo para hacer ruido—. ¿Lo ves? Es igualita que la de mi colega. Bueno, solo...

Me callo porque igual es mejor que no dé detalles. Avanzo lentamente, sin separar los pies del suelo todavía.

—Solo... ¿qué? ¿Solo qué, Haley?

—Solo que... la de mi colega era un poquito más pequeña.

—Haley...

Antes de que le dé tiempo a protestar más acelero y dejo salir la moto. No es tan difícil y voy recordando todo lo que tenía que hacer a medida que lo necesito. A lo mejor esta es una de las cosas que nunca se olvidan, como montar en bicicleta.

—¡Haley, ten cuidado, que ni siquiera llevas el casco! —grita Jayden a mi espalda.

Le respondo acelerando un poco más. No me alejo mucho, que tampoco quiero que le dé un infarto, al pobre. Lanzo un grito de júbilo mientras ruedo, no muy rápido pero haciendo mucho ruido, y lo oigo reír ahí detrás. Eso me hace sonreír. Doy la vuelta en el punto en el que la carretera se ensancha a un lado y tengo más espacio. Luego vuelvo hacia donde él espera, mirándome con una expresión que mezcla la diversión con la sorpresa y puede que algo parecido al orgullo. Se planta delante cuando reduzco la velocidad y pone las manos en el manillar para obligarme a frenar del todo.

—Estás loca —acusa cuando le dedico una enorme sonrisa—. Baja de mi moto inmediatamente.

—¡Venga, Jay! ¿Has visto lo bien que lo he hecho? —alardeo, y lo veo luchar contra su sonrisa, pero el hoyuelo se le marca de todas maneras—. Vamos, sube, te llevo a dar una vuelta.

Suelta una carcajada y yo me río bajito con él.

—La verdad es que lo has hecho bastante bien —concede, como si le costara aceptarlo y hacerme ese cumplido.

—Pues déjame darte una vuelta, anda. Iré despacito para que no tengas miedo.

Suelta una especie de bufido y yo me río al escucharlo.

—Vale —cede.

—¿Has dicho vale? ¿En serio? ¿De verdad?

—Me estás haciendo replantear mi decisión —bromea ante mi tono.

—No, no, vamos, corre. Sube y agárrate fuerte, que vamos a salir quemando rueda —exagero, solo para molestarlo.

—Un momento.

—¿Qué?

—Solo una cosa...

Encaja el casco con mucho cuidado en mi cabeza. Me trago la sonrisa y me encargo de terminar de ajustármelo al tiempo que él se pone el suyo y se monta detrás. Noto perfectamente cómo cambia el ritmo de bombeo de mi corazón y una especie de cosquillas bastante agradables acarician la boca de mi estómago y la hacen vibrar cuando los brazos de Jayden rodean mi cintura y siento el calor de su cuerpo amoldándose al mío.

—Vamos —me da permiso para poner en riesgo la integridad física de los dos—. Enséñame lo que sabes hacer, Parker.

Se me atasca una risita en la garganta cuando dice eso con voz profunda.

Arranco y empiezo a rodar, suave al principio y luego cogiendo velocidad, cada vez más segura de mí misma y más cómoda con la conducción. Jayden solo pone las manos sobre las mías en el manillar en dos ocasiones, para corregir mi manejo, así que creo que considera que lo estoy haciendo bien. Me deja jugar a ser motorista durante un buen rato antes de pedirme que dé la vuelta para volver a la carretera principal.

Paro justo antes de la incorporación y Jayden aguanta todo el peso de la moto y pone las manos en mi cintura para ayudarme a bajar.

—Venga, pásate atrás, que ya me encargo yo de esto ahora, mejor —se burla.

—¿Has pasado miedo?

—Apenas nada. —Enseguida se pone mucho más serio—: Admito que estoy impresionado.

—Te he dicho que sabía conducirla. No te fías nada de mí.

—Claro que sí, de lo contrario ni te habrías acercado a mi moto.

Me monto detrás y me acomodo pegada a su cuerpo justo como hace un momento lo estaba él al mío.

—¿Vas a ir superrápido? —pregunto, a modo de petición.

—No tanto como antes, la bajada no podemos hacerla tan rápida como la subida.

—Eres un aguafiestas, Sparks.

Oigo su risa como respuesta a mis últimas palabras antes de que arranque y nos incorporemos a la carretera que atraviesa la montaña. Va a una velocidad moderada y eso me permite estirar los brazos a los lados y disfrutar de la sensación de cortar el aire por unos cuantos segundos. Tengo que volver a asegurar mi agarre cuando iniciamos el descenso.

Me siento mejor de lo que me he sentido en mucho tiempo.

Me siento libre.


La consulta con la psicóloga el martes por la mañana se alarga más de lo que teníamos acordado. Yo insisto en pagar el tiempo extra, pero ella se niega y me da cita para dentro de dos semanas.

No estoy empezando de cero, ni mucho menos, pero durante la hora y media que he pasado en esa consulta casi he sentido como si lo hiciera. He tenido que contarle muchas cosas de las que hacía tiempo que no hablaba, y, aunque me siento más fuerte que hace meses, ha sido como reabrirme otra vez algunas de las peores cicatrices que marcan mi cuerpo y mi alma.

Enciendo el móvil cuando salgo a la calle y me pongo las gafas de sol. No tarda en vibrar cuando vuelve a la vida.

Me quedo fría, a pesar de que mi corazón late furioso, cuando veo que tengo llamadas perdidas de Jayden. Y un mensaje:

> Estoy en el hospital. Acaban de ingresar a mi madre. ¿Puedes venir?

Intento llamarlo, pero comunica. Corro hasta la calle principal y paro el primer taxi libre que veo.

Pregunto en recepción por Sue en cuanto llego a toda prisa al hospital donde lleva mucho tiempo recibiendo tratamiento. Me dan las indicaciones necesarias para llegar hasta la sala de espera de la planta en la que está ella y subo por las escaleras porque me veo incapaz de esperar el ascensor.

Jayden está sentado en una silla de plástico en un pasillo por lo demás desierto. Tiene la espalda doblada hacia delante y la cabeza baja, con la vista clavada en el suelo. Se incorpora para mirar cuando oye mis pasos. Al ver que soy yo, se pone de pie. Corro hasta él y me estiro para abrazarlo fuerte en cuanto nuestros cuerpos impactan.

—Hola. Estoy aquí —digo, con los labios pegados a su cuello—. ¿Qué ha pasado? ¿Cómo está? ¿Está bien?

Estrecha más su abrazo, reteniéndome contra su pecho cuando intento dar un paso atrás para mirarlo. Me parece bien y no protesto: yo también quiero seguir abrazándolo así un poco más.

—Mi padre está dentro con ella. Se ha desmayado en casa. Dicen que es solo anemia y que puede ser un efecto secundario del tratamiento.

Noto cómo tiembla, aunque los médicos hayan dicho que no es grave. Me aparto despacio para coger su cara entre las manos y obligarlo a mirarme a los ojos.

—Vale. Entonces va a estar bien.

—Sí, eso dicen.

Lo agarro de la mano y tiro de él hacia los asientos. Me siento a su lado y aparto con delicadeza un par de mechones de encima de su ceja izquierda. Vuelve a mirarme con atención, permitiéndome la caricia.

—Gracias por venir —dice, casi en un susurro. Me limito a ofrecerle una sonrisa leve como toda respuesta—. No sé qué hacer, Haley. Debería volver a casa de mis padres, ¿no? A lo mejor debería quedarme allí hasta que terminen las sesiones de radio a principios de octubre. Mi padre estaba allí con ella esta mañana, pero ¿y si no llega a estar? No puede faltar al trabajo mucho más, y yo...

—Va a estar bien, Jay. Puedes quedarte allí con ella, si así vas a estar más tranquilo, pero sabes que no va a permitir que dejes de ir a clase ni al laboratorio. Es normal que estés asustado ahora, ¿vale? Yo lo estoy también. Pero tenemos que recordar que el tratamiento ha ido bien. Todo eso ya lo hemos dejado atrás.

—Pues estoy muerto de miedo y no puedo dejar de estarlo. Y me da igual si parece que tengo cinco años, ver a mi madre pasar por esto me hace sentir así de pequeño —se rompe, y deja resbalar las primeras lágrimas por las mejillas—. No puedo verla así más, Haley, debería poder hacer algo.

Pongo las manos en su nuca y lo atraigo hacia mí. En solo dos segundos lo oigo sollozar y envuelvo su cuerpo todo lo que puedo, acariciándole la espalda. Beso su hombro sobre la camiseta muchas veces hasta que noto que se va calmando muy poco a poco. Aun así, no me suelta. Y yo tampoco lo suelto a él.

De entre toda la gente en la que confía, ha elegido llamarme a mí y compartir su dolor conmigo. Ha querido que sea yo la que esté a su lado en este pasillo cuando más pequeño y frágil se siente. No le importa que lo vea destrozado y que conozca sus puntos más débiles. Y sé que cualquiera de los dos podríamos hacerlo solos y cargar con nuestro propio dolor a cuestas sin la ayuda del otro, pero hemos elegido enfrentarnos a ello cubriéndonos las espaldas y cogidos de la mano. Esta vez soy yo la roca, y lo dejo llorar en silencio, como él ha hecho tantas veces antes por mí.

# 6

# JAYDEN

—Puedes acercarme la caja de las pastillas y me la tomo entera de una sola vez para que me internen en un centro de desintoxicación de adictos a los suplementos de hierro, o puedes largarte por ahí a dar una vuelta y dejarme tranquila. Sea cual sea el medio, el único fin claro es librarme de ti un rato.

Hago una mueca y dedico una sonrisa irónica a mi madre.

—Qué graciosa, Sue —mascullo, solo porque sé que le molesta que la llame por su nombre—. Me alegra ver que no mengua ni un poquito tu sentido del humor a medida que te haces vieja, ojalá pudiéramos decir lo mismo de tu estatura, ¿verdad?

—Ni me estoy encogiendo ni me estoy haciendo vieja. Qué descarado eres, no tengo ni idea de quién te ha educado tan mal.

—Ah, pues papá —doy por sentado.

Eso consigue hacerla reír y me contagia la risa enseguida. Hace solo dos días que tuvieron que llevarla al hospital y estuvo en observación toda la noche, pero ayer la mandaron a casa con un tratamiento para la anemia. Hoy está mucho mejor, casi como si nada hubiera pasado. Estoy más tranquilo porque, basándome en lo que ha ido pasando con su tratamiento de radioterapia, sé que debería seguir así de bien hasta la próxima sesión. Anoche me quedé a dormir en casa de mis padres, pero hoy volveré a mi piso porque mi madre se ha asegurado los refuerzos suficientes para que no pueda poner el cuidarla como excusa para no ir a clase. Y debe de ser muy importante para ella eso de que yo no me quede a cuidarla, porque ha llamado ni más ni menos que a mi abuela. No es que se lleve mal con su suegra, creo que se quieren bastante, aunque nunca lo digan en voz alta, pero mi abuela a veces puede ser... dejémoslo en que más pesada que yo.

Luke baja las escaleras hablando con *Piezas*, que camina a su lado y lanza maullidos en respuesta a cada cosa que él dice. Se acerca enseguida al sofá con un comic en la mano y se sienta junto a nuestra madre. *Piezas* salta sobre ella, que sonríe, la acaricia y deja que se acomode para una sesión de mimos.

—¿Tú no ibas a salir a correr? —me pregunta mi hermano.

—Estoy esperando a Asher. Pero mejor voy saliendo, que como él se asome por aquí, mamá empezará a interrogarlo y no va a dejar que nos vayamos nunca.

—Te equivocas, estoy deseando que te vayas —dice ella, y Luke suelta una risita.

—Pues me voy. —Me sonríe con cariño y me veo obligado a hacer lo mismo, aunque intente mantener mi pose indignada.

Asher ya está llegando a la entrada del jardín cuando salgo al porche. Ha empezado la marcha y viene trotando suavemente. Camino rápido hasta llegar a su encuentro y lo saludo con una palmada en el brazo.

—¿Qué tal, tío?

—Bien —responde, sin dejar de moverse. Me obliga a seguir su ritmo para no quedarme atrás, sin haberme dado tiempo a calentar—. ¿Qué tal tu madre?

—Está bastante mejor. Hasta la próxima sesión de radio, ya sabes —me lamento. Lo veo agravar el gesto, así que trato de sonar más optimista—: Pero, bueno, ya falta poco. Así que todo bien.

Asiente, sin apartar su mirada del frente. No nos hace falta pactar el recorrido que vamos a seguir para que los dos lo tengamos claro. Lo hemos hecho cientos de veces cuando éramos unos críos.

—¿Vas a quedarte unos días más?

—No, me volveré a Los Ángeles después de cenar. Viene mi abuela y ya sabes que, como dice mi madre, todos nos queremos mejor cuando tenemos espacio —bromeo.

—Así que abandonas el barco como una rata.

—No me escondo.

Hace calor, pero el sol ya ha empezado a bajar, y hay bastante gente que, como nosotros, está aprovechando esa circunstancia para salir a la calle a hacer deporte. Doblamos una esquina y aumentamos la velocidad, compitiendo por ir un paso por delante del otro.

—¿Y qué tal con Haley? —pregunta, como quien no quiere la cosa.

Acelero para dejarlo atrás. Lo oigo reír.

—Es solo una amiga, ¿vale?

—Nunca sabrás lo que podría ser si no lo intentas, Jay.

Lo dice intentando sonar sabio y profundo, como si se creyera una galleta de la fortuna.

—Cállate.

—¿Cuándo me la presentas? —le grita a mi espalda, burlón.

El viernes me paso todo el día pensando en la cena de inauguración del piso de Haley de esta noche. Me apetece mucho estar con todos otra vez. Aaron viene a Los Ángeles a pasar el fin de semana con Tracy y también están invitados Tanya y Cole, a los que hace tiempo que no veo. Así que estará bien.

Niall y yo llegamos pronto, por si necesitan que echemos una mano. Es Tracy quien abre y la saludamos con un abrazo antes de chocar la mano con Aaron. Brittany está poniendo los cubiertos en la mesa y, mientras Niall va a saludarla con besuqueos, yo llevo la bebida y el postre que hemos traído hasta la encimera de la cocina, donde Haley y Mark están discutiendo algo en voz muy alta y aire divertido, frente al horno.

—¡Mira al bombón! —me saluda Mark con una sonrisa coqueta—. Me encanta tu camiseta, ¿te la has puesto porque sabes que me pone el rollo roquero?

—Hola, guapo —respondo en su mismo tono, y lo beso en la mejilla—. Esperaba que te gustara.

—Y me gusta. ¿A ti te gusta, Haley?

Espero no ponerme rojo cuando él la mete tan descaradamente en esto. Ella se limita a dar dos pasos hacia nosotros y apartarlo de un golpe de cadera para poder estirarse y darme un abrazo. Me encanta cuando se pone de puntillas para hacer eso. La estrecho por un momento, con una mano en su espalda, y luego me separo y señalo las bolsas.

—Supongo que tenéis de todo, pero hemos traído un par de cosas, por eso de ser buenos invitados. ¿Qué puedo hacer?

Lo tenemos todo a punto para cenar cuando Cole y Tanya llegan juntos. Los abrazos y los besos vuelan por toda la estancia, hasta que Tracy pone orden y nos pide que nos sentemos a la mesa.

Estamos un poco apretados y hemos tenido que meter un

par de sillas de las de la terraza, pero no parece que a nadie le importe o le incomode eso. Acabo sentado enfrente de Haley, entre Niall y Tanya, y ella tiene a Mark al lado y no paran de picarse entre ellos y bromear. Me gusta verlos así porque sé que los dos lo han pasado mal con lo tocada que quedó su amistad el curso pasado. Ahora parecen uña y carne otra vez.

Me ofrezco a preparar bebidas para todos cuando la comida se ha terminado. Tanya se levanta enseguida a echarme una mano.

—Eh, ¿qué pasa contigo, Sparks? Hacía mucho tiempo que no te veía.

Le dedico una sonrisa. Recuerdo cuánto me gustaba Tanya el año pasado. Lo sexi que me parecía, lo bien que nos entendíamos entre las sábanas, lo dura que me la ponía cuando susurraba guarradas en mi oído. Creía que me gustaba más de lo que me había gustado ninguna otra chica antes. Y ahora lo recuerdo como algo tan vago que no me reconozco en la persona que era entonces. Ya no despierta ninguna chispa en mí. No, desde hace mucho tiempo. No, desde que una niñata recién llegada de Oakland a quien su padre me había encargado cuidar me llamó «insufrible» y prendió una llama de verdad. Así que hace más o menos un año dejé de acostarme con Tanya, porque, simple y llanamente, cuando follaba con ella ya no era ella con quien yo quería follar.

Quizá podría haber sido algo más. Tanya es inteligente, arrolladora, muy divertida. Hubo un momento en el que pensé que, de querer algo más con alguien, sería con ella, porque era una chica perfecta. Lo sigue siendo. Solo que no es la chica perfecta para mí.

—Ya. He tenido un verano complicado y tú has estado de viaje romántico la mitad del tiempo.

—Solo nos hemos ido un par de fines de semana —se defiende. Se encarga de poner hielo en los vasos mientras yo voy inclinando botellas sobre ellos—. Oye, ¿qué tal va Haley? Parece que está mucho mejor, ¿no?

Echo un vistazo disimulado hacia la mesa y la veo reír con algo que acaba de decirle Niall. Eso me hace sonreír levemente y creo que a Tanya no le pasa desapercibido.

—Sí. Está mucho mejor.

—Genial —dice distraídamente—. Entonces..., ¿cuándo le vas a decir que estás loco por ella?

Casi se me cae la botella de ron al suelo. El culo del envase de vidrio choca con la encimera haciendo demasiado ruido, pero por suerte nadie nos presta atención. Tanya sonríe divertida al ver mi reacción.

—¿Me estás vacilando?

—Claro que no —responde, tan tranquila—. La verdad es que pensé que no iba a durarte mucho eso, pero, fíjate, ha pasado un año y la sigues mirando así. En realidad, creo que cada vez es peor.

—No la miro de ninguna manera. No sé de dónde sacas eso.

Me quita la botella de la mano para seguir ella con la tarea.

—Jay, te recuerdo que era yo la que estaba en la cama contigo cuando tú empezaste a dejar de estar en la cama conmigo. Creía que te habías encaprichado y se te pasaría en cuanto te acostaras con ella... y que no lo hicieras ya me dio una pista de que esto era diferente. Sabes que te considero un amigo y te aprecio. Y por eso te digo que ya has perdido un año y no puedes seguir esperando a que se te pase por arte de magia. ¿Por qué no se lo dices?

Lo propone como si fuera una gran ocurrencia. Como si el siguiente paso fuera muy obvio y estuviera marcado en mi camino con luces de neón y yo me negara a verlo. Pero es que ella no tiene ni idea. Ella no sabe que Haley necesita un amigo a su lado. Ella no sabe que los dos nos necesitamos demasiado para que vaya yo y la cague precisamente ahora.

Veo cómo me está mirando y sé que es inútil que trate de seguir mintiendo. No voy a engañarla a ella, y tampoco voy a engañarme a mí.

—Haley ahora mismo no necesita esto.

Tanya suelta una especie de bufido y me empuja a un lado, para terminar de llenar los vasos que quedan.

—Lo que Haley no necesita es un tío con ínfulas de salvador que decida sobre lo que Haley necesita o no necesita. Ella es mayorcita para decidir sola. Y no puede hacerlo si no tiene toda la información.

Eso tiene tanta lógica que solo consigue confundirme más.

—No creo que sea el momento —murmuro, inseguro.

Puede que nunca lo sea. No tengo muy claro que ella y yo estemos destinados a tener ningún momento, en realidad.

Tanya coge un par de vasos, uno en cada mano, y me dedica una última mirada cargada de significado.

—Hay trenes que no pasan más de dos veces en la vida, Jayden. Asegúrate de no perderlo esta vez.

Trato de ignorar sus palabras y que no se me metan en el subconsciente. Le tiendo su bebida a Haley, por encima de la mesa, y ella alarga el brazo para cogerla y sus dedos rozan delicadamente los míos. Solo ese contacto consigue hacer viajar un montón de sensaciones por todo mi cuerpo. Y ella, sin ser consciente de todo eso, me mira a los ojos y me sonríe, y puede que a mí se me pase por la cabeza por un momento que está muy mona. *Que está muy mona.* Venga, Jayden, ¿de verdad?

Niall se inclina hacia mí para preguntarme en voz baja si me pasa algo y yo me limito a gruñirle. Creo que pilla que no quiero hablar, y no insiste.

Pero lo de estar sumido en mis propios pensamientos solo me dura hasta que oigo a Cole decir algo que me trae de vuelta a la realidad de golpe.

—Oíd, mañana hay una fiesta en mi fraternidad, ¿por qué no vamos todos?

Y, tras su pregunta, un incómodo silencio. Todo el mundo está intentando disimular sus miradas de reojo a Haley, aunque creo que ella ya ha notado que se ha convertido en el centro de atención. Ha mudado por completo su expresión: se ha quedado blanca, el brillo de sus ojos se ha apagado haciendo que toda la habitación parezca estar en penumbras, y es como si se le hubiese derretido la sonrisa. Y yo quiero matar a Cole para que no vuelva a abrir nunca esa bocaza que tiene.

Pero él sigue hablando.

—¿Qué...? Ah —dice, en ese tono apurado de quien acaba de darse cuenta de que ha metido la pata hasta el fondo—. Lo siento, no quería...

Veo a Haley tomar aire y reconstruir pieza a pieza toda una fachada en solo cuestión de segundos. Hasta sonríe a Cole, antes de ponerse de pie con su copa en la mano.

—No pasa nada. Está bien. Es solo una fiesta. Podéis ir vosotros. Seguro que es divertido.

—Haley —la llama Mark, y hace amago de levantarse.

Ella le pone una mano en el hombro, y lo obliga a quedarse donde está.

—Voy fuera un momento.

Cruzo una mirada con Britt en un silencioso «¿Vas tú o voy yo?». Pero, finalmente, hace una inclinación de cabeza con la que me cede el honor. Me pongo de pie y le pego a Cole en la cabeza con el dorso de los dedos, antes de dejarlos a todos ahí callados. Empiezan a hablar en voz baja en cuanto yo pongo un pie en el marco de la puerta abierta de la terraza.

Haley está de espaldas, apoyada en la barandilla y con el vaso entre sus manos pendiendo sobre el vacío. Me acerco despacio. Relaja los hombros en cuanto ve que soy yo y vuelve a dirigir su mirada hacia el horizonte.

—Eh.

—Lo siento —dice enseguida, sin ni siquiera mirarme—. Soy ridícula. Acabo de montar un espectáculo por una tontería.

—De eso nada. No has montado ningún espectáculo. Y tampoco es ninguna tontería. Cole es un bocazas.

Se mueve para girar el torso hacia mí, pero evita que sus ojos establezcan contacto con los míos.

—No es culpa suya. No ha dicho nada malo. Yo debería... Es solo un edificio. No debería ser tan difícil.

Pongo una mano en la suya, sobre la barandilla, y eso hace que por fin levante la mirada hacia mi cara.

—Nunca es solo un edificio —corrijo, con total convicción—. Son los recuerdos los que son difíciles, no las paredes. Créeme, yo sé bastante de esto, y nunca es solo un edificio, o una canción, o una tabla de surf. Y no hay ninguna necesidad de que vayas allí si no te sientes bien con ello.

Se muerde el labio, y parece estar pensando en mis palabras por unos segundos. Termina por asentir.

—Todavía no puedo —confiesa en un murmullo—. No quiero ir.

—Y no tenemos que hacerlo. ¿Por qué no dejamos que ellos se pasen mañana el día haciendo el vago y preparándose para ir a esa tonta fiesta hasta el amanecer y nosotros hacemos algún plan mejor?

Sus ojos vuelven a los míos y hace una mueca.

—No tienes que quedarte conmigo ni entretenerme. Yo no quiero ir a la fiesta, pero id vosotros y pasadlo bien. No tenéis que pasar de cosas solo porque yo no...

—No tengo ningún interés en ir. Las fiestas en esa fraternidad son mortalmente aburridas —miento con descaro.

Aprieta los labios y alza una ceja. Sabe tan bien como yo que eso no hay quien se lo crea.

—¿Desde cuándo?

—Desde que no vas tú —respondo, sin ni siquiera darme tiempo a pensar.

No es capaz de seguir sosteniéndome la mirada ni un segundo entero, y la aparta y da un paso atrás, alejándose más de mí.

—No quiero hacer nada mañana.

—Qué pena, porque tengo un plan.

Intento darle el tono más misterioso posible y un toque divertido a la vez. Vuelve a clavar la mirada en mí al instante y veo interés en sus ojos.

—¿Qué plan?

Esa es la preguntona que yo quería ver. Sonrío sin poder evitarlo, al ver que su curiosidad es capaz de vencer a la terquedad.

—Lo único que puedes saber es que necesitarás un bikini, una toalla y tu coche con el depósito lleno.

—¿Vamos a ir de excursión a la playa?

—Puede.

Me señala con un dedo a modo de advertencia.

—Pero no a la playa de Santa Mónica.

Intento esbozar una sonrisa de medio lado, pero la verdad es que me pellizca el corazón ver lo mucho que está luchando para ser capaz de bromear con esto.

Le quito el vaso de la mano y doy yo un trago, antes de contestar:

—Nunca a Santa Mónica. Santa Mónica es para turistas y perdedores.

Entonces sí consigo que sonría de verdad. Se acerca y yo

pongo el vaso fuera de su alcance, pensando que viene a recuperarlo, pero lo que hace es rodearme la cintura con un brazo y pegar la cabeza a mi pecho, justo en el punto en que el corazón me late más deprisa cada vez.

—Yo soy prácticamente una turista y tú eres bastante perdedor, pero no iremos a Santa Mónica, ¿vale?

La rodeo con un brazo yo también y la mantengo cerca un poquito más, mientras mi sonrisa juega con mi cara a su antojo.

—Trato hecho.

# 7

# JAYDEN

Avanzo decidido hasta el lugar donde ella me espera en el interior del coche, con la música demasiado alta y siguiendo el ritmo con la cabeza. Doy unos toques en la ventanilla. Se gira de golpe y se lleva la mano al pecho, sobresaltada. No quería asustarla, pero no puedo evitar que se me escape una sonrisa ante su reacción. No debería hacerme gracia, si ahora se sobresalta con facilidad no es precisamente porque sea una miedica. Baja la ventanilla, y sé que me está mirando con rencor, aunque tenga los ojos escondidos tras unas gafas de sol.

—¿Estás tonto? Podría haberte aniquilado con una llave de kárate que me ha enseñado Tracy y que se activa con mi instinto de supervivencia.

—Tu instinto de supervivencia ha sido muy lento —bromeo, y tiro de la manilla de la puerta para abrirla—. ¿Qué tal si yo conduzco a la ida y tú a la vuelta?

Le ofrezco la mano para ayudarla a salir. Se suelta el cinturón de seguridad despacio.

—Extrañamente lógico para que lo hayas pensado tú solito.

—A veces tengo ideas brillantes.

Va vestida con pantalones vaqueros cortos y una camiseta de tirantes que deja asomar las tiras de la parte de arriba de un bikini de color verde. Se ha recogido el pelo en un moño descuidado. Dispuesta a pasar un día de playa. Veo que en el asiento trasero lleva una toalla grande y una mochila que parece bastante llena. Me descuelgo la mía del hombro para dejarla allí también.

Rodea el coche para montarse en el asiento del copiloto y enseguida ocupo mi lugar. La miro antes de arrancar. Está recostada contra el asiento, con el brazo apoyado en el hueco abierto de la ventanilla, relajada. Mueve la cabeza despacio para mirarme cuando nota mis ojos fijos en ella.

—¿Lista?

—Claro. Llevo lista media hora mientras esperaba a que te peinaras.

—Antes de que empieces a hacer preguntas: no puedo decirte con seguridad dónde vamos, cuánto tardaremos o cuántas paradas haremos en el camino. Tú pon la música que más te guste, relájate y disfruta.

La veo alzar una ceja por encima de sus gafas de sol, con expresión divertida.

—Vaya, Jay, no tienes ni idea de la de tíos que me han propuesto eso en un coche —bromea.

Suelto una carcajada y me gusta que eso la haga sonreír.

Arranco y me incorporo a la carretera, rumbo al sur. Puedo ver de reojo que ella tarda bastante en borrar la sonrisa y, cuando lo hace, sigue manteniendo una expresión tranquila y relajada. Apoya la cabeza en el brazo y deja que el viento le acaricie la cara mientras avanzamos, alejándonos del centro de la ciudad.

—Gracias por cumplir tu palabra, Jayden —dice de pronto.

La miro de reojo un segundo antes de devolver la vista a la carretera.

—¿Sobre qué?

—Sobre lo de cogernos el día libre si alguna vez no estaba del todo bien y alejarnos y tomar aire.

—A los dos nos viene bien el aire este fin de semana, ¿no?

—Sí. Supongo que sí.

Durante el viaje, Haley no para de ponerme algunas de sus canciones favoritas y asegurar que cada una de ellas es la que más le gusta... solo hasta que suena la siguiente. Hablamos sin parar, bromeamos y nos reímos muchísimo. Y siento como si me librara poco a poco de kilos de peso sobre los hombros y me siento más ligero. Como si por unas cuantas horas pudiera dejarlo todo en pausa y disfrutar solo del momento.

Me encanta verla así, tan libre de preocupaciones como yo y con esa sonrisa —esa sonrisa tan increíble— pegada a los labios todo el tiempo.

Sí. No hay duda de que a los dos nos hacía falta el aire este fin de semana.

Hacemos varias paradas, y nos desviamos del camino cada vez que se me ocurre que hay algo cerca que quiero enseñarle. Ella se muestra entusiasmada con todo, como si hubiera pasado los últimos diecinueve años en una cueva y yo le estuviera mostrando el mundo exterior por primera vez. Quiere ir a ver cada acantilado, quiere pisar la arena de cada cala y no me deja tener prisa por llegar a ninguna parte.

Es casi la hora de comer cuando llegamos a una de mis playas favoritas.

Encontramos un buen lugar donde extender las toallas, y ella se sienta en la suya, mirando al mar. Se ha quitado los vaqueros, pero no la camiseta.

—¿No tienes calor?

—Un poco.

—¿Y por qué no te quitas la camiseta?

—Uy, Jay, si supieras la de tíos... —empieza, en tono de guasa.

—Haley.

La callo solo con decir su nombre de la forma en que lo hago. Sabe que me he dado cuenta de que intenta evadir el tema. Y también sabe que no voy a dejarlo pasar.

—Vale —cede, como si quitarse la camiseta y quedarse en bikini en una playa fuera un reto difícil de conseguir—. Pero no me mires.

—¿Por qué?

—Pues porque no —da la mejor respuesta que tiene en su repertorio—. No lo hagas y punto. Mira a aquella chica que está paseando por la orilla, que está muy buena.

Me dan ganas de decirle que la que está muy buena es ella, pero me muerdo la lengua. Y también me dan ganas de decirle que no entiendo que quiera esconder su cuerpo cuando a mí todo lo que veo me parece perfecto. Me gustaría que se viera solo un momento como lo hago yo, para que dejara de preocuparle no ser lo suficientemente delgada o estarlo demasiado, o la creencia de que tiene las proporciones incorrectas. Nada es demasiado o insuficiente en ella. Nada en absoluto. Es como ella es. Es Haley. Perfecta.

—¿Si me tapo los ojos te vale? —Es lo que digo, en vez de todo lo que de verdad quiero decir.

Hace una especie de mueca de fastidio, como si creyera que no he entendido ni una sola palabra y me estuviera burlando. Pero, a pesar de todo, respira hondo y casi puedo oír la batalla que tiene lugar en su interior antes de que tire de toda su decisión y se quite la camiseta rápido, sin contemplaciones.

—Has dicho que no ibas a mirar —gruñe, y se abraza las rodillas para seguir protegiendo su cuerpo de miradas indiscretas.

—No. No lo he dicho.

Busca mis ojos y los encuentra fijos en los suyos. Parece relajarse un poco cuando ve cómo la miro.

Me estiro hacia atrás para rescatar el protector solar que llevo en la mochila y le tiendo el envase.

—Ten. No te quemes.

Lo coge y empieza a extenderse la crema despacio y concienzudamente por las piernas y los brazos. Sigue manteniéndose encogida y me echa un vistazo de reojo cuando está a punto de moverse para echarse protector solar por el abdomen.

—Jayden, no me mires, en serio.

Hago amago de poner los ojos en blanco, y me giro hasta darle la espalda. No quiero que se sienta incómoda, pero es que me parte el corazón y me da mucha rabia que lo que la haga sentir así sea su propio cuerpo. No debería ser así. Sé de quién es la culpa, porque el año pasado ella tomaba el sol en bikini sin ningún reparo. Debería haber hecho algo para alejar al puto Styles. Antes de que él le pusiera un solo dedo encima.

—Tú puedes mirarme a mí todo lo que quieras —suelto, para distraerla del mal rato que sé que está pasando—. Abdominales incluidos.

La oigo soltar un bufido en respuesta a mis palabras y sonrío, aunque no pueda verme.

—¿No lo estás deseando?

—Eres un engreído y un vanidoso.

Giro la cabeza para poder ver su expresión al decir eso. Y no parece que de verdad piense tan mal de mí como quiere hacer creer. De hecho, me parece percibir un amago de sonrisa en la comisura de su boca, mientras se extiende crema por el escote y los hombros, en una pose mucho más relajada.

—Vaya, cuántos piropos. Debes de pensar mucho en mí para ser capaz de describirme con tanto detalle.

Ahí sí que sonríe y esa sonrisa se refleja en mi cara de inmediato.

—Cállate.

Está intentando extenderse el protector por la parte superior de la espalda, donde está ese tatuaje del diente de león con una pequeña hache que se hizo a juego con Hannah. Me acerco prudente y pongo la mano abierta ante ella para que me pase el bote de crema.

—¿Te ayudo?

Duda un momento, como si no se fiara de mis intenciones o como si no estuviera para nada segura de poder soportar que la toque, pero finalmente me lo entrega y se mueve para darme la espalda.

Tocar su piel enciende la mía, pero notar la tensión en la que se mantiene ella no me deja disfrutar de las sensaciones tanto como me gustaría. Empiezo por la zona del tatuaje y luego voy hacia el otro omoplato, con mimo. Para cuando termino con la parte expuesta sobre la tira que ata el bikini en su espalda, ella ya se ha relajado poco a poco con mi contacto. Voy deliberadamente despacio en la parte inferior, solo porque quiero alargar este momento. Y, cuando ya he acabado con eso, aún me atrevo a ponerle un poco más de crema sobre el tatuaje que lleva en el costado y estoy admirando en vivo y directo por primera vez, aunque me lo había enseñado en foto. Se tensa cuando toco ese punto, pero sé que ya no es por el hecho de que la toque, sino por las cosquillas.

—Me gusta este tatuaje. Y me encanta el pajarito.

Gira la cabeza para mirarme, pero no dice nada. Me quita el bote de protector solar y se mueve para empujarme y ponerse ella a mi espalda, decidida.

—Tú también puedes quemarte, ¿sabes?

Cierro los ojos cuando sus manos me masajean delicadamente. Siempre he sido muy maniático con que me tocaran un tatuaje en concreto. El surf, la tabla, el mar... Sarah; todo el significado de ese tatuaje es demasiado personal e íntimo como para que me permitiera compartirlo con nadie. Era como si el hecho de que alguien pusiera las manos sobre esa zona de mi piel ya fuera a permitirles entrar en esa parte tan vulnerable de mí. Pero es que con ella es diferente, porque a ella la quiero involucrada en todos mis rincones, que los vea todos, que los conozca. Y si es mi parte más vulnerable, quiero que la acune en sus manos y la entienda. Quiero que me vea tal y como soy, con lo bueno y lo malo.

—Creo que ya estoy protegido, te estás recreando un poquito —suelto para molestarla cuando está aplicando la última capa en la parte baja de mi espalda.

Me clava un dedo en el costado y yo salto ante las cosquillas, haciéndola reír y riéndome con ella.

—Espera —pide, aún detrás de mí—. Queda un tatuaje más.

Casi detiene mi respiración cuando cubre con protector esos versos que llevo tatuados en el costado.

—Ten cuidado. Es una zona sensible.

Sí, lo admito, ¿de acuerdo? Todos los héroes tienen un punto débil. El de Superman es la kriptonita, y el mío son las cosquillas. Y es igual de digno.

—Tranquilo. Seré buena contigo —susurra—. ¿Sabes?, Oscar Wilde y tu madre tienen mucha razón, haces bien en hacer caso. Yo también debería haberlo hecho.

Me muevo para girarme hacia ella y poder mirarla. Sí. La entiendo. *Nunca ames a nadie que te trate como si fueras común.* Y quiero decirle que ella nunca debería amar a nadie que no la trate como si fuera la chica más extraordinaria del mundo. Porque lo es. Pero dejo que las palabras mueran en mi garganta.

—Nadie debería haberte tratado nunca como si tú solo fueras una más, Haley. No lo eres.

Sus ojos encuentran los míos y nos sostenemos la mirada por unos segundos. Los suficientes y lo suficientemente cerca como para que a mí me cueste respirar con normalidad.

—Ninguna persona en el mundo es solo una persona más, ¿no?

—Oye, no sé por qué no quieres que te mire, y si tú me lo pides me vendo los ojos si hace falta, pero eso no impedirá que siga siendo consciente de que no tienes nada en absoluto de lo que avergonzarte. Estás perfecta tal y como eres.

Aparta la mirada y puedo notar que se le colorean las mejillas cuando me oye decir eso.

—Sí, claro, bajita pero bien —bromea, como si necesitara alejar el tema de conversación cuanto antes.

—Es el tamaño perfecto para ti.

—Cállate —vuelve a exigir, con media sonrisa.

Se tumba boca abajo en la toalla y me pide que la ignore y la deje tomar el sol tranquila.

Termino de extenderme crema por el cuerpo y me tiendo a su lado, respetando su silencio.

Pasamos la tarde dejando que nos venza la pereza, estirados sobre nuestras toallas, pero también hablando sin parar, picándonos y jugando como un par de críos y bañándonos cuando más aprieta el calor.

Me sobresalto cuando veo la hora que es y lo bajo que está ya el sol. Tenemos que cambiar de escenario.

—¡Vamos, date prisa! Tenemos que ir hasta la siguiente playa. El acantilado es el mejor sitio para ver el atardecer.

Me sigue a toda prisa cuando echo a correr para dejarla atrás.

Llegamos enseguida al punto al que yo quería ir. Tenemos que trepar por las rocas para alcanzar el lugar exacto, donde no hay nadie y se aprecian las mejores vistas, pero no creo que eso sea un problema para ella teniendo en cuenta que va de escalada con su padre varias veces al año desde que era pequeña. Por supuesto, no se queja. Y, por supuesto, pasado cierto punto me adelanta en el ascenso.

—Este sitio es precioso, Jay —dice al llegar a la parte más alta—. Eh, ¿qué hacen allí? ¿Están haciendo *kitesurf*? Me encantaría saber hacer eso. ¿Podemos ir a hacer *kitesurf* alguna vez?

Miro esas cometas de colores que van de un lado a otro cerca de la orilla de la playa que hay más abajo. No estoy muy seguro de eso. No me fio de algo que puede enredarse tan fácilmente.

—¿No tendrías miedo de salir volando con una ráfaga de viento?

Pero ella solo se ríe.

—Claro que no. Aunque, bueno, si el que tiene un poco de miedo eres tú, podrías empezar enseñándome a hacer surf.

Se me cierra el estómago y me encuentro mal de repente cuando oigo esa petición. No hago surf desde... No hago surf desde hace más de dos años y tenía bastante claro que nunca iba a volver a practicarlo. Volver a coger una tabla supondría enfrentarme a demasiadas cosas y no sé si estoy preparado. Soy consciente de pronto de que en cierta manera lo echo de menos. Pero lo echo de menos como la echo de menos a *ella*, y si hay algo que está claro es que ella ya no puede volver para dejar en ridículo mi técnica con su dominio de las olas más grandes. Volver a hacer surf sin ella sería un recordatorio demasiado doloroso de todas las cosas que ya no existen.

—Jayden...

Haley pronuncia mi nombre con cautela y por eso sé que he debido de quedarme callado demasiado rato y que seguramente no tengo muy buena cara.

—No lo sé —digo en un murmullo—. Hace mucho tiempo que no cojo una tabla.

Se acerca más a mí y me toma la mano. Mi atención va directa a ese punto en el que nuestras pieles se tocan y luego subo la mirada hasta encontrar sus ojos.

—Son los recuerdos los que duelen, no la tabla, ni las canciones, ni las paredes —recuerda lo que yo le dije anoche—. Estoy bastante segura de que tienes muy buenos recuerdos con el surf, y a lo mejor no deberías guardarlos bajo llave sino permitirte revivirlos. No olvides que ahora nos tenemos para cubrirnos las espaldas. Y te juro que yo voy a ir a una fiesta en esa fraternidad algún día, Jay, y ya no me dará miedo nunca más. Y si tú quieres dejar de rehuir recuerdos, yo me muero por aprender a hacer surf.

Bajo la cabeza y apoyo la frente en su sien. De repente, todo lo que dice tiene mucho sentido. Y a lo mejor tiene que llegar el momento en que yo deje que los recuerdos formen parte de mí y me completen, en vez de reprimirlos. A lo mejor, algún día.

—Lo pensaré. —Es todo lo que puedo prometer.

Asiente, sin soltarme la mano.

Y seguimos así hasta que el sol termina por esconderse en las aguas.

Haley conduce en el camino de vuelta. Y yo la miro a ella mucho más que a la noche que se oscurece al otro lado de la ventanilla. No sé si se da cuenta de que mis ojos no paran de encontrarse con su rostro una y otra vez. Al menos, no dice nada.

Está cantando. Conduce con una mano agarrada al volante y la otra marcando el ritmo, con el pelo suelto y enmarañado porque se le ha secado al aire enredado por la arena y la sal, y parece tan tranquila y relajada; parece tan... feliz. Así que hago un vídeo sin que ella se dé cuenta. Hasta que suelto una risita al verla ponerle sentimiento a la canción y ella me mira de reojo.

—¿Me estás grabando? Para eso, tonto. Estás invadiendo mi intimidad —pide, aunque ríe suavemente ella también.

—Te compensaré. Puedes grabarme cantando cuando quieras. Afino bastante mejor que tú.

—Me lo puedes compensar, pero no cantando.

Y no hace falta que me diga lo que tiene en mente. No tiene que molestarse ni en decirlo en voz alta, porque sé lo que es. Algo que me cueste un verdadero esfuerzo. Algo que me acojona y me hace enfrentarme a ese miedo irracional. Algo que duela, solo para que ese dolor permita terminar de curar las heridas.

Surf.

Y si hay alguien en el mundo que sea capaz de darme la suficiente confianza en mí mismo para volver a coger una tabla y reconciliarme con las olas, esa es Haley Parker. Eso es lo único sobre lo que no tengo dudas.

# 8

# HALEY

Cambio el perfilador por el pintalabios, delante del espejo de mesa en mi escritorio, obligándome a seguir completando mi maquillaje.

—Tía, esfuérzate más, en serio, tienes un ojo más sombreado que otro —critica Hannah en la pantalla del móvil, que tengo apoyado en unos libros para que ella pueda verme mientras hablamos.

—De eso nada, están perfectamente equilibrados. Debe de ser tu ángulo de visión.

—¿Es ese el pintalabios que me robaste de casa?

—Yo no te he robado nada, no tengo la culpa de que no sepas dónde metes las cosas.

Aunque no estoy muy segura de dónde ha salido este pintalabios y es probable que fuera de su estuche de maquillaje, si tengo que ser sincera. Somos como hermanas y lo compartimos todo, no hay que escandalizarse por esto. Estoy segura de que ella tiene mi lápiz de ojos favorito allí, al otro lado del país.

—A ver, acércate la luz y mírame más de cerca —ordena cuando he acabado de pintarme los labios. Hago lo que me pide y levanto el móvil con una mano, muevo la cabeza a los lados y pongo morritos para que pueda verme bien—. Perfecta. Ahora aléjate para que pueda ver el conjunto.

Pongo los ojos en blanco, pero hago lo que me dice. Me he vestido con unos vaqueros cortos, una camiseta de tirantes ajustada y un jersey agujereado en color metálico. Tracy me ha ayudado a hacerme una trenza a un lado.

—Estás que te cagas, tía —opina mi amiga—. Yo te follaba.

—¡Cállate! —exijo, y ella suelta una carcajada.

—Metafóricamente hablando, no literalmente, que somos hermanas y sería un rollo raro.

—No tienes ni idea ni de lo que es una metáfora. Aún no estoy muy segura de querer hacer esto.

Mis amigos me han enredado y he acabado cediendo y vistiéndome, peinándome y maquillándome para la fiesta de principio de curso en la playa. Pero una parte de mí solo quiere quedarse en casa y acurrucarse debajo del edredón y no acercarse nunca más a esa maldita playa de Santa Mónica. Una parte de mí no quiere enfrentarse a fiestas llenas de gente. Mi psicóloga dice que es ansiedad social y que puedo trabajarla y enfrentarme a ella. ¡Ansiedad social! ¡Yo! Es increíble cómo pueden cambiar las cosas. Cómo puede sucederte algo en cualquier momento que marque tu vida y te cambie para siempre. Pero quiero hacer frente a esto. No, no es que lo quiera, es que *necesito* hacer frente a esto. Así que tengo que salir por esa puerta e ir a la playa. Al menos tengo que intentarlo.

—¿Que no estás segura? —repite mi amiga, indignada—. Mira, Haley, es una fiesta en la playa y tú eres una diva, ¿me oyes? ¡Eres la reina de las fiestas en la playa! Hemos pasado unos meses de mierda, sí, ¿y qué? Eso es pasado. Ahora es ahora y tú puedes ir a esa fiesta en la playa y merendarte a cualquiera que se te ponga en el camino. Ya no eres la Haley de marzo, ni la de julio, ni siquiera eres la Haley de la puñetera fiesta en la playa del año pasado. Ahora eres la nueva Haley, resurgida y mejorada, ¡eres la Haley dos punto cero!

Tengo que reírme cuando la oigo exclamar eso con tanto entusiasmo. Y ella se ríe conmigo. Ojalá estuviera aquí. Con Hannah tirando de mi mano todo es siempre mucho más fácil.

—Eso sí que es un discurso motivacional, tía.

—Pasa de la psicóloga y págame a mí lo que cueste la consulta; te hago sesión de terapia una vez por semana —bromea.

—Vale... Voy a ir. A ver qué tal —suspiro, y noto de nuevo un nudo en el pecho.

Me sonríe desde el otro lado, para transmitirme confianza.

—Vas a estar bien, tonta. Y, si no, me llamas y ya está, ¿vale? Estoy aquí al otro lado del teléfono en todo momento si me necesitas.

—Lo sé. Y tú pásalo bien y cuidado de quién te encaprichas esta noche —advierto, solo medio en broma.

—Ya te contaré —responde, pícara.

Sé que en el fondo no va a encapricharse de nadie. No de verdad. Porque, aunque intente negarlo y hacerse la dura, aún sigue pensando en Logan. Y en las pocas semanas que lleva en Dartmouth ha intentado encontrarle sustituto, sí, pero eso no le está resultando nada fácil. Se pasa los días temiendo encontrarse a su ex por el campus y, al mismo tiempo, sé que está muy decepcionada por no habérselo encontrado todavía.

—¡Haley, vamos, que se te está calentando la bebida! —oigo gritar a Mark desde el pasillo de la casa.

—Tengo que irme —vuelvo a hablar con mi mejor amiga—. Te quiero, ojalá estuvieras aquí conmigo.

Sonríe y asiente.

—Sí, ya lo sé. Yo también te quiero, Hal. ¡Eh! —me llama antes de que cuelgue la llamada—, cómetelos, tía.

Me contagia la sonrisa rápidamente.

—Claro. Y tú no te comas a nadie.

Nos despedimos lanzándonos besos a través de la pantalla. En cuanto cuelgo, veo que tengo mensajes nuevos.

> Nosotros ya estamos haciendo una parada técnica en un pub antes de ir a la playa. ¿Cómo vais?

> ¿En serio estamos a punto de hacer esto? Te recuerdo que la playa de Santa Mónica es solo para turistas y perdedores.

Me río bajito tras leer ese mensaje. Y con una sonrisa tecleo la respuesta:

> Yo no soy de aquí, así que puedo infiltrarme perfectamente. ¿Qué vas a ser tú esta noche?

Veo que su estado cambia a «en línea» y empieza a escribir una respuesta enseguida.

> Ser turista es lo peor, prefiero ser un perdedor.

> Ninguna objeción. Por aquí ya estamos casi preparados, enseguida vamos.

> Te espero en la playa. Me reconocerás por la L de *loser* que voy a llevar pintada en la frente.

> Me reconocerás por el mapa y la cámara de fotos.

> Y porque seguro que serás la más guapa de la fiesta.

> Tú también me reconocerás porque seré el más guapo de la fiesta.

> El más engreído de la fiesta.

> Eso también, no tiene pérdida. Te veo en un rato, bebé koala, te guardaré alguna hojita de eucalipto para acompañar la bebida.

Vuelvo a releer uno de sus mensajes varias veces, con los latidos un pelín arrítmicos.

*Y porque seguro que serás la más guapa de la fiesta.*

—¡Haley!

Mis tres compañeros de piso gritan mi nombre al unísono para meterme prisa y que vuelva con ellos al salón de una vez.

Se me revuelve todo por dentro cuando estamos a escasos metros de nuestro destino y ni siquiera me hace falta mirar la calle o alcanzar a ver la playa. Es solo el sonido de la maldita música que suena a través de unos altavoces lo que me hace volver atrás en el tiempo de golpe y me corta la respiración y da la vuelta a mi estómago. Tengo que esforzarme para mantener el ritmo de mis inspiraciones y centrarme solamente en eso, en respirar, como me enseñó la psicóloga de San Francisco. *Quédate en el presente, Haley, estás aquí, a salvo, segura, sentada en el asiento trasero de un coche entre Tracy y*

*Britt, y todo va bien.* Sí, pero no puedo evitar que se me ponga toda la piel de gallina cuando en mi mente aparece esa imagen de Trevor esperando al otro lado de la calle, en la entrada de la playa, justo antes de que él apareciera a mi espalda y sucediera. Recuerdo cada palabra, cada sonido, cada una de las sensaciones y emociones de aquella noche como si acabara de suceder. Como si aún estuviera allí, con él. Sigo respirando, despacio, profundo. Inspira y espira. Estoy aquí y ahora. No va a pasar nada.

—Haley —me llama Tracy cuando el vehículo ha parado y ve que no la sigo. Consigo levantar la mirada hasta enfocarla. Me tiende la mano para ayudarme a bajar y habla con voz dulce—: Vamos. ¿Estás bien?

Brittany aparece a mi otro lado al instante y me pone una mano en la espalda.

—Estoy bien.

El Uber nos ha dejado junto al muelle de Santa Mónica, lo bastante lejos del apartamento de Styles para poder controlar mis *flashbacks* del pasado, pero no lo suficiente para que no alcance a ver el edificio desde aquí, al final de la larga calle que discurre paralela a la playa. Aparto la vista de inmediato y me centro en avanzar hacia la arena, flanqueada por mis dos amigas y siguiendo los pasos de Mark, que va estirando el cuello para intentar localizar a los demás.

Es la voz de Tanya la primera que oigo saludarnos y, cuando levanto la vista, el nudo del pecho se me afloja rápidamente al encontrar la sonrisa de Jayden esperándome a tan solo unos metros de distancia.

—Hola —saluda él primero.

—Hola. ¿Dónde está tu ele?

Se ríe y mi atención se desvía a su hoyuelo.

—¿Dónde está tu cámara? Esto está lleno de turistas y he pensado que era mejor hacerme pasar por uno de ellos. Ade-

74

más, sabía que ibas a reconocerme desde lejos, porque he echado un vistazo alrededor y está claro que soy el más guapo de la fiesta —alardea, con esa expresión tan creída que pone a veces.

—No me ha costado nada. He visto tu sonrisa de pretencioso desde el otro lado de la calle.

Suelta una carcajada. Da un paso más hacia mí y me da un abrazo rápido.

—¿Cómo estás? ¿Todo bien? —pregunta antes de apartarse para buscar mis ojos. Asiento varias veces con la cabeza, como si con un solo asentimiento no fuera suficiente para que yo misma me lo pueda creer—. Tú sí que eres la más guapa de la fiesta, te habría reconocido al instante entre un millón.

Tengo que ponerme un poco roja, a lo mejor, pero puede que el maquillaje me eche un cable y lo disimule. Él me guiña un ojo, con uno de sus guiñitos de la marca Sparks que antes me irritaban muchísimo y ahora me provocan una especie de cosquillas en la boca del estómago.

—¿Quieres algo de beber?

Asiento y espero mientras se aleja para conseguirme una cerveza.

Vale, vamos allá, recuerdos nuevos, nada de pensar en el pasado. Ese es el mantra que no paro de repetirme y, a pesar de ello, vuelvo a ver esos ojos grises y la forma en que me miraron cuando le pregunté su nombre hace ya un año. *Creía que habrías leído mi vaso. Daryl, pero nadie me llama así desde hace años. Suena bien cuando lo dices tú.*

Casi me sobresalto cuando un botellín aparece en mi campo de visión. Vuelvo a la realidad y lo cojo, intentando pagárselo a Jay con una sonrisa y dejándoselo a deber, al final.

—¿Seguro que estás bien, Haley?

Centro toda mi atención en sus ojos, de un color más oscuro del habitual cuando la luz escasea, y asiento.

—Sí. Sí, estoy bien. Hay mucha gente, y yo estoy desentrenada en esto de las fiestas, eso es todo.

Pasea sus pupilas entre las mías por un momento antes de hablar.

—Vale —finge que se lo cree—. Si necesitas salir corriendo en cualquier momento, solo hazme una señal y nos largamos.

Sonrío, esta vez de verdad.

—¿Una señal secreta? ¿Cómo qué? ¿Un corte de mangas?

—Me haces cortes de mangas muy habitualmente y por diversos motivos, podría resultar confuso —bromea él—. ¿Qué tal algo como tirarte tres veces de la oreja?

—Perfecto. Y si eres tú el que quiere salir corriendo por lo que sea, ya sabes, tírate tres veces de...

Me pone el dedo índice sobre los labios para hacerme callar.

—No digas esa grosería en voz alta delante de toda esta gente —suelta, burlón.

—Eres muy tonto —acuso, pero no puedo evitar reírme contagiada por sus carcajadas.

Luego nos quedamos serios cuando nuestros ojos vuelven a encontrarse como si tuvieran carga magnética opuesta y no pudieran dejar de buscarse.

—Te cubro las espaldas —recuerda, serio, y pasea la mirada por mi rostro.

Yo hago lo mismo, estudiando sus rasgos: la forma de sus ojos, el perfil de su nariz, la curvatura de sus labios... Ahora mismo solo quiero acercarme más a él. Quiero sentir que está conmigo. Pegarme a su cuerpo, abrazarlo cerca, y que desaparezca todo el resto del mundo. Que se esfume la gente. Que se difumine la playa.

—¡Chicas! —exclama Mark—. Va a venir. Acaba de escribirme para decir que viene a Los Ángeles. ¡Se muda en dos semanas!

Está bastante alterado, como si acabaran de darle una noticia de la que todavía no ha decidido si es la mejor o la peor del mundo.

—¿Quién? —preguntamos Britt y yo al mismo tiempo.

—¿Cómo que quién? ¡Qué quién! —chilla él—. ¡Fer! ¿Quién va a ser?

—¡Fernando! —exclamamos mi amiga y yo de nuevo al unísono, tan alto que llamamos la atención de todos nuestros amigos que estaban a lo suyo a nuestro alrededor.

Mark pone los ojos en blanco y se da media vuelta, dándonos la espalda y alejándose a grandes zancadas hacia la orilla.

Intercambiamos una mirada traviesa. Sé que las dos estamos pensando lo mismo: así que solo era un rollo de verano, ¿no? Sexo y nada más en absoluto. Viendo cómo ha afectado esta noticia a Mark cualquiera lo diría. Tenemos que salir corriendo detrás de él, no para evitar que se enfade con nosotras, sino para interrogarlo y descubrir algo más sobre todo este asunto. Tracy deja lo que quiera que estuviera haciendo para unirse a nosotros, por supuesto.

Los dramas amorosos de Mark, que no tiene ni idea de lo que va a pasar o de lo que él mismo va a hacer cuando ese tal Fer esté en la ciudad, me entretienen lo suficiente para acostumbrarme al ambiente y poder empezar a obviarlo.

Jayden está lejos, aunque siempre alrededor, como uno de esos agentes del servicio secreto a los que se les ordena proteger a alguien importante en las películas. Sé que está pendiente de mí durante la mayor parte del tiempo, y eso no me molesta como me molestaba hace un año. Ahora me hace sentir bien saber que estará a mi lado en menos de un segundo si lo necesito. Y, si soy consciente de lo pendiente que él está de mí, aunque esté hablando y riéndose con otra gente, es porque yo también estoy bastante pendiente de él. Y cada vez que nuestras miradas furtivas se cruzan y nos pillamos buscando al otro, nos sonreímos y seguimos cada uno a lo nuestro.

Paseo mi vista alrededor para localizar a Jayden mientras Mark habla y habla sin parar. Lo veo enseguida, pero esta vez mis ojos no tropiezan con los suyos. No, porque los suyos están clavaditos en una chica castaña con un vestido floreado monísimo con la que habla. Ella se ríe coqueta todo el tiempo. Y a mí es como si se me clavara algo punzante en las tripas que no llega a doler pero molesta y que no tengo ni idea de qué es o qué hace en mí.

Habrá pasado como media hora desde la primera vez que he visto a esa chica y a su vestido de flores y, a mi pesar, aún la sigo viendo. No es que Jayden no se haya despegado de ella en todo este tiempo, parece que su grupo de amigos conoce a los chicos de algo y hablan con unos y con otros. Estoy viendo como él se agacha para decirle algo y ella sonríe y le pega suave con una mano en el pecho, como si no nos conociéramos todos ya esos truquitos, cuando algo hace que lo que veo pase a un segundo o tercer plano y toda mi atención se centre en otra parte.

—¡Tracy! ¡Te he estado buscando, tía!

Una voz femenina que me resulta familiar y que mi organismo asocia inmediatamente a emociones difíciles y a situaciones desagradables. A fiestas, a reuniones en la planta baja de esa fraternidad. A esa maldita sala vip. Me giro y la veo, saludando a Tracy con un abrazo y dando un par de saltitos, como si fueran las mejores amigas del mundo.

—¡Hope! Pero si no te he visto por la facultad estas dos semanas, ¿dónde has estado escondida?

Aparto la mirada en cuanto los ojos de esa chica se cruzan con los míos y veo en ellos un destello de reconocimiento. Esta fiesta está dejando de ser un lugar seguro y agradable demasiado deprisa para mí. Bebo un trago largo de mi vaso, a pesar de que mi mente me dice que ahogarme en alcohol en situaciones así nunca ha solucionado nada, y me alejo un par de pasos del grupo, creo que sin que nadie se dé cuenta, porque necesito dejar de oír la voz de Hope.

Respiro hondo y bebo un poco más, aún cerca del grupo, pero apartada, donde la música se oye más alta y las voces de mi grupo social más bajas. Y así está mejor.

—¿Haley?

Otra voz conocida y asociada a todo aquello en lo que yo no quería pensar para nada esta noche. Esta vez me vuelvo sobresaltada, hasta he tenido que quedarme pálida, y sé que la ansiedad revolotea alrededor, dispuesta a lanzarse sobre mí y apretar mi cuello hasta dejarme sin respiración en cualquier momento.

—Sean —digo, con un hilo de voz que no sé ni de dónde sale.

Él me sonríe, pero enseguida esa sonrisa se diluye dejando paso a una expresión distinta, más acorde a las circunstancias.

—No esperaba verte por aquí —dice, con aire tímido, como si no supiera muy bien cómo romper el hielo—. Me dijeron que te habías ido de la ciudad.

—Sí —corroboro, aunque solo sea por echarle un cable al ver lo incómodo que parece—. He vuelto.

—Ya. Sí. Me alegro de verte. ¿Cómo estás?

¿Qué le digo? ¿Bien? Resultaría bastante obvio que no es cierto. ¿Mal? Redundante, me imagino que él ya se hace una idea, después de todo.

Tampoco quiero ser fría o desagradable. Sean nunca se

portó mal conmigo, en realidad. De hecho, fue el único de todo ese grupo que fue amable conmigo todo el tiempo.

—Tengo mis momentos —decido decir al fin, y creo que es la forma más sincera de responder.

Baja la mirada y asiente, como si lo entendiera y se sintiera mal por ello. Cuando vuelve a alzar la vista hasta mi cara, aunque evitando mis ojos, veo una sombra de culpabilidad cruzando su rostro.

—Siento muchísimo todo lo que pasó, Haley. Yo no... Te juro que yo no sabía todo lo que Styles... Siento lo que te hizo.

Oírlo decir eso y, sobre todo, oír ese maldito apellido provoca una especie de descarga eléctrica en mi corazón que duele. Duele mucho y me cuesta volver a ser capaz de tomar aire para respirar. Niego con la cabeza, incapaz de articular palabra.

—Y, si pude haber hecho algo para ayudarte y no lo hice, lo siento mucho, de verdad —sigue, al ver que yo no respondo.

Me esfuerzo por decir algo, porque quedarme muda no es manera de enfrentarme a mis propios demonios. Y sé muy bien hasta qué punto se puede llegar cuando dejas que los demonios te dominen.

—No habrías podido hacer nada, Sean, pero gracias.

Asiente. Es así: nadie podía hacer nada para sacarme de allí excepto yo misma.

—No quiero molestarte —murmura, incómodo—. Si alguna vez necesitas algo, creo que tienes mi número, ¿no?

No me preocupo por contestar. La verdad es que no lo tengo, y tampoco lo quiero. Me deshice de parte de mi agenda de contactos cuando me cambié el número de teléfono.

Está a punto de darse media vuelta, pero luego parece pensar algo más y vuelve a mirarme.

—Ah, Haley... Tú no... no has vuelto a saber nada de él,

¿verdad? Se largó de aquí hace meses y nadie ha vuelto a saber nada, ni siquiera Trevor. ¿No...?

—No —corto lo que sea que vaya a preguntar, en un tono mucho más seco.

—Perdona —dice, a media voz—. Me alegro de verte —vuelve a decir antes de dar la vuelta y alejarse sin esperar respuesta.

No tengo nada en contra de Sean, pero no quiero estar cerca de nada que me lleve de vuelta a ese tiempo con *él*.

Lo sigo con la mirada sin saber muy bien por qué o si realmente quiero ver dónde o con quién está. Me lo puedo imaginar y no quiero verlos. Pero, por desgracia, están mucho más cerca de lo que pensaba y la figura de Sean no se pierde entre el gentío hasta desaparecer, como yo esperaba que pasara. Están ahí, tan cerca de mi propio grupo de amigos que en cualquier momento podrían llegar a unirse y formar uno solo. Veo a ese chico que hacía tatuajes al que Styles casi da una paliza solo por poner un dedo en mi hombro, al chico que le compraba cocaína, y algunas otras caras conocidas. También están ellas. Y en medio, con un vaso en la mano y mirando hacia donde yo estoy, está Trevor.

Siento que no puedo respirar cuando sus ojos encuentran los míos. Me está mirando directamente y yo vuelvo a ver su imagen al otro lado de la carretera cuando llegué a aquella fiesta en la playa y luego... Abro la boca para intentar tomar el aire que no consigo inhalar por la nariz, pero no es suficiente. Quiero gritar y no tengo voz. Y quiero correr, pero mi cuerpo no me responde. Aparto la mirada y busco entre las caras de mis amigos. Es el momento de tirarme tres veces de la oreja, pero Jayden no me mira. Tiene toda su atención puesta en esa cara bonita que sirve como carta de presentación a un cuerpo de curvas perfectas envueltas en un vestido de flores. Obligo a mis piernas a moverse, y a mis pies a dar un paso y luego otro para tirar el vaso aún medio lleno a una papelera y acercarme hasta donde Mark y Britt están bailando. Tracy está unos pasos más a la derecha, aún con Hope, casi integrada en ese grupo de gente que a mí me está alterando tanto.

—Chicos... —empiezo, cuando llego a su altura.

Quiero decirles que me voy a casa, que necesito irme a casa, pero entonces una voz que suena más alta y segura que la mía corta mi amago de explicación.

—Mírala, la niña bien, paseándose por aquí como si nada hubiera pasado.

—Trevor, déjala. —Oigo a Sean, a un volumen más bajo, justo detrás de su amigo.

Pero él no le hace caso, claro.

—No esperaba volver a verla por aquí, ¿y vosotros? —Ni siquiera está hablando directamente conmigo, aunque eleva el tono de voz—. No os acerquéis mucho a ella, os joderá hasta desquiciaros y luego os pondrá una denuncia y terminará por hacer que tengáis que largaros de la ciudad.

Me hierve la sangre cuando lo oigo decir eso. Me invade la rabia y todo mi cuerpo grita sin palabras, haciendo arder mi piel. Me parece oír a Britt decir algo. Y Mark está preguntando a Trevor si tiene algún problema. Pero yo no hago caso a mis amigos.

Me giro y doy tres pasos hasta llegar al límite de ese grupo de gente que me gustaría no haber tenido que volver a ver. Trevor ni siquiera me está mirando.

—¿Tienes algo que decirme? —pregunto, con la voz mucho más firme de lo que esperaba que pudiera llegar a sonar—. Porque, si es así, puedes venir aquí y decírmelo a la cara.

Entonces sí que me mira. Tiene una expresión burlona y me observa de arriba abajo como si le hiciera gracia que yo, siendo tan poquita cosa, me atreva a enfrentarme a él.

—No sé cómo es que has vuelto si te fuiste de aquí lloriqueando y haciéndote tanto la víctima —dice—. Deberías haberte quedado bien lejos, donde no puedas joder y luego dejar tirado a ningún otro amigo mío.

No me dejo amedrentar. Y la verdad es que nada de lo que dice sobre mí me está afectando tanto como yo pensaba que podría. Lo que está despertando mi ataque de ira es que vaya de que Styles era tan amigo suyo. Que era muy amigo suyo y yo fui la única persona en el mundo que lo dejó tirado. Sí, claro.

—¿Amigo? —repito en forma de pregunta, prácticamente escupiendo la palabra—. Es gracioso que vayas de que eras su amigo cuando no te importaba una puta mierda. No te recuerdo en la terraza cuando él estaba al borde con una botella, ni tratando de calmarlo cuando se destrozaba los nudillos contra las paredes, y tampoco sentado en una silla de hospital esperando a saber cómo estaba; no, recuerdo que te largaste corriendo en cuanto yo llegué sin importarte si salía de allí o no.

Sonríe, muy tranquilo tras mis acusaciones.

—Curioso que menciones todo eso porque si hay algo en común es que la culpa de que él acabara así siempre la tenías tú.

Intento que no se note nada en mi aspecto exterior y mantener la compostura, pero una absurda oleada de culpabilidad arrasa parte de mi entereza.

*Sin ti voy a morirme, Haley.*

*Hago muchas gilipolleces cuando tú no estás.*

—A saber lo que habrías acabado por hacer con él si no llegas a largarte —sigue—. Todos se lo dijimos y él lo sabía bien: que eras solo una puta de buena cuna. Pero, ya ves, el amor es ciego, dicen.

Aprieto la mandíbula y le sostengo la mirada, otra vez temblando de rabia.

—Atrévete a volver a repetir eso —reto.

Se ríe y niega con la cabeza, como si pensara que no tengo ninguna posibilidad de defenderme sola.

—¿Y qué? ¿Irás a ponerme una denuncia?

Qué hijo de puta.

Doy un paso más al frente y la mano de Brittany intenta detenerme mientras oigo su voz muy lejana diciéndome que lo deje y nos vayamos. Me sorprende que Mark no haya dicho nada aún, pero creo que está esperando el momento adecuado en el que decidir con criterio si puedo o no apañármelas sola antes de sacarme de aquí.

Sean se interpone y trata de calmarme con voz suave:

—Haley, déjalo estar. No vale la pena. Vete. Nosotros nos vamos, ¿vale? Déjalo.

Tiene razón en algo: Trevor no vale la pena. Doy un paso atrás. Ahí sigue, con esa sonrisa de suficiencia. Oigo a Mark llamarme, así que creo que ha llegado el punto en que él también considera que debe intervenir. Si hay algo que no quiero es meter a mis amigos en esto. Suelto el aire que estaba conteniendo, frustrada, y me doy media vuelta para marcharme con la cabeza alta y la dignidad que aún me quede.

—La pena es que no conseguiste todo lo que querías, niña bien; seguro que habrías sido más feliz si hubieras conseguido verlo muerto.

Puede que sea una décima de segundo lo que me cuesta darme la vuelta y abalanzarme hacia donde está. Hay como cinco tíos a su alrededor, pero a ninguno le da tiempo a intervenir cuando llego hasta él y estrello el puño, firmemente cerrado, con todas mis fuerzas contra su cara.

Se forma mucho alboroto alrededor mientras sus supuestos amigos me jalean entre risas, y las chicas gritan y dicen que me he vuelto loca. Trevor no se lo esperaba para nada, creo, así que lo único que puede hacer es intentar parar mis manos mientras lanzo golpes y arañazos contra su cara y su pecho.

De repente, me apartan de allí. Alguien me agarra por la cintura con un brazo y me levanta en el aire mientras yo sigo lanzando golpes, rabiosa. Me carga sobre su hombro y me aleja de todo el mundo hacia la salida de la playa.

—¡Jayden, suéltame! —grito—. ¡Voy en serio! ¡Suéltame!

Deja de andar cuando nos hemos alejado tanto que incluso la música suena atenuada aquí. Me baja con cuidado y quedo en pie delante de él.

—¿Es que te has vuelto loca? —pregunta, con las manos en mi cintura. Pero su tono de voz es demasiado tierno como para que esto sea una bronca de verdad—. ¿Estás bien?

Me tiembla el labio cuando intento responder y estoy a punto de romperme. Me lo muerdo para evitarlo y me aparto y camino hasta unas escaleras que suben, al otro lado de la línea de aparcamientos, y me siento allí escondiendo la cabeza entre los brazos. En un segundo noto cómo Jay se sienta a mi lado, en silencio.

—No tenía que haber venido —murmuro.

—El que no tenía que haber venido es ese gilipollas —masculla él, cabreado—. ¿Quieres que vaya ahí y le dé un puñetazo de verdad? Sin ofender, pero lo que tú has hecho ha sido un poco ridículo.

Levanto la cabeza y lo miro sorprendida.

—¿Qué? Le he dado todo lo fuerte que he podido. Me he hecho daño en la mano.

Solo consigo hacerle soltar un par de carcajadas. Pero eso está bien porque oír su risa me relaja y me hace sentir mejor. Coge mi mano derecha entre las suyas y me masajea muy delicadamente los nudillos.

—¿Duele?

—Un poco —me quejo, sobre todo porque quiero que siga haciendo eso.

—Es porque no sabes pegar. A ver, ¿cómo tenías el puño? ¿Cómo lo has cerrado?

—Yo qué sé. Normal —respondo. Lo cierro entre el calor de sus manos para hacerle una demostración—. Así, creo.

Acaricia mis dedos para moverlos y colocarme el puño en la posición correcta.

—Tienes que hacerlo así —explica, mientras me guía—. Así el impacto para tu mano es menor y está más repartido, y haces más daño.

—¿No crees que le haya hecho daño?

Sonríe de medio lado, con los ojos fijos en mi mano, y vuelve a acariciar mis nudillos lentamente.

—En su orgullo seguro que sí.

Eso me hace soltar una risita a mí también.

—¿Me enseñarás a pegar bien? —Enarca una ceja como si le estuviera pidiendo que me entrenara para matar—. No te pegaré a ti, a no ser que te lo merezcas mucho.

Sonríe y marca su hoyuelo.

—No vas a pegar a nadie —regaña, pero suena divertido—. Además, yo no pego a la gente, yo solo sé darle al saco.

—Pues enséñame a darle al saco —insisto. Frunzo un poco el ceño cuando veo que no parece nada convencido—. Jay, no voy a ir por ahí siendo una matona, pero quiero dejar de sentirme así, ¿vale? Quiero dejar de sentirme débil y vulnerable. Quiero saber defenderme.

—Vale —dice, sin soltar mi mano—. Te conseguiré un pase de prueba para el gimnasio y te enseñaré algunas cosas.

—Bien —me muestro satisfecha.

—También hay un curso de defensa personal. Creo que si eres estudiante de la universidad te hacen un veinticinco por ciento de descuento. ¿Quieres que le pregunte a Kevin si lo hacen este año?

Asiento con la cabeza. Sí, eso es justo lo que quiero hacer. Saber que puedo ser capaz de defenderme a lo mejor ayuda.

—¿Quién es Kevin?

—Mi colega que es monitor del gimnasio.

—Ah, el tío alto, guapo y cachas del gimnasio.

—No, ese soy yo —bromea. Empujo su hombro y lo llamo fantasma, y se ríe suave—. Él suele dar el curso.

—¿Alto, guapo, cachas y experto en técnicas de defensa personal?

—Todo un partidazo —me sigue el juego. Pero enseguida se queda serio y se aparta para mirarme a la cara—. ¿Estás más tranquila?

Me obligo a sonreír y asiento con la cabeza.

—Sí. Estoy bien. No hace falta que estés aquí conmigo, escuchando mis tonterías, solo porque no soy capaz de enfrentarme a una fiesta. Deberías volver ahí a pasártelo bien. Me pido un Uber y me voy a casa.

Frunce el ceño y me mira como si estuviera actuando de una manera tan extraña que no me reconociera.

—Yo te cubro la espalda a ti y tú me cubres la espalda a mí, ¿no? Y ese idiota de la playa no tenía ni idea de con quién se estaba metiendo, porque puede que no sepas pegar puñetazos, pero eres la tía más dura que conozco. Mírate, Haley, aquí estás, en la playa de Santa Mónica. Yo no he sido capaz de tocar una tabla de surf en años —compara—. Tú eres mucho más fuerte y más valiente que yo.

—Puede que te cueste hacer frente a algunos recuerdos, pero eso no significa que yo sea más valiente que tú. Yo no habría sido capaz de mantenerme tan entera y de estar para mi madre de la manera en que tú has estado para la tuya si todo eso le hubiera pasado a ella. Has estado ahí para toda tu familia, tirando de ellos hacia delante. Yo me habría quedado llorando en un rincón.

Ha sido el pilar que ha mantenido en pie a su familia durante estos meses. Ha estado ahí para todos, sin flaquear ni un momento.

—Ya, ¿y quién estaba horas pegada al otro lado del teléfono mientras yo me desahogaba? No habría podido hacerlo sin ti.

—Sí que habrías podido.

Se encoge de hombros.

—A lo mejor, pero contigo ha sido menos difícil.

Apoyo la cabeza en su hombro. Mi mano aún sigue en la suya y estar así se siente tan natural que no había sido del todo consciente de que no las hemos soltado ni por un segundo.

—Es mejor que me vaya a casa —insisto, tras un minuto de silencio—. No te quedes aquí, de verdad, vuelve a la fiesta. Estoy bien, puedes irte a hacer lo que quieras.

—¿Y si lo que quiero es estar aquí contigo?

—No tienes por qué, seguro que quieres...

—Haley. —Se mueve para poner la cara frente a la mía. Está muy serio cuando vuelve a hablar—: Quiero estar aquí contigo.

Lo miro a los ojos.

—Estarás deseando volver allí y con esa chica, no estar aquí haciéndome de niñero.

—Yo no te estoy haciendo de niñero. ¿Y de qué chica estás hablando?

Vuelvo a mirar su cara, dejando claro con mi expresión que quiero que deje de vacilarme, pero la verdad es que él parece genuinamente confuso ante lo que le he dicho.

—En serio, Jay. Esa chica monísima con la que te has pasado toda la noche.

Me mira como si tratara de descifrar lo que estoy pensando detrás de todo lo que digo. Y ojalá yo lo supiera también.

Estoy hecha un lío. Veo que estira la comisura de los labios en una sonrisa perezosa, y casi me dan ganas de probar esa forma de dar puñetazos que ha tratado de enseñarme. Lo haré como se le ocurra insinuar cualquier cosa sobre estar celosa.

—Si te refieres a Karen, no sé lo que te habrá parecido, pero te aseguro que para nada...

—No tienes que darme explicaciones, Jay.

—Quiero darte explicaciones —responde, firme. Sus ojos no se apartan—. Es la hermana pequeña de Asher, empieza la uni este año, es casi como si fuera mi hermana. No tengo esa clase de interés en ella, te lo aseguro. Como he dicho, yo lo que quiero es estar aquí contigo. Aquí o donde quieras. El sitio me da exactamente igual.

Me quedo en silencio, sin nada que decir. Sus ojos reflejan los míos y no sé si esos latidos acelerados que oigo son suyos o son míos... o de los dos. Estamos muy cerca y yo me muerdo el labio, porque no sé ni qué está pasando, ni qué siento. La mano que él tenía en mi rodilla se mueve lentamente, acariciando mi muslo con un leve roce y poniéndome la piel de gallina. Su vista baja a mis labios y lo veo tragar saliva como si le supusiera todo un esfuerzo el hacerlo. Se mueve unos milímetros, muy despacio, acercando su cara a la mía, y luego para, dándome espacio para que sea yo quien decida si quiero recorrerlo. Y quiero y no quiero, a la misma vez. Un nudo me cierra la garganta y me pesa el cuerpo y me siento repentinamente mareada. Siento que necesito aire. No puedo hacer esto.

—Vamos a la playa —digo, a media voz, y me arqueo hacia atrás para ganar distancia—. A lo mejor Britt quiere volver a casa conmigo.

Se levanta enseguida y tira de mi mano para ponerme en pie. Lo suelto cuando ya camino de vuelta a la playa y él me sigue de cerca en silencio.

# 9

# HALEY

Llego al gimnasio justo a la hora a la que he quedado con Jayden. Preguntó lo del curso de defensa personal el lunes pasado y me reservó una plaza. Empieza en octubre y se imparte dos tardes a la semana durante cuatro semanas, hasta final de mes. Pero me han pasado una tarjeta para que también pueda utilizar las instalaciones hasta entonces.

Me presento ante Jayden fingiendo ser una boxeadora profesional, moviendo los puños y pegando saltitos con un pie y otro alternativamente. Me he puesto unos *leggins* y un sujetador deportivo con una camiseta suelta por encima. Y antes de salir de casa me he peinado con dos trenzas apretadas a los lados de la cabeza, para darme aspecto de deportista dura. Menos mal que estamos solos en la sala, de lo contrario no podría estar ofreciéndole mi numerito.

Pero mi amigo se limita a abandonar su entrenamiento y negar con la cabeza, desaprobando mi espectáculo.

—Estás cerrando mal los puños y eso ya lo tenías que haber aprendido —critica.

Abro inmediatamente las manos y dejo caer los brazos a los lados del cuerpo, haciendo pucheros. No se ablanda del todo, pero veo aparecer un amago de sonrisa en sus labios.

—¿Cuál es mi saco?

—Aún ninguno —me desilusiona. Está sacando algo de una bolsa que tiene a un lado de la sala—. Ven aquí, anda.

Me acerco despacio, para ver qué es lo que tiene entre las manos. Son unas vendas iguales a las que lleva él.

—¿Para qué es eso? Pensaba que las llevabas solo porque eres un flipado.

Me mira a la cara y arquea una sola ceja, divertido.

—¿Yo soy un flipado? —Estira la mano para tirar de una de mis trenzas—. Tú te has puesto todo el *look* para la ocasión.

—Porque hay que saber meterse en el papel. Y si me pongo esas vendas en las manos y parezco una boxeadora dura y peleona de verdad, vas a tener que hacerme una foto para mis redes sociales.

—Eres dura y peleona de verdad —dice, y me coge la mano para empezar a vendarla—. Con lo de boxeadora ya tengo bastantes dudas.

Esta vez soy yo la que sonríe y lo observo mientras él envuelve mi mano delicadamente, con gesto de total concentración.

Suelta un sonido de frustración.

—¿Te importa darte la vuelta? —pide. Me giro para darle la espalda y él me rodea con los brazos para volver a intentarlo desde esa posición—. Ese ángulo no me estaba ayudando. Junta el pulgar y sujeta el borde ahí —pide, cerca de mi oído.

No me molesta su cercanía. Pero me inunda de una sensación extraña, aunque agradable. Es muy delicado vendando mis manos con mimo, pero yo estoy un poco nerviosa con su cuerpo pegado al mío y su voz murmurando tan cerca de mi oreja. A lo mejor lo que casi pasó en la fiesta de la playa ha cambiado algo, y es que ahora soy mucho más consciente de las reacciones de mi cuerpo cuando él me toca.

—¿Para qué hay que hacer esto de vendarse las manos?

—Es para sujetar bien todos los huesos pequeños y que los golpes no los desplacen y puedan hacerte fisuras o roturas. —Me giro cuando ha terminado de colocarlas y lo miro de frente. Sigue centrando la atención en mis manos—. ¿Te las he apretado mucho?

—No, está bien.

Se acerca al saco y yo voy detrás, esperando sus instrucciones.

—A ver, ¿cómo se coloca el puño? —me pone a prueba.

Me cuesta tres intentos y otras tantas correcciones conseguir la posición perfecta de todos los dedos. Y luego empieza a explicarme la mejor manera de golpear para no hacerme daño y ejercitar todos los músculos.

Estamos con eso hasta que me propone que hagamos un descanso. Me sorprende ver que llevo aquí cerca de cuarenta minutos, cuando miro el reloj de pared que hay junto a la puerta.

Jay me pasa un botellín de agua y yo lo abro enseguida para dar el primer trago. No pensaba que esto fuera a cansarme tanto, y eso que no he dado cuatro golpes seguidos sin que mi profesor particular tuviera que intervenir y corregirme o darme algún consejo.

—¿Qué haces el fin de semana? —le pregunto—. ¿Irás a casa de tus padres?

Se encoge de hombros.

—Aún no lo he decidido. Mi madre está bien y cuando está bien le agobia tenernos a todos allí. Pero supongo que me quedaré, al menos alguna de las noches. ¿Y tú? ¿Tienes planes?

Niego con la cabeza.

—Nada especial.

—Había pensado en hacer algo el sábado, pero aún no me he decidido. ¿Te apuntarías?

Me lanza una mirada rápida antes de volver a esconderla.

—Depende, ¿qué es?

—No puedes hacer preguntas, es una sorpresa.

—¿Cómo me la voy a jugar? Se te puede haber ocurrido cualquier locura.

—Nada que ponga en riesgo tu vida, la mía, ni la de terceros... creo —suelta, burlón—. No vamos a hacer paracaidismo ni nada de eso.

—¿No? Estaba deseando que fuera paracaidismo.

—¿Vendrás si voy yo?

Suena bastante inseguro y es raro oír así a Jayden, que siempre es todo seguridad y autoestima.

—Iré.

Se levanta del suelo, donde nos habíamos sentado, y me hace un gesto para que mueva el culo yo también.

—Venga, vamos a darle un poco más.

Me pongo de pie de un salto, para demostrarle que aún tengo energía de sobra.

—¿Ahora me enseñas a darle una patada voladora?

—Claro que no..., aún no —añade tras su negativa rotunda, y eso consigue arrancarme una carcajada.

Me alegro de estar aquí con él.

Nada ha cambiado.

Y solo espero que nada nunca tenga que cambiar.


Jayden está de pie frente al portal cuando salgo a la calle con la mochila al hombro. Lleva el bañador y una sudadera, tiene las gafas de sol puestas y un café para llevar en cada mano.

—Buenos días —saluda cuando llego a su altura, y me tiende uno.

—Sí, claro —mascullo como toda respuesta. Doy el primer trago inmediatamente para ver si eso consigue despertarme—. No sé por qué llevas las gafas de sol si apenas ha amanecido. Espero que esto merezca la pena, Jay, de verdad.

Sonríe de medio lado, con esa superioridad de la que solo se puede hacer gala cuando se sabe todo lo que va a pasar y la otra persona no tiene ni idea.

—Madrugar es bueno, Haley. Aprovechas mucho más el día.

Me hace una seña para que le siga y echa a andar calle abajo.

—Ya, pues a mí me gusta aprovechar los sábados para dormir y no hace falta madrugar para eso —le digo a su espalda—. ¿Le has robado el coche a tu madre?

—Me hacía falta un coche y estaba allí.

Freno en seco al ver dos tablas de surf en la baca del vehículo.

—¡Jay! —exclamo. Doy un salto para plantarme ante él—. ¿Vas en serio?

Dibuja una sonrisa perezosa, aún insegura, y encoge un solo hombro.

—Dijiste que querías que te enseñara a hacer surf, ¿no?

Me lanzo sobre él y lo abrazo por el cuello. Responde a mi entusiasmo con una risa suave.

—¡Va a ser genial! ¡Ya verás como no te arrepientes! —aseguro, y cojo su mano para obligarlo a caminar más deprisa hasta el coche.

Acaricio la superficie de las tablas. No recuerdo haber visto ninguna en casa de sus padres, ni tampoco en su apartamento.

—¿Son tuyas?

Niega con la cabeza.

—No. Me las ha prestado Asher.

Se sube al asiento del conductor y yo me apresuro a hacer lo mismo a su lado. Pone entre los dos una bolsa llena de cosas ricas para desayunar.

—Come —me ordena—. Te va a hacer falta la energía.

—¿Y tú no tienes tabla de surf?

Esconde la mirada y da un sorbo breve a su café antes de darme una respuesta.

—No. Vendí la mía después de... —Se toma un segundo para respirar antes de terminar la frase—. Después de lo de Sarah.

Alargo la mano para acariciarle el pelo de la nuca por unos segundos. Me mira de reojo, con aire tímido, y yo le sonrío para darle confianza.

—Pues deberías tener una —opino—. A lo mejor después de hoy nos tenemos que comprar una cada uno.

Eso lo hace sonreír.

—Come, anda.

Su tono es mucho más relajado y dulce que antes.

Desayunamos en el coche antes de poner rumbo a la playa. Va hacia el norte, más allá de Malibú. Cuando llegamos ya hay algunos surfistas madrugadores cogiendo olas. No es que las que haya hoy sean nada espectacular, sospecho que Jay ha buscado el día en que el pronóstico señalara la marea en la mayor calma posible. Qué aguafiestas. Pero no protesto. Me bajo del coche cuando él lo hace. Abre el maletero y me tiende un traje de neopreno.

—Es de la hermana de Asher, pero creo que te quedará bien.

—Ah. De Karen, ¿eh?

Sonríe y niega con la cabeza, dándome por imposible.

—De Karen, sí. Espero que no te suponga ningún problema.

—Ninguno en absoluto —me apresuro a confirmar, con mi tono más inocente.

Le da tiempo a cambiarse y a bajar las dos tablas y llevarlas hasta la arena mientras yo aún estoy luchando por meterme en este traje. La verdad es que me queda perfecto. Esa Karen de curvas bonitas parece tener la misma talla que yo. Y eso me hace pensar que a lo mejor sigo sin ser del todo justa conmigo cuando me miro al espejo.

Jayden mira el océano, de pie, con una tabla a su lado en el suelo y la otra bajo el brazo y, aun de espaldas, puedo ver que tiene los hombros caídos y que parece estar en otro lugar, bastante lejos de aquí.

Me acerco por la espalda y lo abrazo fuerte, estirándome para poder pasar un brazo por su hombro y el otro por su cintura y cruzar los dos sobre su pecho. Pego la mejilla a su omoplato, cierro los ojos, y trato de transmitir sin palabras que sé lo que está sintiendo y que estoy aquí con él. Creo que lo entiende. Me pone la mano en el brazo y me da un apretón.

—Eres muy valiente, Jay. Estoy superorgullosa de ti por estar haciendo esto.

Se mueve para volverse hacia mí y levanta el brazo para que pase por debajo y poder abrazarme contra su costado.

—Estoy bien —dice, y sonríe tanto como puede—. Gracias por estar aquí conmigo.

—¿A mí? A ti. Eres la hostia.

Se aparta para mirarme con las cejas alzadas y una expresión divertida.

—¿Soy la hostia? —repite, y creo que me tengo que poner roja y esta vez, sin apenas maquillaje, sí que se tiene que notar—. Creía que era un engreído, un insufrible...

—Bueno..., eso también.

Suelta una carcajada. Y eso me proporciona al instante una sensación de bienestar que satura todos mis receptores nerviosos. Está bien que sea capaz de reír ahora, cuando se está enfrentando a esos recuerdos que tanto duelen.

—Anda, coge esa tabla y sígueme.

Dice que la primera clase es en tierra firme y que no puedo meterme al agua hasta que él considere que estoy preparada. Casi me arrepiento de haber dicho tantas cosas buenas de él hace un momento. Y, además, seguro que se le van a subir a la cabeza.

Me siento un poco ridícula imitando todos los movimientos que Jayden me enseña estando sobre la arena en vez de en el agua. Empiezo a poner más interés cuando intenta instruirme sobre lo que tengo que hacer para ponerme de pie cuando esté en una ola.

—Vale, creo que lo tienes —dice, y yo ya estoy a punto de salir corriendo y meterme en el océano—. Cuando consigas hacerlo perfecto aquí diez veces seguidas entramos al agua.

—¿Qué? ¡Venga ya! Eres un dictador.

Suelta una carcajada, divertido.

—No. Solo quiero que aprendas, Haley. Lo hago por tu bien.

Aprieto los labios.

—Eres muy insufrible —digo remarcando bien la palabra.

Solo consigo que suelte unas cuantas carcajadas más. Y yo tengo que sonreír en respuesta.

Pensaba que ya lo tenía del todo dominado, pero, cada vez que creo que lo voy a conseguir, fallo en algún punto de la serie de diez. He hecho nueve movimientos perfectos y me he quedado a las puertas. Jayden no se ha ablandado ni un poquito por eso ni por mis súplicas. Así que cuando consigo hacerlo bien lo celebro como si me hubiera tocado la lotería.

—¿Vamos al agua? ¿Vamos al agua? ¿Vamos al agua? —pregunto al tiempo que salto a su alrededor.

97

—Sí, vamos al agua —concede por fin, y yo doy una palmada y un grito de alegría.

Me doy cuenta de que mi reacción no le hace sonreír tanto como esperaba. A lo mejor el que aún no estaba preparado para entrar al agua era él y no yo. Estoy a punto de decir algo, pero coge su tabla con decisión y camina hacia la orilla sin dar más espacio a las dudas.

Entro detrás de él, imitando lo que hace. Nos adentramos en el océano remando con los brazos, tumbados boca abajo sobre la tabla de surf. Llegados a un punto, él para y se sienta, observando el horizonte. Hago lo mismo a su lado. Es agradable. Silencioso, tranquilo. Un momento de paz. Lo veo cerrar los ojos y respirar.

—¿Estás bien?

Me mira y asiente.

—Creo que lo echaba de menos.

Le sonrío.

—Seguro que a ella le gusta que hayas vuelto.

No sé si va a sentarle bien o mal que yo diga una cosa como esa, pero es que, aunque no conocí a Sarah, estoy segura de eso por todo lo que he oído hablar de ella. Sonríe tristemente. Asiente. Y luego me mira con una mueca divertida.

—Os habríais caído bien. Aunque, eso sí, seguro que ella diría que no tienes muchas aptitudes para el surf.

—¡Eh! ¿Cómo que no?

Se ríe suavemente y cambia la postura para poder volver a nadar sobre la tabla.

—Vamos, a ver cómo coges estas olas. —Señala hacia lo profundo—: ¡Espera a esa!

—¡Pero si eso no es ni una ola!

—Aún es pronto, por eso te he dicho que la esperes.

Tiene razón, claro, para cuando llega a mí es bastante

más grande que antes y yo pongo en práctica todo lo que he aprendido: me muevo con ella, ladeo la tabla, me pongo de... me caigo al agua, por supuesto, y la ola me da un buen revolcón hasta que consigo sacar la cabeza a la superficie.

Jayden está a mi lado en un segundo en cuanto emerjo. Aparece preguntando repetidamente si estoy bien, me ofrece la mano para ayudarme a subir a la tabla y está tan blanco como si acabara de ver un fantasma.

—Estoy bien, Jay. En serio, estoy perfecta. No pasa nada. Es solo agua. —Chapoteo para demostrarle que está blandita—. ¿Ves?

—Sí —dice, aún no del todo convencido.

—He hecho el ridículo con esa ola, ¿no?

Sonríe vagamente, de medio lado.

—Lo estabas haciendo todo muy bien. Es solo cuestión de práctica.

—Entonces vamos a hacerlo otra vez.

Tengo que hacerlo otra vez, y luego otra, y luego otra. Lo bueno es que con cada caída Jay está más relajado, y, para cuando ya he perdido la cuenta de las veces que he tragado agua salada, emerjo por enésima vez y oigo sus carcajadas, justo a mi lado.

Lo miro indignada.

—Tendrías que haberte visto desde fuera.

—No te burles. He tragado un montón de agua.

—Cierra la boca cuando te hundas.

—Qué gracioso —murmuro de mala gana.

—Has estado a punto.

—Pues voy a hacerlo otra vez.

Veo que me mira con algo parecido al orgullo.

—Mañana vas a tener unas agujetas que te vas a querer morir.

—Eso déjaselo a la Haley de mañana —bromeo.

Sigo intentándolo una y otra vez. Hasta que lo consigo. Me pongo de pie, mantengo el equilibrio y salto de la tabla cuando la corriente ya me está arrastrando suavemente hacia la orilla. A mí me parece que me sale una técnica perfecta, pero seguro que desde fuera no se aprecia igual.

—¡Jay! ¡Jay! ¿Me has visto?

Está llegando a mi lado, tumbado sobre su tabla, y salta de ella con una enorme sonrisa y me ofrece las palmas de las manos para que las choque.

—¡Muy bien! ¡Lo has hecho de puta madre!

Me encanta esto de Jayden. Siempre celebra mis logros como si fueran enormes, por muy pequeños que sean.

Celebro la victoria saltando sobre su espalda y jugueteamos en el agua antes de que yo quiera volver a intentarlo otra vez. Obviamente necesito muchos más intentos para poder volver a conseguirlo. Y cuando lo logro decido dejarlo en lo más alto, porque la verdad es que empiezo a estar agotada.

Le pido a Jayden que se quede y coja algunas olas. Quiero mirarlo desde la orilla, pero eso no lo digo.

Me siento en la arena, me quito la parte de arriba del traje de neopreno y lo observo. Es alucinante la facilidad con la que cabalga las olas y cómo mantiene un equilibrio perfecto. No es que no se caiga ni una sola vez —y entonces aprovecho para reírme yo de él y gritarle cosas desde aquí fuera—, pero lo hace sencillo. Pasa mucho rato ahí, y a mí no me importa esperar porque me encanta mirarlo.

Cuando sale, se deja caer a mi lado, boca arriba, y extiende los brazos a los lados. Lo veo sonreír, con los ojos cerrados y el sol acariciando la piel de su rostro, y siento una explosión de felicidad en el centro del pecho. Lo ha hecho. Ha vuelto a subirse a una tabla, a dominar las olas... y le ha encantado.

Creo que cuando abre los ojos debe de encontrar una sonrisa muy tonta en mi cara.

—¿Estás bien?

Asiente.

—Gracias por animarme a hacer esto. Lo necesitaba.

Me tumbo a su lado y pongo la cabeza sobre el neopreno que cubre su pecho, escuchando los latidos de su corazón.

—Sabía que podías —digo a media voz—. Y ya no te va a dar miedo nunca más.

Acaricia mi pelo aún húmedo, y yo cierro los ojos y me relajo con el jugueteo de sus dedos. Se está bien así.

—¿Qué hora es? —pregunto, perezosa, cuando noto que mi tripa emite un gruñido de protesta exigiendo comida.

Jayden estira el brazo por encima de la cabeza para mirar el reloj.

—Casi la hora de comer.

Me incorporo.

—¿En serio? ¿Cuándo ha pasado tanto tiempo?

—Mientras tragabas agua.

Adopta la misma postura que yo, sentado a mi lado, y se quita la parte de arriba del neopreno.

Lo miro de reojo mientras se descubre el torso. Noto su mirada fija en mí y tengo que apartar la vista de su cuerpo, avergonzada.

—¿Cuándo volveremos a pillar olas más grandes?

—Cuando quieras.

—¿Crees que a partir de ahora vendrás a hacer surf más a menudo?

Sonríe de medio lado, aunque no es una sonrisa muy amplia.

—No lo sé. Puede. Sí, a lo mejor le digo a Asher si le apetece que vengamos algún día. Podría ser bueno para los dos —imagina, con la mirada perdida en el horizonte.

¿Cómo puedo estar tan orgullosa de él sin que sea nada mío? A veces pienso que el orgullo es un sentimiento un poco egoísta: sentirte orgulloso de alguien es como creer que tienes derecho a sentirte bien tú cuando los logros son de otro. Pero no encuentro otra forma de describir lo que siento aquí con él.

—En serio, no sé si de verdad eres consciente de lo valiente que eres, Jay. No sé por qué no te lo crees.

Dejo de hablar cuando veo cómo me está mirando.

—Haley —dice mi nombre como si tuviera un nudo en la garganta que le hace difícil elevar más la voz—, ¿puedo decirte algo? Necesito decirte algo.

Se me acelera el corazón porque tiene pinta de ser «algo» que no estoy segura de querer escuchar.

—Claro. Ya sabes que puedes decirme cualquier cosa.

Se mueve como si le costara encontrar la postura más adecuada. Los dos estamos sentados frente al mar, pero su cuerpo está girado hacia el mío y creo que se esfuerza por no apartar la mirada.

—Vale, escucha —empieza, tras respirar hondo—, no sé si debería decirte esto o si es muy egoísta que lo haga ahora cuando sé que tú probablemente no necesitas... A ver, voy a hacerlo porque tú y yo hablamos de todo, y quiero ser muy sincero contigo, ¿vale? —Creo que asiento con la cabeza. La taquicardia me está agobiando—. Después, podemos hacer como si esto no hubiera pasado y no tenemos que volver a hablar nunca del tema, si tú no quieres. Te prometo que por mi parte no va a cambiar nada. Llevo mucho tiempo decidiendo qué es lo que tú necesitas o no necesitas escuchar y no me parece justo. Quiero todas las cartas sobre la mesa. Y tú no tienes que decir absolutamente nada, si no quieres. Nos iremos a comer y no volveremos a mencionarlo.

—Jayden... —No sé muy bien si quiero pedirle que no diga nada o que lo diga de una vez, así que dejo la petición en el aire.

Parece más seguro cuando coge aire para poder seguir hablando y me mira a los ojos.

—Sé que ahora crees que soy muy valiente, pero una vez me llamaste cobarde y tenías toda la razón. Fui un cobarde, porque no sabía cómo manejar lo que estaba sintiendo. Acertaste en todo, como si pudieras leer mi manual de instrucciones cuando yo no sabía ni por dónde empezar. Y te aseguro que si hay algo de lo que me arrepiento es de no haberte besado en ese coche. Porque quería hacerlo, no sabes cuánto. Me acojoné. Porque nunca había sentido nada parecido, porque todo me parecía muy complicado, y porque tú me hacías querer cosas que no quería querer. Me gustas, Haley Parker. Me gustas muchísimo, como no me ha gustado nunca nadie. Sé que llego muy tarde y que no tengo nada que hacer. Y también sé que tú ahora no quieres ni pensar en algo como esto. Lo último que quiero es estropear lo que tenemos ahora. Esta amistad es lo más importante para mí, y no quiero perderla por nada del mundo. Pero precisamente porque somos amigos creo que debo ser sincero. Nada tiene que cambiar, solo necesitaba decírtelo. —Hace una pausa. Pero entonces se le ocurre algo más y sigue, en un tono de voz más firme—: Y, mira, ya que estoy, te lo digo: eras la tía más buena de esa playa cuando me pedías que no te mirara y me mata que no te gustes cuando a mí me pareces perfecta, por fuera y por dentro. Eres la chica más increíble que conozco, Haley. Ojalá te veas algún día como te veo yo.

Mi taquicardia ha pasado a ser patológica, tengo el estómago del revés y la cabeza me da vueltas como si estuviera colocada con alguna droga blanda. Aunque quisiera decir algo, creo que he perdido la voz. Me muerdo el labio, no sé cuánto tiempo llevo haciéndolo. Solo sé que los ojos de Jayden no se apartan de mí y que yo no puedo apartar los míos de él, y que los tengo húmedos aunque no hay lágrimas, y que no tengo ni idea de cómo me siento con esto. Me siento bien y mal a la vez. Me siento feliz y desdichada. Siento que quiero gritar que a mí también me encanta, y al mismo tiempo quiero salir corriendo y no volver a verlo más. Esto no tenía que pasar. Él no tenía que decir esto, él no tenía que *sentir* esto. Necesito a mi amigo aquí. No estoy preparada para lo que me hace sentir.

—¿Tienes hambre? —La voz de Jayden, un poco insegura, pero en el mismo tono de siempre, frena la carrera de todo mi organismo hacia el colapso.

Me devuelve a tierra firme, como si lo que acaba de pasar hubiera sido solo una alucinación. *No tenemos que volver a hablar nunca del tema, si tú no quieres.* Ahora mismo necesito aferrarme a ese salvavidas que se ha encargado de ofrecerme.

—Un montón —me obligo a decir.

Sonríe. Con ese deje divertido y esa paz que siempre consigue transmitirme. Sonríe como siempre. Como sonríe mi amigo Jayden.

—Vamos —me anima, se pone en pie y me tiende la mano para ayudarme a levantarme. Como siempre.

La tomo y dejo que tire de mí. Recojo la tabla, igual que hace él, y lo sigo hasta el coche en silencio. Nos quitamos el neopreno y nos ponemos la ropa encima del bañador. Me monto en el asiento de copiloto mientras él se encarga de colocar y sujetar correctamente las tablas en la baca. Intento no pensar. Tiene razón, lo más importante es la amistad que tenemos ahora y tengo que conseguir mantenerla como sea.

—¿Dónde vamos a comer? ¿Conoces algún sitio por aquí? —pregunto, como si nada, cuando se sienta a mi lado, tras el volante.

—No es que conozca un sitio. Es que conozco *el* sitio.

Sonrío de medio lado sin poder evitarlo.

—Flipado —digo en un carraspeo.

Suelta una risita suave mientras sale del aparcamiento.

—Espero que tengas hambre de verdad, porque vamos a ponernos las botas.

El sitio no está a más de un cuarto de hora en coche. Viajamos en silencio, pero, extrañamente, no resulta incómodo.

—Necesito un minuto —le digo a Jay cuando él me mira a punto de salir del coche y ve que yo aún no me he desabrochado el cinturón—. ¿Te importa ir entrando y voy enseguida?

Está serio y el hoyuelo se le marca por estar mordiéndose la parte interna de la mejilla y no por sonreír esta vez.

—Claro. Te dejo las llaves puestas por si necesitas huir, no te lo tendré en cuenta. Con que le devuelvas el coche a mi madre y le lleven las tablas a Asher, todo bien.

Debería sonar como una broma, pero no es así. Se baja y entra en el local.

Me suelto el cinturón, reposo la cabeza contra el asiento, cierro los ojos y respiro hondo. Todo está bien. En realidad, él no me ha pedido nada, así que tampoco es que haya nada que pensar. El año pasado él sabía que yo sentía algo y los dos seguimos adelante y todo terminó en esta amistad, así que no hay motivo para que esto estropee lo que tenemos.

Me siento mejor cuando lo veo así de claro. No tengo que pensar en ello si no estoy preparada para hacerlo y, obviamente, no lo estoy.

Quito las llaves del contacto y me bajo del coche y lo cierro antes de entrar en el restaurante y buscar a Jayden con la mirada. Está en una mesa, con dos manteles, dos juegos de cubiertos, dos copas y una botella grande de agua de la que ya ha servido dos vasos. Me acerco hasta él y dejo las llaves sobre la mesa antes de sentarme. Las coge, sin apartar la vista de la carta, y las guarda en el bolsillo de su pantalón.

—Me alegro de que te hayas quedado. Volver andando a casa habría sido una putada.

Sonrío y cojo la otra carta, para consultarla yo también. Noto que me mira de reojo una sola vez.

—Solo he venido porque tenía muchísima hambre —le recuerdo, burlona.

Veo que él también sonríe cuando soy yo la que mira de reojo.

E intento convencerme de que esto puede seguir siendo así, igual que siempre.

# 10

# HALEY

Hay dos chicas más cambiándose en el vestuario del gimnasio que también van hoy a mi última clase del curso de defensa personal. No me hablan. Apenas sí me han saludado cuando han entrado hace un par de minutos. Creo que es porque no paran de intentar ligar con nuestro monitor y él me hace bastante más caso a mí que a ellas. A lo mejor si se tomaran el curso en serio y no se dedicaran a cuchichear y soltar risitas tontas cada vez que a Kevin se le levanta un poco la camiseta, la cosa sería diferente. Tampoco es que me importe mucho. Yo no me apunté a este curso para hacer amigas.

Guardo mi bolsa en la taquilla y la cierro bien con el candado antes de salir del vestuario para ir hacia la sala reservada para impartir el curso esta tarde. Aún faltan diez minutos para que empiece, pero supongo que Kevin ya estará allí preparándolo todo y me dejará pasar aunque llegue pronto.

Salgo al pasillo y casi choco con alguien que avanza hacia el vestuario de chicos. No me hace falta ni alzar la vista hacia su cara para reconocerlo. Y se me hace una especie de nudo en la garganta que no debería estar ahí tratándose de él. Esto no debería ser así.

—Hola —dice y, por su tono de voz, creo que esta situación le resulta tan absurda y amarga como a mí.

Levanto la vista por fin y sus ojos color miel se clavan en los míos. Hace semanas que he empezado a alejarme de él poco a poco, al principio casi sin darme cuenta, hasta dejar enfriar esta amistad por puro miedo.

—Hola, Jayden —respondo, y me mordisqueo la parte interna del labio inferior—. Perdona, tengo que ir al curso.

Paso por su lado y su mano roza la mía al hacerlo y me da un escalofrío. Me detiene cuando vuelve a hablar.

—¿Cuánto va a durar esto, Haley?

Me vuelvo para encararlo de nuevo. Él también se ha girado, así que quedamos frente a frente. No soy capaz de abrir la boca. No puedo. No sé qué decir.

—Te estás comportando como una egoísta.

Eso me da rabia. ¿Cómo puede decir eso? ¿Que yo me estoy comportando como una egoísta? ¿*Yo*?

—¿*Yo* soy la egoísta? ¿En serio? —exploto—. Si me estoy alejando es porque estoy pensando en ti y en que no necesitas...

—Tú no sabes lo que yo necesito —me interrumpe, en voz baja pero cortante—. Al menos deberías preguntármelo. Porque, aunque te sorprenda, tú no eres la única que siente y que sufre y que se confunde y que tiene miedo. Ni la única que se ha refugiado en esta amistad y ahora ya no puede vivir sin ella. No me has preguntado si para mí es peor tenerte cerca y no poder tocarte o perderte del todo. Así que ese es el problema: que no tienes ni idea de lo que yo necesito y no tienes ningún derecho a decidirlo por mí.

Está muy serio. Y me mira casi desafiante. Yo me deshincho enseguida, y se me bajan los humos muy rápido. Puede que tenga razón en parte, pero no he sido yo la que nos ha empujado hasta esta situación. Y pensé que iba a ser más fácil. Pero no puedo seguir haciendo como si no pasara nada. No cuando sé que, si sigo buscándolo tanto como he hecho en los últimos meses, puedo acabar haciéndole daño sin querer. Y hacer daño a Jayden es lo último que quiero. Así que ahora todo está enredado y complicado.

Lo miro a los ojos, cambiando mi arranque de rabia por una mirada mucho más triste.

—¿Por qué tuviste que decírmelo, Jay?

Veo que la pena que yo estoy sintiendo cruza igualmente por detrás de sus pupilas.

—Porque yo tampoco tenía derecho a decidir por ti —suelta, como si no fuera justamente lo que ha hecho, al final—. Porque si hay algo que no quiero es tener que mentirte y ocultarte cosas. Porque sentí que tenía que decírtelo, Haley.

—Lo has complicado todo.

—Lo siento —dice, y suena sincero y descorazonado—. Pero no dejes que esto se interponga en lo que teníamos, por favor. Yo no voy a ir más allá, no voy a necesitar nada más, no volvamos a pensar en esto. No puedo perderte así.

Niego con la cabeza.

—No sé.

El problema no es lo que sienta él, en realidad. El verdadero problema es que no sé lo que siento yo. Eso es lo que me está volviendo loca. No quiero dejarme llevar y acabar dándole unas esperanzas que luego estallen en mil pedazos. No puedo hacerle eso.

—¿Podemos hablar luego? ¿Por qué no vamos a tomar algo cuando acabes el curso y...?

—No puedo —corto, antes de que siga proponiendo un plan.

No quiero sonar así, tan brusca. Pero es que no puedo de verdad. No puedo porque le dije a Kevin que me tomaría una cerveza con él hoy después de la clase. Y no quiero decírselo a Jayden.

—¿Mañana?

—Tengo consulta con la psicóloga.

—¿No fuiste el lunes?

Alzo la vista hacia su cara. No lo pregunta como si dudara de mi palabra. Me está mirando preocupado. Porque dos citas con la psicóloga en la misma semana son un claro indicador de que no estoy tan bien como quiero hacer creer a todo el mundo. Asiento una sola vez con la cabeza. Está a punto de preguntar algo, pero me adelanto:

—¿Vas a venir a la fiesta de Halloween?

Se encoge de hombros, con una leve sonrisa irónica.

—Si no quieres que vaya, no.

Me sienta mal que diga eso. Lo entiendo, pero no puedo evitar que me siente fatal. Además, sí que quiero que venga. El problema no es para nada que yo no quiera estar con él.

—Claro que quiero que vengas.

—No sé, Haley. No te entiendo —suspira—. ¿Necesitáis que os eche una mano para preparar algo?

—No. No, qué va. Todo controlado.

La fiesta de Halloween la celebramos en nuestro piso este año. Es el sábado, así que dentro de dos días. Yo insistí mucho, pero la verdad es que últimamente el que más entusiasmado está es Mark. No es que quepa mucha gente en nuestro salón, pero hemos invitado a unos cuantos amigos. Mark va a traer a ese chico, Fer. Y todas tenemos ganas de conocerlo de una vez. Tracy me pidió permiso para invitar a Hope. Por supuesto estará aquí Aaron, e irán Niall, Cole y Tanya. Mark y yo hemos invitado a un par de compañeros de clase. Britt ha invitado a una chica nueva en su facultad que se ha trasladado desde otro campus este año. El amigo de Tracy y Aaron en cuya casa él se quedaba cada vez que venía de visita el curso pasado también vendrá. Y, por supuesto, yo contaba con que Jayden también lo haría.

Parece que aún está dispuesto a decir algo más. Pero yo necesito irme ya de aquí y dejar esta conversación.

—Tengo que ir a mi clase. Te veo el sábado en la fiesta, ¿vale?

—Creo que sé por qué estás haciendo esto, Haley. Y te aseguro que no va a solucionar nada —dice, como si no acabara de oír mi amago de despedida.

Lo odio un poco cuando se pone así, como si él supiera cosas de mí que yo no sé. Como si se creyera que me conoce más que yo misma.

—¿Y por qué lo crees?

—Porque yo también lo hice el año pasado.

El color miel de sus ojos atraviesa los míos por un segundo larguísimo, hasta que soy capaz de dar media vuelta y me alejo hacia la sala donde en breve va a empezar la clase, sin decir adiós.

Durante la siguiente hora me olvido de todo lo que está pasando y me centro en practicar muy en serio todo lo que he ido aprendiendo este mes en las clases de Kevin. Necesito pensar que tengo las herramientas suficientes para defenderme, para sentir que, de alguna manera, estoy recuperando el control de mi vida.

Kevin se acerca a mí mientras recojo parte del equipamiento deportivo que hemos utilizado hoy, al acabar la clase. La mayoría de las asistentes al curso ya han salido, pero yo voy más lenta de lo normal a propósito, porque no quiero que ninguna de ellas me vea salir del gimnasio con nuestro monitor cuando nos hayamos duchado y cambiado.

—Estabas especialmente concentrada y mortífera hoy. ¿Va todo bien?

Me giro para mirarlo a los ojos. Los tiene marrones y dulces y brillantes. Unos ojos que me gustan.

—Estoy bien. El curso se me ha hecho corto. Creo que

111

aún me falta un poco más de confianza para patearle el culo a algún gilipollas que quiera robarme el bolso.

Niega con la cabeza, mirándome más serio que antes.

—Llevo tres años enseñando defensa personal y sé distinguir una chica que viene aquí a pasarlo bien con sus amigas y sentirse capaz de patear el culo a los babosos de una chica que necesita esto porque tiene miedo de algo concreto. No necesito saber lo que es, Haley, eso no importa. Si necesitas más, podemos seguir entrenando siempre que quieras.

—¿Dónde? ¿Aquí?

—Sí, aquí mismo. Podríamos dar clase una vez por semana, siempre me queda algún hueco libre. No te cobraré nada, solo tienes que hacerte socia del gimnasio para que yo pueda llevarme mi comisión por tu matrícula —pone condiciones, con media sonrisa traviesa.

Ya había pensado en hacerme socia del gimnasio. Lo había pensado cuando Jayden y yo estábamos bien y entrenábamos juntos con los sacos. Eso me gustaba. Ahora, tal y como están las cosas, no sé si es buena idea seguir apareciendo en el gimnasio de Jayden de forma habitual. Aunque me sentiría bastante más segura si pudiera tener esas clases con Kevin; más fuerte, más independiente, más libre.

—Piénsatelo —dice, al ver que dudo.

Asiento. Sí, es mejor que me lo piense.

Salimos de la sala y caminamos juntos hacia los vestuarios. No puedo evitar mirar a través de la puerta abierta de la sala donde están los sacos cuando pasamos por delante. Ahí está Jayden, golpeando el suyo con ganas.

Mientras me ducho intento olvidarme de lo enredada que los dos hemos terminado por hacer la situación. Y, cuando salgo, Kevin está esperándome, apoyado en la pared de enfrente, y me sonríe en cuanto me ve aparecer.

—¿Vamos? Hay un bar a dos manzanas que creo que te puede gustar más que el del otro día.

Y entonces nos cruzamos con Jay. Lleva la toalla en la mano y camina hacia los vestuarios. Conecta su mirada con la mía y luego mira a Kevin antes de volver a mí. No puedo leer lo que dicen sus ojos, pero estoy segura de que a mí se me han coloreado las mejillas, porque si hay algo que no quería era precisamente que Jayden nos viera salir juntos. Joder, por eso estoy un poco enfadada con él por haberme dicho lo que me dijo. Ahora ni siquiera puedo ir a tomar una cerveza inocente con un chico sin pensar si eso le dolerá. Y no es justo.

—Hola, tío —lo saluda Kevin. Se chocan las manos y se sonríen de manera amistosa.

Charlan durante un minuto, mientras yo estoy aquí entre los dos, incómoda. Luego digo adiós a Jayden en un murmullo, cuando él me dice adiós a mí. A lo mejor son cosas como esta las que no debería ocultar a Jayden si lo que quiero es que no guarde falsas esperanzas. Pero es que ese es mi problema... ¿Quiero que tenga esperanzas? No puedo dejar de conocer a Kevin por lo que eso pueda suponer para Jayden, ¿no? Kevin me gusta. Me gusta bastante. Es muy guapo, obviamente, pero es que también es un chico amable y dulce y divertido. Es muy fácil relajarse con él y pasar un buen rato, charlando de cualquier cosa mientras tomamos una cerveza. Y yo necesito algo que sea sencillo ahora mismo. No necesito más complicaciones. No necesito dramas. Necesito ir dando pasitos adelante con alguien que me haga fácil el camino. Y no puedo dejar de hacerlo porque mi mejor amigo haya decidido confesar que siente algo más que amistad. Estoy segura de que ni siquiera él lo querría.

—Haley —me llama mi acompañante para hacerme saber que ha notado que no lo estoy escuchando.

—¿Qué? Perdona.

113

Sigo caminando a su lado, intentado centrar toda mi atención en él. Y durante todo el tiempo que disfrutamos de una cerveza, no pienso en nada más que en esto. Nos contamos un montón de tonterías, bromeamos y reímos. Y me siento bien estando con él. Sin complicaciones. Sin enredos.

—Es hora de que me vaya —me disculpo al mirar el reloj—. Mañana tengo clase temprano.

—Claro. ¿Quieres que te acompañe a casa?

—No te preocupes. Si se me acerca algún malhechor le daré una buena patada frontal oblicua —bromeo.

Se ríe, y su risa es de lo más agradable y melodiosa.

—Desde luego yo no me metería contigo si fuera un ladronzuelo.

—Oye —digo entonces, insegura—, el sábado mis compañeros de piso y yo damos una fiesta de Halloween en casa. Si no tienes plan..., ¿te apetece venir?

No sé muy bien de dónde sale eso. Pero ha salido así. Supongo que, porque al contrario que en las semanas anteriores, no voy a verlo el martes en la próxima clase. Eso ya se ha acabado. No me apetece que esto se termine tan pronto. No sé muy bien qué podría hacerme sentir Kevin aparte de la evidente atracción física. Y tampoco sé muy bien si esa atracción sería suficiente para vencer a los fantasmas de mi pasado si él se acercara e intentara besarme. Pero a lo mejor es el momento de averiguarlo. ¿Por qué no?

—Tienes que estar de broma. Halloween es mi fiesta favorita de todo el año y mis amigos se han largado a una casa en medio de la nada sin mí, porque yo tengo que trabajar el sábado por la tarde. Pensaba ponerme pelis de serie B toda la noche y asustar a los niños que vinieran a pedir caramelos con mi careta de Michael Myers, pero una fiesta suena bastante mejor.

—Perdona, pero Halloween es *mi* fiesta favorita del año

—puntualizo—. Y tu plan no sonaba mal tampoco, puedes asustar a los niños que vengan a pedir caramelos allí, si quieres.

—¿Hay que ir disfrazado?

—Si no, no entras.

Suelta una risita. Y yo ensancho mi sonrisa.

—Tengo tu número —recuerdo—. Te enviaré la ubicación. Le hemos dicho a todo el mundo que venga sobre las nueve, pero puedes venir cuando quieras.

—Perfecto. Pues... nos vemos allí.

—Sí, nos vemos allí. —Doy un par de pasos atrás antes de dedicarle otra sonrisa—. Hasta el sábado, Kevin.

—Hasta el sábado, Haley.

Vuelvo a casa dando un paseo. Ya ha oscurecido del todo, pero aún hay mucha gente por la calle, así que puedo caminar sin ir mirando a todos los lados con ansiedad continuamente.

No sé si invitar a Kevin ha sido buena idea. Pero ¿por qué no? No hago esto para molestar a Jayden, eso es lo último que quiero. Y es que, además, tampoco sé si lo hace. Él no para de decir que, a pesar de todo lo que me dijo en la playa, no aspira a nada más, que no necesita nada más que nuestra amistad tal y como era. Eso implica que está bien si nos vemos con otras personas... Jayden y yo no somos nada más que amigos, así que podemos ver a quien nos dé la gana.

A pesar de convencerme de eso una y otra vez, sigo dándole vueltas cuando llego a casa. Britt está sola, cenando algo en un bol delante de la tele. Me acerco y me siento a su lado.

—¿Está Mark? —pregunto.

—No. Se ha ido hace un rato.

—¿Y Tracy?

—Estaba haciendo un trabajo con un grupo de chicas de su clase y ha dicho que cenaba allí.

—Mejor, porque quería hablar contigo.

Apaga el televisor para mirarme interesada. Britt es la única del piso que sabe lo que ha pasado entre Jayden y yo. No he querido contárselo a los otros dos porque sé que se pondrían muy pesados, y Mark se volvería loco del todo. Además, yo no puedo ir diciéndole por ahí a la gente lo que Jayden siente o no siente, eso es un asunto suyo, ¿no?

—He visto a Jay en el gimnasio.

Alza una ceja.

—¿Habéis hablado por fin?

—Más o menos... No —confieso, porque esa conversación y nada podrían ser exactamente lo mismo—. Pero el problema no es ese. El problema es que he ido a tomar una cerveza con Kevin y he... lo he invitado a la fiesta de Halloween. Y no sé si he hecho bien porque sé que Jayden va a estar aquí, y lo último que quiero es que eso le incomode o le duela.

—Bueno, no te enrolles con Kevin delante de sus narices y todo irá bien.

—Britt —protesto en una especie de lloriqueo.

—Haley, tú no eres responsable de lo que Jayden sienta. Y no puedes cerrarte puertas por lo que él pensará. Sé un poco sensible y no lo hagas delante de él y ya está. Va a venir bastante gente a la fiesta, no pasa nada porque hayas invitado a un amigo, ¿vale? Además, que yo sepa, ese tal Kevin le cae bien.

—Se ha vuelto todo demasiado complicado —me lamento.

—Ya. Pues si no quieres complicarlo más y terminar fastidiando del todo tu amistad con Jayden, deberías hablar con él —aconseja mi amiga por tercera o cuarta vez en lo que llevamos de semana.

Y sé que tiene razón. Tengo que hablar con Jayden. Pero es que creo que aún no he decidido qué es lo que quiero decirle.

# 11

# HALEY

—¡Haley! ¿Puedes abrir tú?

Esto ya empieza a parecer una fiesta. Estoy más animada de lo que creía posible ayer cuando salí de la consulta de la psicóloga. Pero aquí y ahora, rodeada de mis amigos, me siento bien. Y tengo ganas de beber y bailar, y de contar historias de miedo, y bromear y reír mucho hasta que me duela la tripa.

Abro la puerta de un tirón y no puedo evitar la cara de sorpresa cuando veo el disfraz de Jayden. Va vestido con un traje rayado y una pajarita grande y deshilachada, con tres puntas a cada lado. La cara pintada de blanco con unos círculos muy negros alrededor de los ojos y unas líneas negras alargando la comisura de su boca y simulando unos puntos de sutura, perfectamente caracterizado de Jack Skeleton, de *Pesadilla antes de Navidad*. Me encanta esa película. Y, además, se ha puesto un gorro de Papá Noel.

—Vaya, hola. Estás... Has elegido un gran disfraz para ti. Te queda muy bien con tu cara —me meto con él en tono de broma.

Sonríe y me señala. Voy disfrazada de Miércoles, de *La familia Adams*.

—Sí, y a ti te queda muy bien con tu... personalidad —me la devuelve.

Suelto una carcajada sin poder evitarlo. Así es como deberíamos estar Jay y yo todo el tiempo.

—Anda, pasa.

Ya estamos casi todos. Niall ha venido a media tarde y Britt y él se han disfrazado juntos de niños diabólicos. Tracy va de niña de *El exorcista* y Aaron, de exorcista. Mark se ha disfrazado del asesino de *Saw*. Tanya y Cole no tardan mucho en llegar vestidos de hechiceros.

Hemos comprado un montón de bebida y comida, y está repartida entre la encimera, la mesa del comedor y la mesita baja del salón.

Me acerco a Jayden por la espalda mientras él coge una cerveza de la nevera, como si fuera su casa. A pesar del buen rollo del saludo en la puerta, los dos hemos estado evitándonos en el tiempo que lleva aquí. Y yo necesito decirle algo antes de que Kevin aparezca, al menos para que sepa por mí que lo he invitado a venir.

—Oye.

Se gira con una lata en la mano, cierra la nevera y apoya la espalda en ella mientras me mira, en espera de que diga algo más.

—No quiero que estemos así, Jay. —Es lo que me sale, sin que me dé tiempo a pensar demasiado.

Se encoge de hombros, aparentando indiferencia.

—Estamos así porque tú has decidido estar así.

—Estamos así porque tú... —empiezo irritada, pero dejo la acusación a medias. Esto es absurdo.

—No puedo volver atrás en el tiempo y no decir lo que dije, Haley, ¿vale? —se desespera—. Y si pudiera... tampoco dejaría de decirlo. Siento que no te gustara escucharlo, pero es lo que hay, y creía que tú y yo éramos sinceros entre nosotros. Haz lo que tengas que hacer, por lo menos yo he puesto todas las cartas sobre la mesa para que puedas decidir qué te conviene más. Y si lo que más te conviene es que dejemos de ser amigos, pues vale, lo aceptaré, aunque me joda.

—No es justo que me cargues a mí con todo esto.

—Tampoco es justo para mí. Yo estoy dispuesto a tragarme lo que siento, porque tú eres más importante para mí que cualquier otra cosa; pero tú no estás dispuesta a ignorar esto para no perder lo que tenemos. No lo estás haciendo por mí, lo estás haciendo por ti. Así que piensa qué es lo que quieres hacer y hazlo, pero no digas que lo haces por mi bien.

Pasa a mi lado. Y yo me vuelvo a mirar su espalda y hablo antes de que se aleje más:

—He invitado a Kevin a la fiesta.

Frena en seco. Se queda casi dos segundos enteros ahí parado, y luego se gira lentamente para mirarme otra vez.

—Es por eso. ¿Estás poniendo distancia entre nosotros porque empiezas a sentir algo por Kevin y piensas que es mejor para mí no verlo?

No es del todo exacto, en realidad. Lo de Kevin es más bien secundario. Y tampoco diría que empiezo a sentir algo por él... Me gusta, sí. Es fácil. Y ya está. Es un buen punto de partida. Pero no digo nada en respuesta a la pregunta de Jayden. Así que es él quien tiene que seguir hablando:

—Lo que yo quiero es verte feliz. Y no me importa con quién. Me haces más daño estando tan distante que paseándote con él de la mano por toda la fiesta.

Si es verdad eso que no paro de repetir de que me alejo solo porque no quiero hacerle daño, ¿por qué tengo más ganas de salir corriendo ahora después de lo que acaba de decir? Él acepta lo que hay, está conforme con esto. ¿Y yo? ¿De qué tengo tanto miedo?

Abro la boca para decir algo, pero Mark entra de la terraza y para a nuestro lado.

—Fer está subiendo. No me dejéis en ridículo —advierte, muy serio.

—Eh, ¿de qué vas?

Me coge de la mano y tira de mí hacia la puerta de entrada.

—Ven, te lo presento. Haz como que eres mi mejor amiga.

—¡Soy tu mejor amiga! —replico, indignada.

—Eso está por ver según lo bien que me dejes con él esta noche.

Fer es más bajito que el resto de los chicos por los que Mark ha suspirado en el tiempo que lo conozco. Es bastante guapo, fuerte y con una sonrisa que deslumbra. Va disfrazado de vampiro gótico. Enseguida nos tiene delante a Tracy, a Britt y a mí, tratando de ser amables, pero al mismo tiempo asegurándonos de que tenga buenas intenciones con nuestro amigo, y lo cierto es que se mantiene muy relajado y extrovertido, para estar rodeado por tres chicas cotillas. Me cae bien al instante. Y no me cuesta darme cuenta de que mira a Mark como si para él fuera mucho más que solo sexo esporádico sin más pretensiones.

—Ven, mira, deja a las tres marujas, que te presento a Jayden. Es el guapo del grupo.

Jay dibuja esa sonrisa arrogante suya, y a mí me dan ganas de poner los ojos en blanco, pero sonreír al mismo tiempo. Me contengo para no hacer ninguna de las dos cosas.

—Hola, soy Jayden, el guapo del grupo —se presenta—. Aunque la verdad es que sin todo este maquillaje pierdo un poco.

Me vuelvo hacia las chicas, para no seguir mirándolo.

—Me gusta —dice Britt en voz baja, para que ni Mark ni el chico del que hablamos puedan oírnos.

—Sí, ¿verdad? —aporta Tracy—. Aunque también nos gustaba Matt y... en fin.

—A mí me da buena espina —opino—. ¿Habéis visto las miraditas que se echan? Un rollo de verano, sí, ya.

—Cuando el amor sobrevive a la mitad del otoño deja de considerarse un rollo de verano —señala Tracy.

—Se van a casar y tendremos que ponernos unos vestidos a juego de damas de honor —exagera Brittany.

—Veto el color rosa pastel —digo rápidamente.

—Y yo el lavanda —apunta Tracy.

—Chicas, es la boda de Mark, tendréis que conformaros con lo que él decida y tener siempre una sonrisa en la boca —pica la rubia.

—Pues estamos jodidas —bromeo.

—Nos hará llevar volantes, como si lo viera —sigue Tracy—. Y, Haley..., necesitarás una pareja para esa boda, ¿no? ¿Dónde está el del gimnasio?

En solo un minuto ya está aquí, y debe enfrentarse a mis dos amigas que se presentan con todo el descaro y lo invitan a tomar una cerveza, sin dejar apenas que nos saludemos. Vale, esto era más divertido cuando yo estaba de ese lado, siendo la amiga cotilla. Solo espero que no digan nada que me avergüence demasiado.

Kevin ha venido disfrazado de Nazgûl, de *El Señor de los Anillos*, pero se ha quitado la capucha del disfraz para no pasarse de siniestro en su llegada. Está guapo, la verdad. Hasta un montón de telas a modo de túnica le sientan bien. Paso mucho tiempo en la fiesta con él, no solo porque sea mi invitado, sino también y, sobre todo, porque es agradable hacerlo. Y, de vez en cuando, busco a Jayden con la mirada, pero la verdad es que nunca lo pillo a él mirándonos a nosotros. Parece tan relajado y a gusto como en cualquier otra fiesta en la que hayamos estado con nuestros amigos. Creo que eso es bueno.

Me escabullo hacia el exterior por la puerta abierta de la terraza. Por suerte, no hay nadie aquí. Respiro el aire fresco de la noche y me siento en una silla para descansar unos minutos de la fiesta.

Percibo la presencia de alguien en la puerta de salida hacia aquí y, cuando miro, me decepciona que no sea Jayden.

Es Kevin.

Me sonríe levemente, prudente, y da dos pasos.

—Hola —saluda—. ¿Va todo bien? Si buscabas un rato a solas y tranquila, me voy adentro otra vez.

—No. Puedes quedarte.

Avanza unos pasos más hasta sentarse en la silla que está junto a la mía.

—Se está bien aquí fuera —comenta—. Pensaba que haría más frío esta noche.

Suelto una risita.

—¿Cómo vas a tener frío? Llevas como mil capas de túnica.

Se pone la capucha y mueve la cabeza acercándose y alejándose de mí como si estuviera captando el poder del anillo único, y no puedo evitar reírme de nuevo.

—Soy un espectro de la noche, soy solo túnicas, y dentro un alma atormentada, nada más. Y tú deberías ser taciturna y borde y cínica, pero, incluso con el disfraz, es mejor cuando sonríes.

Me muerdo el labio. Estamos aquí fuera los dos solos. Y se está bien. No me siento para nada incómoda, por mucho que se acerque. Es evidente que a él le gusto y que le gustaría dar un paso más conmigo. Agradezco que tantee el terreno con tacto y que me dé espacio para que yo decida si quiero avanzar o no. Creo que es un chico perfecto para el momento por el que estoy pasando.

Estiro una mano y le retiro la capucha de la cabeza, lentamente. Es mejor así; así puedo ver el brillo de sus ojos y las comisuras de su boca estirándose en un amago de sonrisa dulce.

—A lo mejor sí que voy a necesitar esas clases extra —digo, a media voz.

—Estoy disponible cuando quieras. Aunque creo que ya estás lista para patearle el culo casi a cualquiera.

—¿También a ti?

—Eh, yo soy el profesor, no muerdas la mano que te da de comer —bromea—. Además, juro que nunca te daré motivos para que tengas que patearme el culo.

—Más te vale, porque he aprendido unas cuantas cosas en un curso de defensa personal que he hecho hace poco.

No dice nada. Estira una mano para pasar los dedos a lo largo de una de mis trenzas. Estamos muy cerca, y yo me humedezco los labios con la lengua cuando noto la boca seca. Sus ojos recorren mis facciones hasta acabar justo en ese punto. Tengo calor y las pulsaciones se me han acelerado de golpe y no hay manera de hacerlas bajar. Me cosquillean los labios cuando siento su aliento acercándose milímetro a milímetro, cada vez un poco más.

La cabeza me está diciendo que lo haga de una vez, que me deje de tonterías, que pase por este momento por fin y así no sea siempre una tarea pendiente y cada vez más imposible eso de imaginarme besando a alguien de nuevo. Cuando lo haga dejará de ser un hito tan importante, habré superado de alguna manera una barrera, y Styles ya no será quien sigue poseyendo esta parte de mí. Pero siento una opresión en el pecho que no me permite pensar que esto está bien del todo. Mi corazón protesta.

Así que, cuando casi tengo sus labios en los míos, me aparto hacia atrás en la silla y cojo aire para poder volver a llenar por completo mis pulmones.

Kevin busca mis ojos, confundido.

123

—Lo siento —me apresuro a decir, avergonzada.

¿Qué me pasa? Le he mandado todas las señales para luego echarme atrás en el último momento. No quería hacer eso. No quería que fuera así. Y Kevin no tiene la culpa de nada. *Debería* querer que me besara. Y no termino de entender del todo por qué no es así. ¿Qué es lo que está mal conmigo? ¿Por qué no puedo besar a un chico guapo y ya está sin que esto tenga tanta importancia?

Él me sonríe para calmarme.

—No pasa nada, Haley —dice, dulce.

—No. Lo siento mucho, es que yo... Perdóname, no quería...

—Haley. No pasa nada. Está bien. No tienes que disculparte.

—Es que...

—No hace falta que me expliques nada. Me he precipitado, perdona. De todas maneras, no estaba muy seguro de si... En realidad, no tenía muy claro si hay algo entre Jayden y tú.

Miro sus ojos, confundida.

—No. No es eso, Kevin —aclaro—. Estoy en una situación un poco delicada ahora mismo y no creo que esté preparada para nada de esto.

—No hay problema. Ya te he dicho que no hace falta que me des ninguna explicación. ¿Amigos?

Me tiende la mano cuando lo propone, y me veo obligada a estrechársela y esbozar una sonrisa de medio lado.

—Sí.

—Será mejor que vuelva a la fiesta a beber una copa y bailar con la enfermera zombi —bromea, refiriéndose al disfraz de Hope.

Sonrío y niego con la cabeza, como si desaprobara esa actitud, pero agradezco que se esfuerce por hacérmelo fácil.

Es un chico que merece mucho la pena, por todo lo que conozco de él. No debería resultarme tan difícil dejarme llevar.

Se levanta y da un par de pasos hacia la puerta. Se vuelve antes de alcanzarla.

—Eh, Haley, lo de las clases sigue en pie, ¿vale?

Le sonrío como un modo de agradecérselo y él me devuelve el gesto antes de entrar y desaparecer de mi vista.

Lanzo un suspiro muy largo y dejo escurrir el cuerpo en el asiento hasta quedar recostada con la cabeza apoyada en la parte alta del respaldo. Miro hacia las luces lejanas de los edificios del otro lado de la ciudad.

Ojalá todo fuera más fácil.

Mark y Fer salen riendo y cogidos de la mano. Se disculpan conmigo, pero les cedo el sitio. Pongo como excusa que ya empiezo a tener frío y prefiero volver dentro, y los dejo solos.

Jayden está preparándose una bebida, de pie frente a la mesa de comedor. Me acerco y me dejo caer en una silla frente a él.

—Hola. ¿Me preparas una?

Me sonríe sin llegar a marcar ese hoyuelo que tiene en la mejilla izquierda.

—Claro.

Enseguida ha puesto hielo y pregunta si quiero algo especial. Le pido lo mismo que vaya a tomar él, sin cambiar mi postura.

—¿Estás bien? —pregunta, tras unos segundos de silencio.

—Sí —respondo vagamente. Me mira y alza una ceja para dejar clara su incredulidad—. No, de verdad, estoy bien.

—¿Qué te pasa?

Me recuesto contra el respaldo de la silla.

—Nada. No sé si puedo hablar esto contigo.

—Conmigo puedes hablar de cualquier cosa.

Alzo la mirada hasta encontrarme con sus ojos.

—He estado con Kevin en la terraza —suelto.

—Lo sé. Iba a salir a preguntarte si estabas bien, pero se me ha adelantado. He pensado que era mejor dejaros solos —dice, con toda su atención puesta en llenar los dos vasos con vodka hasta el mismo nivel.

No sé si de verdad quiere concentrarse en eso, si no le da importancia, o si necesita hacer como que no le importa tanto. En cualquier caso, sigo hablando:

—Ya. Pues estábamos ahí y él iba a besarme y yo... Yo pensaba que quería, pero...

—¿No querías?

—No lo sé —suspiro—. Creía que sí, pero me parece que aún no estoy preparada para esto.

Jayden deja lo que está haciendo para apoyar las palmas de las manos en la mesa e inclinarse hacia mí.

—Y no pasa nada si no lo estás. Oye, tienes que darte tiempo, no hace falta que fuerces nada. ¿Por qué tienes tanta prisa?

Levanto las cejas, para nada de acuerdo con su opinión.

—¿Prisa? No debería ser demasiado pronto y no tendría que sentir que no estoy preparada para darle un beso de nada a un chico guapo. No tiene que ser así. No quiero que sea así ya. ¿Sabes cuánto tiempo hace desde la última vez que...? No debería tener tanta importancia.

Veo a Jay sonreír de medio lado, de esa forma tan irritante.

—Sí, sé perfectamente *cuánto hace desde la última vez que...* —repite mis palabras en tono burlón—. No pasa nada, nadie se muere por un poco de abstinencia. Y cuando llegue el momento adecuado y la persona con la que realmente quieras hacerlo, lo harás y ya está. No te presiones por eso.

Rodea la mesa y para a mi lado.

—¿Qué tal si bebemos y bailamos y lo pasamos bien? Esta noche no está permitido que te rayes por nada. Quiero verte bailar como si mañana no fuera a existir.

Me levanto con mi copa en la mano. Tiene razón. Ya vale de confusión, de presionarme a mí misma, de tanto pensar. Beber y bailar suena como el mejor plan que me han propuesto en mi vida entera.

—Jay, quiero que volvamos a ser amigos igual que antes —digo de carrerilla—. Sé que pienso demasiado y debería... Para mí tú también eres más importante que cualquier otra cosa.

Asiente y me sonríe con ternura.

—Podemos ser amigos igual que antes —concede.

Después de terminarme la copa que me ha preparado Jayden me siento bastante más acorde con el espíritu de la fiesta. Acabo bailando con Tracy, con Niall, con Tanya y hasta con Kevin.

Mark y Fer pasan desaparecidos todo lo que queda de noche. Son los primeros en largarse en dirección a la habitación de Mark cuando los invitados empiezan a marcharse. Y, pasado un rato, también lo hacen Niall y Britt. Y Tracy arrastra a Aaron hacia su cuarto cuando estamos terminando de limpiar el desastre y ya solo quedamos ellos y Jayden y yo.

Así que nos dejan solos y no sé muy bien si Tracy lo ha hecho precisamente para eso o para escaquearse de limpiar.

—No te preocupes, Jay, ya terminaremos con eso mañana —le digo, mientras él llena la cuarta bolsa de basura, esta vez con envases vacíos—. Puedes quedarte a dormir en el sofá, si quieres.

Suelta una risita irónica y me mira haciendo una mueca.

—Así que, si tú vienes a mi casa te presto mi cama, ¡y tú me ofreces el sofá! —acusa, divertido.

Sonrío y me encojo de hombros.

—Lo siento. Venga, ya duermo yo en el sofá, si lo prefieres —me hago la mártir.

Niega con la cabeza, sin borrar su sonrisa.

—No. Mejor me voy a casa. Me vendrá bien el paseo y el aire fresco. Me sobraba la última copa. Además, así bajo toda esta basura.

Añade una bolsa más al pequeño montón que hay junto a la puerta. Yo ya me he cansado de recoger y estoy sentada en el suelo, con la espalda apoyada en el sofá. Y mientras lo miro, no sé por qué, pienso que no me cansaría nunca de mirarlo. Llevo toda la noche bebiendo y bailando para no pensar tanto, sí. Pero es que en lo que necesitaba dejar de pensar hoy no era en Daryl, ni tampoco en lo que no ha pasado con Kevin. El drama de querer estar preparada para besar a Kevin no tenía en realidad nada que ver con todo el tiempo que he pasado sin besar a nadie, sino con otra cosa que he sentido cuando él se acercaba peligrosamente a mi boca. Y si no he besado a Kevin ha sido porque no era él la persona a la que quería besar.

Es complicado. Y confuso. Y estar semanas intentando alejarme de él solo ha servido para darme cuenta de cuánto lo echo de menos cuando no está. De hasta qué punto se ha convertido en la persona a la que siempre quiero contárselo todo y de la que quiero escuchar cada pequeña estupidez. Y no sé muy bien cómo ha pasado. Solo sé que, ahora mismo, si solo pudiera elegir una persona en el mundo para perderme en una isla desierta, no tendría ninguna duda antes de decir su nombre.

Si hay algo para lo que no estoy lista, es para que esto sea tan real.

—Jayden —lo llamo. Me mira enseguida en espera de lo que quiera decir—. Necesito hablar contigo un minuto, aprovechando que estoy un poco borracha, para que de verdad podamos ser amigos como antes habiendo sido totalmente sinceros los dos.

Siento que la cabeza me da vueltas y no sé si es por el alcohol o por todo lo que estoy pensando. Él se acerca y se sienta a mi lado, en la misma postura que yo, cerca pero sin rozarnos.

—Tú dirás.

—Vale. Un minuto de sinceridad y luego haremos como si esto nunca hubiera pasado y seguiremos siendo amigos, porque te juro que no hay nada de lo que pueda prescindir menos en mi vida ahora.

Asiente. Y luego saca el móvil y trastea con él, sin prestarme atención. Me veo obligada a preguntarle qué demonios está haciendo.

—Cronometro un minuto —dice, el muy tonto—. Vale... Ya.

Me pongo nerviosa en cuanto pulsa el botón, porque lo del minuto no tenía por qué ser tan estricto. Trago saliva y me armo de valor antes de girar la cara hacia él, con el corazón golpeándome fuerte las costillas, y buscar sus ojos. Creo que malgastamos casi veinte segundos perdiéndonos en las pupilas del otro.

—Vale, voy a intentar ser del todo sincera. Y luego puedes decir lo que quieras, solo aquí y ahora. Después no vamos a decir cosas como estas más, ¿te parece bien?

Se limita a asentir y no dice nada. Cojo aire antes de soltarlo:

—La verdad es que no solo no he besado a Kevin porque aún no esté preparada para besar a nadie.

Hago una pausa, pero él no habla. Me sostiene la mirada, con sus ojos brillando de una forma adorable.

—No sé muy bien qué es lo que siento por ti, Jayden. Y creo que aún no estoy preparada para explorarlo.

Su mirada recorre mi rostro y casi siento las caricias en la piel, aunque sus dedos no me rocen. Me mira como si me entendiera, como si pudiera verme tal y como soy y sentir lo que yo siento. Por fin responde:

—Quiero que seamos más que amigos.

De nuevo ese tirón en la tripa que hace que dé un vuelco y me acelera los latidos.

Y, entonces, unos pitidos nos indican que se nos ha acabado el tiempo. A pesar de todo, él aún dice una cosa más:

—Pero, si nunca tenemos nada más que esto, también me parecerá perfecto.

# 12

## HALEY

Llamo a la puerta abierta del local que Jayden ha alquilado para celebrar su cumpleaños esta noche cuando Brittany y yo ya la estamos atravesando. Es la planta superior de una sala de fiestas, pero también tiene una entrada independiente, que es por la que estamos llegando nosotras tras subir las escaleras del lateral del edificio. Niall está dejando una caja llena de botellas y, tras oír mis golpes, Jayden y Cole aparecen desde detrás de la barra, donde estaban agachados haciendo algo.

—¡Hola! —saludamos la rubia y yo a la vez.

—Eh —dice Jayden, que me mira y me sonríe solo a mí—, ¿qué hacéis aquí ya?

—Venimos a echar una mano —contesta Britt por las dos.

—Pues ven y ayúdame con esto —pide Niall, y le hace una seña para que se acerque y poder besarla intensamente.

Jay y yo cruzamos una mirada y ponemos los ojos en blanco a la vez.

—No nos hace falta ninguna mano y, además, venís demasiado guapas para trabajar —piropea mi amigo—. Id por ahí a tomar algo tranquilas y volvéis luego, cuando yo os dé permiso.

—Sí, claro —lo contento con ironía—. ¿Tenemos grifo de cerveza?

Pincho el costado de Jayden con un dedo cuando paso a su lado, y me trago la sonrisa al ver su reacción.

—¿Quieres una? —ofrece Cole, que se estira para alcanzar un vaso.

—Déjame probar a mí.

Al principio el grifo parece no hacer nada, y luego salpica de golpe un montón de espuma a todos lados antes de empezar a funcionar como debería.

Cole y yo nos reímos.

—¿Ves? Te lo he dicho —me recuerda Jayden—. Vas a mancharte el vestido.

—¿Quieres una cerveza o solo quieres ser un gruñón?

Hace una mueca ante mi pregunta.

—Quiero una cerveza. A ver cómo la tiras.

Lo hago como una profesional. Lo que él no sabe, y por eso exagera esa condescendencia conmigo, es que yo he vaciado muchos barriles de cerveza en las fiestas del instituto.

Lleno cinco vasos, para todos los que estamos aquí. A él le doy el último.

—¿Qué te parece? ¿Te va bien de espumita así?

Sonríe de medio lado antes de dar un sorbo.

—No está mal.

—Venga, ¿qué hay que hacer? —pregunto.

Britt y Niall están metiendo botellas de refresco en una nevera que hay a un lado de la barra. Cole está organizando los hielos en el congelador.

—No tienes que hacer nada. —Jay pone las manos en mi cintura y me frena cuando me muevo de un lado a otro para empezar a sacar botellas de una caja—. Estás muy guapa —añade en voz más baja al mirarnos a los ojos.

Me he puesto un vestido. No tiene escote, pero es un vestido sin mangas y bastante corto. Solo ceñido a la altura del pecho, azul y negro con algunos detalles en cuero, un poco roquero, y me he asegurado de que no me marcara tripa ni se me ajustara al culo. Los pasos hay que darlos de uno en uno. Sí que me siento guapa, y ahora más, al ver cómo me está mirando él. Estoy segura de que se me colorean las mejillas cuando aparto la vista. Me he esforzado con el maquillaje y me he dejado el pelo suelto, y no paro de intentar convencerme de que ha sido cien por cien por mí misma, aunque en el fondo sé que puede que un escasísimo veinticinco por ciento haya sido para parecerle guapa a él.

—Tú también estás guapo —correspondo, aún más bajito, y sin atreverme a mirarlo.

Lleva esos vaqueros negros ajustados que le sientan tan bien, zapatillas oscuras, y una camiseta blanca de Queen que estoy segura de que le habrá regalado su madre. Tiene el pelo un poco revuelto y ese rollo punk-rock que ha heredado de sus padres y con el que yo he intentado mimetizarme esta noche. Por un momento pienso que hacemos buena pareja, pero enseguida aparto esa idea de mi mente, relegándola a una de esas cosas que mi cerebro debe eliminar a la mayor brevedad posible.

—Pero yo doy una fiesta y tengo que prepararla. Y tú eres una invitada y no tienes por qué trabajar.

Doy un paso atrás, para que deje de tocarme.

—No, te equivocas. Yo soy tu amiga, y si Niall y Cole están aquí ayudándote porque son tus amigos, Britt y yo contamos como dos de los chicos, también.

Suelta una risita que me hace mirarlo indignada.

—No, no sois para nada «dos de los chicos» —se burla, con una sonrisa divertida—. Y es mi cumpleaños, así que mando yo y decido quién mueve botellas.

—Aún no es tu cumpleaños. No hasta la medianoche. Así que aparta de ahí y déjame colocar el tequila.

No dice nada más, lo que yo ya interpreto como una forma de ceder. Saco un par de la caja y se las paso para que las ponga en las baldas. Coge las botellas de entre mis manos y su piel roza la mía con delicadeza. No sé si lo ha hecho a propósito, pero, sea como sea, sé que los dos vamos a seguir fingiendo que ha sido una casualidad y que el roce entre nuestras pieles no nos despierta absolutamente nada.

Las cosas con Jayden han vuelto a la normalidad desde la fiesta de Halloween. Y con eso quiero decir que lo que los dos llegamos a confesar en nuestro minuto de sinceridad no ha cambiado nada en esta amistad. Estamos como siempre: hablamos varias veces al día por teléfono o mensajes, quedamos para tomar café, estudiamos en la biblioteca, entrenamos juntos en el gimnasio... Nada ha cambiado. Pero a la vez siento que ha cambiado todo. Porque antes mi mente no estaba lista para procesar las sensaciones que me encogen el estómago y me erizan la piel, y mi corazón no estaba lo suficientemente despierto para alterar el ritmo de sus latidos cuando mis ojos y los suyos conectan. Ahora yo lo estoy: estoy despierta. Y tengo miedo porque sé que si esto se escapa de mi control no voy a poder abrir los ojos y dejarlo atrás.

No sé en qué momento ha pasado. No sé si fue alguna de las cosas que dijo, o algo que yo hice, o un segundo que pasó sin ninguna importancia aparente y, de repente, el mundo era distinto a como era tan solo un segundo atrás. Tengo la impresión de que esto entre él y yo siempre ha estado aquí y era yo la que no podía verlo. O *no quería* verlo. Creo que sigo sin querer.

Pone su mano sobre la mía para coger la siguiente botella que le tiendo. Y mi piel reclama más cuando perdemos el contacto. No podría describir para nada esta sensación. No me siento capaz de ponerle palabras. Solo sé que no es el cosquilleo tímido y la sonrisa tonta de mis primeros momentos con

Jake. Es intenso. Pero tampoco es la electricidad estática y el calor abrasador de los roces con Daryl. Las caricias de Jayden no queman, ni arrasan, ni destruyen. Al contrario, despiertan, calman y hacen vibrar. Daryl se colaba en grandes dosis, de golpe, inundándome, desordenándome y creando caos. Pero Jayden... Jayden entra despacio pero constante, rellenando los huecos, removiendo todo ese desorden en el que una vez me convertí para volver a encajar cada pieza en su sitio. No son las ganas de correr con los ojos cerrados hacia el borde de un precipicio, sino más bien la emoción de saltar de un avión en caída libre sabiendo que él siempre será el paracaídas a mi espalda.

Quiero coger su mano y no soltarla. Que las sensaciones llenen todo mi cuerpo y me hagan vibrar en emociones hasta convertirme en canción. Hasta hacerme sentir que brillo.

Pero es que no me atrevo.

Así que, en cuanto acabamos con esta caja, me alejo en busca de otra tarea que me permita seguir pensando que entre nosotros sigue todo igual. Que somos *solo amigos*.

Cuando empiezan a aparecer los primeros invitados, ya sé que voy a tener pocos momentos con Jayden esta noche. Es lógico, todo el mundo quiere estar con él, que para eso estamos celebrando su cumpleaños. Los que han llegado en primer lugar han sido Tracy y Aaron, y Mark con ese chico del que sigue negando ser novio. Yo ya he dejado de intentar explicarle la realidad, porque lo cierto es que importa muy poco cómo lo llame mientras los dos sigan haciéndose sonreír así el uno al otro. Luego vienen algunos compañeros de clase de Jayden, y luego antiguos colegas del instituto. Unas cuantas chicas entre las que veo a Ronda, mi camarera favorita. Y también ese grupo de la fiesta de la playa que acompañaba a la hermana de Asher, ella incluida. Así, antes de que me dé cuenta, el local está lleno de gente que habla muy alto para hacerse oír por encima de la música, que ríe y que bebe sin descanso todo ese alcohol que tanto nos ha costado colocar tras la barra.

Yo estoy con una cerveza en la mano, cuchicheando con Britt acerca de nuestro compañero de piso. Es el rumor más jugoso que corre ahora por nuestra casa y no vamos a dejar de exprimirlo hasta que Mark confiese que está enamorado. Me parece lo justo. Y entonces un chico se planta frente a nosotras.

—Tú eres Haley, ¿verdad? —pregunta, con una sonrisa amplia y cálida.

¿Lo conozco? Tiene el pelo moreno, ondulado y revuelto, con unos cuantos mechones casi metidos en unos ojos oscuros. Una mandíbula angulosa y la sonrisa un poco torcida, pero agradable. Tendrá la edad de Jayden y pronuncia mi nombre como si lo hubiera escuchado muchas veces. No me suena de nada, pero sé perfectamente quién es.

—¿Y tú eres... Asher?

Amplía la sonrisa.

—Veo que Jay aún se pasa el día hablando de mí. Es evidente que me adora —bromea—. Y yo he oído hablar mucho de ti, créeme.

Estrecho su mano. No me hace sentir incómoda a pesar de que ese comentario da a entender que Jayden habla mucho de mí y que para su amigo eso significa que también me adora. Él enseguida aparta la mirada para clavarla en Brittany y le guiña un ojo, con expresión traviesa.

—Hola, Britt. Tan preciosa como siempre —halaga.

—Asher —responde ella, y se estira para darle un abrazo breve—. Tan zalamero como siempre.

El chico se ríe.

—Sabes que me encanta esa palabra. ¿Dónde está ese afortunado que dice que eres su novia? No lo he visto por ninguna parte.

Britt estira el cuello para alcanzar a ver entre la gente.

—Creo que estaba con alguien de vuestro instituto. Voy y le digo que estás aquí.

Y antes de que me dé tiempo a decir nada, se ha ido y nos ha dejado solos. Yo nunca había tenido problemas para hablar con la gente en las fiestas. Nunca. Con nadie. Pero he aquí otra de las cosas que perdí el curso pasado. Ahora me resulta más difícil ser extrovertida y parlanchina y confiada con los desconocidos. Además, no sé muy bien lo que Asher sabe o no sabe de mí y eso me pone nerviosa. Al fin y al cabo, soy la chica que estuvo saliendo con el chico por el que su novia lo dejó. Y, a diferencia de ella, yo sobreviví. Toda la historia de Sarah y Styles tuvo que ser muy difícil para él. ¿Qué le dices a alguien que ha sufrido tanto? Bueno, es posible que él se pregunte lo mismo, de alguna manera.

—¿Sabes?, tenía muchas ganas de conocerte, Haley. Llevo tiempo diciéndole a Jayden que debería presentarnos y él dándome largas. No sé si se avergüenza de ti o de mí, pero me temo que es más lo segundo.

Sonrío y niego con la cabeza.

—No estés tan seguro, yo también soy capaz de avergonzarlo bastante de vez en cuando. Y yo también tenía ganas de conocerte, no se me olvida que tenía pendiente darte las gracias por prestarnos las tablas de surf y por el neopreno de tu hermana.

—¿En serio? Gracias a ti por conseguir que Jayden tuviera los cojones por fin de pedírmelas prestadas y volver a hacer surf. Pensé que no lo haría nunca.

Veo una especie de sombra oscura surcar su rostro y resulta bastante evidente para mí a pesar de la escasa iluminación de la sala. A lo mejor es que los que llevamos el dolor por dentro e intentamos esconderlo del mundo somos capaces de reconocernos al instante entre nosotros, ¿no? Es solo una décima de segundo y luego vuelve a sonreír y a transmitir buen rollo.

—Solo necesitaba un empujoncito —le quito importancia.

—Le sientas bien, ¿sabes?

Una sensación cálida recorre mi pecho y sonrío levemente. Me gusta cómo ha dicho eso. Y nunca se me había ocurrido esa forma de expresar lo que somos capaces de hacer Jay y yo el uno por el otro. Él me sienta muy bien a mí, también.

—Es lo que hacen los amigos —imagino, y no sé por qué, de repente, he sentido la imperiosa necesidad de usar esa palabra.

Creo que ha sido más para dejármelo claro a mí que para que Asher no piense cosas que no son. Tampoco sé cuánto le ha contado Jayden sobre lo que siente por mí. Aunque, siendo su amigo de toda la vida, lo más probable es que no haya necesitado ninguna confirmación por su parte; yo sé si a Hannah le gusta un chico casi antes de que lo sepa ella.

—Sí. Aunque mira cuántos amigos tiene y...

Entonces llegan Britt y Niall y se unen a nosotros, y así Asher no puede soltarme ninguna indirecta. Eso me relaja bastante.

Pasamos un buen rato aquí los cuatro, bebiendo, bailando y hablando a gritos. Niall y Asher nos cuentan unas cuantas historietas de sus aventuras cuando eran críos.

Luego veo a Kevin y me acerco a hablar con él. Me gusta que Jayden lo haya invitado a pesar de que los dos sabemos que Kevin está interesado en mí de alguna manera. Daryl habría... Me regaño a mí misma por compararlo tanto con Daryl. Ni siquiera quiero pensar en él ya. Y creo que es hora de dejar de hacerlo. Y, sí, tanto Jayden como yo sabemos que Kevin no ha dejado de querer algo más conmigo, aunque no haya vuelto a hacerme insinuaciones, pero eso no

138

es impedimento para que ellos sigan siendo colegas. Y tampoco para que yo haya aceptado la propuesta que me hizo de seguir dando clases de defensa personal con él. El miércoles por la tarde tuvimos una sesión en el gimnasio, y con toda probabilidad haremos otra la semana que viene.

Estamos hablando de eso cuando Jayden pasa a nuestro lado, acompañado de una chica que no conozco. No se para a decirnos nada, pero a Kevin le da una palmadita en el hombro. Y luego pellizca mi cintura para hacerme saltar cuando pasa sin detenerse a mi lado. Me aparto e intento dedicarle una miradita de reproche, pero termino sonriendo.

—Creo que no me equivocaba demasiado —dice Kevin, con media sonrisa—. Me parece que sí que hay algo entre Jayden y tú, aunque aún no sea nada.

Entiendo lo que dice. Y lo niego, claro, pero no consigo engañarlo a él y tampoco consigo engañarme a mí. Entre Jayden y yo hay algo y resulta obvio para cualquiera que nos vea desde fuera. Lo que pasa es que yo aún necesito tiempo para permitirme descubrirlo.

No sé si Jayden vuelve a intentar acercarse a mí o no, pero, sea como sea, no llega a hacerlo. Y después de beber y bailar con mis amigos hasta que alcanzo ese puntillo agradable en que consigues estar más desinhibida sin haberte pasado de tragos, veo en mi reloj que es casi medianoche y voy a buscarlo, porque tengo que ser la primera en felicitarlo.

Lo encuentro cerca de la barra. Está hablando con Aaron, así que no es muy difícil librarme de él con solo un intercambio de miradas. En cuanto el novio de mi amiga me ve aquí, acercándome por la espalda de Jayden, se aparta con disimulo para dejarlo solo. Son las doce y en cualquier momento alguien más se dará cuenta y se pondrán a chillar y a vitorearlo y a convertirlo aún más en el centro de atención, así que me pongo nerviosa mientras doy los últimos pasos a su espalda porque el tiempo corre en mi contra. El último paso y mi cuerpo parece chisporrotear cuando la cercanía me permite captar todas las sensaciones que emana el suyo. Su calor. Lo bien que huele. Mi mente tiene muy claro que hay ciertos límites, pero mi cuerpo se pega a su espalda y casi deseo fundirme con él. Cuelgo un brazo de su hombro y cruzo el otro sobre su pecho para estrujarlo un poquito. Me estiro sobre los tacones de mis botas para poder hablarle al oído.

—Feliz cumpleaños.

Beso su mejilla, cerca de la oreja, cuando gira la cara hacia mí. Dejo mis labios unas décimas de segundo más de lo normal sobre su piel. Es muy íntimo y sienta bien y hace que note esas cosquillas en el estómago y ese tirón en la tripa que es tan raro, pero tan agradable.

Tiene la piel muy suave y huele a esa loción para después del afeitado que usa y encaja tan bien en el conjunto.

Y me parece notar que se estremece bajo mi contacto.

Tengo que soltarlo y nos miramos a los ojos cuando consigue girarse hacia mí.

—Gracias.

—Ahora eres algo así como un vejestorio, ¿no?

—¡Oye! Solo soy un año y medio mayor que tú —me recuerda, sin poder evitar que se le escape la sonrisa.

Pone una mano en mi cintura y estoy segura de que tiene la mala intención de hacerme cosquillas, así que pongo las mías sobre su pecho para detenerlo. Pero él me atrae despacio hacia su cuerpo.

—Un año y medio parece poco, pero es toda una vida para un ratón.

—Menos mal que no somos ratones, porque sería una mierda no haber coincidido en nuestro tiempo de vida —opina, con sus ojos clavados en los míos.

Me muerdo el labio para evitar una sonrisa de lo más tonta.

—Como es tu cumpleaños y no somos ratones, dime, ¿qué es lo primero que quieres hacer ahora que tienes veintiuno?

Se me corta la respiración cuando veo cómo me está mirando. Creo que los dos hemos bebido lo suficiente para que la parte racional no logre controlarnos del todo, y por eso él me está mirando de esta manera y yo estoy deseando que no deje de hacerlo nunca. Su mano resbala sobre mi vestido y se ajusta a la curva de mi cadera. Y yo las subo hasta sus hombros, sin separar los ojos de los suyos.

—Joder, Haley... —dice, a media voz.

Y entonces la música se corta de golpe y empieza a sonar el *Cumpleaños feliz* por los altavoces y yo me aparto y doy dos pasos atrás, dejando que la atención se centre en él y la gente le cante y lo arrastre de un sitio a otro para homenajearlo por su cumpleaños.

Me alejo hacia el otro lado de la fiesta, un poco turbada, y me encuentro a Brittany y la cojo de la mano para arrastrarla conmigo hasta un lugar donde estemos a salvo de oídos indiscretos.

—¿Qué te pasa? —pregunta, y me mira como si me hubiera vuelto loca—. Iba a felicitar a...

—Britt, me gusta Jayden —suelto, sin paños calientes, tal y como me sale.

Me siento revuelta por dentro, como si los átomos que me componen se hubieran vuelto locos ante una fuerza de atracción poderosa.

Ella sonríe.

—Claro que sí —dice, como si fuera obvio.

Como si ella ya se hubiera dado cuenta hace tiempo y fuera imposible comprender que yo no lo hubiera hecho también.

—No. No, esto no puede pasar. No sonrías así, es muy mala noticia.

—¿Por qué? Haley, es perfecto. ¿O es que no lo ves? Jayden está loco por ti.

La cabeza me da vueltas cuando la oigo decir eso. *Loco por ti.* No estoy preparada. Aún no. No todavía. Voy a acabar precipitándome y la voy a cagar.

—Lo voy a estropear todo...

—¿Por qué dices eso? —pregunta Britt, dulce—. No vas a estropear nada. Los dos sentís lo mismo, esto solo puede mejorar.

—No. Es que no puede mejorar. No puedo sentir esto. No es justo, no está bien.

Siento que, mire hacia el lado que mire, lo estoy haciendo todo mal. Sentir algo así por Jayden significa traicionar mis recuerdos con Daryl, esos que, a pesar de todo, he conservado con tanto cuidado. Sentir algo por Jayden supone traicionar a esa Haley que creyó enamorarse tanto que juró que nunca podría volver a amar. No pude salvarlo y ni siquiera puedo cumplir mis estúpidas promesas. Y solo han pasado ocho meses... ¿es que no era tan especial? Y si no lo era, ¿por qué nos hice creer a los dos que sí? ¿Por qué cometí tantas estupideces, por qué me entregué entera, por qué dejé que una parte de mí ardiera en el infierno?

Y Jayden... Jayden que nunca ha sentido esto por nadie. Que parece dispuesto a entregarme un corazón intacto. ¿Qué puedo darle yo a cambio? ¿Qué tengo aparte de un corazón destrozado y lleno de cicatrices? Cuando él me mira veo lo que hay detrás, transparente y puro. Y yo solo puedo devolverle una maraña de sentimientos enredados en los que probablemente será mejor no tirar del primer hilo suelto que se vea. Él se merece algo mejor.

—¿Justo? —repite mi amiga, confundida—. Sois perfectos el uno para el otro.

—Tú no lo entiendes.

—Haley...

—No puedo perder a Jay, Britt. No puedo.

—Claro que no. No vas a perderlo. Ninguno de los dos vais a dejar que eso pase.

—No es tan fácil.

—Sí que lo es —me lleva la contraria—. Es tan fácil como solo dejarte llevar y permitiros a los dos sentir. Puede ser fácil. Las relaciones no tienen que ser tan complicadas, eso te lo aseguro. Tienes que dejar de pensar tanto.

Sí, claro. ¿Cómo puede decir eso? La última vez que no pensé y me dejé arrastrar no acabé demasiado bien.

—Sé lo que va a ayudarte a no darle tantas vueltas a las cosas —sigue mi amiga, con tono travieso—. Unos chupitos. Vamos, esta noche Jayden invita a todo. Olvídate de eso que tu cabecita está rumiando, ¿vale?

Me dejo arrastrar de vuelta, cogida de su mano.

Mark se une a nosotras cuando nos ve en la barra buscando unos vasos de chupito con una botella de tequila en la mano. Y Tracy aparece cuando nos hemos tomado ya el primero. No sé dónde se han metido sus novios, pero me alegro de tenerlos a los tres conmigo.

No sé si es la compañía, el alcohol, o la distancia emocional que voy ganando, pero consigo relajarme y pensar con más claridad. Aunque tampoco es que quiera pensar mucho. El problema es que no puedo dejarme llevar con Jayden hasta que esté segura de que voy a poder corresponderle como se merece. No puedo entregarle una Haley a medias, ni una que no ha terminado de coser desgarrones en su alma. Yo todavía no estoy completa.

Seguro que han pasado más de dos horas desde la medianoche cuando vuelvo a encontrar a Jayden. O, más bien, cuando él vuelve a encontrarme a mí. A estas alturas estoy un poquito más borracha, aunque nada que no pueda controlar.

—Eh —dice, al aparecer por mi espalda. Me doy la vuelta enseguida y me sonríe de una forma que se me contagia demasiado rápido—. ¿Qué tal? ¿Te lo estás pasando bien? Tengo la impresión de que no te he visto en toda la noche.

—Ah, claro, estás muy solicitado. Y tienes unas cuantas fans rondando por aquí.

—Me encanta cuando te pones así de celosa, Parker —se burla, con una sonrisita engreída.

—No estoy celosa —le sigo el juego, y levanto la barbilla como si eso reforzara mi orgullo—. Puedes volver al centro de la fiesta, cumpleañero.

—No quiero. Llevo toda la noche de un grupo de gente a otro. Y, no me malinterpretes, me gusta esta fiesta y estoy encantado de que estén aquí, pero a lo mejor me hacen falta cinco minutos.

—¿Necesitas que te cubra para que te tomes cinco minutos a solas?

—Más bien pensaba en cinco minutos a solas contigo.

Me late rápido el corazón, pero lo calmo enseguida. Aquí no va a pasar nada. Ni hablar. Sé hasta dónde puedo llegar y dónde debo poner mis propios límites. Por el bien de los dos.

Miro la puerta que hay un par de metros a mi derecha.

—¿Se puede subir a la azotea?

—Puede que me hayan dejado la llave, sí. Espera.

Tarda menos de un minuto en encontrar las llaves en el bolsillo y examinarlas. Luego es él quien me coge de la mano y me lleva hasta esa puerta. La abre y salimos por ella, sin llamar la atención. Luego la cierra desde el otro lado. Señala las escaleras estrechas y empinadas que suben.

—Las señoritas primero —me cede el puesto.

Podría haber cualquier cosa ahí arriba y está oscuro, así

que no lo veo tan caballeroso en esta circunstancia en concreto.

—No me mires las bragas, ¿eh? —advierto, antes de empezar a subir.

Oigo su carcajada detrás de mí y avanzo con una sonrisa.

Hace frío aquí arriba. Camino por la pequeña azotea hasta el borde y miro las luces de los edificios a nuestro alrededor. No es que haya unas vistas espectaculares, pero al menos hay paz y desde aquí apenas se oye la música de la fiesta.

—Deberías haber cogido la cazadora —observa Jayden, justo detrás de mí, al ver que me abrazo los brazos y me froto la piel para evitar el frío—, ¿quieres que baje a por ella?

—No —lo tranquilizo—. Estoy bien. Van a ser solo cinco minutos.

—Vale.

Se acerca a mi espalda, hasta que está casi completamente pegado, y deja el móvil en el borde del pequeño muro que rodea la azotea. Lo miro y veo que ha puesto el cronómetro. El muy tonto.

—Estás de broma —murmuro, divertida.

—Cinco minutos, Haley.

Sus brazos rodean mi torso, dándome calor. Me tenso por un segundo porque este abrazo es distinto a cualquier otro que me haya dado antes. Mucho más íntimo. Y luego me relajo porque no hay nada de malo en esto y me siento demasiado bien entre sus brazos. Mi cuerpo busca más contacto y me recuesto contra él, dejo que se encargue de sostener mi peso, y apoyo la cabeza en su pecho. Los tacones consiguen que mi sien roce su mandíbula, y puede que mi pelo le haga cosquillas, pero no se queja. De todas maneras, aparto la melena hacia el otro lado del cuello, para que no le moleste. Su cuerpo tiembla, pegado al mío, y sí que hace frío aunque sospecho que no se trata para nada de eso. No sé

145

cuánto tiempo estamos así, quietos, con nuestras respiraciones acompasadas, porque es como si el tiempo se hubiera detenido. Luego, él mueve la cabeza y la va inclinando muy lentamente hasta que sus labios rozan mi hombro, en el punto en que comienza el cuello, y deposita un beso suave y largo. Mantengo los ojos cerrados mientras mi corazón salta y mi estómago se da la vuelta.

Me muevo despacio para girarme hacia él. Jayden afloja su abrazo para permitirme el movimiento, y abro los ojos para encontrar los suyos cuando estamos frente a frente, con los pechos pegados y las caras muy cerca. Reacomodo la postura para descansar los brazos sobre los suyos, que rodean firmemente mi cintura. Creo que su corazón va más rápido que el mío. Sus ojos no dejan los míos y me da la impresión de que entiende hasta dónde puedo llegar y el punto sin retorno que aún no estoy preparada para cruzar. Está muy guapo esta noche. Mucho. Y así, de cerca, aún más. Muevo una mano para acariciar la línea de su mandíbula con dos dedos y él cierra los ojos bajo la caricia, abandonándose a las sensaciones. Me estiro para besar ese punto como ha hecho él antes en mi hombro, pegando los labios a su piel despacio, con ternura. No abre los ojos cuando me aparto lentamente, y aprovecho para estirarme un poco más y besar con mucha delicadeza su párpado izquierdo.

Sus manos acarician la parte baja de mi espalda mientras despego los labios de su piel y gano un par de centímetros de distancia. Luego abre los ojos y me mira de esa forma que me vuelve las piernas de mantequilla. Ahora eso no me preocupa porque él me sostiene con firmeza, y sé que no me va a soltar hasta que yo quiera que lo haga. Baja la cabeza y su mejilla roza la mía, cambiando el ritmo de mi respiración. Sus labios se posan esta vez sobre mi clavícula, justo donde la deja al descubierto la tela del vestido.

Esto me hace sentir de una manera que nunca había soñado que sentiría. Es una mezcla de anticipación y anhelo. Es temblar bajo el roce de sus labios creyéndome más entera que nunca. Es mostrar vulnerabilidad mientras me siento invencible. Es todo mi organismo vibrando en una armonía perfecta, alterándome lo justo por dentro para hacerme sentir viva. Esto es sentir que desearía que nuestros cinco minutos fueran eternos.

Pero no lo son. Y suena el pitido que indica que el tiempo marcado por Jayden en esa aplicación del móvil se ha consumido. Él afloja su abrazo en cuanto empiezo a apartarme, sin tratar de retenerme. Escondo la mirada, porque ahora mirarnos a los ojos de la misma manera que hace unos segundos parece fuera de lugar. No sé cómo consigo mantenerme en pie y dar dos pasos hacia las escaleras que bajan de nuevo a la fiesta, alejándome de él. Mi mano recorre su brazo, que él va estirando para mantener más tiempo el contacto. Cuando es su mano la que roza la mía, la utiliza para envolver mi puño en ella y tira suavemente de mí para hacerme frenar. Me giro para mirarlo. Parece sereno, pero su mano tiembla tanto como la mía.

—No me importa esperar, Haley —dice en apenas un susurro.

No hace falta que le diga que aún no estoy preparada, porque él ya lo sabe. Lo veo en sus ojos. Me conoce. Me entiende. Lo acepta, así, como es.

—No puedo pedirte eso —murmuro, aunque esté deseando poder hacerlo.

Solo hasta que esté preparada. Solo hasta que pueda devolverle lo que él está dispuesto a darme. Pero no es justo para él. El tiempo es aquí y ahora. Y el tiempo no espera a nadie.

—No tienes que pedirlo —responde, y mis latidos se desbocan otra vez, más fuertes y rebeldes.

—¿Lo harás? —pregunto con un nudo en la garganta.

Sus ojos sonríen con ternura, aunque sus labios no lleguen a hacerlo.

—No tengo nada mejor que hacer.

Y esta vez soy yo la que sujeta su mano y la acerco a mis labios para besarle la parte interna de la muñeca, suave y tierno. Como todos los besos anteriores.

Luego lo suelto y bajo de la azotea, dejándolo a él con el recuerdo de nuestros cinco minutos, y llevándome conmigo un cosquilleo impaciente en los labios y una pequeña llama ardiendo en el pecho.

# 13

# HALEY

Paro el coche frente al portal de la casa de los chicos. Miro el reloj del salpicadero y estoy a punto de llamarlo para meterle prisa, cuando veo que se abre la puerta y Jayden y Asher salen, los dos con gafas de sol y pinta de haber alargado la fiesta bastante más que yo. Niall vino a casa con Britt para que Asher pudiera quedarse a pasar la noche en su habitación. Así que ahora es tarea mía llevar a estos dos a Calabasas.

—Buenos días, señorita Haley —saluda Asher al subir al asiento de atrás.

—Buenos días —respondo, con una sonrisa entre compasiva y divertida, al ver la energía resacosa que arrastra. Luego centro mi atención en Jay cuando se sienta a mi lado, con cara de estar esperando a la muerte—. ¿Qué pasa, cumpleañero? ¿Es acaso esto manera de celebrar tu cumpleaños?

Se estira para rodearme los hombros con un brazo y estrecharme brevemente contra su pecho.

—Lo he celebrado ya para los próximos tres años. Gracias por llevarnos, si tengo que coger la moto no habríamos sobrevivido.

—¿No te has levantado temprano y has ido al gimnasio a quemar toxinas?

—No seas tan cruel conmigo. Soy un hombre con las horas contadas, mi madre me va a matar cuando me vea así.

Suelto una risita y pongo el coche en marcha para llevarlos hasta las casas de sus padres.

Llevan un botellín de bebida isotónica cada uno y van bebiéndola por el camino como si eso fuera a conseguir dejarlos como nuevos.

—¿Y tu hermana, Asher? ¿No iba también a comer a Calabasas? —pregunto.

—Sí, sí. La iba a llevar a casa «un amigo» —gruñe, y asoma las manos entre los asientos para que lo vea poner las comillas con los dedos.

Jayden empieza enseguida a burlarse y a decirle que tiene que asumir que su hermana ya hace todas esas cosas que él hacía cuando tenía su edad, y quizá algunas peores. Me divierte escucharlos discutir en tono de broma durante todo el camino. Me alegro de que volvieran a encontrarse y dejaran de evitarse y hayan podido retomar su amistad, se nota lo mucho que se quieren.

Sigo las indicaciones de los dos chicos para dejar a Asher enfrente de la casa de su madre, antes de dirigirme, ya solo con Jay a mi lado, hasta la de Tyler y Sue.

Miro a mi amigo cuando apago el motor y los dos nos soltamos el cinturón. No puedo evitar que se me escape la sonrisa al ver que aún no ha conseguido mostrar un mejor aspecto. Y, aun así, me sigue pareciendo uno de los chicos más guapos que he visto.

—Estás fatal —me meto con él—. Sue te va a matar.

—Oye, se supone que tienes que apoyarme.

—Te apoyo. Estaré a tu lado mientras agonizas.

Dibuja media sonrisa y tira de la manilla de la puerta para bajarse del coche cuando lo hago yo. Ninguno de los dos parecemos tener intención de mencionar lo que pasó anoche en la azotea, pero la verdad es que cada vez que lo miro se me remueve algo por dentro y vuelvo a revivir las mismas sensaciones. A lo mejor esto ya no tiene vuelta atrás. Y eso da miedo.

—¡Cariño! Muchas felicidades, mi niño, no me puedo creer que hayan pasado veintiún años desde que me destrozaste el suelo pélvico. —Sue se acerca para abrazarlo en cuanto entramos en la casa.

—Mamá —protesta débilmente, pero se deja mimar.

—Y mírate ahora —suspira ella—, apareciendo en casa con esta pinta y esta resaca.

Luego lo suelta para que Tyler también pueda felicitarlo y, mientras Sue me abraza a mí y me pregunta si yo también tengo una resaca parecida, veo cómo se abrazan ellos.

—Feliz cumpleaños, chaval —dice su padre—. Veintiún años, ¿cuándo me he hecho tan viejo? Supongo que ya puedo ofrecerte una cerveza... aunque no creo que te quedaras corto de eso anoche. ¿Quieres una?

—No sé si me gustará, papá. No la he probado en la vida —bromea Jayden, con cara de inocente.

Tyler me mira a mí con una ceja alzada, en espera de que yo lleve la contraria al mentiroso de su hijo.

—Yo jamás lo he visto con una en la mano, es verdad —me posiciono del bando de Jay.

—¡Vaya par de mentirosos! —exclama Tyler mientras se aleja hacia la cocina, lo que nos hace reír.

Luke baja las escaleras corriendo y se abalanza sobre su hermano para abrazarlo. Lo felicita y lo llama idiota, porque todo el mundo sabe que ese es el equilibro perfecto entre hermanos.

Luego miro cómo Jay abre regalos, uno detrás de otro.

Yo soy la última y cuando Sue me mira y me pregunta si ya es hora de darle mi regalo, creo que Tyler y ella lo han organizado así a propósito para que mi regalo especial quedara para el final.

Jayden nos sigue intrigado hasta el garaje. Luke está muy emocionado y sé que le ha costado mucho ser cómplice y guardarme el secreto. Les pareció a todos muy buena idea desde el momento en que se lo consulté, aunque ahora mismo yo no estoy ya tan segura.

Estoy nerviosa.

—Este regalo es mío, pero también de mis padres. Yo he sido la que lo pensó y lo compró, pero ellos han invertido pasta porque se me iba un poco del presupuesto —reconozco, antes de dejar que se acerque al lugar en donde está—. Así que no puedes decirme que es demasiado caro.

Es que seguro que iba a decirlo.

—Venga ya, dámelo de una vez —exige.

Me aparto para que pueda avanzar y ver la forma envuelta apoyada en la pared del fondo del garaje de sus padres. Lleva un lazo rojo. Se queda parado, mirándolo, luego me mira a mí, y luego otra vez al regalo. No hace falta desenvolverlo para que la forma le deje bastante claro lo que es.

—¿Vas a abrirla?

—No vas en serio, Haley —dice a media voz.

Pero se acerca y rasga el papel, y puedo ver con toda claridad cómo le tiemblan las manos mientras lo hace. La desenvuelve entera y acaricia la superficie de la tabla de surf lentamente, como si acariciara a un animal asustado.

Se gira lo justo para poder mirarme a mí a los ojos, sin reparar en los demás.

—Gracias —dice, con la voz un poco rota.

—¡Es chulísima! Yo también quiero una —exclama Luke.

—Anda, vamos, Luke, vamos a dejarlos un momento solos —sugiere Tyler, antes de que los tres desaparezcan y cierren la puerta del garaje, para darnos intimidad.

Estoy segura de que es porque sus padres han podido notar, justo igual que yo, que Jayden no quería romperse delante de ellos. En cuanto se han ido, intenta sonreírme, pero le resbala una lágrima por la mejilla. Y yo me acerco en dos zancadas firmes y lo abrazo, y dejo que esconda la cara en mi hombro.

—Lo siento. No quería hacerte llorar, Jay. A lo mejor es el peor regalo del mundo. La he cagado, ¿no? Yo... quería...

Se aparta para mirarme a los ojos, con los suyos húmedos y brillantes.

—Me encanta, Haley —me hace callar, muy sincero, pero con solo un hilo de voz—. Luke tiene razón, es chulísima, y es una de las mejores marcas que hay, ha tenido que costar una pasta.

—Te he dicho que no la he pagado yo sola.

—Es el mejor regalo que me han hecho nunca, y no me refiero solo a la tabla —murmura, sin despegar los ojos de los míos—. Gracias por reconciliarme con el surf, no tienes ni idea de cuánto lo necesitaba.

Levanto una mano para secar los restos de humedad en su mejilla. Cierra los ojos y, cuando lo hace, me estiro para recoger las lágrimas que penden de su párpado izquierdo con los labios. Baja la cabeza cuando me separo, para apoyar la frente sobre la mía. Y estamos así durante unos segundos eternos, sin pronunciar ni una palabra, pero diciéndonos muchas cosas.

Luego le suena el móvil y nos apartamos de golpe como si acabaran de pillarnos haciendo algo malo.

—Es tu padre —señala al mirar la pantalla—. Debería darles las gracias por el regalo.

Asiento, y salgo del garaje para dejarlo hablar tranquilo. Sue está sola en la cocina, preparando una ensalada. Se vuelve para mirarme y me sonríe en cuanto ve que soy solo yo.

—Le ha encantado, Haley. Se lo he visto en la cara —asegura. Me acerco hasta ella y deja lo que está haciendo para cogerme las manos y mirarme a los ojos, seria—. Gracias por todo lo que has hecho por Jayden en el último año, cariño. No sabes lo mucho que le hacía falta alguien como tú. —Niego con la cabeza, pero no me deja decir nada antes de continuar—: En realidad, me parece que los dos estáis haciendo maravillas el uno por el otro, ¿verdad?

—Bueno, no estoy haciendo nada, Sue —le resto importancia—. Creo que es normal que nos apoyemos. Jayden es algo así como mi mejor amigo, supongo.

Me encojo de hombros.

—Sí. Claro. *Algo así* —repite, con un brillo travieso en la sonrisa.

Se acerca y me besa en la frente, antes de abandonar el tema y pedirme que le eche una mano para terminar de preparar la comida.

# 14

## JAYDEN

Le he cedido a Haley el lado de la ventanilla, así que yo voy apretujado entre ella y mi hermano, los tres en el asiento trasero del coche de mi padre. Igual que el año pasado, ella se viene con nosotros a Sacramento para pasar Acción de Gracias. Este año cae a mitad de semana, parte de las clases se han aplazado y tenemos la semana entera de vacaciones. Y hoy es domingo y no salimos ayer porque mi madre tenía que terminar un encargo. Ahora es ella la que conduce, y pienso que este año sí tengo cosas que agradecer en el día señalado para ello. Y la primera y más importante es poder ver a mi madre así de bien otra vez.

Otra de las cosas por agradecer es tener en mi vida a esta chica que acaba de estirar el brazo para robarme uno de los auriculares y ponérselo ella para ver qué escucho. Porque sin ella sonreiría mucho menos y me aburriría muchísimo más. Y, sin ella, no me habría pasado ayer el día en la playa con Asher, haciendo surf con mi nueva tabla. Fue terapéutico, creo que para los dos. Hablamos mucho de Sarah. Soltamos alguna lagrimita también, pero sobre todo fue bonito... y reparador. Y me siento más unido a mi amigo de lo que me había sentido en mucho tiempo, o más bien de lo que nunca

155

me había sentido, porque cuando Sarah estaba aquí yo siempre me quedaba con su versión en cualquier asunto que concerniera a la pareja. Ahora veo el lado de Asher, y también quiero estar en él.

Haley mueve la cabeza despacio, al ritmo de la música, y yo me trago la sonrisa, solo para que mi familia no me vea con cara de tonto. Nuestros meñiques se rozan y ella lo cuela bajo el mío y los entrelaza. ¿Cómo puede esto hacerme sentir mucho más de lo que he llegado a sentir besando a chicas guapísimas o teniéndolas desnudas entre mis sábanas? Es que esto es mucho mejor. Es otro nivel. Cambiaría todo mi historial amoroso pasado por una vida de roces tímidos con ella. Aunque nunca hubiera nada más.

Sin embargo, eso no significa que yo no quiera más. Lo quiero. Quiero mucho más. Y eso es un problema que se está haciendo cada vez más y más grande, como una bola de nieve rodando por la ladera de una pista de esquí. Hace menos de un mes le dije que, aunque nunca hubiera nada más que amistad entre los dos, me parecería perfecto. Pero cada día que pasa me parece menos perfecto y más algo a lo que me resignaría. Sobre todo, desde mi fiesta de cumpleaños. Llevo una semana entera pensando en esos cinco minutos en la azotea a todas las horas del día y de la noche. Y ahora ya no me parece perfecto pasarme el resto de mi vida sin volver a sentir sus labios besando mi mandíbula de esa forma tan dolorosamente íntima y sensual. Ya no me parece para nada tan perfecto no poder impregnar los míos con el sabor de su piel, y sentir esa suavidad. Qué va. Lo que quiero ahora, cada vez más, es poder besar de la misma manera cada centímetro de ella, adorando hasta el último rincón de su cuerpo. Me muero tanto por descubrir cómo se sentirá acariciar esos labios con los míos que cualquier día voy a reventar. Me vuelve loco. Me encanta tanto que me asusta, pero si hay algo que tengo claro es que esta vez no voy a salir corriendo. Esta vez no. Quiero estar con ella. Así, como suena, y signifique lo que signifique eso.

Lo único que me impide besarla hasta que desaparezca cualquier cosa que no seamos nosotros dos... es ella. Sé que no está preparada para esto aún. Sé que necesita un poco más de tiempo, o que quizá no lo esté nunca para tener algo más conmigo. Lo único que puedo hacer es estar aquí, a su lado, y apoyarla en el camino que quiera tomar. Estar aquí para ella. Esperando a que se muera por besarme como yo me muero por besarla... o fingiendo una sonrisa y alegrándome por ella cuando encuentre alguien que consiga hacerla olvidar todos los malos recuerdos del pasado.

Nos pasamos todo el resto del viaje con los meñiques entrelazados y escuchando muchas de mis canciones favoritas, cada uno con un auricular. Y el camino hasta Sacramento, que siempre me ha parecido larguísimo, se me queda corto esta vez.

# 15

## JAYDEN

Me equivocaba al pensar que yo no sé lo que es tener una familia grande como la de Haley. Me equivocaba mucho. Porque ahora es el día después de Acción de Gracias y yo soy solo una de las diecinueve personas que cenamos esta noche en casa de Emily y Scott. También contamos con tres perros entre los invitados, no quiero olvidarme de ellos.

He tenido que salir con Seth al porche del jardín trasero porque las conversaciones mezcladas a todo volumen me estaban volviendo loco. Así que el hijo menor de los anfitriones me ha ofrecido una cerveza y algo de paz y yo he aceptado encantado. Siempre me he llevado muy bien con Seth. Es dos años mayor que yo, pero eso ha ido perdiendo importancia paulatinamente a medida que nos hacíamos mayores. Diría que él y Liz eran los únicos de esta familia de amigos de mis padres con los que yo tenía verdadero trato... hasta que Haley apareció en Los Ángeles, claro. En cualquier caso, Seth siempre había sido el que mejor me caía. Es un tío inquieto y divertido, muy diferente de su hermano mayor, que es bastante serio.

Haley y Hannah están dentro de la casa cuchicheando como si no llevaran ya días juntas a casi todas las horas y durmiendo la mitad de las noches en la casa de una o la otra. Creo que el tema que les ocupa ahora es acerca de los padres de Hannah, que llevan casi un año separados, pero se han reunido aquí con el resto de sus amigos en común esta noche. Sea como sea, eso no le está dejando a Haley tiempo para mí.

Me siento con ella a la mesa, y ocupamos dos sitios en la esquina justo frente a Hannah y Seth. Pasamos toda la cena charlando y riendo los cuatro juntos, y la verdad es que me siento muy a gusto con ellos aunque sea obvio que entre los tres hay mucha más confianza que la que Seth o Hannah puedan tener conmigo. Supongo que es normal porque ellos han crecido casi como primos, viéndose muy a menudo, y yo solo aparecía por Sacramento en fechas señaladas. Pero, a pesar de todo, no me siento excluido o fuera de lugar. Nuestra animada conversación solo se interrumpe de vez en cuando para prestar atención a algunas de las anécdotas que cuentan nuestros padres. De verdad, que toda esa panda parece volver a la adolescencia cada vez que se reúnen.

La pierna de Haley no deja de rozar la mía por debajo de la mesa. Y yo intento ignorar lo que eso hace con mi cuerpo y con mis nervios, porque estoy bastante seguro de que ella no lo está haciendo a propósito ni dándole la más mínima importancia. Es muy natural que nuestros cuerpos se toquen así, y no debería suponer un problema.

—¡Oh! ¡Qué idea acabo de tener! —chilla Hannah—. ¿Qué tal si mañana nos vamos a San Francisco a pasar el fin de semana? Podemos quedarnos en mi casa, podemos salir de fiesta y podemos librarnos de estos pesados de padres por un par de días.

—Hannah... —empieza a protestar Haley, que no parece del todo convencida.

—Haley. —Usa el nombre a modo de advertencia—. ¿Desde cuándo eres tan sosa, tía? Hace un millón de años que no nos pegamos una fiesta en condiciones. Me la debes.

La señala con el dedo por encima de la mesa, y Haley estira la mano para agarrarlo y retorcérselo hasta hacerla protestar.

—Yo no te debo nada, excepto el pintalabios que te robé.

—¡Sabía que lo tenías tú! Solo por eso exijo una compensación. Venga, te mueres de ganas de salir toda la noche y desayunar en The Mill. —No parece que esté consiguiendo convencerla tan rápido como esperaba, así que me mira a mí y me pone ojitos—: Jayden, convéncela.

Suelto una carcajada al ver sus malas artes. Desde luego, estoy bastante seguro de que Hannah está acostumbrada a conseguir casi siempre lo que quiere.

No sé si a mí me apetece mucho una juerga por San Francisco, aunque supongo que podríamos pasarlo bien, y Seth ya está diciendo que se apunta y que podemos ir hasta allí con su coche. Miro a Haley y ella me mira solo de reojo, como si aún no quisiera dejarse convencer. Pero la conozco, sé cómo es ahora y qué partes son verdaderamente ella y qué partes son miedos e inseguridades. Y también sé cómo era antes, y la Haley del año pasado hasta estas fechas no habría dicho nunca que no a un fin de semana de fiesta con su mejor amiga. Sé que se lo pasará bien si vamos. Y también sé que, si no lo hacemos, acabará enfadándose consigo misma por quedarse escondida en casa y no permitirse darse al menos una noche de desconexión sin pensar en nada más.

—Vamos, enana —le digo, en un tono más íntimo—. Lo pasaremos bien. Sé que quieres pasarte dos días más achuchando a *Ron*, pero piensa que entonces no podrás achuchar a Hannah ni compensarle lo del pintalabios. Además, yo nunca he salido de fiesta por San Francisco, alguien debería enseñarme los sitios importantes de la ciudad.

Me mira a los ojos y suelta un suspiro de rendición.

—Está bien. ¡Pero! —se apresura a decir cuando Hannah ya está aplaudiendo y lanzando grititos de alegría. Habla directamente con ella—: Nada de llevarse ningún tío a casa y dejarme sin sitio en tu cama para dormir.

—Venga, Haley, ¿por quién me has tomado? —finge escandalizarse su mejor amiga sin poder evitar que se le escape una risita traviesa—. Está bien. Aunque, de todas maneras, tampoco creo que tuvieras problemas para encontrar otra cama donde dormir.

Sé que esa insinuación va por mí, pero me hago el despistado. Ya imagino que Hannah está al tanto de todo lo que está pasando entre Haley y yo.

—Bueno, pues ahora que ya está todo hablado, organicemos el viaje. ¿Salimos mañana por la tarde? Pasamos de invitar a nadie más, ¿no? —sigue Hannah, incansable—. Bueno, supongo que la aguafiestas de mi hermana podría venir si quisiera porque la casa también es suya...

No parece que la idea le haga mucha gracia, así que yo llamo la atención de Liz solo para molestarla.

—Oye, Liz, ¿te quieres venir de fiesta con nosotros a San Francisco este fin de semana? —le pregunto, mientras noto la mirada asesina de Hannah atravesándome y me aguanto la sonrisa.

—Paso —dice ella, brutalmente sincera y tan arisca como siempre.

Miro a Hannah y me encojo de hombros.

—Pasa —repito la información, como si ella no lo hubiera oído.

Pone los ojos en blanco y luego mira a su amiga, y baja el tono de voz cuando habla con ella, como si así yo no fuera a oír lo que le dice:

—Sí que es un poco insufrible, ¿eh, tía?

—Mogollón —responde Haley con una sonrisa.

Y a mí me arrancan una carcajada.

Seguimos elaborando nuestro plan de fin de semana. Estamos con eso hasta que unos golpecitos de un cubierto contra una copa callan todas las conversaciones alrededor de la mesa y centran la atención de todos en mi padre, que se ha puesto de pie y parece tener la firme intención de hacer un brindis.

Lo que faltaba.

Sus amigos empiezan enseguida a meterse con él, antes de dejarle decir ni una sola palabra.

—Estamos aquí reunidos para celebrar por segunda vez en solo veinticuatro horas una cena de agradecimiento. Así que, si no os importa, diré por qué quiero dar las gracias yo este año y me parece pertinente hacerlo no solo dos días, sino todos los días de aquí hasta que me muera. —Se gira y mira a mi madre, que está sentada a su lado—. Yo quiero dar las gracias porque hace veinticinco años conocí una chica en un bar que me dio un nombre falso y me metió en un montón de líos. Aunque la pillé enseguida, porque no es tan buena mentirosa como ella se cree. Quiero dar las gracias porque esa chica se quedara, a pesar de que yo tenía más bien poco que ofrecerle, y porque siga aquí todavía hoy. Quiero dar las gracias porque sin ella no tendría una familia maravillosa. Pero, sobre todo, quiero dar las gracias porque tengo a mi lado cada día a la mujer más fuerte del mundo, a la que nunca se rinde, pase lo que pase, y me mantiene a flote a mí aunque sea ella la que lleva el peso anclado al tobillo. Hemos pasado un año de mierda, nena, y yo he intentado estar a la altura, pero la verdad es que tú siempre superas todas las expectativas. Me he pasado el año acojonado, porque te juro que no sabría vivir sin ti. Así que, sí, quiero darte las gracias por los veinticinco años que me has permitido estar a tu lado.

Y necesito decirte que quiero estar contigo veinticinco años más y, después de eso, otros veinticinco más...

No me puedo creer que mi padre esté haciendo esto. La mano de Haley ha atrapado la mía, y creo que está sintiendo algo parecido a lo que estoy sintiendo yo.

Oigo a mi madre murmurar, puede que un poco avergonzada:

—Tyler, ¿qué estás haciendo?

Y, entonces, lo que hace él es hincar una rodilla en el suelo y sacar una caja pequeña que abre para mostrarle un anillo.

—Sue Morrison, ¿te casas conmigo?

Creo que todo el mundo alrededor de la mesa está conteniendo el aliento.

—¿Qué...? Tyler, estás loco.

—Di algo, nena. No me dejes aquí plantado como un idio...

—Sí. —Ella interrumpe su protesta y se arrodilla en el suelo con él, y suelta una risita—. Pues claro que sí, tonto.

Mi padre la besa con ímpetu, cogiendo su cara entre las manos, y ella acaricia sus brazos mientras todos sus amigos aplauden y gritan y vitorean, armando un montón de escándalo.

Haley no me ha soltado la mano y ahora tiene la mejilla apoyada en mi hombro.

—¿Tú sabías que iba a hacer eso? —me pregunta.

Niego con la cabeza. La miro y cuando nuestros ojos conectan nos sonreímos.

Cam está descorchando una botella de champán mientras Ashley lo acusa de ser cómplice y de saberlo todo y no haberle dicho nada a ella. Las copas se van repartiendo. Y yo tengo que ir enseguida a abrazar a mis padres.

Mucho después, cuando hace largo rato que la cena ha

acabado y alrededor de la mesa se sigue hablando muy alto y riendo demasiado, mi padre me hace una seña para que lo siga. Voy con él, intrigado.

—Voy a salir fuera a fumar, ¿me acompañas?

Le digo que sí, claro. Cruzo una mirada con Haley y me encojo de hombros, antes de ir tras él.

Se mantiene en silencio mientras se pone el cigarrillo en los labios y lo enciende, en el jardín de atrás. Los perros, que han aprovechado para salir en cuanto hemos abierto la puerta, olisquean en busca de un buen lugar donde vaciar la vejiga.

—¿Qué te parece? —pregunta por fin, tras soltar el humo de la primera calada, y me mira como si mi opinión fuera muy importante.

—¿Que mis padres se casen a estas alturas de mi vida? —pico, con una sonrisa de medio lado—. Me parece perfecto, papá. Mamá está muy feliz esta noche.

Asiente, y sonríe con ternura, aunque creo que no es del todo consciente de ello.

—Me alegro de que te parezca buena idea, porque quería pedirte una cosa... —Lo miro interesado, en espera de la petición—. ¿Querrás ser mi padrino en la boda?

—¿Yo? —repito, inseguro—. ¿Qué pasa con Cam? Pensaba que se lo pedirías a él.

Hace una mueca burlona.

—Cam es un pringado —se mete con su amigo en tono de broma—. Jayden, si tú quieres, quiero que estés ahí conmigo. Mientras planeaba hacer esto eras la única persona que me imaginaba allí a mi lado.

—Claro que quiero, papá.

Me pasa un brazo por los hombros y me atrae hacia su cuerpo para abrazarme fuerte por un momento.

—Es increíble lo bien que has salido —medio bromea—.

Ya eres todo un hombre, y eres mucho mejor de lo que yo he sido nunca. —Me aparta lentamente para mirarme a los ojos y veo que está emocionado—. Estoy muy orgulloso de ti, hijo.

Aprieto los labios para no llorar y luego fuerzo una sonrisa leve.

—Y yo estoy muy orgulloso de ti, papá.

Vuelve a abrazarme y apoyo la cabeza en su hombro. No sé cuánto tiempo estamos así, pero creo que no llega a dar ni dos caladas de ese cigarrillo antes de que termine por consumirse solo.

Luego él vuelve dentro de nuevo, cuando las voces altísimas de sus amigos suenan reclamándolo.

Me quedo aquí un poco más. Hace frío, pero me gusta tener unos segundos a solas para pensar en todo esto. Nunca pensé que estaría en el altar junto a mi padre mientras mi madre y él se casan, pero la verdad es que me siento ridículamente feliz con la idea. Me meto las manos en los bolsillos y me encojo, para protegerme del frío, mientras camino de un lado a otro con los perros.

Oigo a alguien salir a mi espalda y me vuelvo esperando ver a Haley que viene a preguntarme qué hago aquí solo tanto tiempo y si todo va bien. Pero no es ella. Es Hannah.

—Hola —saluda, mientras se pone una cazadora sobre el vestido que lleva—. Me están volviendo loca con tanta alegría.

Entonces pienso en cómo le habrá sentado a ella ver que mis padres se comprometen mientras los suyos hablan de divorcio.

—Sí, a veces pueden ser un poco intensos —le doy la razón, con una sonrisa.

—Ya te digo —suspira. Luego vuelve a clavar la vista en mí, como si se le acabara de ocurrir algo—. Haley dijo que ya no fumas, ¿no? Así que no podrás ofrecerme un cigarrillo.

—Lo siento.

—Da igual.

Da unos cuantos pasos hacia mí, pero en realidad viene a hacerle carantoñas a *Ron*.

—¿Estás bien?

—Sí, bien —dice distraídamente. Solo dos segundos después vuelve a alzar la vista, para mirarme interesada—. Yo siempre he sido *Team Jayden*, ¿sabes? —suelta de pronto, y yo alzo una ceja y sonrío de medio lado, confundido.

—¿Perdona?

—Que estoy en tu equipo, tío. Haley es mi mejor amiga y quiero lo mejor para ella, como tú podrás entender. Y no tengo dudas de que lo mejor para ella ahora mismo eres tú. —Lo dice tan tranquila, pero a mí me aprieta el corazón de golpe con esas palabras—. No tires la toalla con ella, Jayden. Necesita un poco más de tiempo.

—Sabe que tiene todo el tiempo que necesite. Lo último que quiero es que se sienta presionada —confieso en voz baja.

Hannah me mira con aprobación.

—Mejor, porque es tan lenta como un caracol. ¡Madre mía! No sé cómo puedes decirme eso con tanta paciencia, yo ya la he zarandeado un par de veces a ver si espabila, y nada. En fin, tampoco quiero que te confundas, Sparks, esto no quiere decir que no pueda cambiar de idea en cualquier momento y matarte lenta y dolorosamente como me entere de que la has hecho soltar una sola lágrima.

Me trago la sonrisa cuando la oigo amenazarme tan seria.

—Lo entiendo. No tienes que preocuparte por eso. De todas maneras, lo más probable es que pase página con cualquier tío estupendo que se encuentre por ahí. Yo solo estoy aquí para asegurarme de que está bien hasta entonces.

Hannah sonríe burlona y creo que hasta se está conteniendo para no reírse en mi cara.

—No dejes que su inseguridad con esto te confunda. Conozco a Haley mejor que nadie y sé cuándo le gusta de verdad un chico. No para de hablar de ti, ya me aburre, y se pasa el día pegada a la pantalla del móvil mandándote mensajitos para contarte cada pequeña cosa que le pasa. Sé que tú también lo sabes, pero entiendo que es complicado tenerlo tan claro desde tu posición. Lo único que le pasa a Haley es que tiene miedo.

*Tiene miedo.*

—¿De qué tiene tanto miedo? —pregunto, con el estómago encogido y el corazón en un puño. Hannah me está desestabilizando mucho con esas alas que acaba de dar a mis ilusiones más absurdas.

—Tiene miedo de enamorarse —responde, como si fuera muy obvio—. Supongo que es normal, la última vez que le pasó mira cómo terminó todo. Pero ¿sabes qué?: hay cosas que son inevitables.

Estoy a punto de preguntar aún más, porque parece que Hannah tiene ganas de hablar y yo me muero por oír todo lo que Haley haya podido decirle sobre mí a su amiga. Pero entonces esa chica de la que estamos hablando se asoma a la puerta abierta de salida y nos mira con el ceño fruncido.

—¿Qué hacéis aquí congelándoos? —Se agacha para acariciar a su perro en cuanto él trota alegre hasta ella—. Lleváis un rato desaparecidos los dos.

—Yo buscaba un cigarrillo y no he encontrado nada —se queja Hannah, que cruza una mirada cómplice conmigo antes de andar decidida hasta donde esta ella—. Me vuelvo dentro, que hace frío.

Se quita la cazadora y se la pone a Haley sobre los hombros antes de desaparecer y dejarnos solos.

Ella se ajusta esa prenda bien, cerrándola delante de su pecho, y da unos cuantos pasos, con *Ron* pegado a su pierna, para acercarse a mí.

167

—Tus padres están superfelices —dice, con una sonrisa dulce que me contagia al instante.

—Sí. No se lo digas a nadie, pero mi padre acaba de pedirme que sea su padrino.

Ensancha su sonrisa y asiente.

—Me imaginaba que te lo pediría a ti. Y ya que yo soy como una hija para ellos, ¿crees que tu madre me pedirá que sea dama de honor?

—Entonces tendríamos que bailar juntos después de la ceremonia.

—¿Acaso no piensas bailar conmigo en la boda de tus padres, aunque no sea dama de honor, Sparks?

Le doy un toquecito en la nariz con el dedo índice, para molestarla un poco más ante su protesta.

—A lo mejor no te invitan.

—Si te van a invitar hasta a ti es que les sobra sitio para todos —me la devuelve. Luego se queda más seria—. ¿Cómo te sientes con esto? Has estado aquí fuera un montón de rato, ¿estás rayado por algo?

Niego con la cabeza, y levanto la vista para mirar la luna. Está llena, muy redonda esta noche, y entre eso y, posiblemente, la contaminación lumínica, no se ve ni una sola estrella.

—No. Estoy feliz, Haley. Y estaba aquí pensando... Sarah siempre nos obligaba a hacer un juego estúpido en Acción de Gracias, teníamos que escribir cada uno un mensaje poniendo una sola cosa por la que quisiéramos dar gracias ese año. Solo se podía elegir una. Y me he quedado aquí pensando cuál elegiría este año.

—Que tu madre ya esté bien, ¿no? —adivina.

Bajo la mirada de nuevo hasta sus ojos.

—Sí, supongo que si tuviera que quedarme solo con una cosa sería esa. Pero tengo también unas cuantas más.

—Pues si yo tuviera que quedarme solo con una cosa que agradecer este año...

Finge pensar, y se da unos golpecitos suaves en la barbilla con el dedo. Estoy seguro de que va a decir cualquier tontería con la que meterse conmigo. Pero entonces da un paso hacia mí, rodea mi cintura con los brazos y apoya la mejilla en mi pecho. Y luego, cuando habla, le da cuerda a mi corazón y polvo de hadas a las alas que Hannah ha puesto antes a mis ilusiones.

—Yo daría las gracias porque existes tú, Jayden Sparks.

# 16

# HALEY

Hannah arrastra mi maleta y la suya, sin esperarme, hasta la puerta principal de mi casa, en cuanto escuchamos el pitido insistente de un coche en la calle. A Seth le encanta tocar el claxon y meter ruido. Justo como a mi amiga. Sí, él también es de los que toca el timbre como si se le hubiera quedado el dedo pegado.

—Chicas, ¿os vais a portar bien? —pregunta mamá por quinta vez desde ayer.

Creo que no se fía mucho de nosotras.

—¡Claro! —decimos las dos al unísono y con la misma vocecilla de no haber roto un plato jamás.

—Uy —suelta papá, que se adelanta para abrir la puerta y que Hannah pueda sacar nuestro equipaje—, no sé por qué no me lo creo mucho.

Me estiro para darle un beso muy sonoro en la mejilla cuando paso por su lado, para hacerle la pelota.

Jayden ya se ha bajado del asiento del copiloto del coche de Seth y se da prisa en llegar hasta Hannah para poder cogerle las maletas. Nuestro conductor de hoy, por el contrario, también se ha apeado del vehículo, pero se ha apoyado en la chapa y nos mira, sin intención de mover un dedo, desde detrás de sus gafas de sol aunque el día esté nublado.

Veo que mi padre se señala los ojos con dos dedos y luego lo señala a él, haciéndolo soltar una carcajada y poner su mejor expresión de chulito engreído. La verdad es que sí, de todos los miembros de esta familia de elección, Seth es el que tiene fama de ser más fiestero y liante. Aunque supongo que Hannah tampoco se queda atrás.

—Yo las vigilo, Cam, no te preocupes —se atreve a decir, burlón.

—Ellas te vigilan a ti, no te equivoques —rebate papá, lo que lo hace reír de nuevo.

Me acerco hasta Jayden que está encajando nuestras cosas con las suyas en el maletero.

—¿Qué llevas en esta maleta? —pregunta a Hannah—. Vamos a tu casa, ¿es que no tienes de nada allí?

Ella pone los ojos en blanco.

—Ay, Jayden, qué poco sabes. ¿Qué pasa si de pronto decido que quiero ponerme un vestido y descubro con horror que lo tengo en otra ciudad?

—¿Que te pones otra cosa? —prueba él, burlón.

Hannah se gira para mirarme a mí y levanta dos dedos y vocaliza sin llegar a hablar en voz alta: «Dos puntos menos».

No puedo evitar soltar una risita y luego Jay y yo nos miramos frente a frente cuando él cierra el maletero. Le sonrío, un poco más tímida. Lo último que quiero es que mis padres malinterpreten algo.

—Hola —digo, sin levantar mucho la voz.

—Hola —responde, en el mismo tono. Mis padres están entretenidos bromeando con Seth, así que creo que no están atentos a cómo nos miramos nosotros. Luego él aparta la vista de mí para centrarse en alguien más que ha acudido a saludarlo—. ¡Hola, chico!

*Ron* parece muy contento de verlo, creo que no olvida que, la mayoría de las veces que ha estado con él, Jay ha pasado un montón de tiempo tirándole esa pelota babosa que adora. Y a mí me gusta ver lo bien que se llevan. Ha sido así siempre, así que no puedo pensar que mi amigo solo lo hace para quedar bien conmigo.

—Jayden, por favor, dime que vas a ser tú el sensato del grupo.

—¡Oye! Yo soy el mayor, Cam —le recuerda Seth, divertido.

—Jayden, por favor, dime que vas a ser tú el sensato del grupo —repite papá, con exactamente las mismas palabras, y les arranca a los dos chicos una carcajada.

Jay se pone la mano sobre el corazón.

—Seré el sensato del grupo —promete.

—Menos mal.

—Nosotras nos encargaremos de que los chicos no se metan en ningún lío —aporta Hannah con una sonrisa traviesa—. ¡Venga, vámonos!

Yo me agacho para abrazar y besar a *Ron*.

—Te veo el domingo, ¿vale, bombón? —le digo, y él, en respuesta, me lame la mejilla.

Luego abrazo rápido a mi padre y, por último, a mi madre. Como siempre, nadie sabe dónde estará metido mi hermanito esta tarde.

—Pasadlo bien —nos desea mamá. Luego da unos golpecitos en la ventanilla de Seth, que ya ha vuelto a montarse al volante, y él la baja y alza una sola ceja tras sus gafas de sol, invitándola a hablar—. Conduce con cuidado.

Seth sonríe con ese aire encantador que sabe poner siempre que le conviene.

—Claro que sí, mamá Ash —la contenta. Luego mira hacia donde está Hannah—. A ver, las dos gallinitas al asiento

172

de atrás, que no quiero que me volváis loco con vuestros ca-
careos mientras conduzco.

—¿Perdona? ¡Si yo soy la copiloto! —se indigna ella—.
¿Quién te ha leído un mapa mejor que yo alguna vez en tu
vida?

—La última vez que te llevé de copiloto tuve que dar tres
vueltas a cada manzana —acusa él, y yo sé, a ciencia cierta,
que no es para nada una broma.

—Porque así era más divertido —se defiende mi amiga.

Finalmente, se monta, aún protestando, en el asiento trasero.

—Llámame cuando lleguéis, ¿vale, Haley?

Sonrío a mamá.

—Sí, no te preocupes.

—Vigila a Hannah, por favor —pide papá, con una sonrisa divertida.

Yo suelto una risita y le digo que lo haré, al tiempo que
me subo ya en el asiento trasero al lado de mi amiga. Jayden
se está abrochando el cinturón en el asiento del copiloto y
Seth ya ha arrancado el motor antes de que yo cierre la puerta de mi lado. El conductor vuelve a pitar un par de veces,
como forma de despedirse de mis padres cuando ya empezamos a rodar por la carretera, y los demás nos despedimos
con la mano antes de alejarnos.

Los chicos van hablando entre ellos en los asientos delanteros y Hannah me da unos golpes en la pierna para llamar
mi atención. Cuando la miro, me habla en lengua de signos,
para que esto quede solo entre nosotras.

«Voy a poner a Seth a dormir en la habitación de mis padres, para que no mancilléis la cama si Jayden y tú acabáis...,
ya sabes.»

Le doy un golpe en el brazo, pero la muy tonta se limita a
reírse a carcajadas. De verdad que a veces es tan inmadura...

Miro el perfil de Jayden, que tiene la cara vuelta hacia Seth mientras habla con él. Por un momento fugaz, se me pasa por la cabeza la idea de lo distinto que sería estar con Jay a lo que era estar con Daryl. Y me duele el pecho cuando recuerdo a mi ex. Ni siquiera sé por qué estoy comparándolos ahora, si Jayden y yo no somos nada. Pero es que si Jayden fuera mi... bueno, si Jayden y yo llegáramos a tener algo, podría tener todas esas cosas que a veces echaba de menos estando con Daryl. Porque Styles no se cansaba de decir que odiaba a todo el maldito mundo menos a mí, y la experiencia de pedirle que intentara llevarse bien con mis amigos salió bastante mal. En cambio, Jayden se lleva bien con todos mis amigos. De hecho, mis amigos y los suyos han terminado por formar un solo grupo sólido. Formamos parte de la misma familia, así que encaja con toda esa gente que es tan importante para mí. Y eso me gusta.

Me obligo a dejar de pensar así, porque me hace sentirme culpable. Soy consciente de que no debería, porque tengo todo el derecho del mundo a señalar los errores de Daryl y escudarme en ellos, pero lo cierto es que aún, a veces, sigo intentando comprender sus motivos y excusando algunos de sus defectos.

Y, además, Jayden no se merece que lo compare con él. Ni con él ni con nadie. Porque Jayden es lo suficientemente especial y diferente del resto como para no admitir comparaciones.

Tengo que dejar de mirarlo cuando me doy cuenta de que Hannah me observa con una sonrisa burlona. Está tan pesada con lo perfecto que es Jayden para mí que casi me dan ganas de decirle que se enrolle ella con él, si tanto le gusta. Casi, pero no pienso decirlo, no vaya a ser que se lo tome al pie de la letra.

Mi amiga estira su cinturón para poder asomar la cabeza

174

entre los asientos delanteros y hacer planes con los chicos de lo que haremos en cuanto lleguemos.

—¡Por lo menos vamos a la bolera! No me negaréis ir a la bolera —sigue Hannah con lo mismo en cuanto abre la puerta principal de la casa y entra primero.

—¡Pero si eres malísima a los bolos! —se burla Seth con una carcajada.

—¿Qué? ¡Me ofendes!

Jayden y yo intercambiamos una mirada divertida al oírlos discutir así por enésima vez en las pocas horas que llevamos juntos. Son peor que mi hermano y yo. Guío a mi amigo hasta la cocina, para poder dejar todas las bolsas con las que cargamos mientras esos dos se dedican a discutir en tono de broma y escaquearse de recoger la compra. Sé seguro que no es la primera vez que Jay está en esta casa, pero creo que podrá contar las ocasiones con los dedos de una mano y hará bastantes años de eso, así que me veo en la obligación de enseñarle dónde está todo.

Me pasa unas cuantas cervezas para que las ponga en la nevera.

—¿Te apetece de verdad lo de este fin de semana? —me pregunta.

—Sí. Sí que me apetece. Solo me da un poco de miedo que Hannah se vuelva demasiado loca.

—Pues vuélvete demasiado loca tú también y ya está. Así no te importará.

Me aparto de la nevera y recojo algunas cosas más que van en los armarios.

—Eso puede acabar mal.

—¿Mal como qué? —me anima a elaborar mi respuesta.

Pienso por un momento en las múltiples posibilidades.

—Mal como rapándome el pelo al uno y haciéndome otro tatuaje; mal como rayándome hasta acabar llorando por las esquinas; mal como emborracharme tanto que no pueda ni volver sola a casa... En cualquier caso, terminar haciendo el ridículo —resumo, con una sonrisa que pretende ser burlona, pero creo que parece un poco triste.

Me da rabia sentirme así. Antes era espontánea y alocada y divertida. Yo antes era mucho más como Hannah. Y ahora tengo miedo de dejarme llevar demasiado porque no me fío de ser capaz de controlar ciertas emociones y, si pierdo el control, podría acabar sintiendo cualquier cosa... incluso todas esas que trabajo con tanto ahínco con la psicóloga para no tener que revivir nunca más. Antes podía emborracharme y terminar llorando de tanto reír. Ahora beber demasiado me da una sensación de falta de control que me da miedo. La última vez que perdí de verdad el control alguien se lo quedó todo y terminó dirigiendo mi vida sin que yo me viera capaz de recuperar de ninguna manera las riendas. Y ahora solo me siento segura cuando sé que controlo todo lo suficiente como para no dejarme arrastrar. A lo mejor por eso tampoco me permito dejarme llevar del todo con Jay. Porque me da miedo perder el control y no poder volver a recuperarlo.

—Vale, pues hacemos una cosa: me aseguraré de que no haya maquinillas ni estudios de tatuajes cerca, nos llevaremos unos pañuelos de papel por si lloras y todo tu maquillaje en el bolso para que puedas volver a ponerte rímel en las pestañas, y te juro que yo te traigo a casa sana y salva si se te olvida el camino.

Dejo lo que estoy haciendo y me apoyo en la encimera para mirarlo con cariño.

—No intentes creerte mi canguro otra vez.

Sonríe y se encoge de hombros.

176

—Tu padre me pidió que cuidara de ti. Y este fin de semana tengo que ser el sensato del grupo porque se lo he prometido.

Pongo los ojos en blanco y, cuando vuelvo a mirarlo, lo veo con una sonrisa tierna en los labios.

—No me cuides tanto y vuélvete un poco loco tú también.

—Mejor no te digo lo que podría acabar haciendo yo si me vuelvo un poco loco.

Se me tensa el estómago cuando dice eso, con la voz un poco más ronca y sin despegar sus ojos de los míos. Creo que los dos estamos pensando lo mismo. Y puede que, si se vuelve un poco loco, acabe por decir cosas que los dos hemos prometido ya más de una vez no volver a decir... o, peor, puede que sus labios pasen de hablar para expresarse de otra manera con los míos. Y los dos pensamos lo mismo, porque lo que yo he dejado antes de decir en voz alta es que si me vuelvo un poco loca este fin de semana a lo mejor podría acabar besándolo yo.

—Chicos, ¿bolera o no? —pregunta Hannah, al asomarse de pronto a la zona en la que estamos.

Jayden se aparta lentamente de mí y se vuelve a mirarla.

—Soy nulo jugando a los bolos —admite, como si tuviera que disculparse por eso.

—¡Perfecto! Yo soy mala a los bolos y Jayden también, ¿lo oyes, Seth? Así que yo voy contigo y él con Haley, para que cada uno carguéis con un lastre.

Un rato después, cuando los chicos están abajo tomando una cerveza, esperándonos para ir a la bolera, y nosotras nos estamos maquillando frente al espejo de cuerpo entero de su habitación, me veo en la obligación de tener una charlita con ella.

—Voy a necesitar, por favor, que dejes de hacer insinuaciones y de intentar dejarme a solas con Jayden, y toda esa mierda que estás haciendo.

—No sé de qué me hablas —miente descaradamente. Pero enseguida se gira hacia mí—: ¡Pero, tía! Es que no has visto cómo os miráis... Es un crimen que no os hayáis comido la boca ya. ¡Un crimen, Haley!

—Cállate, ¿quieres? —le pido, en voz baja—. De verdad que no necesito un fin de semana contigo presionándome constantemente sobre esto. Sabes lo que siento, Hannah, y necesito...

—Tiempo —completa ella por mí—. Necesitas tiempo, Haley, y lo entiendo. De verdad que sí. Pero es que, como tu hermana que soy, te prometo que es tan frustrante verte así y no poder hacer nada para darte ese empujoncito que te falta... Lo sé, lo sé. No es cosa mía. Me meto en mis asuntos. ¡Pero, tía! Me mata que te estés perdiendo algo bueno de verdad por culpa de lo que te hizo un tío que no merece ni que te acuerdes de su nombre.

Suspiro y vuelvo a clavar mi vista en mi reflejo en el espejo, aplicándome el colorete.

—Esto no es por Daryl, es por mí —digo, y solo decir su nombre en voz alta hace que me escueza la garganta.

Hannah me da un golpecito con la cadera para hacerse más sitio frente al espejo.

—Que no te acuerdes de su nombre.

—Necesito tener mi vida un poco más en orden antes de poder pensar en tener nada con nadie.

Mi amiga suelta un suspiro exasperado. Tan dramática ella.

—No. No te pongas excusas, Haley. Tu vida está ordenada. Has retomado todo lo que dejaste, y casi todo ha vuelto a la normalidad. Ya apenas tienes momentos realmente malos, y controlas la ansiedad la mayor parte del tiempo. Tu vida está todo lo ordenada que puede estar la vida de una universitaria de diecinueve años. Lo que te pasa es que tienes miedo y ya está.

Y puede que tenga razón. Tengo miedo y ya está. Pero eso es fácil de decir... y no tan fácil de controlar.

—¿Y qué si es así?

—Pues que tú siempre has dicho que las cosas que dan miedo hay que hacerlas, aunque sea con miedo, porque si merecen la pena no puedes dejarlas escapar y, si resulta que no la merecen, podrás quitarte de en medio ese fantasma y seguir con tu vida. ¿Cuántas veces me has dicho eso?

—No lo sé —gruño, porque odio que mi sabiduría y consejos se vuelvan ahora contra mí.

—Te recuerdo que tú me sermoneaste por no superar el miedo y darle una oportunidad a Logan.

—Y yo te recuerdo que saliste huyendo de ahí como una cobarde —se la devuelvo.

—Y yo te recuerdo que ha sido la peor decisión que he tomado en mi vida y que he perdido al único chico que de verdad creo que merecía la pena de todos con los que he estado, así que te aconsejo que no sigas mi ejemplo.

Me quedo callada cuando dice eso. La miro apenada, pero ella clava su vista en el espejo y finge estar concentradísima en pintarse la raya del ojo. Hace mucho tiempo desde lo de Logan y sé que aún le duele haberlo dejado marchar, porque no ha encontrado nada como lo que tenía con él y no sabe si alguna vez volverá a sentirlo. Y que se lo encontrara en una fiesta en Halloween y lo pasaran genial juntos, pero él le dejara claro que lo que hubo entre ellos ya se acabó, tampoco ayuda en absoluto.

—¿Sabes? Deberías llamar a Logan en cuanto vuelvas a Dartmouth y quedar con él y ser sincera. No tienes nada que perder. Decirle que fuiste una cobarde, pero que sentías mucho por él de verdad.

—¿De qué iba a servir? —dice, como si no le afectara para nada esta conversación.

—¿De qué te sirve tenerlo dentro y no decirlo? Al menos, sabrás que lo has intentado, ¿qué es lo peor que puede pasar?

—Esta conversación es ridícula. ¿Te das cuenta de que nos aconsejamos lo mismo y aun así seguimos siendo unas cabezotas? —Suelto una risita y ella sonríe también—. Haley, no dejes escapar a Jayden porque te da miedo lo que sientes. Siéntelo y ya está. Es absurdo que sigas teniendo tanto miedo a que pase algo que ya ha pasado.

*Algo que ya ha pasado.*

Le pido que me pase el rímel y abandonamos esta conversación que parece no estar llevándonos a ninguna parte.

Intento olvidarme de todo lo que Hannah y yo hemos hablado frente al espejo de su cuarto. No me resulta tan complicado como pensaba porque Jayden está en plan colega y nada más, como si hubiera decidido que tiene que alejarse un poco para que yo esté cómoda del todo. La verdad es que lo agradezco. Y Seth no para de gastar bromas y decir tonterías, así que el ambiente es lo suficientemente distendido para que me relaje enseguida y disfrute de la partida de bolos.

Y, para cuando volvemos a casa, bastante tarde, tenemos tantas cosas por comentar, tantas anécdotas por contar y nos estamos riendo tanto, que calentamos comida basura de esa que hemos comprado y hacemos una cena improvisada bien regada de cerveza, los cuatro sentados en el suelo del salón. Después de la cerveza viene alguna que otra copa, también. Y luego a Hannah le da por insistir en que deberíamos subir a la terraza del último piso y seguir allí porque es el mejor lugar de la casa. Estoy bastante de acuerdo con ella.

El tercer piso solo tiene una zona diáfana donde hay un pequeño salón y donde acumulan un montón de trastos, y el resto es todo terraza. La barandilla es de cristal, así que no estorba para disfrutar de las vistas. Justo enfrente está el puerto deportivo. Y a la izquierda, a lo lejos, se ve el Golden Gate cruzando las aguas.

—Mira, eso de allí es Alcatraz —le señala Hannah a Jayden.

Están los dos asomados al borde, apoyados en la barandilla. Hemos sacado cuatro mantas, y cada uno tiene una echada sobre los hombros porque la noche es bastante fría. Seth mueve las tres hamacas que hay aquí fuera, para agruparlas y que podamos sentarnos juntos de frente a las vistas. Jayden me ha rellenado la copa antes de subir, pero ahora estoy empezando a dudar de si debería beber más. Sobre todo, porque cuando Hannah y él dejan de hablar sobre qué es esto o qué es aquello y vienen a sentarse y mi amiga dice que, como solo hay tres hamacas, Jay y yo vamos a tener que compartir una, no me parece en absoluto mala idea.

Al principio él está sentado con la espalda apoyada en el respaldo y yo sentada a los pies, con las piernas cruzadas bajo mi cuerpo. Pero, poco a poco, mientras mantenemos una charla relajada con nuestros amigos, nos vamos acercando y acabo prácticamente sentada entre sus piernas. Puede ser porque nuestros cuerpos se atraen... o puede ser porque estoy helada y me voy arrimando cada vez más a la fuente de calor.

—¿Tienes frío? —me pregunta Jay, como si me leyera el pensamiento.

—Un poquito.

Abre los brazos, haciendo un hueco debajo de su manta.

—Ven aquí.

Y yo obedezco sin pensar y me meto en el refugio que me ofrece, acomodándome entre sus piernas y pegando la espalda a su pecho. Él cierra los brazos en torno a mí, envolviéndome también con su manta, además de con la mía.

181

Se está bien aquí. Se está bien así. Demasiado bien.

Seth y Hannah tienen el tacto de no decir nada, pero pasado un rato ponen la excusa de estar cansados para largarse de la terraza y dejarnos solos. En realidad, sé que lo que están haciendo es cuchichear en el piso de abajo, pero ahora mismo eso me da igual. Y nosotros hablamos un poco más, relajados y con la misma confianza de siempre. Pero luego nos quedamos en silencio y siento la tensión creciendo sin pausa a nuestro alrededor.

Él va bajando la cabeza poco a poco hasta rozarme la mejilla con la nariz. Se me aceleran las pulsaciones y cierro los ojos, permitiéndome sentirlo todo. Luego sus labios están resbalando por mi cuello, en apenas un roce que me hace estremecer, hasta que acaban besando mi hombro con dulzura, de una forma muy sensual.

Me voy a morir. Se me va a salir el corazón por la boca. Se me va a olvidar cómo se respira. Si no hago algo, la tensión en mi pecho va a colapsar mis órganos vitales. Si no me muevo, el cosquilleo de mi piel y del interior de todo mi cuerpo va a terminar por consumirme. Si no lo beso ahora, voy a reventar.

Me muevo despacio, para girar la cabeza y mirarlo. Estamos muy cerca. Tan cerca, que solo tendría que estirar el cuello y probar sus labios. Tan cerca, que solo con respirar un poco más profundo el impulso del aire en mi pecho podría recortar esa ridícula distancia que nos separa. Jayden no se mueve. Sigue dándome la opción de decidir yo si quiero hacer esto, o por el contrario retirarme y dejarlo en tablas. Como si aquí no hubiera pasado nada. Eso es lo que hace, dejarme ese espacio, pero puedo notar que no es eso para nada lo que quiere hacer. Su corazón suena tan alto y tan acelerado como una locomotora. Y sus ojos no consiguen quedarse en los míos porque hoy me he pintado los labios de rojo y supongo que por eso llaman más la atención.

Quiero hacerlo y no quiero hacerlo. Quiero vencer el miedo y lanzarme al vacío de un salto, segura de que él va a cogerme antes de que me estrelle. Quiero y no quiero. Quiero y no puedo. Y la lucha conmigo misma me está dejando tan agotada que empiezo a quedarme sin aire en los pulmones y la garganta se me cierra con ese nudo de ansiedad que odio, pero que, a pesar de ello, se niega a abandonarme. No quiero que me pase esto. Y menos ahora. No quiero hacerle esto a Jayden, alejándome de golpe ahora que estamos tan cerca. Quiero poder besarlo sin pensar en nada más. Quiero poder dejarme llevar y entregarme transparente a lo que está naciendo entre nosotros, justo como hace él. Me muero por poder hacer eso porque es lo que él merece: alguien que lo entregue todo sin miedo. Pero ese alguien no soy yo, porque estoy llena de miedos. Desbordada. Tan desbordada que, en vez de besarlo, como debería hacer, como él merece, como sé que los dos queremos, me pongo a llorar sin poder evitarlo mientras bajo la cabeza y trato de no dejar salir los sollozos.

—Haley —dice él, suave, tierno—. Lo siento, perdóname, no quería...

Niego con la cabeza varias veces, y me paso el dorso de las manos por las mejillas.

—No eres tú, Jay, soy yo. Tú no te mereces esto. No hago más que marearte y...

Se mueve, despegando la espalda del respaldo de la hamaca, para abrazarme mejor y dejar que apoye la cabeza en su hombro y esconda la cara en su cuello. Aún puedo sentir el pulso acelerado latiendo en su carótida.

—Por favor, no llores. Me rompe el corazón verte así.

Me acuna entre sus brazos durante mucho rato. Hasta que me aparto lentamente, escondiendo la mirada.

—Te he manchado el jersey de rímel —señalo, y siento que apenas consigo que me salga la voz.

—Da igual —responde él al instante. Coge el cuello del jersey y lo estira para acercarme la tela—. Ten, puedes sonarte aquí, si quieres.

Y si pudiera sonreír ahora mismo, juro que sonreiría. Porque es muy tonto. Justo la clase de tonto que es capaz de hacerte reír en medio de las lágrimas.

—Idiota —murmuro.

Me parece verlo sonreír, y me besa la sien con ternura.

—Eh, no pasa nada. No necesito más. Sé que no puedes dármelo y está bien. Me he dejado llevar. Lo siento, no va a volver a pasar, ¿vale?

Niego con la cabeza. Porque él no lo entiende. No entiende que ese no es el problema. No entiende que sí que quiero que vuelva a pasar. Que sí que quiero que me bese y que me abrace y... No lo entiende, porque no lo entiendo ni yo. Porque no sé qué es lo que me impide dar otro paso con él. Porque ni siquiera yo entiendo qué es lo que me da tanto miedo.

—Es mejor que me vaya —digo, en un susurro, y me levanto envuelta en mi manta.

—Haley...

No me detengo. Y para cuando lo oigo bajar de la terraza, rato después, yo ya he pasado por el baño a desmaquillarme el desastre y estoy en la cama de mi amiga, dejando que ella me abrace mientras lloro sin exigirme ninguna explicación.

# 17

# HALEY

Al día siguiente nos levantamos cuando ya casi es hora de comer. Pongo todo mi esfuerzo en evitar a Jayden. Él parece notarlo, así que deja de tratar de acercarse y suavizar esto al tercer intento.

Hannah no ha preguntado, pero no para de lanzarme miradas que interrogan más de lo que sería capaz de hacer con palabras.

Y, después de comer, Jayden sugiere que salgamos a dar una vuelta, pero Seth y Hannah están bien acomodados en el sofá viendo una peli mala, y dejan claro que ellos no van a ninguna parte. Yo no digo nada. Recojo los platos en los que hemos comido, y me voy a la cocina para poner el lavavajillas. Jay me sigue, claro, aunque respeta mi silencio. Se coloca a mi lado y me ayuda a recoger. Esto es peor que hablar claro de una vez, así que a lo mejor debería hacerlo.

—Jayden... —empiezo, insegura.

—¿Me llevas a ver San Francisco? —pregunta él, como si todo estuviera normal entre nosotros.

Pulso el botón del lavavajillas para ponerlo en marcha y me giro a mirarlo.

—Tú ya conoces San Francisco.

—Ya. Pero nunca me lo has enseñado tú.

Aparto la mirada. Estoy buscando una muy buena excusa para poder decir que no. Supongo que la mejor excusa que existe es que ayer estuvimos a punto de besarnos en la terraza y, en vez de eso, acabé llorando y moqueando su jersey. Pero eso es mejor no mencionarlo. Me agobia la cantidad de cosas que tenemos que esforzarnos por pasar por alto y olvidar y no volver a mencionar, desde que él me dijo aquello en la playa tras hacer surf.

—Venga —me anima, al ver que dudo—. Intentaré ser lo menos insufrible posible, no te llamaré enana, y...

Deja la frase en el aire y da dos pasos atrás, aumentando la distancia que nos separa, para luego señalar ese espacio vacío.

—¿Qué haces?

—Te estoy dando espacio —explica, con una sonrisa ladeada.

—Vale. Está bien. Supongo que podemos dar una vuelta.

Doy un par de pasos, para ir a cambiarme de ropa. Jayden pone un brazo en mi camino, para frenarme y poder hablar en voz más baja, asegurándose de que nuestros amigos no pueden oírnos.

—Lo que dije anoche iba en serio, Haley: te prometo que no va a volver a pasar. Entiendo por lo que estás pasando y respeto tus tiempos. Y, sinceramente, no quiero que nos hagamos daño ninguno de los dos. Así que solo amigos, estrictamente, sin excepciones ni cinco minutos, ¿vale?

Pone ante mí el puño cerrado, para que lo choque si quiero cerrar el trato. Y yo ni siquiera sé qué es lo que quiero, pero, aun así, lo hago. Porque es la única manera de no cargarnos para siempre esta amistad.

Me está esperando en el piso de abajo cuando por fin me siento lista para salir a pasar la tarde con él, enseñándole mis

186

lugares favoritos de San Francisco. Y me obligo a poner mi mejor sonrisa y a dejar atrás todos esos pensamientos, para que podamos ser solo dos amigos pasando el rato. Como antes.

Me basta solo media hora para relajarme a su lado y convencerme de que podemos seguir igual, sin que nada tenga que cambiar. Jayden cumple su promesa de darme espacio y no deja en ningún momento que los impulsos le lleven a cometer ni un pequeño desliz, ni dice nada fuera de lugar. No sé muy bien cómo se nos ve desde fuera, pero supongo que parecemos dos amigos que se ríen juntos y ya está. Nada que haga pensar, mientras paseamos por Crissy Field, que preferiríamos hacerlo cogidos de la mano. Nada que delate que quizá él se muera por besarme cuando me ayuda a subir de un salto al tranvía tras tener que correr tras él para cogerlo.

Cuando volvemos a casa de mi mejor amiga es bastante tarde y Hannah me ha llamado dos veces ya para asegurarse de que vamos a volver a cenar con ellos antes de salir de fiesta.

Lo primero que hace mi amiga en cuanto estamos en su habitación para prepararnos para salir es revisar toda mi ropa, tirando prendas sobre la cama a medida que las descarta, sin ningún cuidado.

—Nada de lo que has traído te sirve, Haley —me avisa, muy seria.

—Ah, ¿no?

—¡Pues claro que no! ¿Qué somos? ¿Monjas de clausura? No te preocupes, no te preocupes..., yo te dejo algo —ofrece, como si me hiciera el favor de mi vida.

—No necesito que...

Pero ella no me está escuchando, claro. Tiene la cabeza metida dentro del armario mientras mueve las perchas de un lado a otro, evaluando cada prenda que aparece ante sus ojos.

—¡Oh, sí!

Saca un vestido negro y me lo enseña.

—Oh, no —respondo al instante.

—Venga, sabes que este vestido te queda perfecto.

Pero no, no lo sé. Sé que hubo algún momento en mi vida hace entre uno y dos años en que *supe* que ese vestido me quedaba perfecto. Ahora ya lo dudo. Ya no soy la chica que se ponía vestidos sexis y se subía a unos tacones para ponerse a bailar sin importarle quién pudiera estar mirando.

—Ya no puedo ponerme un vestido como ese, Han. Me sentiría ridícula.

—¿Ridícula? ¡Te sentirías una diva y la reina de la noche! Vamos, Haley, sabes desde siempre que este vestido lo compré para ti, para que tuvieras algo que robar de mi armario y no me quitases mis favoritos —dice, no del todo en broma—. Te queda a ti mucho mejor que a mí. Póntelo.

—No puedo —insisto, con la voz más afectada, y la miro suplicante.

No necesito tener esta discusión. Sé que quiere ayudarme y recordarme cómo eran las cosas antes..., cómo era *yo* antes. Quiere que olvide todos esos complejos que arrastro. Darme un empujoncito más hacia delante. Pero no puedo lidiar con esto ahora.

Creo que me entiende, al menos un poco. Cambia la expresión y relaja el gesto. Termina de acercarse despacio y deja el vestido sobre la cama, junto a mí.

—Vale, te prometo que no voy a pedirte que salgas con él a la calle, si no quieres. Solo pruébatelo, tía. Póntelo y vamos a arreglarnos y maquillarnos y luego te miras al espejo y, si me dices que te ves horrorosa y que te sientes ridícula, te lo quitas y te pones los vaqueros —intenta pactar.

—Hannah, no...

—No te estoy pidiendo tanto. Solo voy a verte yo.

Lanzo un suspiro de paciencia, porque toda esta situación me parece bastante absurda.

—Vale —cedo a regañadientes.

—Bien. —Sonríe satisfecha—. Espera un segundo, voy al baño a por las planchas y el rizador de pelo.

Paso cada uno de los segundos que tarda en volver mirando ese vestido como si fuera mi enemigo. No sería la primera vez que salgo de fiesta con él. Pero ahora ya no es como antes. O sea, sí, el vestido es el mismo, claro. Yo no. Es muy corto y tiene el escote en pico y unos tirantes finos que se cruzan a la espalda. Siempre me había gustado y estoy segura de que esta noche a Hannah le quedaría espectacular, pero no estoy tan segura con respecto a mí.

Mi amiga vuelve y saca del armario el vestido que piensa llevar ella: plateado, con brillos, cortísimo y con la espalda al aire, y sé que se le ajusta al cuerpo como una segunda piel. No tengo dudas de que todo el mundo en esa discoteca tan de moda se volverá a mirarla en cuanto la vean pasar.

—¿Te ondulo las puntas? —ofrece, ajena a mis pensamientos.

Me muevo hasta sentarme en el suelo delante de ella y dejo que haga lo que quiera con mi pelo, porque se le da bastante bien.

—Vamos, póntelo, solo para que te veas —insiste una vez más, cuando me ve mirando el vestido—. Tienes que volver a llevar vestidos alguna vez, Haley. O, si no, ¿qué piensas ponerte en la boda de tus suegros?

Me giro para fulminarla con la mirada.

—Cállate de una vez —le pido, y solo consigo hacerla reír más—. Y, para tu información, sí que llevo vestidos.

—Sí —responde, en un bufido—, si llamas vestidos a esos trozos de tela anchos y sin forma que no revelan si debajo hay una mujer o una mesa camilla.

—Eres tontísima.

—¿La túnica de los monjes también es un vestido para ti?

—Cierra el pico.

Pero no para de reírse mientras revuelve los cajones en busca de un par de medias para ella y otro para mí.

—Ponte los botines de tacón y maquíllate —ordena, en un tono que no admite discusión—. Y luego mírate al espejo y atrévete a decirme que no vas a ser la tía más buena de la discoteca esta noche.

Mientras me calzo, oigo la voz de Jayden en mi cabeza cuando me dijo eso de «Eras la tía más buena de la playa cuando me pedías que no te mirara». ¿Será de verdad tan diferente lo que ven ellos a lo que veo yo?

Hannah me obliga a posar junto a ella frente al espejo cuando hemos terminado de arreglarnos. Y tampoco me veo tan mal. Me queda como me quedaba antes, las otras veces que Hannah me lo prestó. He recuperado mi cuerpo «pre Daryl» con sus cosas buenas y sus cosas malas: con sus curvas bonitas y las no tan bonitas; con su *de más* en algunos puntos concretos y su *de menos* en otras zonas. Los tacones me hacen las piernas bonitas, así que me concentro en eso. Solo presto atención a los puntos fuertes, a eso que veo y me gusta.

—Tía, de verdad, yo te... —empieza Hannah con sus halagos habituales.

—Sí, sí, ya lo sé, pervertida.

Suelta una carcajada y luego mira mi reflejo en el espejo en espera de que yo dé mi veredicto. No digo nada.

—Venga, vamos, admítelo: tú también te follabas. —Hago una mueca—. ¿Quieres que vayamos abajo a preguntar a los chicos si alguno de ellos también te follaría esta noche?

Tengo que ponerme roja, porque siento una tensión repentina en la zona baja de mi abdomen y me invade el calor solo con esa insinuación de que Jayden deseará... ¿Me deseará a mí? Por un segundo me imagino su voz susurrando en mi oído que quiere follarme, y necesito salir de este cuarto porque el calor me está matando.

—Cállate y vámonos de una vez.

—¿Vas a ir con ese vestido? —pregunta a mi espalda, con un tono ilusionado y demasiado chillón.

—Vámonos antes de que me arrepienta.

Los dos chicos ya están esperándonos abajo, y se ponen de pie en cuanto oyen nuestro taconeo por las escaleras. Seth silba al vernos, en plan burlón. Pero Jayden se queda mucho más serio.

—Joder, estáis guapísimas —piropea en plural, pero no mira a Hannah ni una sola vez.

Sus ojos me recorren de arriba abajo antes de volver a los míos, y yo tengo que apartar la vista avergonzada cuando veo cómo me mira. Creo que me mira como si... Me mira como si estuviera hambriento y yo fuera su plato favorito.

Me doy prisa en caminar hacia la puerta y coger mi cazadora. Me la pongo cuando ya he abierto y estoy con un pie en la calle, porque si me lo pienso dos veces puede que no salga con este vestido... y de verdad quiero hacerlo. *Necesito* hacerlo.

Noto que Jayden me sigue solo un paso por detrás y oigo las voces de Hannah y Seth algo más alejadas.

—Oye, ¿por qué corres tanto? —pregunta—. Es increíble que vayas tan deprisa con esos tacones.

—Es que no quiero que me dé tiempo a arrepentirme y volver dentro a cambiarme de ropa.

—¿Y por qué ibas a hacer eso? Haley, estás... —Parece que se le atascan las palabras en la garganta cuando giro la cara para mirarlo a los ojos. Carraspea antes de terminar lo que estaba diciendo—: Impresionante.

Lo miro bien por un momento. Porque no se me ha pasado por alto lo guapo que está él esta noche. Lleva unos pantalones oscuros del mismo tipo de los que suele llevar siempre, pero hoy los dos chicos se han puesto camisa. Y creo que no había visto a Jayden con camisa nunca, y esta le sienta increíblemente bien. Es blanca, contrastando con los colores oscuros del resto del *look*.

—Y tú... estás guapo —digo, a media voz, y escondo la mirada.

Enseguida Seth y Hannah nos alcanzan y monopolizan la conversación con su parloteo hasta que llegamos a la discoteca.

—¡Vamos a bailar! —me grita Hannah al oído, y me arrastra hasta la pista de baile.

Voy relajándome poco a poco cuando me doy cuenta de que a la gente a nuestro alrededor no le importa lo que yo haga, cómo baile o lo que lleve puesto. Veo de reojo que Jayden no para de mirar hacia aquí, mientras los dos chicos charlan a unos cuantos metros de donde estamos. Pero esta vez no sé si lo hace por eso de que le prometió vigilarme y cuidar de mí, o por otras razones que a mi padre no le harían tanta gracia.

Nos terminamos la primera copa sin dejar de bailar. Seth está mostrando su sonrisa más encantadora a una rubia con minifalda y top. Y Jayden se agacha para decirle algo al oído a una morena con pantalones de cuero y una camiseta escotada. No quiero que el hecho de verlo con una chica me moleste como lo hace. Sobre todo, porque no somos nada, y eso es por mi culpa. Además, solo está hablando con ella. La gente habla, ¿no? Y sé que Jayden es extrovertido y encantador. Y es tan guapo que es normal que se le acerquen. Como también es normal que él se divierta coqueteando un poco. No tiene nada de malo. En el fondo estoy segura de que él preferiría estar hablando así conmigo y no con ella, sea quien sea. Y entonces lo veo poner una mano en la cintura de la chica para acercarla y poder hablarle de nuevo al oído y me escuece algo por dentro y me empieza a costar más respirar con normalidad.

—¿Vamos a ponerle un cascabel a ese gatito para que las gatas sepan que ya tiene a quien ronronear? —Oigo la voz burlona de Hannah.

Me giro a mirarla y a ella le brillan los ojos, da la impresión de que esto le divierte mucho.

—¿Qué? Claro que no —respondo, altiva—. Y no hables de gatas y gatitos, por favor.

—Sabes que no le interesa esa chica.

—Me da igual. No me importa. Jay y yo no somos nada. Es muy libre de hacer lo que quiera con quien quiera.

—Ya —se muestra de acuerdo. Pero pronto vuelve al ataque—: El problema es que sí que te importa. Y que, naturalmente, algún día terminará haciendo lo que quiera con quien quiera, Haley, porque nadie puede esperar a nadie eternamente.

Es como si me tirara un vaso de agua helada a la cara. Por supuesto, tiene razón. Jayden no puede esperarme para siempre. Y yo no puedo pedirle que lo haga, tampoco. Y eso significa que algún día conocerá a alguien. Y que, si quiero que esta amistad entre nosotros siga existiendo, tendré que tragarme el nudo en la garganta y decir que estoy feliz por él.

Me muerdo el labio, mientras mi mejor amiga me sostiene la mirada.

—Creo que me moriría si lo veo con otra, tía.

Las palabras salen así, solas. Y tampoco es que me arrepienta de decirlas porque es como me siento. No es que piense que él no debería estar con otra porque de alguna manera me pertenece. No es eso. He aprendido por las malas que nadie es de nadie y que, si alguien te importa, lo último que quieres es encerrarlo y aislarlo y cortar sus alas. No quiero que Jayden sea mío y solo mío. Lo que quiero es ser *esa persona* para él, ser esa chica a la que él quiere hablar al oído, a la que quiere apartarle el pelo de la cara, a la que quiere coger de la mano y no soltarla nunca; quiero ser la única a la que quiera besar. Creo que lo soy. Y me da pánico que eso se me escape.

—¡Pues claro que sí! ¿Sabes cómo me sentí yo a final del curso pasado cuando vi a Logan con esa chica? Te juro que pensé que no iba a volver a respirar en la vida, Hal. No pierdas algo así como lo perdí yo. El miedo nunca ha salvado a nadie de nada.

Iba muy bien con todo el discurso hasta que ha sentenciado ese final.

—Bueno, en realidad, evolutivamente el miedo...

—Oh, cállate, y no seas sabionda —desprecia, con una mueca—. Voy a traernos algo más de beber porque, como Jayden acabe con esa tía pegada a los labios, las dos lo vamos a necesitar. Espérame aquí.

—¡Hannah! —la llamo, molesta por lo que ha dicho y por su forma de abandonarme.

Ella ya desaparece, abriéndose camino a empujones entre el gentío, sin pararse a escuchar mis protestas. *Como Jayden acabe con esa tía pegada a los labios...*

—Creo que tu bebida va a tardar un poco en llegar.

Me giro para mirar a Jayden. Hannah tiene dos bebidas sobre la barra a su lado, pero en vez de recogerlas y venir hacia aquí está hablando con dos chicos y sonriendo coqueta. Mi amigo sonríe, divertido.

—Siempre es lo mismo con ella. Es algo así como la tía buena de todas las fiestas.

Jay aprieta un poco los labios y hace un gesto que deja

claro que tiene sus dudas de que eso sea cierto. Lo interrogo con la mirada, interesada en su opinión.

—Hannah es una chica muy guapa, Haley, pero tú... —se calla antes de decir nada más, como si se estuviera mordiendo la lengua para contener las palabras. Y yo me siento un poco cohibida, sin saber por qué, y me estiro el borde de la falda para que el vestido me cubra un poco más—. No hagas eso —me regaña al verme—. Llevas el vestido perfectamente bien colocado. No sé cómo no eres consciente de cómo te miran, podrías tener a cualquier tío de la discoteca esta noche.

Lo miro a los ojos y me acerco un poco más para responder a eso.

—No quiero tener a *cualquier* tío esta noche.

Y justo entonces llega la siempre oportuna Hannah, con una bebida en cada mano.

—¡Eh! ¿Oís eso? ¡Es mi canción!

—Sí, como las últimas diecisiete.

Me agarra una mano y me hace girar sobre mí misma, mientras ella contonea el cuerpo al ritmo de la música. Seth se nos une enseguida.

Un rato después, Hannah y yo dejamos a los chicos solos para ir al baño. Las dos nos plantamos delante del espejo de los aseos, para comprobar nuestro maquillaje.

—Seth acaba de preguntarme hace unos minutos por qué narices Jayden y tú no os estabais comiendo la boca ya y largándoos a mi casa los dos solos —deja caer mi amiga, como quien no quiere la cosa.

—Eso es mentira.

—Claro que no es mentira —dice, tras retocarse el pintalabios—. Lo ha dicho así, palabras textuales.

Me aparto del lavabo.

—Pues dile que se meta en sus propios asuntos y que es... complicado.

Mi amiga se gira a mirarme, con una sonrisa irónica.

—¡Ja! Complicado. Esa sí que es buena. Es tan sencillo como que tú te estás muriendo de ganas de besarlo y él se muere de ganas de besarte a ti. Y esto no es nuevo, tía, lleva siendo así mucho tiempo; no creo que sea bueno aguantarse tanto las ganas si no quieres acabar explotando.

—Sabes que no es tan fácil. Míranos... ahora; la cena del jueves..., somos casi familia. ¿Qué pasa si lo enredamos todo y...?

—Sus padres te adoran. Y a tus padres les encanta él. ¿A quién le va a parecer mal? No le des tantas vueltas.

—No quiero sentir esto.

—Pero lo sientes —dice ella, suave, con una pequeña sonrisa cálida.

—No estoy lista.

Hannah me mira como si intentara ver mi interior, más allá de lo que dicen mis palabras. Niega con la cabeza.

—Es que no se trata de estar lista o no. ¡Nunca vas a estar lista! Una nunca está lista para que los grandes cambios sucedan, Hal, pero las cosas llegan y ya está. No esperan y no te preguntan si estás lista. Y, por mucho que no lo hayas besado en los labios, esto ya ha pasado, tía. Y puede que no estuvieras lista, pero ha sucedido igual.

Se me cierra un nudo en el pecho cuando sus palabras calan hasta mi alma. Porque me parece que tiene razón y que besarnos o no besarnos no supone la gran diferencia que yo estoy empeñada en creer. En el fondo, con los labios juntos o separados, lo que sentimos ya es evidente y no se va a ir a ninguna parte solo porque evite besarlo en la boca. Pero es que hay algo más... algo que me sigue atormentando y de lo que no puedo desprenderme.

—Es que tú no lo entiendes. Tengo miedo, Hannah. Tengo miedo de dar un paso atrás y arrastrarlo a él conmigo.

Y es que no puedo sentir lo que siento, tan intenso, porque pensaba que nunca más iba a poder sentir nada. Y si hice tanto el gilipollas, si me arrastré y me perdí porque creía estar muy enamorada, porque lo que sentía era tan intenso como nunca podría volver a sentir algo en la vida... Pensar que podría enamorarme otra vez, tan pronto y tan fácil, es admitir que hice todas esas cosas por nada. Es no poder justificar mi estupidez. Y he llegado a convencerme a mí misma de que me perdí del todo porque lo que yo sentía valía la pena y era único y era importante y no podía perderlo sin exprimirlo. ¿Y si ahora eso no es verdad? ¿Y si me enamoro de verdad y me doy cuenta de que di todo por nada?

—¡Joder, Haley, pues lo disfrutas! Te das cuenta de que estabas equivocada y de que no pasa nada. Y te permites sentir y vivir con todas las consecuencias porque te lo mereces. Te mereces enamorarte mucho más, pero sobre todo mucho mejor. Vamos a salir ahí fuera y vas a dejar que pase lo que tenga que pasar. Se acabó el miedo.

No da ni opción a réplica antes de cogerme la mano y arrastrarme de vuelta a la pista de baile. Estamos casi llegando y ya veo a los dos chicos, riendo juntos, cuando alguien me agarra del brazo para hacerme frenar. Es un tío que no conozco de nada. Lo rechazo educadamente y trato de seguir avanzando. Hasta tres veces tengo que apartar sus manos de mi cuerpo. Y, cuando por fin consigo pasar, me sigue y me rodea el torso con un brazo desde atrás. Esto me trae todos los malos recuerdos de golpe, porque ya me han retenido antes así contra mi voluntad una vez. Entonces no tenía herramientas para controlar la ansiedad, pero ahora sí. Y entonces no sabía cómo liberarme, pero ahora sé.

Creo que Jayden tarda solo dos segundos en llegar a mi lado, pero, para cuando lo hace, yo ya he escapado del agarre, tal y como Kevin me ha enseñado a hacer, me he enfrentado a él y le he dado un buen puñetazo en la cara, como tantos golpes al saco que he practicado con Jay. Alguien le está explicando qué ha pasado a un vigilante de seguridad que acaba de aparecer de la nada. Así que cogen al chico y lo sacan de aquí a rastras, junto con dos más de sus amigos.

—¿Cómo has hecho eso? —pregunta Hannah, impresionada.

—¿Cómo has hecho eso con esos tacones? —aporta Seth.

—¿Estás bien? —Es lo que pregunta Jayden, me pone una mano bajo la barbilla y me mira a los ojos.

Asiento. De hecho, estoy más que bien. Me siento orgullosa de haber podido defenderme sola. Y sé que debería estar muerta de miedo, con todos esos malos recuerdos incrementando exponencialmente mi ansiedad, pero es todo lo contrario. Estoy de subidón.

—¿Le he dado bien? He cerrado el puño como me has enseñado —alardeo, con media sonrisa.

Él me sonríe de vuelta de inmediato.

—Lo has hecho de puta madre. Y yo que venía a rescatarte... Kevin va a estar muy orgulloso de su alumna cuando se lo contemos.

Lo miro a los ojos, y estoy segura de que los míos brillan por la adrenalina.

—¿Y tú?

—No sé si está bien que diga que estoy orgulloso porque le hayas pegado un puñetazo a alguien, pero si no lo llegas a hacer tú lo habría hecho yo, así que supongo que sí —decide, con una sonrisa burlona. Me ofrece su puño, y yo lo choco enseguida—. ¿Te has hecho daño en la mano?

—Apenas nada.

Y él me guiña un ojo.

Un camarero se acerca para decirnos que sienten lo que ha pasado y que la casa nos invita a unos chupitos. No es que

198

considere que un chupito es pago suficiente porque un tío se crea con el derecho a tocarme o agarrarme, pero es eso o nada, así que supongo que un chupito estará bien. Sobre todo, porque estoy eufórica ahora mismo.

Nos lo tomamos. Y luego, poco después, mientras Hannah sigue dando saltitos y hablando emocionada de mi gran hazaña, los chicos traen la segunda ronda al lugar donde estamos. Jayden me tiende uno de esos pequeños vasos.

—No sé si pasarme a los chupitos es tan buena idea —dudo—. No quiero perder el control.

Él me mira como si lo entendiera. Como si conociera mis miedos mejor que yo.

—No necesitas controlarte para nada ahora mismo —rebate, muy convencido—. Puedes hacer lo que quieras, Haley: beber, bailar, hacer el ridículo... ¿A quién le importa? A la mierda con eso. Estoy aquí. No dejaré que te rapes la cabeza, ni que te hagas ningún tatuaje. Y te prometo que, pase lo que pase esta noche, yo te llevaré de vuelta a casa. ¿Confías en mí o qué?

Me pierdo en sus ojos mientras asiento y una sonrisa se dibuja en mis labios. Es agotador estar todo el tiempo preocupada por mí, por evitar hacer tal o cual cosa, por huir de los recuerdos. A veces me canso de ser yo en mis actuales circunstancias. Y puede que tampoco pase nada si, por un solo día, dejo que mis mejores amigos se encarguen de mantenerme a salvo de todo eso. Y está claro que sí, ¿verdad?, que confío en Jayden más que en nadie en el mundo.

—Claro que sí.

Levanta su vaso de chupito y me lo acerca para que brindemos. Lo hago sin apartar los ojos de los suyos.

—Vuélvete un poco loca, Haley Parker.

Me bebo el chupito de un trago, inclinando la cabeza hacia atrás. Y luego tengo que reírme cuando Hannah salta sobre mí para abrazarme. Y me siento bien. Quiero mantener esta sensación. Quiero volverme un poco loca, sí. Quiero sentirme libre.

No hay ninguna clase de duda con respecto a que la locura de Hannah está bastante más acentuada que la mía, pero creo que esta noche no me quedo atrás en seguirle los pasos. He perdido la cuenta de los chupitos y casi ni recuerdo cómo hemos acabado las dos bailando sobre una plataforma mientras un montón de gente nos silba y chilla y baila con nosotras, siguiéndonos desde la pista. Lo único que sé con certeza es que me lo estoy pasando como hace tiempo que no lo pasaba. Y que mañana tendré agujetas en la tripa de tanto reírme.

Jay y Seth, que han sido nuestros mayores fans durante el numerito, nos ayudan a bajar de la plataforma sin percances. No sé ni qué hora es, pero debe de ser tardísimo porque cada vez queda menos gente en la discoteca. El chico que ha prometido llevarme a casa sana y salva me tiende una botella de agua mientras Hannah y Seth hablan a gritos.

—¿Ya se ha agotado el grifo de la cerveza? —protesto.

—Ya es hora de dejar de beber, porque van a cerrar en breve y necesitas un poco de tiempo para procesar todo ese alcohol antes de irte a dormir —razona, con una sonrisa de medio lado.

Estiro la mano para acariciar su hoyuelo con el dedo índice.

—¡Tengo un hambre que me muero! —se queja Hannah—. ¡Vamos a desayunar a The Mill!

—Sí, vale, The Mill, vamos, ¿qué hora es? —digo como puedo.

—Hora de salir, por lo que parece —suspira Seth, al ver que empiezan a encender algunas luces, señal inequívoca de que hay que abandonar el local.

—¡Tendrán que esperar a que yo haga pis!

Seth se da prisa en ir tras Hannah.

—¡Yo la espero, id saliendo! —le grita a Jayden antes de desaparecer.

Él me mira a mí y yo me encojo de hombros. Creo que no nos queda más remedio. Me coge la mano mientras caminamos hasta el guardarropa para recuperar nuestras cazadoras y luego salimos a la calle. Se preocupa de cerrar bien la cremallera de la mía, aunque la suya siga abierta y eso no parezca importarle.

Camino hasta situarme a un lado de la puerta de salida y poder apoyar la espalda contra la pared. Jayden se pone a mi lado y guarda silencio mientras yo me bebo a grandes tragos esa botella de agua que ha conseguido antes para mí. Estoy demasiado borracha, creo. Pero él no. Me parece que nunca he visto a Jayden borracho de verdad, excepto hace un par de semanas, cuando me marché de su fiesta de cumpleaños. Suele controlar el punto que necesita bastante bien.

—¿Lo has pasado bien? —pregunta.

Sonrío, con los ojos medio cerrados.

—Muy bien. Jay..., ¿de verdad le he pegado un puñetazo a un tío?

Lo oigo reírse a mi lado y me contagia esa risa suave enseguida.

—Ya te digo que sí. Ahora eres más como una bebé canguro que como una bebé koala —bromea.

Y eso me recuerda algo.

—La van a liberar ya, ¿sabes?

—¿A quién? —pregunta, despistado.

—A la koala Haley. Ya tiene casi un año. Está preparada para volver al mundo, así que va a ser libre.

—Como tú, entonces.

Giro la cabeza para mirarlo y encuentro sus ojos fijos en

mí. ¿Cómo puede ser tan guapo? No sé si eso es normal. Pero lo más importante, mucho más que eso, es cómo puede ser tan hermoso por dentro.

—Porque tú no me ahogas —digo, sin ponerme filtros esta vez—. Tú abres todas las compuertas, Jayden.

Y es verdad. Él nunca intenta atraparme. Jamás. Él me enseña el cielo y me anima a volar.

—Me ha encantado verte tan tú esta noche.

¿Qué estamos haciendo? ¿Qué estoy haciendo? Él ha cumplido del todo la promesa que me ha hecho esta tarde y me ha dado espacio. Y lo agradezco. Pero lo que yo realmente quiero ahora no es eso. No, de hecho, espacio entre los dos es lo que me sobra. Quiero besarlo. Me cosquillean los labios. Tengo todo el cuerpo en tensión. No puedo pensar en nada más mientras miro su boca.

—Jay...

Me acerco a él decidida, pero, en un movimiento más rápido que el mío, sujeta mi cara entre las manos y me frena a escasos milímetros de sus labios.

—Así no —dice, muy serio y con los ojos firmemente clavados en los míos.

Me aparto librándome de sus manos de un empujón.

—Es la segunda vez que me haces la cobra, Jayden Sparks, y no va a haber una tercera —masculло, muy enfadada de repente.

Enfadada... O un poquito humillada a lo mejor. No me puedo creer que, después de todo lo que ha pasado, acabe de rechazarme otra vez como hizo hace más de un año. Se supone que quería besarme, ¿no? Era yo la que huía de esto.

Doy dos pasos alejándome de él y, aunque creo que me tambaleo un poco, logro mantener el equilibrio sobre los tacones.

—Ah, así que, encima, eres tú la que se enfada —dice a

mi espalda, tan enfadado como yo—. A lo mejor al que tiene que molestar esto es a mí porque parece que solo quieres besarme cuando estás borracha.

—¡Yo no quiero besarte!

Ni siquiera sé por qué he dicho eso.

—Pues mucho mejor para ti —responde él, en el mismo tono—. Te aseguro una cosa, Haley: si algún día me besas quiero que seas plenamente consciente de lo que estás haciendo y que a la mañana siguiente no puedas echarle la culpa al alcohol.

—El alcohol no tiene la culpa de nada; la culpa la tienes tú —gruño, aún enfadada.

Creo que va a decir algo más, pero entonces Hannah y Seth aparecen y mi amiga me coge del brazo y tira de mí para alejarnos de aquí, ajena a la tensión que flota ahora mismo entre Jayden y yo.

—Hemos tardado dos vidas y media en la cola del guardarropa —exagera mientras caminamos juntas rumbo a nuestro sitio favorito para desayunar.


El sol ya está empezando a alzarse cuando llegamos a casa. Hannah se arrastra escaleras arriba dando las buenas noches.

—Tengo sed —digo, y camino hacia la cocina.

Oigo a Seth dar las buenas noches, y desaparece también. Pero Jayden viene conmigo. Me aparta las manos con delicadeza del armario donde están los vasos y coge uno para llenarlo por mí.

—Gracias —consigo decir, apoyada en la encimera—. Y por traerme a casa.

—Has llegado tú solita.

—Ya. Claro. Ya lo sé.

—Ten —me ofrece el vaso lleno—. Haley...

No le da tiempo a impedir que deje resbalar el cuerpo por la puerta de uno de los armarios bajos y acabe sentada en el suelo. Se sienta a mi lado, despacio, mientras yo me maravillo en voz alta de lo fresquitas que son las baldosas.

—Me ha gustado esta noche. Me ha gustado porque sabía que si pasaba algo tú cuidarías de mí —digo, sin medir mis palabras.

—Entonces pueden gustarte todas las noches y todos los días, porque yo siempre voy a estar dispuesto a cuidar de ti —murmura, dulce. Siento sus labios besar suavemente mi coronilla—. Pero has demostrado de sobra durante mucho tiempo que sabes cuidarte sola, así que solo estoy de guardia para emergencias.

—No solo para emergencias, quiero que estés todos los días —aclaro, levemente mareada todavía.

—Anda, bébete el agua y vamos a dormir, enana.

Cojo el vaso de entre sus manos y me lo acerco a los labios despacio. Tengo que controlar la sonrisa mientras bebo, para que no se derrame todo, pero, una vez que le devuelvo el vaso vacío, dejo que esa sonrisa se forme tanto como quiera y apoyo la cabeza en su hombro.

—Es gracioso, ¿sabes? —hablo, a media voz—. Porque tú no dejas de llamarme enana, pero cuando estoy contigo me siento gigante.

No dice nada. Me coge la mano y entrelaza nuestros dedos. Y en ese momento estoy segura de que ninguno de los dos queremos soltarlas nunca.

# 18

# HALEY

Sue vuelve a mi lado con una caja de la que sobresalen diversos cables y espumillón de colores brillantes. Aparto a *Piezas* con cuidado cuando la caja está en el suelo del salón junto al árbol que vamos a empezar a decorar. No estoy muy segura de que la decoración navideña vaya a sobrevivir mucho tiempo con una gata en la casa.

—¿De verdad no tienes nada mejor que hacer un sábado por la tarde que poner el árbol con una vieja como yo? —pregunta, cuando empiezo a curiosear su caja de adornos para ver qué tienen guardado ahí.

—Tampoco eres tan vieja —consuelo, burlona—. El año pasado no pude poner el árbol en mi casa, solo me esperaron para que pusiera la estrella. Y no tenía ningún plan mejor, de todas maneras. Mis compañeros de piso están todos demasiado enamorados para dejar pasar un fin de semana sin hacer planes con sus parejas.

En realidad, no estoy para nada molesta por eso. Aaron ha llegado esta mañana para pasar un par de días con Tracy, pero ayer cenamos los cuatro juntos y solos porque también hay que saber reservar momentos solo para los amigos. Entiendo que hoy Britt vaya al cine con Niall y que Mark vaya a... no tengo ni idea de dónde va Mark, pero, en todo caso, no pensaba volver a dormir. Dejar la casa libre para que Tracy y Aaron puedan tener intimidad es lo mínimo que podía hacer. Sobre todo, teniendo en cuenta que Jayden también ha tenido la misma consideración con su compañero de piso y va a pasar esta noche en casa de sus padres.

Han pasado dos semanas desde San Francisco, y él y yo no hemos vuelto a hablar de nada de lo que sucedió allí: ni de lo de la terraza, ni de su segundo rechazo a la puerta de la discoteca. He preferido hacerle creer que el alcohol había borrado algunos detalles de mi memoria. Lo que no voy a poder olvidar nunca es la manera en que Hannah se rio hasta que se le saltaron las lágrimas cuando se lo conté. Y ahora faltan solo dos semanas para Navidad y parece que Jay y yo nos movemos con pies de plomo cada vez que nos quedamos a solas.

Él se ha marchado con su padre a ver el partido de fútbol americano que jugaba el equipo de Luke esta tarde.

—¿Y tú? ¿Es que no hay nadie especial por ahí con quien quieras hacer planes en fin de semana? —tantea Sue, que me observa de reojo mientras recupera una bola roja de entre las patas de *Piezas*.

Seguro que me estoy poniendo colorada. Y seguro que ella lo está notando. Sé que su pregunta no es del todo inocente porque aún recuerdo el tono que utilizó para repetir mi «algo así» cuando dije que Jayden era mi mejor amigo. Y creo que aún está intentando averiguar si entre su hijo y yo hay algo más de lo que los dos reconocemos abiertamente delante de la gente.

—No, qué va. De momento aún no puedo ni pensar en eso.

Es verdad, pero no del todo. Porque lo pienso y mucho. Pienso en ello cada vez que Jayden y yo nos miramos a los ojos. Y eso sucede muy a menudo.

—Cariño, cada historia tiene su tiempo. Y cada persona

lleva sus ritmos. Pero te aseguro que, si no te ha pasado ya, pasará pronto. Y tienes que estar abierta a que suceda —me dice ella en tono dulce—. Cuando encuentras a una persona con la que encajas, enamorarte es lo más bonito que te puede pasar. Eres muy joven para cerrar esa puerta.

Me estiro para colgar una bola en la parte media del árbol.

—No está cerrada del todo..., solo entornada.

—Tienes diecinueve años, no puedes renunciar a tener una vida amorosa por una mala experiencia en el pasado. No todos los chicos son iguales. No debería decirte esto, pero... tu madre está un poco preocupada, ¿sabes?

Vuelvo a sentarme sobre mis piernas y la miro interesada, en espera de más información.

—Le preocupa que te hayas construido una barrera después de todo lo que pasó y tengas miedo de permitirte sentir algo parecido de nuevo.

Niego con la cabeza. Aunque puede que sea cierto. Y mi madre suele tener la capacidad de poner palabras a lo que siento mucho mejor de lo que sé hacer yo.

—Estoy bien. Tampoco ha pasado tanto tiempo. Y no es que necesite ningún chico en mi vida. Sola estoy perfectamente.

—Por supuesto que sí —se apresura a mostrar su acuerdo en cuanto capta el tono de voz de mi última frase—. Y está muy bien estar sola por elección, pero no porque no te permitas a ti misma estar con nadie. Estás en la universidad, compartes un piso con tus amigos, y siendo tan extrovertida y divertida y encantadora como tú eres, lo raro es que no surja nada por ahí. No te estoy diciendo que deberías tener una relación ahora mismo, por supuesto que no. No hay ninguna prisa y lo importante es que tú estés bien contigo misma primero. Lo único que te quiero decir es que a todos nos parecería normal que conocieras a alguien y que volvieras a salir con chicos en el momento en el que tú sientas que quieres hacerlo.

—Sigo trabajando en ello, pero creo que ya me siento mucho mejor conmigo.

Hace un par de días tuve cita con la psicóloga y me felicitó por lo mucho que hemos avanzado en las últimas semanas. Me estoy reconciliando hasta con esas partes de mí que menos me gustan. Cada día me esfuerzo por ver mis puntos fuertes y me voy queriendo un poco más. Y, sobre todo, me respeto. Respeto que a veces no consiga avanzar tan rápido como me gustaría, respeto que no siempre pueda estar con el ánimo alto y una sonrisa en la cara, respeto que de vez en cuando —cada vez menos a menudo— volver la vista atrás aún me duela y eche de menos ciertas cosas que sé que no debería echar de menos. Tengo que respetar mi proceso y mis tiempos, como ya hacen todos los demás por mí. Y sé que tengo unas cuantas debilidades, pero también soy consciente de que soy capaz de levantarme y seguir tras cada tropiezo. Y cada vez que lo consigo, estoy más segura de mí. Puede que hasta orgullosa.

—De eso ya nos hemos dado cuenta.

—Y respecto al resto, no quiero precipitarme. No creo que haya prisa, y a lo mejor aún necesito un poco de tiempo para sentirme preparada —confieso.

Mi cabeza dice que estoy en lo cierto, aunque mi corazón no parece del todo de acuerdo con eso de seguir esperando. ¿Esperando a qué, de todas maneras? Como dijo Hannah, esto es algo que inevitablemente ya ha pasado.

—Te entiendo. No tienes que tener ninguna prisa, pero tampoco tienes que frenarte solo porque pienses que no has pasado el suficiente tiempo de luto por tu relación anterior, o por lo que pueda decir la gente. Lo mejor que puedes hacer por ti misma y por todos los que te queremos es asegurarte de que haces lo que te apetece hacer y lo que te haga sentir bien y te haga feliz. Déjate llevar. Y escucha lo que te diga esto de aquí. —Estira la mano y da dos golpecitos suaves con dos dedos sobre mi esternón, señalando mi corazón—. Es el mejor consejo que puedo darte.

Si hago caso a Sue y escucho a mi corazón, tendré que ser aún más consciente de cómo salta en cuanto Jayden aparece o de lo mucho que se acelera cada vez que nos rozamos.

Levanto la vista cuando me asalta la misma duda de siempre, la parte que me hace sentir más culpable en todo este lío en el que Jayden y yo nos hemos metido casi sin darnos cuenta.

—Sue, ¿tú crees que una persona puede enamorarse más de una vez en la vida? No me refiero a querer a dos personas, quiero decir enamorarse como una imbécil, con todo, como... —Estoy a punto de decir que como me enamoré yo de Daryl, pero se me atascan las palabras en la garganta.

Tengo clarísimo que no me gustaría volver a tener nada como lo que tuve con él. Mi relación con Daryl fue complicada y problemática y agotadora y muy tóxica. Acabó por consumirme y estuvo a punto a matarme. Nadie debería llegar a eso, nadie debería *entregarse* así. Pero si hay algo que no puedo negar de lo que él y yo tuvimos es lo enamorada que yo me sentía. Como nunca había pensado que pudiera llegar a pasarme. Lo sentí todo y con la máxima intensidad. Y siempre había creído que solo puede sentirse algo así una vez en la vida. Yo siempre había tomado por cierto lo que pasa en las películas, en las novelas, y hasta en los cuentos de hadas. Un solo amor verdadero. Un solo amor de tu vida. Una sola oportunidad para sentir algo tan fuerte por alguien.

¿Y si mi oportunidad se malgastó con Daryl? ¿Y si éramos él y yo, hechos el uno para el otro, y nos encontramos en el momento menos adecuado? ¿Podría haber hecho las cosas de otra manera? ¿Se cargó él solito aquello que podría haber estado destinado a durar? Sea como sea, ya hace tiempo que dejé de pensar que él y yo podríamos haberlo conseguido. Creo que hay cosas que nunca pueden llegar a dejarse atrás, por mucho que las personas cambien y crezcan. Él lo rompió y es imposible de solucionar. Ni siquiera quiero hacerlo ya. Ni siquiera quiero volver a verlo. Porque una parte de Styles me aterra y, en cierto modo, también lo odio por todo lo que hizo con nosotros... *conmigo*. Y es imposible reconciliar los sentimientos encontrados que produce en mí.

Sue habla, sin dejar que me pierda en mis propios pensamientos y, cuando lo hace, capta del todo mi atención.

—Entiendo cómo lo sentiste, Haley, pero lo que tuviste con ese chico... Eso no era amor, no de verdad. El amor no se agota, cariño. Y puedes enamorarte, por supuesto que sí, y no tienes que sentirte culpable por hacerlo. Con cada persona sientes cosas diferentes. Es diferente, pero puede ser igual de intenso o incluso más... y mucho mejor. Puedes enamorarte del chico que sí lo merezca y sentirlo todo a su lado. Está bien. Hay gente a la que solo le pasa una vez. Hay gente a la que no le pasa nunca. Y hay gente que se enamora dos, tres, cuatro veces. No hay un límite. Sientes lo que sientes cuando lo sientes. Y nadie va a juzgarte por ello.

—Ya. Creo que tienes razón. Es solo que... supongo que nos venden todo eso del amor que nunca se acaba, y cuando crees haberlo perdido, entonces pensamos que nunca lo volveremos a sentir.

Ella hace una mueca y coge a *Piezas* en brazos para que deje de morder el espumillón que tenemos tirado por el suelo.

—Para cada persona es distinto. E intentar encajar tu vida y tus sentimientos en absurdas convenciones sociales nunca le ha traído nada bueno a nadie. Te enamorarás, cielo. Y esta vez será amor de verdad. Y lo mejor de todo es que también sentirás por fin lo que es que la otra persona te quiera bien. Como tú te mereces.

Me acaricia la mejilla y yo intento sonreírle, aunque todo lo que acaba de decirme en realidad me da ganas de llorar. Es como si hubiera abierto de par en par una ventana en mi mente y acabara de ampliar mi visión del mundo exterior. Sí, me creí muy enamorada y por eso hice muchísimo el idiota; y ahora puede que me enamore de verdad y con la máxima intensidad, y la mejor parte es que no tendré que hacer el imbécil de nuevo. A lo mejor me merezco sentirlo, aunque dé un poquito de miedo. Y que sea capaz no es injusto hacia la persona que fui. No es una traición al pasado. Es simplemente la única forma de no traicionar a la chica que ahora soy... ni a mi corazón.

—Te prometo que, si encuentro a alguien que me haga sentir, me permitiré sentirlo —digo, a media voz.

Y mi voz interior replica con eso de que ya he encontrado a alguien que me hace sentir y que, a partir de este preciso instante, voy a permitirme sentirlo. Aunque eso no se lo puedo decir a Sue.

—Muy bien. Es todo lo que te pedimos que hagas —habla en plural, y sé que está incluyendo a mi madre en esa petición—. Y ahora, si esta gata nos deja, vamos a hacer que se note que a esta casa ya ha llegado la Navidad.

Sonrío y ella me responde del mismo modo. Y empezamos a trabajar, codo con codo, para hacer que este árbol desnudo termine siendo el árbol de Navidad más bonito que podamos conseguir. Nos tomamos nuestra tarea en serio, aunque la gata nos ponga las cosas difíciles, y paso uno de los mejores ratos de la semana, riendo con Sue.

Cuando hemos terminado y *Piezas* parece haberse cansado de curiosear, sigo a Sue a la cocina para ayudarla a preparar la cena.

—¡Feliz Navidad! —Oímos gritar a Tyler. Enseguida entra en la cocina, seguido por Luke—. ¿Ese árbol con el que *Piezas* está luchando a muerte significa que ya me toca poner las luces de la fachada?

Sue se da mucha prisa en asomarse a la puerta.

—¡*Piezas*! ¡Deja eso! —grita, pero creo que no va a servir de mucho. Tyler atrapa a la mujer entre sus brazos y la aleja para que no pueda contemplar el desastre, con una sonrisa divertida. Sue lo mira y suaviza su expresión, antes de hablar en un tono más bajo—: Sí, tienes que poner las luces de la fachada, y rescatar ese disco de villancicos que escondiste el año pasado.

—Vale a lo de las luces, lo del disco vamos a tener que negociarlo un poco más —se burla, antes de besarla en la boca.

—¿Dónde está Jayden? —inquiere ella, en cuanto consiguen apartarse el uno del otro y mantener la compostura delante de nosotros.

—Aparcando el coche en el garaje.

En cuanto Tyler termina de decir esas palabras, la puerta que comunica con el garaje se abre y Jayden entra en la cocina, dedicándome a mí la primera sonrisa, antes de saludar.

—¿Qué tal el partido? —pregunta Sue a Luke—. ¿Habéis ganado?

—No —dice él, tan tranquilo.

—Claro que no han ganado. Son malísimos —opina Tyler, burlón—. Pero tu hijo ha sido el mejor jugador con diferencia.

Jayden se asoma por detrás de su madre para ver qué es lo que está preparando en los fuegos.

—¿Qué vamos a cenar?

—Nada, si no te lo ganas protegiendo al árbol de tu gata —advierte Sue.

Él sonríe divertido y sale rápido de la cocina, llamando a *Piezas*. Vuelve enseguida con la gata entre los brazos y desenrollando un trozo de espumillón de una de sus patas.

—Sigue casi todo en pie.

—¿Y las luces? —pregunto.

—Siguen brillando —asegura, y me guiña un ojo.

Aparto la mirada y me centro en mi tarea de pinche de cocina, cuando me doy cuenta de que Sue está bastante atenta a nuestra interacción.

Poco después de terminar de cenar, Jayden coge su cazadora para salir a dar una vuelta con Asher y se acerca para preguntarme si quiero acompañarlos, pero le digo que no porque tengo planes mejores con Luke.

Les decimos a sus padres que vamos a echar un par de partidas a la Play y subimos a encerrarnos en su cuarto.

—¿Qué te pasa? —le pregunto en cuanto nos acomodamos frente a la consola.

Parece sorprendido, como si no esperara que yo me hubiera dado cuenta en el tiempo que llevamos juntos de que, evidentemente, hoy le ocurre algo.

—Tengo que contarte una cosa...

—De eso ya me he dado cuenta. —Lo miro interesada—. ¿Y qué es?

—No se lo puedes contar a nadie.

Pongo cara de circunstancias. Creo que ya debería tener bastante claro que somos amigos y puede confiar en mí.

—Por favor, me ofendes —exagero mi indignación—. ¿A quién le iba a contar yo ninguno de tus secretos?

Esta vez es él el que me dedica una mirada cargada de significado. Hago como que no lo pillo hasta que se ve obligado a explicarse:

—No sé, creía que Jayden y tú os lo contabais todo —insinúa.

—Bueno, casi todo —corrijo.

—Vale. Pues recuérdame luego, antes de que te vayas a dormir, que te cuente otro secreto más, aparte de este.

—Me estás matando de curiosidad. ¿Quieres hablar de una vez? —exijo, impaciente.

Se asoma a mirar la puerta de entrada al cuarto y asegurarse de que está bien cerrada. Luego vuelve a mirarme a mí, y parece que le da un poco de vergüenza lo que sea que quiera contarme.

—Hoy ha pasado algo después del partido.

—¿Con Alex?

—No, con Alex no. Alex es un idiota del que no quiero volver a saber nada.

Lo dice con bastante convicción, pero puedo notar que eso no es lo que siente, en realidad. Aún le sigue doliendo que las cosas acabaran así con su mejor amigo. Es duro que la persona que te gusta te rechace, pero, encima, perder al que tú creías que era tu mejor amigo y que significabas lo mismo para él... Me puedo imaginar que no es fácil para Luke seguir viéndolo todos los días.

—Vale, pasamos de Alex —apoyo su fachada—. Entonces ¿qué ha pasado después del partido?

—¿Te acuerdas que te conté que Wyatt me defendió cuando Alex empezó a hablar mal de mí delante de todo el equipo?

Asiento. Me acuerdo de haberle oído hablar de Wyatt, que se puso de parte de Luke y salió del armario delante de todo el equipo de fútbol. Me pareció un tío valiente.

—Hoy después del partido el entrenador quería hablar conmigo y he sido el último en irme a los vestuarios y a la ducha. Y, cuando he terminado de cambiarme, Wyatt me estaba esperando, aunque todos los demás ya habían salido. Ha dicho que quería felicitarme por lo bien que había jugado.

Veo que se pone un poco rojo, y no posa sus ojos en los míos en ningún momento. A mí se me está acelerando el corazón como si fuera yo la que acaba de recibir su primer beso y no él.

—¿Y? —meto un poco de presión, para que lo suelte de una vez.

—Y... y luego me ha besado.

Suelto un pequeño grito ilusionado y él se ríe, bajito, aún escondiendo la mirada.

Paso mucho más rato aquí en su habitación, charlando con él, echando alguna partida a uno de sus videojuegos, y sonsacándole toda la información que puedo acerca de ese chico al que ha dado su primer beso.

Y, justo antes de que me vaya, cuando ya le estoy dando las buenas noches, me pide que espere un segundo mientras él escribe algo en un papel y lo dobla en cuatro antes de entregármelo.

—Te había dicho que iba a contarte otro secreto esta noche —me refresca la memoria—. ¿Recuerdas cuando te dije que algún día te pasaría la lista de los chicos que están deseando tratarte mucho mejor que ese idiota de tu ex? Aquí la tienes. Léela cuando te metas en la cama.

Cierro el puño en torno a ese trozo de papel y niego con la cabeza, como si lo diera por imposible.

—Buenas noches, Luke. Rememora ese beso con todo detalle durante el resto de la noche —pico, antes de marcharme a mi cuarto prestado.

En cuanto cierro la puerta, me doy mucha prisa en ir hasta la cama, quitarme las zapatillas y sentarme en el colchón con las piernas cruzadas bajo el cuerpo. No voy a esperar para mirar esa estúpida lista. Seguro que ha escrito alguna tontería.

Desdoblo el papel y me muerdo el labio con la sonrisa mientras lo leo. El encabezamiento dice:

*Lista de chicos que están locos por Haley Parker*

Y debajo, solo un punto. Un solo nombre.

*Jayden Sparks.*

Releo ese trozo de papel unas cincuenta veces entre que me lavo los dientes y me desmaquillo y el momento de meterme en la cama. No sé por qué hace vibrar de esta manera mi estómago y me hace una ilusión tan absurda leer eso. El propio Jayden ya me lo ha dicho, y, además, lo ha demostrado bastante en los últimos meses. Me siento como una niñita de primer curso de instituto a la que le pasan una nota diciendo que le gusta al chico más guapo del curso superior. Absurdamente emocionada. Con ganas de bailar por toda la habitación. A lo mejor es esto lo que podría haber sentido desde su confesión en la playa, pero, hasta ahora, no me estaba permitiendo sentir. No estaba siendo libre del todo para dejarme llevar. No lo estaba dejando fluir.

Ahora eso ha cambiado y no quiero volver atrás.

*Piezas* rasca la puerta cuando estoy a punto de apagar la luz. Me acerco a abrirle para que pueda entrar a dormir conmigo si es lo que quiere. Además, así no se pasará la noche destrozando el árbol.

Acabo de volver a colarme entre las sábanas, con ella a mi lado lamiéndose una pata y lavándose la cara con ella, cuando oigo la puerta de entrada a la casa abrirse y cerrarse suavemente en el piso de abajo. La gata deja su aseo a medias, con la pata aún en el aire y dirige la punta de sus orejas hacia las escaleras. Yo no apago la luz porque quiero que sepa que aún estoy despierta.

Jayden se asoma y se apoya en el marco de la puerta para mirarnos. *Piezas* suelta un maullido, a modo de saludo.

—Vuelves pronto, ¿no? —digo en susurros.

Se encoge de hombros.

—Solo un par de cervezas. Asher había quedado con un colega mañana temprano para echarle una mano en una mudanza, así que no quería liarse mucho.

*Piezas* maúlla de nuevo.

—Ven a acariciar a la gata, por favor, ¿no ves que está a un paso de suplicar?

Sonríe. Pasa y vuelve la puerta, sin cerrarla del todo. Se acerca y se sienta a los pies de la cama, sin pedir permiso, y me mira con interés.

—¿Qué le pasaba a Luke? Ha estado muy raro desde que hemos vuelto del partido.

Pongo mi mejor gesto de disculpa antes de responder:

—Lo siento, pero me ha prohibido contarte nada. Tendrás que preguntarle a él. —Suelta una especie de gruñido frustrado y me arranca una sonrisa—. Aunque...

Estoy a punto de decir lo de la lista que me ha dado y se me disparan los latidos de una forma descontrolada. Me muerdo el labio. No sé si debería.

—Aunque... ¿qué?

—Aunque sí me ha dicho una cosa. —Estiro la mano para alcanzar el papel y se lo tiendo—. Me ha dado una lista.

—¿Una lista de qué?

No respondo porque ya lo ha desdoblado y lo está leyendo, sin esperar ninguna contestación, el muy cotilla. Veo cómo le suben los colores a las mejillas de inmediato y cierra los ojos por un segundo, con cara de querer matar a Luke lenta y dolorosamente. Después busca mis ojos.

—¿Te ha pillado por sorpresa?

Niego con la cabeza.

—En absoluto.

—Voy a pegarle una paliza a ese niño —dice, entre dientes, aunque no parece tan molesto de verdad. Yo sonrío en respuesta a su amenaza—. De todas maneras, esta lista no es del todo exacta. Supongo que ha obviado algunos puntos para inclinar la balanza a mi favor, aunque, siendo justos, me imagino que tendríamos que incluir a Kevin, y a ese tío de tu clase que se pone a tartamudear cada vez que lo saludas en la biblioteca, y, probablemente, también a Cody, el de la cafetería.

—¡Venga ya! No es verdad. Y, aun en el caso de que lo fuera, me parece bien que los obviemos. No me hacen falta más puntos en esta lista.

Le sostengo la mirada cuando sus ojos parecen oscurecerse y se queda serio.

—No deberíamos hablar de esto —murmura.

—Y si pudiéramos hablarlo, ¿qué?

Alarga el brazo para acariciarme el pelo y colocarlo con mucho mimo detrás de mi oreja. No separa los ojos de los míos ni por un segundo cuando vuelve a hablar:

—Estoy loco por ti, Haley Parker. Y cada día lo estoy un poco más.

Tiemblo por dentro cuando sus susurros acarician mis oídos. La palma de su mano acuna mi mejilla, y cierro los ojos para hacer lo que todos me aconsejan que haga: permitirme sentir. No me da miedo lo que encuentro en mi interior al hacerlo. Me siento mejor que nunca.

Pero entonces Jayden aparta la mano de mi piel y siento frío de inmediato. Abro los ojos para buscarlo, y lo encuentro

218

levantándose de la cama y dispuesto a marcharse de aquí sin esperar a que sea yo la que hable.

—Es mejor que me vaya a dormir. Buenas noches a las dos —nos desea a mí y a la gata.

—Jayden...

Mi susurro se pierde entre las paredes del cuarto. Vuelve a dejar la puerta entornada al salir, pero oigo cómo cierra la suya, justo aquí al lado. No puedo seguirlo ahora. Estamos en casa de sus padres. Y no podemos hacer esto aquí. Si algo tengo claro es que, en caso de que llegue a pasar algo entre Jayden y yo, nuestras familias no pueden enterarse.

Me levanto de la cama para buscar un bolígrafo y una libreta de la que arrancar una hoja de papel. No puedo meterme en su habitación ahora, pero eso no significa que no pueda hacer nada. Escribo, bajo la atenta mirada de *Piezas*.

LISTA DE PERSONAS QUE ESTÁN LOCAS POR JAYDEN SPARKS

Ronda, nuestra camarera favorita

Karen, la hermanita de Asher (aunque lo quieras seguir negando)

Esa chica del laboratorio con el *piercing* en la nariz que me mira mal cada vez que me ve pasarme por allí a visitarte (¿Lucy?)

La señorita de las mallas rosas del gimnasio

La bibliotecaria (en serio)

Mark (y a ti también te gusta un poco vuestro rollito, bombón)

HALEY PARKER (¿es de engreída hablar de mí en tercera persona? ¿Y ponerme con mayúsculas?)

Perdona, mejor vuelvo a empezar... da la vuelta a la hoja.

Doy la vuelta a la hoja para poder escribir por el otro lado. Y sonrío mientras lo hago:

### LISTA DE PERSONAS QUE ESTÁN LOCAS POR JAYDEN SPARKS
*Haley Parker*
*(Y deberíamos obviar a todas las demás)*

Me levanto de la cama y salgo de la habitación, descalza y caminando de puntillas. Me acerco hasta su puerta y veo que se filtra luz por debajo. Me agacho y cuelo la hoja, dándole impulso para asegurarme de que va a verla enseguida. Y luego camino de vuelta a mi cuarto, con el corazón golpeándome en las costillas sin ninguna consideración.

Me meto en la cama y apago la luz, pero mis ojos se niegan a cerrarse y se clavan en el techo, pensando en lo que estará haciendo él al otro lado de la pared. Si la habrá leído. Qué estará pensando ahora mismo.

Oigo unos golpes suaves en esa pared que separa nuestras habitaciones. Sonrío y me levanto, acercándome hasta allí. Da tres toques. Y yo le respondo con otros tres, justo igual.

Y me quedo mucho tiempo sentada en el suelo, con el cuerpo apoyado contra la superficie que nos separa, de medio lado, y con una sonrisa en la cara.

# 19

# HALEY

Llego cinco minutos pronto a la entrada de ese mercadillo navideño en el que hemos quedado la tarde del viernes. Tracy se ha ido a Bakersfield para pasar el fin de semana, a pesar de que el martes ya terminan las clases. Si consigue alguien que le pase los apuntes quizá no venga para solo esos dos días. Se supone que Britt y Niall vienen juntos. Y Mark no ha aparecido hoy por casa y ha prometido reunirse aquí conmigo. Jayden viene directo desde la facultad, por lo que me ha dicho.

Jay y yo no nos hemos visto mucho esta semana. El martes nos tomamos un café rápido. Y ayer pasamos un rato estudiando juntos en la biblioteca, pero nada más. Precisamente ese día Mark había venido a la biblioteca conmigo, pero puso una excusa muy absurda y se largó en cuanto vio llegar a Jayden. Creo que mis amigos piensan que son muy disimulados, pero la verdad es que he notado que, desde que volvimos de Acción de Gracias, se pasan los días conspirando para dejarnos a solas. No sé en qué están pensando.

—Hola —saluda Jayden al llegar, con una sonrisa.

Viene con unos vaqueros de color claro, un jersey gris, y la chupa de cuero negra abierta sobre el conjunto. Está... muy guapo.

—Hola —respondo del mismo modo, colgada de su sonrisa.

—¿Llego muy tarde? Me he liado con los últimos resultados. ¿Estás sola? ¿Dónde están los demás?

Me encojo de hombros.

—Aquí no. Sois todos unos tardones.

Acabo de decir eso cuando me llega un mensaje. Busco a tientas en el bolso hasta encontrar el teléfono. Suspiro en cuanto leo lo que pone y alzo la vista de nuevo para mirar a Jayden.

—Mark dice que le ha surgido algo y no puede venir.

Él recupera el móvil del bolsillo enseguida. Dibuja media sonrisa irónica cuando lee sus mensajes.

—Niall dice que Britt y él no vienen —me informa.

Pongo los ojos en blanco y él ensancha su sonrisa.

—Entonces... ¿quieres que demos una vuelta por el mercadillo navideño tú y yo? —trata de asegurarse de que el habernos quedado solos no supone ningún problema para mí.

—Pues claro. Sabes que me vuelve loca la Navidad.

Sujeto entre los dedos el borde inferior de su cazadora abierta y tiro de él para adentrarnos entre los puestos y las luces, rodeados de nieve artificial. Es como escapar de Los Ángeles y entrar en uno de esos mercadillos que se montan en las ciudades más frías de Europa y de los que me encanta ver imágenes.

Paseamos entre los primeros puestos, mientras yo señalo todo con emoción, y él no para de bromear y tomarme el pelo. Cada vez que nuestros ojos se cruzan me siento incapaz de enfadarme incluso por sus peores burlas, porque su forma de mirarme me hace sentirme la chica más especial del mundo. Casi como si aquí, en medio de toda la gente que abarrota el recinto, yo fuera la única persona a la que él ve. Estoy muy a gusto paseando a su lado, como siempre. Y me

222

hace sentir como siempre me hace sentir él: guapa, única...,
*extraordinaria*.

Veo un puesto lleno de dulces artesanos con buenísima
pinta y lo cojo de la mano para tirar de él hacia allí. Me sigue sin oponer resistencia. Y, desde este momento, no volvemos a soltarnos. Su mano está caliente y la mía, helada,
agradece que la envuelva por completo y me ceda el calor
de su piel. El cosquilleo en mi estómago que hace su apari-
ción cuando él me toca no me abandona en todo el tiempo
que caminamos juntos, bien pegados, con los dedos entrelazados.

Probamos las muestras gratuitas de dulces y no paramos
de hablar y bromear sobre las figuras para colgar en el árbol
que venden en todas partes.

—¡Mira, Jay! ¿Sabes lo que es eso? —pregunto, y lo arrastro sin esperar respuesta hasta quedar frente al enorme árbol
que hay en el centro de las hileras de puestos—. Es un árbol de
deseos.

—Un árbol de deseos —repite, burlón—. ¿Significa eso
que aún crees en la magia?

Levanto la mirada para clavarla desafiante en sus ojos.

—No es cuestión de creer o no creer. La magia existe y
punto. —Veo su hoyuelo aparecer, mientras sus pupilas pasan de una a otra de las mías, con toda su atención puesta en
mí y solo en mí—. Ya lo verás. Ahora tienes que escribir un
deseo y colgar el papel en el árbol. Y el resto es cosa de la
magia de la Navidad.

Suelto su mano por primera vez en los últimos veinte minutos y siento frío de inmediato. Me estiro para coger dos
papelitos de un montón que hay frente al árbol y recupero
un bolígrafo del fondo del bolso. Le tiendo uno y le cedo el
boli, para que escriba él en primer lugar. Ya llevan un enca-
bezado en negrita que dice: **Deseo...**

—¿Y se puede desear cualquier cosa? —trata de asegurarse.

—¡Vamos! Lo primero que se te pase por la mente. Lo que más desees. Si lo piensas demasiado no se cumplirá.

—Vale.

Escribe apoyando el papel en la palma de la mano y luego lo dobla en dos, para que yo no lo vea. Me tiende el bolígrafo, y yo le obligo a girarse para poder escribir apoyada en su espalda.

**Deseo...** *que me beses.*

Lo doblo en dos también y guardo el boli, una vez concluida la tarea.

—Ahora hay que colgarlo.

Señalo los montones de papeles que ya penden de las ramas, y las pinzas que aún quedan libres para recibir más deseos.

Estira los brazos y engancha el papel en la parte superior del árbol. Y yo busco algún hueco libre que quede a mi altura, pero no tengo suerte. Parece que los bajitos somos mayoría.

—¿Qué pasa...? —empieza Jayden con ese tonito irritante.

Lo señalo con el dedo índice.

—Ni una sola burla, Sparks.

Cierra la boca, tragándose la sonrisa.

—Tienes suerte —dice.

—¿De qué?

—De que exista la magia de la Navidad.

Se agacha y rodea mis piernas con el brazo para levantarme hasta permitirme alcanzar las pinzas libres. Suelto un grito cuando mis pies dejan el suelo y siento la risa resonar en su pecho, pegado a mi cuerpo. Me doy prisa en enganchar el papel al árbol y, en cuanto él ve que lo he hecho, me baja poco a poco. Pongo las manos en sus hombros cuando las puntas de mis pies rozan el suelo, y nos quedamos enganchados a los ojos del otro, muy cerca.

—Gracias —consigo murmurar.

—De nada —responde en el mismo tono bajo, íntimo—. Espero que tu deseo se cumpla.

Es el momento perfecto. Debería hacerlo ya. Paso mis pupilas de las suyas a sus labios y vuelta a sus ojos una vez más. Le estoy mandando todas las señales, ¿no? ¿Por qué no me besa de una vez?

—¿Quieres cenar algo?

—Eh..., sí. Vale —digo, cortada.

¿Qué es lo que le pasa? ¿Es que no acaba de tener las mismas ganas de besarme que tenía yo de besarlo a él? ¿Habrá perdido la paciencia? ¿Se habrá cansado ya de esperarme? Hace menos de una semana que me dijo que estaba loco por mí. Y yo le dejé claro que sentía lo mismo. ¿Es que ha cambiado de opinión? A lo mejor ha decidido que esto no puede pasar de algo meramente platónico.

Lo sigo en silencio y bastante confundida. Él se encarga de volver a crear ese ambiente distendido y ese clima de confianza entre los dos con sus comentarios y sus bromas en cuanto empezamos a compartir la comida que insiste en pagar.

¿Cómo puede mirarme así ahora y haber dejado escapar ese momento tan perfecto? Pero, en un breve momento de lucidez, creo que lo entiendo. Yo estoy esperando que sea él quien dé el primer paso, porque las dos veces que me he lanzado hacia su boca en el pasado no han salido demasiado bien. Pero me parece que él está haciendo lo mismo. Que es posible que aún piense que no estoy segura de esto, o de lo que siento, o de lo que quiero. Está dejando que sea yo quien decida si quiere avanzar.

Terminamos de cenar y lo guio hasta una zona donde han creado una bóveda de luces.

—¡Mira esto! —exclamo, con la vista clavada en el techo de bombillas—. ¿No te parece precioso?

Esta vez es su mano la que busca la mía y la sujeta, al principio tímidamente, como pidiendo permiso, y luego firme, acariciándola con el pulgar.

—Sí —responde a mi pregunta, pero puedo notar su mirada fija en mí.

Y durante un rato paseamos bajo el espectáculo de luces. Yo mirándolo todo maravillada, como si fuera nueva en esto de vivir, y él mirándome a mí.


La mayoría de los puestos ya están cerrados y eso quiere decir que probablemente es hora de volver a casa. Jayden aparece a mi lado con un *pretzel* que me tiende en cuanto está a mi altura.

—Te he comprado un *pretzel* antes de que cerraran.

—Gracias. ¿Cómo sabes que me...?

Dejo la pregunta en el aire, porque por supuesto que sabe que me encantan. Sabe muchas cosas de mí. Porque de verdad escucha el montón de tonterías que le cuento a lo largo del día.

—Puede que me lo hayas dicho un millón de veces —exagera—. Creo que el mercadillo cierra sus puertas por hoy.

—¿En serio que tienes calor? —Señalo su cazadora, que cuelga de su brazo, mientras caminamos el uno junto al otro hacia la salida—. Yo estoy helada.

Me pone la prenda sobre los hombros en cuanto me oye decir eso. Tengo que sostener el *pretzel* con la boca para poder colar los brazos en las mangas. Luego me planto delante de él, cortándole el paso, para que vea lo enorme que me queda. Sé que eso le va a hacer gracia.

226

—¿Me sienta bien?

Se me forma la sonrisa en cuanto veo aparecer su hoyuelo. Suelta una risita baja, e intenta volver las mangas para que al menos no escondan del todo mis manos.

—Mira qué brazos tan cortos —se burla, tras robarme un trozo de *pretzel*—. Da igual, de todas formas, te sienta mejor que a mí.

Miro hacia arriba, hacia él. Y entonces veo que hay una rama de muérdago encima de nuestras cabezas.

Estamos en la salida del recinto del mercadillo. Tengo un *pretzel* en la mano. Hay montones de personas pasando justo a nuestro lado, casi arrastrándonos con ellos. No es para nada una situación ideal. No es el momento perfecto, ni el lugar más romántico.

Pero a la mierda con eso.

Quiero besarlo.

Doy un paso al frente y me pongo de puntillas, estirándome cuanto puedo para alcanzar sus labios con los míos. Esta vez no se aparta. Su boca responde a mi contacto. El roce es delicado, pero firme. Sus labios son suaves, cálidos y saben levemente salados. Es un beso casto, pero, de alguna manera, especial. Me altera el organismo al completo, poniendo a funcionar a pleno rendimiento todos mis sentidos. Siento el revoloteo en la tripa, en el pecho y cómo se me sube a la cabeza y hace desaparecer cualquier cosa que no sean sus labios y los míos. Y es como si no hubiera nadie ni nada más alrededor.

Me paso la lengua por el labio inferior, lentamente, recogiendo todo lo que queda allí de su sabor en cuanto me aparto y mis talones vuelven a tocar el suelo. Abro los ojos y sé, al mirarlo, que él acaba de abrirlos también.

—¿Acabas de ponerte de puntillas para besarme?

Eso es lo único que se le ocurre decir. Creo que hasta se

me frunce el ceño al oír su burla. ¿En serio es eso lo primero en lo que está pensando tras besarnos?

—Perdona. No te preocupes, que no lo haré más.

A veces me paso de orgullosa, vale. Pero es que no era esa la reacción que esperaba. Y, para colmo, lo estoy viendo sonreír, como si haberme sacado de mis casillas justo ahora, una vez más, le hiciera muchísima gracia.

—Sí, mejor. Será mejor que no lo hagas más. —Me mira a los ojos mucho más serio que antes—. Ya me agacho yo.

Pone una mano en mi nuca y me acerca hasta que nuestros labios colisionan de una manera mucho menos delicada que la primera vez. Su otro brazo me rodea la cintura para apretarme contra su cuerpo y puedo sentir su corazón desbocado en su pecho, latiendo en perfecta sincronía con el mío. Sus labios entreabren los míos, y luego atrapa el inferior entre los dientes suavemente. Mi cuerpo reacciona a su contacto al instante, buscando mayor cercanía y una de mis manos trepa hasta su cuello, mientras la otra suelta lo que queda del *pretzel*, sin que me importe que acabe en el suelo, y acaricio su brazo, aferrándome a su bíceps. Aquí, pegada a él, ya no tengo frío. Me dejo llevar. Lo dejo fluir. Y mis labios y los suyos libran una batalla en la que ninguno puede perder, porque pertenecemos al mismo bando. Su manera de besarme supera con creces todas mis expectativas. Esto va mucho más allá del deseo que ha quedado colgado en el árbol.

Y creo que es, sin duda, el mejor beso que me han dado en la vida.

# 20

# JAYDEN

Empiezo a tener frío cuando dejamos atrás el agobio de gente del mercadillo y caminamos por la calle rumbo a su casa, pero no pienso pedirle que me devuelva la cazadora. Está preciosa con ella, aunque tenga que buscar a tientas su mano, perdida dentro de la manga que le queda demasiado larga, para poder pasear con los dedos entrelazados. Va a mi lado con una sonrisa leve que no ha conseguido borrar todavía y que hace que le brillen los ojos de una manera hipnótica. Tiene las mejillas más coloreadas que al principio de la noche, y supongo que será por el aire frío, pero le sienta de maravilla.

¿He dicho ya que está preciosa?

No paro de pensarlo.

Tampoco puedo parar de mirarla de reojo a cada paso que damos. ¿De verdad se ha puesto de puntillas y ha unido nuestros labios como si fuera la cosa más natural del mundo? Nos hemos besado. *La he besado.* Y tengo ganas de pellizcarme bien fuerte, para asegurarme de que no estoy soñando. Creo que no porque, en todas las ocasiones en que he soñado despierto con este momento, nunca había pensado que solo un roce de sus labios sobre los míos pudiera hacerme sentir tanto. He besado tantas veces en mi vida y, sin embargo, en este instante sé que nunca había besado a nadie *de verdad*. Con esas ganas. Con tanto anhelo. Haciendo que desaparezca todo alrededor. Con todo mi mundo temblando y sin importarme en absoluto que los muros queden reducidos a cenizas. Ese beso ha superado con mucho todas las expectativas. Y ahora solo pienso en besarla todo el tiempo. Cada segundo sin hacerlo es un maldito segundo perdido.

*Ha sido mi primer beso.*

Y no quiero que sea el último.

Vamos cogidos de la mano y aprieta la mía cuando yo la muevo solo para reafirmar la forma en que mis dedos se entrelazan con los suyos. Nos hemos cogido de la mano muchas veces antes, pero esta vez parece diferente. Es nuevo. Es emocionante. Mi corazón está gastando los latidos que debía de tener reservados para cuando sea un anciano, así que puede que por culpa de Haley Parker y su forma de ponerse de puntillas para besarme esté perdiendo unos cuantos años de vida.

Vuelvo a mirarla de reojo. Y ella me está mirando de reojo a mí. Esconde la mirada enseguida y esboza una sonrisa tímida que marca sus pómulos.

Quiero besarla otra vez.

¿Podré besarla otra vez?

El silencio entre los dos no me resulta incómodo, porque con ella nunca lo es, pero siento que debería decir algo. Y no sé qué. No consigo que se me ocurra nada que esté a la altura de las circunstancias. Me gustaría poder leer su mente, solo por un par de segundos, y saber qué es lo que está pensando ella. Si para ella también ha sido como si el mundo se parara y a la vez como si girara más rápido que nunca. Si su corazón también está invirtiendo latidos por encima de sus posibilidades. Si ha sentido esa cosa en el estómago con la que yo cada día estoy más familiarizado, porque me acompaña cada vez que ella sonríe. Si ella también quiere besarme otra vez.

Y al final es ella la que tiene que romper el hielo por mí:

—Hace frío. Seguro que te estás congelando. Te devuelvo tu cazadora.

Hace amago de sacar un brazo de la manga. Retengo su mano, atrapada en la mía, para que no tenga la libertad de movimientos suficiente.

—No tengo frío —miento sin ningún remordimiento—. Se está bien.

—Mentiroso —acusa, con una sonrisa de medio lado.

—En serio, el espíritu navideño me mantiene caliente.

Suelta una risita. Me castiga por mi comentario pegándome con el puño en el brazo, con la otra mano aún entrelazada con la mía.

—Si tienes tanto espíritu navideño, te habrá gustado mucho el mercadillo —pone en duda mi afirmación.

—Me ha encantado el mercadillo, créeme —respondo al instante—. Diría que ha sido el mejor mercadillo navideño de mi vida.

Aprieta los labios mientras se le forma la sonrisa y se acerca más a mí, pega nuestros costados y pone la mano con la que acaba de pegarme en torno a mi brazo. Deposita un beso suave sobre la manga de mi jersey, sin dejar de caminar.

Quiero besarla otra vez. Y luego otra. Y otra más.

Empieza a hablarme de todas las cosas que le han encantado de ese mercadillo y yo intento picarla continuamente, tanto como siempre. Cada vez que la oigo reír me aletea el corazón. Y está... Sí, sé que me repito, pero es que es la chica más guapa del mundo. Y aún lo está más esta noche.

Dejamos de andar cuando ya estamos en su portal. No me suelta la mano, pero se mueve para situarse frente a mí, cerca. Tan cerca que puedo notar el vaivén de su pecho con su respiración. Alza la cara para mirarme. Tiene los ojos brillantes, y no sé si es de emoción o si es por el aire frío de esta noche, pero me encanta verlos así. No necesito más luz que la de las farolas a mi espalda para saber dónde tiene cada una de las motas verdes que salpican ese color marrón, porque tengo esa imagen grabada a fuego en mi memoria. Recorro su cara con la mirada. Las mejillas encendidas, la nariz colorada por el frío, los labios... Dios, esos labios.

—Esto es una locura, Jayden —murmura, en apenas un hilo de voz, con las pupilas clavadas en mi boca.

—¿Puedo besarte? —Es lo que digo yo como toda respuesta.

Se muerde el labio, pero esa sonrisa preciosa de aire tímido se le forma igual.

—¿Otra vez? —añade la parte que considera que falta a mi petición, con un tono burlón.

—Muchas veces más —aclaro, solo para que no haya dudas—. ¿Puedo?

Sus ojos vuelven a los míos y, luego, de nuevo a mi boca.

—Sí —deja escapar en un susurro.

Bajo la cabeza al tiempo que ella se estira hacia mí y nuestros labios se encuentran a mitad de camino. Siento un millón de pequeñas descargas eléctricas conectando todas y cada una de las células de mi cuerpo. Siento una explosión de fuegos artificiales en el pecho. Siento sus labios moviéndose en sincronía con los míos, como si llevaran tiempo bailando juntos y supieran exactamente cómo responder a cada movimiento del otro, en vez de haberse encontrado por primera vez esta misma noche.

No nos soltamos la mano, pero yo muevo la que tengo libre para ponerla sobre su mejilla y acariciarla con el pulgar mientras nuestras bocas se entreabren para fundirse. Ella sube la mano también, para ponerla en mi nuca y enredar los dedos en mi pelo. Noto cómo se pone de puntillas, para besarme mejor, decidiendo ella qué ritmo imprimir. Me muerde el labio inferior y luego pasa la punta de la lengua por el lugar que acaban de marcar sus dientes. Y entonces le suelto la mano, pero solo para rodear su cuerpo con el brazo y acercarla más. Siento cómo sonríe bajo mis labios y eso me hace sonreír también a mí. Pero luego los dos borramos la sonrisa para volver a profundizar el beso. Me pasaría el resto de la noche solo besándola así.

Aflojo el anclaje de mi brazo a su cintura cuando ella empieza a apartarse muy lentamente. Creo que abrimos los ojos a la vez y aún estamos muy cerca cuando nuestras pupilas conectan.

—Dios, Haley... —digo, y siento la voz ronca y me cuesta proyectarla.

Sus dos manos juegan ahora con mi pelo. Creo que aún sigue de puntillas. Va perdiendo altura cuando vuelve a apoyar los talones en el suelo despacio y sus manos resbalan por mi cuello en una caricia muy agradable.

Se aparta para buscar las llaves, y la echo de menos de inmediato, aunque siga aquí al lado.

—¿Me mandas un mensaje cuando llegues a casa?

Le sonrío con los labios sellados y asiento.

—Claro.

Se quita mi cazadora y me la tiende. La cojo y la mantengo sujeta en el puño, sin hacer amago de ponérmela. Estiro la otra mano y acaricio su barbilla con el pulgar.

—Buenas noches —dice.

—Buenas noches.

Se da media vuelta, pero no llega a meter la llave en la cerradura antes de girarse hacia mí otra vez.

—Jayden —me llama.

Yo ni siquiera me he movido del sitio y da un paso decidido de nuevo hasta mí y esta vez es ella quien pone una mano en mi mejilla, estirándose todo lo que puede para volver a unir nuestros labios una última vez.

Me dedica una pequeña sonrisa en cuanto se despega de mí y luego da la vuelta y entra en el portal.

Y yo me quedo aquí plantado durante demasiados segundos como para que sea capaz de contarlos, con una sonrisa tonta y sin lograr ponerme en marcha para volver a casa.

Finalmente, es una ráfaga de aire frío lo que me hace reaccionar y me pongo la cazadora, que aún conserva el calor de su cuerpo, y echo a andar rumbo a mi piso, con la cabeza en las nubes y el corazón repleto.

Para cuando entro en el portal ni siquiera recuerdo cómo he llegado hasta aquí. Me da la impresión de que podría haber ido flotando durante todo el camino que separa su casa de la mía. He tenido la mente muy lejos de mi cuerpo: en ese mercadillo, bajo el muérdago; en la acera delante de su casa, sintiendo la suavidad de sus labios respondiendo a los míos.

Hay luz en el salón cuando atravieso la puerta de entrada al piso. Intento respirar hondo, para poder asomarme allí y enfrentarme a Niall y Britt. Los dos desvían su mirada del televisor para clavarla en mí, y mi amigo coge el mando y pausa la película que están viendo.

—¿Qué tal, tío? —pregunta.

Apoyo un hombro contra el marco de la puerta y los miro muy serio, con los brazos cruzados delante del pecho.

—Sois unos traidores —acuso, y pongo todo mi esfuerzo en que no se me escape ni una mínima sonrisa.

—¿No te ha gustado el mercadillo? —indaga Britt, en tono inocente. Y el tonto de su novio suelta una risita al escucharla.

—Seguro que sí —hace su apuesta antes de que yo pueda responder.

—En serio, tenéis que dejar de hacer estas mierdas de una vez.

Niall se incorpora para poder mirarme con más atención. Es inquietante. Como si pudiera leer mi mente.

—Ya, claro. Como si tú no prefirieras estar a solas con Haley —se burla—. Dime que nuestros esfuerzos no están siendo en vano. ¿Algún avance?

Separo el hombro de la puerta, dispuesto a largarme de aquí antes de que la sonrisa me traicione.

—Que os den.

—¿La has besado? —pregunta entonces Niall, con media sonrisa y alzando las cejas.

¿Por qué narices me conoce tan bien?

Me doy media vuelta para alejarme rumbo a mi habitación, sin contestar.

—Putos liantes —mascullo en mi huida.

—La ha besado. —Oigo a mi amigo.

Y luego los dos se levantan del sofá y corren detrás de mí.

—¿La has besado? —Esta vez es Britt quien hace la pregunta, ilusionada.

Me giro para mirarlos en cuanto estoy en la puerta de mi cuarto.

Están los dos expectantes, como si esto fuera un capítulo emocionante de la telenovela más adictiva de la historia.

—Buenas noches —les digo como toda respuesta, antes de cerrar y dejarlos fuera.

Entonces sí me permito sonreír. Me quito la cazadora y recupero el móvil del bolsillo del pantalón. Esos dos siguen delante de mi puerta hablando en voz lo suficientemente alta para que yo pueda escuchar su debate acerca de si Haley y yo nos hemos besado esta noche o no. No tardan mucho en llegar a una conclusión en la que los dos están de acuerdo. Su apuesta es que sí. Y solo por eso sé que esta noche con ella ha debido de cambiarme hasta la cara.

Tecleo un mensaje.

> Ya estoy en casa. Niall y Britt están viendo una peli, esa es toda su excusa para habernos dado plantón.

Dejo el teléfono sobre la cama y me quito el jersey de un tirón, antes de sentarme al borde del colchón y desatarme los cordones de las botas para descalzarme. Me tumbo cuando oigo el pitido que indica la entrada de un mensaje nuevo.

> No se lo tengamos en cuenta por esta vez, prefiero que no hayan venido.

Me siento... feliz. Tan feliz que podría explotar y salpicar con mi felicidad a cualquiera que se pusiera por delante.

Ojalá pudiera volver a ese árbol de deseos y ver lo que ella ha escrito. Ahora, en ese árbol, hay un papel doblado en dos y marcado con mi letra en el que pone: **Deseo...** *besarte.* Y, si me concedieran otro deseo más, en este preciso instante, volvería a escribir lo mismo.

No estoy para nada concentrado en los problemas de la asignatura que peor llevo este curso, y Niall dando golpecitos a una hoja de papel con un lápiz no me está poniendo las cosas mucho más fáciles. Levanto la mirada de la pantalla del ordenador, sentado a la mesa de comedor, para dedicarle una mirada cargada de odio. Se da cuenta enseguida de que lo observo y asoma media cara desde detrás de esa hoja, tumbado en el sofá, para devolverme la mirada con una ceja alzada, como si no supiera por qué me está sacando de quicio ahora.

No he sabido nada de Haley y la verdad es que llevo todo el día bastante irritable. Así que no toda la culpa es suya. Si no soy capaz de concentrarme ni en el cálculo matemático más básico es porque no paro de pensar en que a lo mejor ha cambiado de idea. Podía ser solo su amigo cuando no sabía lo increíble que es besarla. Ahora ya no sé cómo podría seguir adelante como si nada si ella dice que lo que pasó fue un error.

Me sobresalta el sonido del portero automático, dando uno, dos, tres toques chillones y luego otro bastante más largo. Niall se levanta del sofá de un salto, para acercarse él a abrir. Lo oigo preguntar quién es y luego el sonido que hace al pulsar el botón para abrir la puerta del portal. Debe de ser Brittany, supongo.

—Vienen las chicas —dice al asomarse a esta estancia desde el recibidor.

—¿Las chicas? —repito en forma de pregunta, sorprendido por el plural.

Me pongo de pie con el corazón acelerado.

Las voces y las risas se oyen en el rellano de la escalera y Niall abre la puerta principal antes de que lleguen a tocar el timbre.

—Hola... Pero ¿qué es eso? —Lo oigo añadir a su saludo, sorprendido.

—Anda, déjanos pasar, cariño, que esto pesa —dice Britt, sin más explicaciones.

Y aparecen en el salón, maniobrando para conseguir pasar por la puerta lo que llevan entre manos sin destrozar nada por el camino. Traen un árbol de Navidad. Britt va delante, sujetándolo por la copa y Haley en la parte de atrás, cargando el tronco y llevando entre los brazos la maceta que sostiene la parte inferior. Las dos llevan además sendas mochilas a la espalda.

Frunzo el ceño, pero creo que sonrío a la vez cuando los ojos de Haley buscan los míos y me sonríe ella primero.

—¿Se puede saber qué hacéis con eso? —pregunto, y me acerco para ayudarlas cuando Niall ya está haciendo lo mismo.

Nos hacemos cargo del árbol entre los dos y lo dejamos en el suelo, en pie, en la esquina que hace la pared del balcón con la de la cocina, para que no se quede en medio.

—Britt me dijo que no teníais ni un solo adorno navideño en esta casa —se justifica Haley—. No lo podíamos permitir.

—Estáis locas —suspira Niall. Se deja besar por su novia y la envuelve en un abrazo.

Haley y yo nos sostenemos la mirada por un par de segundos y la verdad es que creo que ninguno de los dos sabemos muy bien cómo saludarnos. Siento un cosquilleo impaciente en las manos y en los labios y todo mi cuerpo está tirando de mí hacia ella y me exige besarla, pero sé que es mejor que no lo haga así, delante de nuestros amigos y sin saber si ella... Sin saber lo que ella está pensando.

—Corre, trae unas tijeras para liberarlo, se está ahogando el pobre. —Haley acaba con cualquier tensión entre nosotros, pasando por alto el incómodo momento del saludo y yendo al grano.

Estoy a punto de decirle que solo es un árbol y que le da igual tener las ramas y las hojas envueltas en esa malla que permite transportarlo de manera un poco más cómoda, pero no lo hago. No, porque sé que va a rebatir cualquier cosa que diga hasta convencerme de que el árbol tiene mucha más sensibilidad que yo. Así que me trago mis comentarios y voy a la cocina a por las tijeras.

—¿Y qué traéis ahí? —sigue preguntando Niall sobre el contenido de las mochilas.

Haley se ha acercado a mí y sujeta la malla de manera que me sea más fácil cortarla. Roza su brazo contra el mío. Cruzamos una mirada, fugaz e íntima, y la veo sonreír en cuanto la aparta.

—Son solo unos cuantos adornos —responde Britt a su novio—. Y tenemos dos cajas más en el coche. Haley, ¿por qué no me dejas la llave y me ayuda Niall a subirlas?

Creo que esto podría ser otra de sus encerronas, pero Haley saca la llave del coche del bolsillo enseguida y se la tiende sin protestar. Yo termino de dar libertad al árbol, ahueco las hojas aplastadas, y trato de disimular las ganas que tengo de que se larguen los dos de una vez y nos dejen solos.

Me vuelvo para buscarla en cuanto lo hacen y se oye el *clic* de la puerta principal al cerrarse. Está sentada en el suelo, con una de las mochilas abierta y un larguísimo cable con luces para el árbol enmarañado ante ella. Levanta la vista y me sonríe, con los ojos brillándole. Le encanta demasiado la Navidad y a mí me encanta que le encante tanto.

—¿Me ayudas a desenredar estas luces?

Me acerco de inmediato y paso por encima de los cables para sentarme a su lado. Dejo que mi cuerpo tome la decisión de cómo de cerca debería ponerme y acabamos bastante pegados.

—No sé dónde está el principio.

—Para. Déjame ver —pido, y pongo la mano sobre la suya para frenar ese movimiento que creo que solo consigue enredarlo todo más.

Es como si el tiempo se detuviera en cuanto nuestras pieles se tocan. Puedo notar sus ojos fijos en mi cara, y la giro para poder mirarla también. Lo único que rompe el silencio es el sonido de nuestras respiraciones acompasadas. Es ella la primera en moverse, acercándose despacio hacia mi boca. Carraspeo y me echo un par de centímetros hacia atrás, para ganar distancia. No puedo hacer esto de cualquier manera. Y no solo por ella, sino también por mí. Porque no soportaría que hiciera esto por las razones equivocadas y acabara partiéndome el corazón, aunque fuera sin querer.

—Espera —casi suplico, en un susurro.

—¿Qué pasa?

—Haley, necesito saber que estás segura de esto..., de lo que estamos haciendo. Necesito que seas justa conmigo y que no hagas nada por razones equivocadas. No quiero que me beses solo porque pienses que ya es hora de hacerlo, ni tampoco porque sea una forma de avanzar y cerrar otras historias, ni porque sepas que yo quiero hacerlo y sea cómodo y fácil —intento explicarme. Ella me observa con mucha atención, sin variar esa expresión con cada palabra de mi discurso—. No quiero que me beses si no te mueres por besar...

Sus labios se estrellan seguros contra los míos antes de que pueda terminar la frase. Pone la mano derecha sobre la línea de mi mandíbula y utiliza el pulgar para tirar suavemente de mi barbilla y conseguir entreabrir mi boca, colando el labio inferior entre los míos. Los ojos se me cierran solos mientras permito que me bese de la manera que ella prefiere y adapto mis torpes movimientos a su ritmo.

Se aparta antes de lo que me gustaría y me cuesta abrir los ojos para poder mirarla de nuevo.

—Perdona —dice, a media voz—, es que me moría por besarte.

Me muevo rápido, enredo una mano en su pelo y me lanzo hacia su boca con más intensidad que en el roce anterior. Sus labios responden al instante, amoldándose a mi forma de besarla, mucho más apasionada, mucho más firme y mucho más exigente que cualquiera de las otras veces. Haley se pega más a mí, con una mano aún en mi cara y la otra aferrándose al costado de mi camiseta como si no quisiera darme opción a alejarme, mientras me devuelve el beso con las mismas ganas que yo. Y yo me dejo invadir por las sensaciones y me permito disfrutar al máximo de este momento mientras dejamos que nuestras lenguas exploren, jueguen y se conozcan. Pronto suavizamos poco a poco el contacto, ralentizamos el ritmo y acariciamos tiernamente los labios del otro, con sonrisas fugaces que, a pesar de dificultar en cierta forma el beso, consiguen llenar mi estómago de aleteos.

Separamos los labios pero seguimos con las caras pegadas, con los ojos cerrados, compartiendo el aire que respiramos. Acaricio su nariz con la mía y siento formarse su sonrisa tan cerca que sus labios terminan rozando los míos de nuevo. Y luego vuelve a besarme. Un beso corto, pero muy seguro. Me inclino hacia ella para mantener el contacto un poco más, cuando empieza a apartarse, y termina por soltar una risita baja que me hace cosquillas en el labio inferior. ¿Cómo puede encantarme tanto?

Se aparta de verdad y de golpe cuando oímos el sonido de una llave en la cerradura de la puerta principal. Compartimos una mirada cómplice y nos ponemos a disimular, fingiendo estar muy concentrados en el lío de las luces. Entiendo que no es el momento de compartir esto con nadie. Necesitamos ser solo ella y yo un poco más, hasta que hayamos disfrutado lo suficiente de esta nueva intimidad.

Niall y Brittany entran con dos cajas llenas hasta arriba de más adornos. Y creo que a Haley se le ha ido el espíritu navideño de las manos. No pienso protestar por eso, porque está guapísima con esa sonrisa y ese brillo en los ojos. Y hasta me parece bien que me ponga un gorro en la cabeza si de esa manera puede aprovechar para acariciarme el pelo disimuladamente.

Britt y ella llenan nuestra casa de risas, de luces y de color. Y, como extra, también han traído algunos adornos de Navidad.

# 21

# JAYDEN

Estoy nervioso como un crío de instituto al que acaba de invitar a su casa la chica más guapa y popular cuando llego a su portal. Abre enseguida en cuanto digo que soy yo. Y decido subir a toda prisa por las escaleras porque esperar el ascensor me parece una absurda pérdida de tiempo.

Haley ya tiene la puerta abierta y está asomada, esperando mi llegada. Me sonríe en cuanto nuestros ojos se encuentran y yo no puedo evitar hacer lo mismo, casi sin ser consciente de ello. Creo que hasta me tiemblan las manos, porque esto es una cita y yo no sé muy bien cómo se supone que se hacen estas cosas. Y sé que Mark se ha ido esta tarde de vuelta a casa de su madre para pasar las vacaciones de Navidad, Tracy ni siquiera volvió tras el fin de semana y Britt está en mi piso con Niall, así que... estamos solos.

—Hola —saludo al llegar a su altura.

Da un paso atrás para invitarme a entrar.

—Hola —responde, en un tono bajo y agradablemente íntimo.

No se mueve cuando doy un paso adelante, así que tengo que quedarme parado en el umbral de la puerta, bloqueado por su cuerpo. Mira hacia arriba y me hace una señal con la cabeza hacia ese punto, para que mire también. Hay una rama de muérdago sobre nosotros. Sonrío y bajo la mirada hasta encontrar sus ojos. Me agacho poco a poco, mientras ella lucha por controlar una sonrisa que yo termino por besar. Y me encanta la sensación. Sube las manos por mi pecho y las pone en mis mejillas para retenerme unos segundos contra sus labios. Luego, cuando nos apartamos, da otros dos pasos atrás para permitirme entrar y poder cerrar la puerta.

—Sé que has dicho que no tenía que traer nada, pero he comprado vino. Blanco. Es dulce, creo que te gustará. ¿Te parece bien? —Ella se limita a mirarme con una ceja alzada y expresión burlona, pero con mucho cariño, como si le pareciera ridículo y tierno al mismo tiempo—. Perdona. No sé muy bien cómo se hace esta movida de las citas.

Coge la botella de mi mano y examina la etiqueta en silencio antes de llevarla a la cocina y meterla en la nevera.

—¿Es eso lo que estamos haciendo? ¿Tener una cita?

Creo que se está riendo de mí.

—Bueno, no lo sé. ¿Qué estamos haciendo? —le devuelvo la pregunta.

Se encoge de hombros, pero se le escapa una sonrisa.

—No tengo ni la más remota idea.

Me apoyo en la encimera, a su lado, cuando se acerca hasta los fuegos para vigilar la olla que tiene calentando en uno de ellos.

—¿Ni la más remota idea en plan bien o ni la más remota idea en plan mal?

—Tú dirás, estoy haciéndote la cena —suelta una declaración de intenciones a su manera, y eso me hace sonreír.

—Yo he traído el vino, no me quites mérito.

Suelta una risita y estira una mano para coger la mía,

mientras remueve lo que va a ser nuestra cena con la otra. Huele bien.

—¿Llevar una botella de vino cuando te invitan a cenar no es como muy de adulto? ¿Cumpliste veintiuno o cincuenta, Sparks?

Me muevo para colocarme detrás de ella y abrazarla por la espalda. Puedo notar cómo se estremece y enseguida se relaja entre mis brazos, echando la cabeza hacia atrás para apoyarla en mi pecho. Le beso la sien, con ternura.

—Alguien tiene que ser el adulto entre tú y yo.

Protesta, pero muy vagamente, y, de hecho, se pega más a mí acomodando su cuerpo a los recovecos del mío. Lleva vaqueros ajustados, pero está descalza, lo que hace que nuestra diferencia de altura resulte más evidente. Y tiene puesto ese jersey suelto bajo el que viste siempre una camiseta de tirantes y que deja al descubierto su hombro derecho. Y las líneas superiores de ese tatuaje que lleva en el omoplato. Bajo la cabeza hasta poder depositar un beso suave en ese punto.

—Ser adulto es aburrido, ¿no? —opina—. ¿Puedes acercarme el cucharón?

—¿Tendría que soltarte para eso?

Gira la cara hacia mí, para dedicarme una mirada de divertida advertencia. Le doy un beso rápido en la boca antes de soltarla y hacer lo que me pide. Aún está sonriendo cuando vuelvo a su lado.

La ayudo a terminar de preparar la cena, obedeciendo cada orden como un buen pinche de cocina. Y luego, mientras ella prepara los platos, yo recupero el vino de la nevera para servir dos copas. O eso era lo que debería estar haciendo si el sacacorchos que tienen en esta casa no me estuviera jugando una mala pasada.

—¿Qué pasa? —me pregunta, y pongo cara de circuns-

tancias en cuanto noto el tono burlón con el que me habla—.
¿Vas a necesitar ayuda con eso, hombre adulto de la casa?

—No te burles, por favor, se supone que debería impresionarte y estoy quedando como un pringado —me lamento, arrancándole una carcajada.

—Olvida eso de impresionarme, hace ya mucho tiempo que sé lo pringado que eres —me tranquiliza a su manera.

Sonrío de medio lado y dejo que me quite la botella de entre las manos.

—Se ha quedado atascado, ni siquiera puedo sacarlo.

—Este sacacorchos está para el arrastre, si eso te hace sentir mejor. ¡Mierda! —exclama cuando consigue sacar el sacacorchos... pero medio corcho se queda dentro del cuello de la botella.

—Oye, estás superfuerte.

Suelta una risita.

—No sé si lo del vino va a poder ser esta noche.

—¡Ah! Perfecto —exclamo, y recupero la botella mientras ella me mira como si me hubiera vuelto loco—. Es mi momento para impresionarte. Espera y verás.

Me quito las zapatillas, para estar más acorde con ella, que va descalza, pero también para poder utilizar una para conseguir sacar el corcho con el viejo truco de los golpes en el zapato contra la pared. Ella se ríe y protesta y no para de decir que voy a terminar por cargarme la botella, la zapatilla y, lo que es mucho peor, la pared. Tiene que tragarse sus palabras cuando consigo el objetivo y logro recuperar el corcho y abrir la botella. Pongo mi sonrisa más engreída, sin ni siquiera mirarla, mientras relleno las dos copas que ella ha sacado del armario de la cocina, solo porque sé que así voy a conseguir sacarla un poco de quicio y me encanta la cara que pone cuando lo hago. Le tiendo una de las copas, con una significativa mirada de superioridad, y responde poniendo los ojos en blanco. Deja la copa sobre la encimera, sin dar ni un solo sorbo, y luego me quita la mía para hacer lo mismo.

—Eres mi héroe del vino, Jayden Sparks —murmura, al tiempo que se pone de puntillas y se acerca a mi boca.

Acalla mi risa cuando me besa. Respondo a ese beso con ganas, abrazándola cerca. Ella también enreda los brazos alrededor de mi cuello y nos movemos por la cocina, trastabillando, hasta que termino por atraparla contra el borde de la encimera. Beso toda la línea de su mandíbula en cuanto aparta los labios de los míos. La oigo suspirar mientras sus dedos juguetean con el pelo de mi nuca. Y luego dejo resbalar los labios por su cuello, maravillándome de lo bien que huele y lo exquisito del sabor y el tacto de su piel.

—Jay —me frena, y me empuja hacia atrás—, deberíamos cenar.

—Eh... Sí, claro.

A lo mejor me he pasado, ¿no? Besarle el cuello es como decir que quiero pasar de la cena y llevarla a la cama, y lo cierto es que no he venido aquí para nada con esa intención. Estoy a punto de pedirle perdón, pero ella me besa suave mientras acaricia con ternura mi mejilla y no me deja decir nada.

Durante toda la cena hablamos y bromeamos como siempre, solo que ahora procuramos rozarnos más de lo que lo hacíamos hace solo una semana y también nos dedicamos miradas que dicen mucho más de lo que llegamos a expresar en voz alta.

Recogemos la mesa juntos, cuando acabamos con la comida de los platos, y nos empujamos y discutimos en broma sobre quién debería encargarse de limpiar todo el desastre que ella ha creado en la cocina. Saca una tableta de chocolate y yo llevo las copas y la botella de vino hacia la zona del salón, para poder sentarnos sobre unos cojines en el suelo, ante la mesa baja, con las espaldas apoyadas en el sofá, y alargar la velada.

Haley se acomoda acurrucada contra mi costado y la rodeo con un brazo para permitirle encontrar la mejor postura.

—¿A que no sabes lo que he hecho esta tarde?

—Has estado en el gimnasio entrenando con Kevin —digo, con total convicción, porque nos hemos cruzado allí cuando yo salía de darle al saco y ella llegaba para su clase semanal con el monitor.

—Aparte de eso —me reta a hacer otra apuesta.

—Has estado estudiando.

—Aparte de eso.

—Me rindo —cedo, mientras jugueteo con su pelo—. ¿Qué has hecho?

Se aparta para clavar los ojos en los míos con una expresión traviesa.

—He ido a apuntarme para sacarme el permiso de conducir para la moto. Empezaré las clases prácticas en febrero, después de los exámenes.

Alzo las cejas, sorprendido, pero me veo obligado a sonreír ante la ilusión que muestra ella.

—¿Vas en serio?

—¿Qué te parece? ¿Me dejarás tu moto cuando lo tenga?

Le aparto el pelo de la cara con delicadeza mientras finjo pensármelo por un momento.

—Solo si prometes que me la devolverás intacta y con el depósito lleno —pacto.

Pone cara de fastidio ante mis condiciones y yo me trago la sonrisa solo por no darle esa satisfacción.

Acerca su cabeza a la mía y pone la frente sobre mis labios. Le doy un beso en esa zona al instante y ella levanta la cara para buscarme la boca despacio, con ternura. Reacomodo mi postura para poder besarla mejor y abrazarla con un solo brazo mientras con la otra mano sigo acariciando su pelo.

—No quiero que te vayas mañana —murmuro, entre beso y beso, muy cerca de su boca.

Las vacaciones de Navidad llegan mucho antes de lo que me hubiera gustado, cuando esto entre ella y yo solo acaba de empezar.

Me acaricia los labios con el pulgar, con la mirada clavada en ese punto.

—Yo tampoco quiero irme precisamente ahora.

—Mentirosa. Tienes muchas ganas de ver a *Ron*.

—Eso es verdad —admite, con media sonrisa.

—Son menos de dos semanas —digo—. Y a lo mejor es bueno que tengamos este tiempo para tener las cosas claras acerca de todo esto, ¿no?

Se aleja unos centímetros de mí para poder mirarme a los ojos.

—A lo mejor. No voy a cambiar de opinión, Jayden. Pero la verdad es que sí necesito que nos tomemos esto con calma y que vayamos despacio —murmura, como si le costara pedirme algo así por si yo no estoy dispuesto a concederlo.

—No tengo ninguna prisa. Vamos a dejar que esto sea lo que tenga que ser, paso a paso, sin presiones y sin buscar una etiqueta en la que encajar, ¿quieres?

—Necesito que, pase lo que pase, sigas siendo mi amigo, como siempre.

Clavo la mirada en su boca, antes de volver a hablar:

—Podemos ser amigos que se besan —propongo, y eso la hace sonreír.

Me encanta la sensación de saber que lo que la hace sonreír así soy yo.

—Sí. Me gusta cómo suena eso. Podemos ser amigos que

se besan... de momento —añade ella, sin cerrar puertas al futuro.

—Genial. Pues tenemos un trato.

Me da un beso corto en los labios.

—No quiero que tus padres cambien su forma de verme, ni que me traten diferente, y si supieran... —empieza a exponer el siguiente de sus miedos.

—No se lo diremos —concuerdo con ella—. Sería una locura que se enteraran de esto cuando aún no sabemos ni dónde va. Y, la verdad, no quiero que tu padre me corte las pelotas.

Hace una mueca, y yo sonrío en respuesta. Pero luego se queda seria y pone cara de estar bastante de acuerdo conmigo.

—Mi padre no se puede enterar de esto. Y tampoco tu madre.

—Muy bien. Seremos amigos que se besan a escondidas.

—De momento —se apresura a dejar claro otra vez.

—Sí. De momento —lo confirmo. Dejo que mis ojos recorran su cara una y otra vez apreciando cada detalle. Cada día que pasa la veo más guapa que el anterior, aunque siempre piense que ya no es posible—. Te voy a echar de menos estos días.

Lo digo tan en serio que me encoge el corazón. Me he acostumbrado a verla casi cada día desde que volvió después del verano. Y nunca me canso, en todo caso, cada vez que nos vemos, tengo ganas de más.

—Es muy raro y loco, con lo insufrible que tú eres, pero creo que yo también voy a echarte de menos.

La beso otra vez. Me devuelve el beso con ímpetu y se mueve para acercar aún más nuestros cuerpos. El chocolate y el vino quedan olvidados porque prefiero mil veces su sabor. No paramos de besarnos durante tanto rato que hasta pierdo la noción del tiempo. Nos besamos despacio, con mimo y casi con inocencia. Y luego alguno de los dos cambia el ritmo y pasamos a comernos a besos, con pasión, con muchas ganas.

Nos apartamos solo para poder mirarnos el uno al otro. Sus labios están húmedos, más rojos e hinchados como consecuencia de los míos y mis dientes, y me imagino que los míos deben de tener un aspecto muy parecido. Me atraen inevitablemente, y solo pienso en besarla de nuevo, cuando llevo haciéndolo toda la noche.

Pero intento que se imponga la cordura.

—Debería irme a casa. Es tarde y mañana tienes que conducir un montón de horas al salir de clase —le recuerdo.

—Sí, tienes razón —admite—. Solo cinco minutos más, ¿vale?

Se inclina hacia mí y apoya la cabeza en mi pecho, con la oreja pegada al punto donde late mi corazón, que lleva ya horas sin seguir su ritmo normal.

# 22

# HALEY

—Sí, ya estoy en el camino de entrada, mamá —confirmo, con el móvil conectado al sistema de sonido de mi coche, mientras llego frente a la casa de los Sparks—. Ya estoy en la puerta. Paro el motor. Ya está. Sana y salva. ¿Contenta?

No presto mucha atención a su respuesta porque estoy deseando que cuelgue y salir del coche de un salto y entrar ahí para... bueno, para ver a Sue y a Tyler, para ver a Luke, para recoger todos esos regalos que dicen que tengo esperándome bajo el árbol. Y puede que también para verlo *a él*, claro.

Por suerte, parece que mamá entiende mi impaciencia y colgamos el teléfono enseguida. No me molesto en coger nada del coche cuando me suelto el cinturón y me lanzo fuera. Voy directa a la puerta, sin pensar en las bolsas llenas de regalos que llevo en el maletero. Ya habrá tiempo para eso. Tengo el estómago encogido, pero con esa sensación de nervios buena. Con una de esas de las de antes de escalar una pared difícil, de esas que tienes cuando estás impaciente, una de las de la mañana de Navidad.

Sue abre la puerta antes de que me dé tiempo a golpearla para anunciar mi llegada y parece tan entusiasmada como yo de que por fin esté aquí. Me da un abrazo cálido de bienvenida.

—Hola, cariño. Has llegado justo a tiempo, Tyler acaba de volver de llevar a su madre al aeropuerto. Ya te he preparado tu habitación toda para ti otra vez.

—No le digas a mi madre que mi familia estaba deseando cambiarla por ti, anda —protesta Tyler, justo detrás de ella, y me abre los brazos también en cuanto clavo la vista en él.

*Piezas* maúlla, intentando llamar mi atención, y Luke corre escaleras abajo saludándome a gritos. Y yo no paro de buscarlo a él con la mirada, pero no lo encuentro. ¿Dónde se ha metido? Sabía perfectamente a qué hora iba a llegar, lo ha preguntado como mil veces. ¿Habrá sido capaz de salir a dar una vuelta con Asher cuando sabe que yo estaba a punto de venir, y después de decir tantas veces las ganas que tenía de que volviera y de verme?

Abrazo a Luke, intentando que no se me note la decepción. Y luego cojo a *Piezas* en brazos cuando se enreda entre mis piernas con la cola en alto, reclamando también su parte de atención. Y cuando me incorporo con ella en brazos, lo veo.

Jayden está apoyado con un hombro en la puerta de la cocina, al fondo de la estancia, mirándome con una sonrisa ladeada y con los ojos brillándole como si estuviera contemplando su paisaje favorito. Está muy guapo. Tanto, que creo que se me tiene que notar en la cara el remolino de emociones que me inunda al verlo. Quiero ir hasta allí, poner una mano en su nuca y acercar esa sonrisa a mi boca hasta que no exista nada más. Pero, claro, no puedo. No con sus padres y su hermano aquí delante. Le devuelvo la sonrisa cuando nuestros ojos conectan en la distancia y él ensancha la suya. Despega el hombro de la puerta perezosamente, como haciéndose de rogar, y se acerca despacio hasta donde estamos los demás como si no se muriera por sentirme cerca igual que yo me muero por sentirlo cerca a él.

—Hola, Haley —saluda, justo delante de mí—. ¿Qué tal el viaje?

¿No se da cuenta de que actuar de una manera tan formal conmigo sí que les va a resultar raro a sus padres? Ya le vale. No es que tenga mucho talento para el disimulo.

Dejo que *Piezas* salte de mis brazos al suelo y doy un paso más hacia él hasta abrazarme a su torso, como haría si este momento hubiera sido hace un mes. Me envuelve con todo su cuerpo y me zarandea suavemente, antes de levantar mis pies del suelo y hacerme reír bajito.

—Tengo un montón de regalos en el coche de parte de toda la familia —digo, en general, al separarme de su abrazo. Pero lo miro a él en exclusiva antes de proseguir—: ¿Me ayudas a traerlos?

Alza una ceja, como si le sorprendiera esa propuesta, pero, por suerte, reacciona rápido y con toda naturalidad.

—Claro. Necesitarás unos brazos cachas para esa tarea —alardea.

—Tienes razón. Debería pedírselo a Luke, entonces.

Jayden me ríe la gracia con pocas ganas y empuja a su hermano hacia atrás para dejarle claro que él no viene, cuando ya se está ofreciendo voluntario con orgullo. Me sigue los pasos de cerca, fuera de la casa y de vuelta hasta mi coche, aunque vamos en silencio.

Abro el maletero y miro hacia la entrada, para asegurarme de que nadie nos ha seguido y que estaremos bien parapetados tras el portón trasero, antes de tirar de los cordones de la sudadera que lleva y obligarlo a inclinarse hasta posar sus labios en los míos.

—Tenía unas ganas locas de verte —susurra, y hace cosquillear mis labios con la vibración de su voz.

253

Sonrío y me estiro hacia él, obligándole a entreabrir la boca hasta encajar con la mía.

—Y yo. No me aguantaba las ganas de besarte.

Pone las manos en mis caderas, clavando los dedos a través del jersey, por encima de la cinturilla del pantalón, y me acerca más, pegando nuestros cuerpos. Se me escapa un suspiro, que es la única forma que mi cuerpo tiene de expresar lo que solo eso me hace sentir. Y vuelve a besarme, seguro y firme, succionando mi labio inferior hasta atraparlo entre los dientes. Podría evaporarme aquí mismo. Besa tan bien que me da vueltas la cabeza. Pero es que además lo que siento en la boca del estómago me dice que esto no va solo de lo bien que bese, que es mucho más que deseo.

—Tenemos que entrar —advierto de mala gana—. Van a empezar a preguntarse qué demonios estamos haciendo.

—Sí —me da la razón, creo que tan frustrado como yo—. No deberíamos hacer esto aquí.

—No, no deberíamos.

Carraspeo y aparto la mirada cuando me doy cuenta de que, a pesar de lo que decimos, seguimos enganchados a los ojos del otro, y sus manos aún están en mis caderas y las mías tienen enredados los cordones de su sudadera. Lo suelto rápido y me apresuro a pasarle la bolsa más grande, llena de paquetes envueltos.

—¿Hay algo para mí aquí? —pregunta, curioso.

—No. Tu regalo lo tengo en otro sitio.

Creo que me pongo roja cuando me mira de arriba abajo y soy consciente de cómo acaba de sonar eso. Cojo otras dos bolsas más pequeñas y me cuelgo al hombro una mochila con algunas cosas para pasar aquí la noche antes de cerrar el maletero de golpe, mientras veo con el rabillo del ojo cómo él se adelanta hacia la casa con media sonrisa de aire canalla pegada a los labios.

Lo sigo, conteniendo mis ganas de poner los ojos en blanco. Consigue pasar de tenerme rendida a sus encantos a sacarme de quicio con demasiada facilidad. Pero, de alguna extraña manera, eso solo hace que me encante aún más.

Como siempre cuando hay regalos por medio, Luke nos mete prisa para que los intercambiemos cuanto antes. Su madre le regaña y le pide que me dé tiempo para llevar mis cosas arriba y descansar un poco. Y sí que subo a dejar las cosas en ese cuarto que siempre dicen que es más mío que de nadie, pero vuelvo a bajar enseguida al salón, porque Luke no es el único entusiasta de los intercambios de regalos.

Les doy primero los regalos que he traído. Hay un montón de cosas para Tyler y Sue de parte de sus amigos. Luego vamos repartiendo los que yo he comprado para ellos y los que ellos han comprado para mí. Esto me recuerda a lo que hicimos el año pasado por estas mismas fechas y, solo al recordar el fantástico regalo que Sue me hizo, me dan ganas de volver a sacar esa cámara y pedirle que retomemos mi cursillo informal de fotografía. Sí, esa es una de las cosas que me gustaría hacer por mí misma en este nuevo año. No sé por qué me da la impresión de que todos intentan que los regalos que Jayden y yo tenemos el uno para el otro se queden para el final. En un rato, esos son los únicos que faltan por abrir. Más bien, los dos paquetes que él tiene para mí son los únicos que faltan por abrir, porque yo no tengo ningún paquete envuelto para él.

—Yo primero —exijo dar antes mi regalo, sentada en el suelo frente a él.

—Oh, gracias, Haley, por todo este aire que has comprado para mí este año. Me vendrá bastante bien para respirar hasta las próximas Navidades —bromea, ante el espacio vacío entre nosotros.

Pongo los ojos en blanco, esta vez sí. Luke se ríe. Pienso

que tengo que hablar luego con él, para que deje de hacerle tanto la pelota a su hermano y no deje de estar de mi parte, que parece que está perdiendo las buenas costumbres.

—¿Quieres tu regalo o no?

—Quiero. ¿Dónde está?

Me saco un sobre del bolsillo trasero de los pantalones. Es un sobre bonito, nada de envoltorios cutres. Lo pongo sobre sus manos. Es de color rojo y tiene su nombre escrito en la superficie con mi más cuidada caligrafía.

—¿Me has escrito una carta? —sigue con sus suposiciones burlonas—: «*Querido, insufrible: te deseo un feliz año nuevo...*».

Esta vez soy yo la que se ríe al escucharlo.

—Ojalá se me hubiera ocurrido. Habría sido brutal —le sigo el juego.

Sonríe, marcando un montón su hoyuelo.

—¿Quieres abrirlo de una vez? —me impaciento, cuando veo cómo le da vueltas.

Me mira con una ceja alzada, como si no entendiera a qué viene tanta prisa. Luego lo abre despacio y sé que lo hace solo para molestarme. Estoy segura de que en el fondo le pica mucho la curiosidad por saber lo que habrá ahí dentro.

Se queda serio cuando lo saca. Mira las dos entradas para el concierto que su grupo favorito da a finales de enero en la ciudad y luego levanta la vista para buscar mis ojos. Hace tiempo dijo que quería ir, pero que las entradas se habían agotado al día siguiente de ponerse a la venta y que, de todas formas, la fecha era justo en mitad de los exámenes. Estoy segura de que ni siquiera recuerda habérmelo contado o que creyó que no lo escuchaba. Lo que él no sabe es que Vanessa hizo una campaña de publicidad con los chicos de la banda el año pasado, y que el mánager le estuvo tirando los tejos durante meses. Y que Hannah retiene todos esos datos potencialmente útiles en su mente y es muy rápida pensando soluciones inteligentes para problemas difíciles. Nadie puede negar que tanto ella como su madre tienen mucho poder de persuasión y saben usarlo. Hannah maquilló un poco la realidad, para que no pareciera que yo estaba desesperada por conseguir esto para Jayden. Y Vanessa hizo solo un par de llamadas y las entradas llegaron a su oficina al día siguiente.

—¿Es en serio?

Pongo los ojos en blanco al tiempo que suelto un gruñido.

—Se dice «gracias», Jayden —le recuerdo.

—Pero ¿cómo...? Si estaban agotadas, ¿cómo las has conseguido?

Sonrío cuando veo cómo me mira, como si fuera una criatura única y especial con la que él ha tenido la suerte de encontrarse.

—Es la magia de la Navidad —recito. Se me congela la sonrisa cuando veo cómo se intensifica su mirada. Sí, a mí también me recuerda a ese mercadillo navideño. A nosotros. A nuestro primer beso. Tengo que seguir hablando para no quedarnos colgados de los ojos del otro y dar demasiado el cante delante de sus padres—: Bueno, pensé que sería muy triste que fueras solo a un concierto así que hay dos entradas para que puedas llevar a quien quieras. A Asher también le gustan, ¿no? O, bueno, probablemente si invitas a Mark estará encantado de acompañarte, aunque no le vaya para nada el *punk* —sugiero, divertida.

—Ya veremos —se limita a decir, misterioso.

Se mueve para estirarse sin levantarse del suelo y darme un abrazo corto, con un solo brazo.

—Gracias —dice por fin—. Es justo en medio de los exámenes, así que, si suspendo, será tu culpa.

Le pego suave en el brazo y se aparta riendo.

—No creo que suspendas por un viernes por la noche que no estudies.

—No, no será por eso, pero les diré a mis padres que ha sido culpa tuya —bromea, y se tapa un lado de la cara con una mano para que sus padres no vean su boca, pero deja que lo oigan perfectamente.

Nos reímos y bromeamos todos juntos, un poco más, hasta que Luke pone orden y exige a Jayden que me dé mis regalos de una vez.

Primero empuja hacia mí una caja cuadrada, de tamaño mediano, bien envuelta. La abro con cuidado porque el papel es muy bonito y no quiero destrozarlo, aunque eso desespere a Luke. Bajo el papel hay una caja de cartón cerrada y, cuando consigo abrirla, saco un casco para la moto, nuevísimo y reluciente de su interior. Me gusta tanto que juro que, si hubiera ido a elegirlo yo misma, no habría sido capaz de escoger uno que pegara tanto conmigo.

Tengo que estar poniendo cara de que me encanta cuando lo saco y le doy vueltas entre mis manos, con mucha delicadeza, y por eso Jayden está sonriendo como lo hace cuando mis ojos buscan su cara.

Dejo el casco a un lado y me lanzo sobre él, efusiva, mientras le doy las gracias y le aseguro que me encanta. Mi arrebato le pilla tan de sorpresa que, cuando mi cuerpo choca contra el suyo, lo derribo y acabo prácticamente tumbada sobre él en el suelo. Lo oigo reír y me envuelve entre sus brazos.

—A ver, que es un casco... Tú le has conseguido unas entradas *agotadas* para un concierto único en esta década. —Oigo decir a Luke, minusvalorando el regalo de su hermano.

—Cállate —le gruñe Jayden, me retiene unos segundos más y me arranca una risita.

Lo de que vaya a sacarme el permiso para conducir la moto supuso toda una cena de discusión en casa con mis padres. Papá, de hecho, me prohibió *terminantemente* que volviera a poner mi culo en la moto de Jayden, pero mamá me hizo señas a su espalda para decirme que no le hiciera ni caso. Así que sí, pienso presumir de que ahora tengo *mi propio casco* con ellos también.

Me incorporo, con las mejillas ardiendo, cuando me doy cuenta del espectáculo que debemos de estar dando, aquí abrazados en el suelo. Aún queda otro regalo, bastante más pequeño, y trato de centrar la atención de todos en eso y no en si Jay y yo nos sonrojamos tras este pequeño momento.

—Este no es mío —admite Jayden cuando me lo tiende—. Es de parte de *Piezas*.

Lo miro a los ojos de inmediato, con el paquete —que por el tacto y el peso es un libro pequeño— entre las manos. Oírlo decir eso me encoge el corazón, pero no de esa forma en que duele, sino como si alguien lo sostuviera con firmeza entre sus manos, manteniéndolo seguro y calentito. Creo que los ojos se me humedecen, aunque intento disimularlo todo lo que puedo, porque no paro de pensar en el año pasado, cuando le conté a Daryl lo de los regalos que en mi familia nos hacíamos todos los años de parte de *Ron* y me dijo que le parecía una gilipollez. Pero a Jayden no se lo parece. Jayden se ha hecho partícipe de mi tonta tradición familiar, haciéndome sentir que aquí, con ellos y con *Piezas*, también tengo una familia de verdad. Así que cuando retiro el papel y veo que es una libreta de tiras cómicas titulada *Formas en que un gato te demuestra que te odia*, suelto una carcajada y a la vez las lágrimas empapan mis pestañas.

Sue es la primera en darse cuenta de que aquí pasa algo en lo que ellos no pintan nada, así que le pide a Tyler que la ayude a preparar la cena. Y, cuando están en la cocina, llama a Luke en un grito para que se una a ellos y nos deje tranquilos.

Jayden arrastra el culo por el suelo para acercarse más a mí y echa un vistazo fugaz hacia la cocina para asegurarse de que nadie está asomado a la puerta espiándonos.

—Eh —dice, en un murmullo suave, y me pasa la yema del pulgar con mucha delicadeza por debajo de un ojo, para secarlo—. Oye, *Piezas* es igual de bromista que yo, estoy seguro de que no te odia para nada, ¿sabes?

Vuelvo a soltar una risita y siento como si solo esto destensara un par de nudos de esos que aún tengo enredados en el alma. Estiro la mano para acariciar su mejilla, despacio, y lo veo cerrar los ojos al sentir mi contacto.

—Sé que no me odia, y me ha gustado muchísimo su regalo.

—No quería hacerte llorar —se disculpa, bajito, y vuelve a abrir los ojos para mirarme con una mezcla de preocupación y culpa en las pupilas.

Niego con la cabeza suavemente, sonriendo.

—No todas las lágrimas son tristes, Jayden.

Se acerca más y pega los labios a mi frente, dejando un beso tierno que me hace desear más. Me abrazo a su torso y apoyo la cabeza en su hombro. Sus manos trazan figuras abstractas en mi espalda y me encanta estar así con él, en completo silencio pero sin echar para nada de menos las palabras.

Poco después estamos sentados a la mesa para cenar los cinco juntos, y, afortunadamente, nadie menciona nada acerca de las miradas, las sonrisas y esos abrazos que Jay y yo hemos compartido hace un rato, con toda la emoción de los regalos. Supongo que, por suerte para nosotros, ahora hay un tema más importante del que quieren hablar conmigo.

—Haley, queríamos decirte que ya tenemos fecha para la boda —anuncia Sue.

—¿Sí? ¿Cuándo?

—Será el veintisiete de marzo.

—¡Pero si el veintisiete de marzo es ya! —exclamo, ilusionada.

Me emociona especialmente que Tyler y Sue vayan a casarse, después de todo este año de mierda que han pasado. Los he visto apoyarse el uno en el otro desde el principio, durante la enfermedad de Sue, y no tengo dudas de que, si llevan veinticinco años juntos, no lo están solo por costumbre. No hay más que ver cómo la está mirando Tyler ahora, mientras ella habla conmigo. Y ni siquiera pienso que ojalá alguien me mirara a mí así alguna vez, como me solía pasar ante escenas parecidas, porque sé que ahora también hay *alguien* que me mira *a mí* así.

—Bueno, he pensado que, ya que tu madre y las chicas están tan lejos, podrías echarme una mano tú con algunas cosas, si no te importa. A lo mejor cuando acabes los exámenes, podrías pasar algún día aquí conmigo y...

—Pues claro que sí —la corto, antes de que termine de pedirlo.

—No quiero que dejes de hacer nada por ayudarme a...

—Sue —la corto de nuevo—, me mudaré aquí si hace falta para echarte una mano en lo que necesites.

—Vaya, yo pensaba que Haley no estaba invitada —pica Jayden, a mi lado en la mesa.

—Si te hemos invitado hasta a ti...

Su madre repite justo las palabras con las que yo le chinché la noche que sus padres se comprometieron. Suelto una carcajada burlona y le pellizco el costado, a lo que él responde alejándose de un exagerado bote en su silla, pero lo veo sonreír.

—El padrino y la dama de honor *no oficial* —me dice, bajito, poco después, cuando sus padres están distraídos con algo que cuenta Luke.

Sonrío de medio lado.

—Me debes un baile, Sparks.

—Lo estoy deseando.

Aparto la mirada, un poco turbada, cuando mi mente interpreta eso como quiere y le da a sus palabras toda la doble intención del mundo, aunque no esté segura de que él quisiera hacerlo sonar así.

Esta noche no dejo que *Piezas* entre en mi cuarto a dormir conmigo. No es que esté enfadada por su regalo de gatos odiando personas, pero la verdad es que esta noche quiero que la puerta de mi habitación pueda estar cerrada sin que una gata se agobie y empiece a arañarla para salir, si es que lo necesito. Pero ha pasado un rato muy largo desde que hemos dado las buenas noches y todos se han ido a dormir, y yo sigo sin necesitar en realidad que esa puerta esté cerrada. ¿De verdad no va a venir?

Me levanto y me acerco a la pared que separa mi cuarto prestado del suyo, para dar unos golpes suaves en ella.

El resto de la casa está en silencio. Creo que *Piezas* está durmiendo con Luke. He oído que Jayden también cerraba su puerta del todo. Y Tyler y Sue suelen tenerla cerrada las noches que he pasado aquí. Con el tiempo que he dejado transcurrir aquí sola en mi habitación, estoy bastante segura de que deben de estar todos dormidos. Bueno, espero que él no, claro. No habrá sido tan tonto de dormirse, ¿no?

Oigo tres golpes que suenan de vuelta desde el otro lado y sonrío. Vale, está despierto. Vuelvo a la cama, porque el suelo está frío y yo descalza. Me siento, cubriéndome las piernas con el edredón, y espero. Pero no pasa nada. No oigo nada. ¿Qué está haciendo? Es que no piensa venir. No piensa venir *de verdad*.

Voy a tener que hacer algo más drástico.

Podría ir yo a su cuarto ahora mismo, pero está pegado al de sus padres y no quiero que nos oigan hablar.

Así que cojo el móvil y escribo un mensaje.

¿Vienes?

Puedo oír la vibración al otro lado de la pared cuando el mensaje llega. Tarda exactamente tres segundos en abrir con mucho sigilo la puerta de su cuarto.

De repente estoy nerviosa, emocionada, ansiosa. No sé qué hacer con todas esas cosquillas en la tripa y me late el corazón tan rápido que la sangre bombeando mi cuerpo a toda velocidad me obliga a moverme. Me incorporo, me destapo y, al final, acabo poniéndome de pie sobre la cama en cuanto la puerta se abre muy despacio para no hacer ruido y él se cuela en el cuarto. Pone muecas de sufrimiento y tensión mientras cierra, y luego me mira.

—¿No pensabas venir? —susurro.

—No sabía si tú... No quería que tú... No estaba seguro de si querías que viniera —responde al mismo volumen.

Aprieto los labios, pero creo que se me escapa la sonrisa. ¿De verdad Jayden Sparks, el engreído con el ego enorme, está ahora mismo titubeando delante de mí? Lo señalo con el dedo índice y luego lo muevo para indicarle por señas que se acerque hasta aquí. Sigue con la espalda pegada a la puerta, descalzo, vestido con un pantalón de pijama y una camiseta vieja levemente arrugada. Tiene el pelo revuelto. Y yo quiero tenerlo mucho más cerca.

Viene hasta mí despacio y alza la mirada en cuanto su cuerpo se detiene al borde de la cama, a escasos centímetros del mío. Como estoy de pie sobre el colchón, ahora estoy más alta que él, y me gusta verlo desde este nuevo ángulo. Pongo las manos en sus hombros y él pone enseguida las suyas en mi cintura. Me sonríe con los labios sellados cuando nuestros ojos se encuentran y yo muevo las manos acariciando su cuello hasta terminar enredándolas en su cabello.

—Estás guapo desde esta perspectiva.

Acaricia mis costados sobre la camiseta.

—Voy a empezar a pensar que estás colada por mí.

Podría responder a eso de mil maneras, y seguir lanzándonos pullas en broma, jugando un poco más. Pero la verdad es que eso no es lo que más me apetece ahora. Me inclino sobre él, hasta que nuestras bocas casi se rozan.

—No te preocupes. Ya me agacho yo —imito su forma de hablar.

Acallo su risa con los labios. Se le tensan los músculos mientras me besa y todo su cuerpo parece reaccionar en respuesta. Sus brazos envuelven mi cintura para pegarme más a él y siento su corazón latiendo con la misma fuerza que el mío, a través de su pecho.

—Tú estás preciosa desde todos los ángulos —murmura, sin apenas separarse.

—Voy a empezar a pensar que estás colado por mí.

En un movimiento rápido, sujeta mis piernas y me desequilibra, haciéndome caer de espaldas sobre la cama. Ahogo un grito, porque no es cuestión de que se entere toda la casa. Se coloca poco a poco encima, sosteniendo su peso con los brazos y empieza a repartir besos fugaces por toda mi cara, mi cuello y mis hombros, mientras yo intento que no se me oiga reír fuera de estas cuatro paredes.

Me encanta esto. Y me encanta sentir su cuerpo sobre el mío. Me gusta su calor, me gusta su olor y me gusta cómo suena su risa, muy suave y a un volumen íntimo, solo para mí.

Deja de torturarme con mimos cuando sujeto su cara entre las manos y lo dirijo a mi boca. Entonces me besa con ganas y yo me adapto a las demandas de sus labios, olvidando los juegos. Nos movemos sobre la superficie del colchón, buscando la mejor postura, hasta que pongo la cabeza en la almohada y él se acomoda a mi lado, con los dedos acariciando mi cuello y sin romper nuestro beso. Echo un poco de menos la sensación de su cuerpo sobre el mío, pero no protesto. Puede que sea mejor así, porque esto no va a pasar a otro nivel esta noche. Creo que él piensa lo mismo y por eso me besa despacio, sin prisa, sin que parezca que quiere llegar a alguna otra parte. No sé si estoy preparada para ir más allá, aunque estar así con él me hace querer mucho más, pero sé que, de todas maneras, la casa de sus padres no es el lugar más adecuado para descubrirlo.

—No me puedo creer que esto esté pasando de verdad —dice en mi oído mientras sus labios me hacen cosquillas en el lóbulo de la oreja.

Le acaricio el brazo antes de pellizcarle. Se aparta de golpe y yo me trago la risa, mientras se frota la zona y me mira con el ceño fruncido.

—Ay —se queja.

—Parece que no estás soñando.

—A lo mejor la que está soñando eres tú.

Intento huir, rodando sobre el colchón, pero me atrapa entre los brazos y me inmoviliza con uno mientras utiliza la otra mano para hacerme cosquillas. Me retuerzo y hasta suplico un poco, cuando se me saltan las lágrimas y me duele la tripa de tanto reírme y del esfuerzo que tengo que hacer para acallar mis carcajadas.

—Para. Nos van a oír —susurro, y me giro hacia él cuando afloja su agarre para permitirme escapar.

Por supuesto, no me voy lejos. Al contrario, me acerco aún más.

Me pone un dedo sobre los labios, como forma de pedirme silencio. Y luego lo retira despacio, acariciando mi labio inferior, para sustituirlo por sus labios. Nos besamos con los ojos cerrados. Su mano me hace estremecer cuando acaricia la piel de mi espalda, justo en el punto donde se me ha subido la camiseta del pijama. Me gusta demasiado esto.

Lo siento tensar los músculos cuando cuelo la mano bajo su camiseta y acaricio sus abdominales. Podría jurar que su cuerpo tiembla pegado al mío.

Me aparto para mirarlo a los ojos. Tarda un segundo entero en abrirlos desde que me separo de su boca.

—¿Qué pasa?

—Lo siento. Me pones un poco nervioso.

—¿Cuatro besitos y ya te pongo nervioso, Sparks?

—No, es que... Nunca he estado con nadie que me gustara tanto como me gustas tú.

Me parece monísimo. Tan mono que quiero comérmelo a besos. Tanto, que es como si me acariciara el corazón con mimo. Me acerco de nuevo para besarlo con ternura, solo rozando nuestros labios.

—Tú también me gustas mucho, Jayden.

Suspira cuando mis labios dejan los suyos, y me acaricia el pelo mientras beso la línea de su mandíbula. Luego desciendo por su cuello.

—Haley, vas a matarme.

Vuelvo a su boca. Sus manos no bajan de mis caderas, pero las sostienen firmemente, y, al recostarme más sobre él puedo sentir que cierta zona de su cuerpo no es ajena a la situación, tampoco.

Me aparto para mirarlo a la cara, desde encima, alzando una ceja de modo burlón. Carraspea bajito y aparta la mirada, como si le diera vergüenza ser consciente de que yo he notado que está excitado. No puedo culparlo, porque yo también lo estoy.

—Ignóralo, por favor —me pide, y yo suelto una risita baja—. Tiene vida propia. Esa cosa a lo suyo y nosotros a lo nuestro.

Le contagio mi sonrisa cuando vuelvo a besarlo en la boca.

—Vale. Deberías saber que ahora, por culpa de un chiste de Hannah, tengo una regla de las cinco citas.

Me mira interesado, frunciendo el ceño un poquito. Pienso que es adorable con esa expresión.

—¿Qué significa eso exactamente?

—Significa que nada de sexo hasta la quinta cita.

—¿Y cuántas citas llevamos?

—Una.

Pongo un dedo delante de su cara. Levanta la cabeza de la almohada para morderlo y yo lo aparto con una risita.

—No me parece una buena idea —opina, sin dejar de acariciar mi espalda despacio.

—¿Y qué idea tienes tú?

—No tengo ninguna. A lo mejor la quinta cita no es el momento. ¿Vamos a tener que hacerlo porque *toca*? Lo siento, pero no tiene sentido. Puede que no surja hasta mucho después de la quinta cita... o puede que nos muramos de ganas en la tercera, ¿no? No quiero planear esto. Quiero que sea cuando tenga que ser, cuando sintamos que es el momento y cuando los dos estemos preparados.

No puedo decir que no me haya convencido con sus argumentos. Me gusta oírle decir eso. Tiene razón. No podemos obligarnos a seguir un calendario. Aunque...

—Me da la impresión de que tú ya estás preparado, Jayden.

Lo digo en tono de broma, pero un pequeño nudo de ansiedad se me agarra al pecho cuando lo pienso. Él no necesita esperar... ¿Va a *querer* esperar? ¿Y si me cuesta más de

267

lo que él espera? ¿Y si se aburre de solo ser *amigos que se besan*?

—No, yo no estoy preparado —me sorprende—. Te he dicho que *esa cosa* tiene vida propia. No me juzgues por su mala educación. Tú me dijiste que necesitabas ir despacio con esto. Yo también necesito ir despacio contigo. Esto es nuevo para mí, y creo que necesito tomármelo con calma..., si te parece bien.

Apoyo las manos en su pecho mientras lo observo. Su corazón late furioso bajo mis palmas, como si, igual que a mí, le diera miedo abrirse así de sincero respecto a esto. Presto atención a cada pequeño gesto en su rostro, para ver si descifro lo que está pensando en realidad. Parece sincero. No creo que lo esté diciendo solo porque piensa que es lo que quiero oír.

—Vale —consigo decir a media voz.

—Vale —repite, y me aparta un mechón de pelo de la cara con mimo—. No tenemos ninguna prisa, Haley. Tenemos tiempo, ¿no?

—Sí.

—Y hablando de citas... —Me agarra la cintura y hace rodar nuestros cuerpos, para estar otra vez sobre mí—. Has dicho que Mark vendría conmigo al concierto si se lo pidiera, aunque no le guste el *punk*. ¿Y tú? ¿Quieres venir, aunque no te entusiasme el *punk*?

Sonrío y entrelazo nuestros dedos cuando su mano cubre la mía.

—Iría a ese concierto contigo aunque odiara a muerte el *punk*. Pero te he regalado las entradas para que vayas con quien quieras, Jay, no tienes que invitarme a mí. Lo pasarás mejor con Asher.

—Con quien quiero ir es contigo. Si es que a ti te apetece venir conmigo, claro.

Me incorporo para besarlo como toda respuesta.

Y ese beso se alarga y se intensifica, y nuestros cuerpos buscan mayor contacto sin pedir permiso y nuestras respiraciones se hacen más profundas y compartimos suspiros ahogados. Que no traspasemos el límite de las caricias inocentes no significa que no podamos acariciarnos, así que cuelo la mano bajo su camiseta y paseo los dedos por su costado. Se le contraen los músculos bajo el roce cuando siente las cosquillas y yo sonrío en su boca, divertida. Vuelvo a repetir la caricia y se aparta hacia un lado, en un movimiento involuntario.

—¿Qué pasa?

—No seas mala.

—No te preocupes, Jay. Seré buena contigo —murmuro.

Nos acomodamos acurrucados y sonrío con los ojos cerrados, recostada sobre su pecho, aspirando su olor.

—¿Te quedas a dormir conmigo un poco?

—Me quedo hasta que tú quieras que me vaya —asegura, en voz muy bajita.

Estoy a punto de pedirle que me abrace, pero lo hace antes de que pueda llegar a abrir la boca de nuevo. Nos quedamos en silencio, abrazados y con las piernas entrelazadas.

Y me siento bien. Segura. Totalmente a salvo.

# 23

# JAYDEN

—¡No te la mereces!

Asher me grita cuando salgo del salón, dejándolos a él y a Niall cada uno con un mando de la Play en la mano, pero con la partida parada. Les interesa más cotillear que jugar, por supuesto. Y si Asher se está metiendo conmigo y no para de decir que Haley está muy por encima de lo que yo merezco en la vida, es solo porque tiene envidia de que yo vaya a ir al concierto de esta noche y él no. Así que lo ignoro.

—En eso estoy de acuerdo —se une Niall a las críticas, solo para molestarme.

—Tú calla, que tampoco te mereces a Britt —se vuelve Asher contra él enseguida—. En serio, tíos, ¿cómo lo habéis hecho?

Los oigo gruñir y refunfuñar y soltar algún quejido, por lo que no es difícil adivinar que se están pegando en broma como cuando tenían diez años. Qué inmaduros son a veces.

Yo me dedico a cambiarme de ropa, vistiéndome acorde al plan de esta noche, para estar listo cuando Haley pase por aquí para ir juntos al concierto. Me ha mandado un mensaje hace solo unos minutos para decirme que salía de su casa. Se me acelera el corazón cuando me doy cuenta de que esto es,

270

obviamente, una cita... y que ya es nuestra quinta cita *oficial*. Sí, claro, desestimamos la idea del sexo en la quinta cita desde el mismo momento en que ella lo insinuó, eso es cierto, pero no puedo evitar ponerme nervioso al pensarlo porque ella dijo cinco citas y yo dije que cuando los dos estuviéramos preparados... y yo llevo preparadísimo desde la cita número cuatro.

Nuestra primera cita, cenando en su casa, fue perfecta y quedamos en que seríamos *amigos que se besan*. No me disgusta el concepto, aunque me temo que se me está empezando a quedar un poco corto para definir lo que hay entre ella y yo.

En nuestra segunda cita, que tuve que esforzarme en conseguir —porque Haley lleva todo el mes muy preocupada por no estar estudiando lo suficiente para los exámenes a pesar de que lo hace todos los días y casi a todas horas—, la llevé en moto por una de mis rutas costeras favoritas hasta una pequeña cala escondida, y organizamos un pícnic y nos quedamos a ver esconderse el sol. Cuando la dejé en su casa pude ver por su sonrisa que lo de no estudiar un día, al final, sí que había merecido la pena.

La tercera la organizó ella, o más bien la improvisó. Apareció en el laboratorio hace dos viernes, cuando salió de clase, y me dijo que tenía que llevarme a un sitio. Pasamos toda la tarde en San Bernardino, en una feria de inventos medievales que no sé cómo ella sabía que me fascinaría tanto. Supongo que me conoce bastante más de lo que yo creía. Y, si en aquel mercadillo navideño yo no podía borrar mi sonrisa ante su entusiasmo, esta vez fue ella la me seguía todas partes riendo y bromeando sobre mi manera de correr de un lado para otro. Luego cenamos juntos y, para terminar, pasamos más de una hora en su coche, aparcados justo frente a mi portal, besándonos y sin querer separarnos como si a cada uno lo estuvieran esperando sus padres al volver a casa. Estuve tentado a invitarla a subir a dormir conmigo, pero creo que ninguno de los dos estábamos preparados aún para que la tensión sexual flotara entre nosotros estando juntos bajo las sábanas. Y Niall y Britt estaban en casa, y en la suya, al menos Tracy y Aaron. Definitivamente, no era el momento.

Y, entonces, el domingo pasado, tuvimos nuestra cuarta cita. Niall se había ido a Calabasas porque era el cumpleaños de su padre, y yo estaba harto de estudiar ya. No había visto a Haley apenas en toda la semana, si no contamos una breve sesión en el gimnasio el martes. Quiero decir que no la había visto apenas fuera de la biblioteca, porque no es que ella sea muy difícil de encontrar estos últimos días. Conseguí convencerla de que dejar de estudiar y ver una película conmigo en casa era lo mejor que podía hacer por su maltratado cerebro para que rindiera en el examen del día siguiente. Y sí, hicimos palomitas, nos acomodamos en el sofá y pusimos una película; pero, no, no vimos demasiado dicha película, si hay que ser sinceros. No sé cómo ni en qué momento decidimos que era mejor besarnos, dejando la película como mera ambientación, y ella acabó sentada en mi regazo, en el sofá, bien pegada a mí y gimiendo en mi oído mientras nuestros cuerpos se rozaban perdiendo el control y mis labios y mis dientes abandonaban toda contención contra la piel de su cuello. No pasamos de ahí, y ni siquiera llegamos a tocarnos directamente, exceptuando algún breve roce por encima de la ropa, pero a mí me volvieron loco del todo sus gemidos entrecortados y, si la decisión hubiera estado en mi mano, la habría llevado a mi cama y me habría enredado con ella hasta darle todo el placer que fuera posible. Solo que ella no dio muestras de querer ir más allá en ningún momento, y yo tampoco me atreví a insinuarlo, porque no quería que se sintiera presionada. Ahora, cinco días después, tengo un problema, porque pensar en ella y en su cuerpo y en todo lo que me hizo sentir y las ganas que tengo de hacerla sentir así a ella, se ha estado convirtiendo en una pequeña obsesión.

Este es ya el último fin de semana de enero, y estamos en mitad de los exámenes. Ella ha hecho uno esta mañana y tiene otro el lunes, y yo el lunes tengo dos, así que no estoy como para perder la concentración pensando en cosas que no debería pensar. Esta semana pasada nos hemos visto cada día, todas las tardes estudiando juntos en la biblioteca. Cuando salíamos de allí la acompañaba a casa y nos besábamos en su portal hasta que se pasaba de largo la hora de cenar, como dos adolescentes sin casa propia en la que poder enrollarse con algo de intimidad. Y eso ha estado bien. Ser amigos que se besan está bien. Pero yo quiero algo más. Y me asusta pensar que ella quizá nunca vaya a estar preparada para querer lo mismo conmigo. Y no me refiero al sexo, sino a una relación de verdad.

Niall y Asher aún siguen discutiendo, y sin reanudar su partida, cuando yo salgo de mi cuarto y me meto al baño.

—A ver, ratita presumida, déjanos dar el visto bueno a tu estilo antes de que Haley aparezca —me llama Asher, cuando me oye salir.

Asomo el brazo por la puerta del salón para hacerle un corte de mangas, y mis amigos se ríen antes de que dé un paso dentro de la estancia y puedan ver la imagen completa.

Niall silba, burlón.

—Muy guapo, chico. Britt dice que Haley se ha pasado un buen rato arreglándose, así que a lo mejor sois los dos igual de tontos.

Eso vuelve a ponerme nervioso. Sé que está a punto de llegar, pero no me aguanto las ganas de verla ya.

Y entonces suena el portero automático. Justo a tiempo.

—Hola, soy yo —dice la voz de Haley, alegre, en cuanto

273

contesto—. ¿Puedo subir un momento antes de que nos vayamos? Te traigo tu sudadera.

Le abro enseguida. El domingo, tras nuestra cuarta cita, no quiso que la acercara a casa con la moto y, como aún no era demasiado tarde, se fue andando. Había bajado bastante la temperatura desde su llegada, así que le presté una sudadera para que llevara otra capa calentita bajo la cazadora.

La espero con la puerta abierta y sonrío en cuanto la veo subir los últimos escalones hasta el rellano de esta planta. Me devuelve la sonrisa mientras se acerca hasta mí. Lleva unos pantalones vaqueros rotos, botas hasta la rodilla con tacón ancho, y una cazadora de cuero negra que le queda perfecta. El pelo suelto, en una cascada sobre sus hombros, y el maquillaje más oscuro de lo que acostumbra, supongo que porque ha pensado que era un rollo más *punk*. No me da tiempo a decirle lo preciosa que está porque llega hasta mí y se estira, poniendo una mano en mi cuello, para unir nuestros labios por unos segundos. Mejor. Porque creo que mi boca no habría llegado a decir que está preciosa, sino lo que no paro de pensar. Y es que está... sexi.

—Hola.

—Hola —respondo, en un susurro.

Levanta la bolsa en la que ha traído mi sudadera y me doy prisa en cogerla y apartarme para dejarla pasar.

—Vale. Dejo esto, cojo mis cosas y nos vamos —propongo.

Voy hacia mi habitación, pero ella ni me hace caso y ya se está asomando al salón, desde donde se oyen las voces de mis amigos, para saludar.

—¡Hola, chicos!

—Eh, Haley, ¿qué tal tu examen? —pregunta Niall.

—Hola, guapa —dice Asher, en voz muy alta, a ver si consigue molestarme con sus coqueteos.

Es un idiota. Pero tiene toda la razón en lo que dice: ella es muy guapa, y esta noche está... En fin, no quiero volver a pensar en eso.

Lanzo la bolsa con la sudadera dentro del armario, sin molestarme en sacarla de ahí y recogerla, y cojo la cazadora y me lleno los bolsillos con las cosas que necesito llevar, antes de salir de aquí, listo para ir al concierto.

Haley está hablando animadamente con ellos, relajada y regalando sonrisas como si no supiera que podría ponerles precio y hacerse rica. Yo pagaría por verlas, y estoy seguro de que no soy el único.

—¿Nos vamos?

Se gira a mirarme y asiente.

—Está guapo, ¿verdad, Haley? —suelta Asher, antes de que me dé tiempo a sacarla de aquí—. Solo le ha costado como hora y media arreglarse para gustarte, así que esperamos de corazón que lo haya conseguido.

Le lanzo una mirada asesina, pero él se limita a dedicarme una sonrisa divertida.

—Cállate —gruño.

Haley se acerca a mí despacio, esforzándose por controlar la curvatura de sus labios, y eso capta toda mi atención.

—Está muy guapo —se pronuncia, y estira un brazo para colocarme un mechón de pelo en su lugar.

Mi corazón salta, y sé que mis amigos se burlarán de mí en el futuro por esto, porque no puedo apartar la mirada de ella. Pero que les den. Que digan lo que quieran. Sí, estoy loco por esta chica, ¿y qué?

—Bueno, Jayden, ahora que Haley está aquí y yo también, y que ella está, obviamente, muy guapa y, obviamente, yo también lo estoy... Ha llegado el momento de la verdad —sigue Asher con sus tonterías—: ¿A quién prefieres llevar al concierto esta noche: a ella o a mí?

Buen intento.

—A ella —respondo de inmediato, sin mirarlo ni de reojo, y paso un brazo por la cintura de Haley para acercarla más a mí.

Ella no se resiste, y se ríe suavemente.

—Lo siento —le dice a Asher—. Lo intenté, pero no sé si le caes muy bien.

—No pasa nada —la tranquiliza mi amigo—. Lo entiendo. Yo también te llevaría a ti en vez de a él —añade, y le guiña un ojo.

—Vámonos antes de que sea yo el que se queda sin concierto —bromeo.

Haley me mira a los ojos y sonríe.

—Vamos. —Coge la mano que tengo en su cintura y entrelaza nuestros dedos—. Hasta luego, chicos, que paséis buena noche.

Me gusta que haga esto, así, tan natural, delante de mis amigos. Al principio éramos muy discretos y no intercambiábamos gestos íntimos, y procurábamos no tocarnos el uno al otro de manera demasiado evidente si había alguien delante, pero ahora cada vez lo hacemos más y no puedo negar que lo prefiero. Que quiero que el mundo lo sepa. No todo el mundo, claro, nuestras familias son otra historia. Pero me parece perfecto que nuestros amigos sepan que hay algo entre nosotros. Eso está bien. Es lo normal, ¿no?

Lo primero que hacemos cuando comprueban nuestras entradas y nos dejan pasar, es ir a dejar algunas prendas en el guardarropa que hay a un lado del pasillo que lleva a la pista. Haley deja su cazadora y se quita también el jersey. Creo que me quedo un poco embobado cuando lo hace, porque, bajo eso, lleva una camiseta gris oscuro de la última gira del grupo. No tengo ni idea de dónde la habrá sacado, para empezar, pero es que, además, le ha recortado las mangas y el cuello, para adaptarla a un estilo mucho más sexi, y mucho más acorde a ella.

—¿Qué? —me pregunta cuando se vuelve hacia mí y ve cómo la miro.

—No sabía que eras tan fan —pico, con una sonrisa de medio lado.

—Sabes que me encanta meterme en el papel.

Me besa y la retengo un poco cuando empieza a separarse de mis labios. Luego dejo que sea ella de nuevo quien tome la iniciativa y tire de mi mano hacia el montón de gente que ya abarrota el lugar, abriéndonos paso hasta nuestro sitio, cerca del escenario. No puedo parar de mirarla y, sí, lo admito, también miro su culo unas cuantas veces mientras ella avanza por delante. No soy de piedra y ella esta noche está... En fin, creo que ha quedado claro.

No tardo demasiado en darme cuenta de que no soy el único que lo piensa. Ella parece no enterarse de las miradas que atrae. Y, cuando estoy volviendo a su lado tras ir a conseguir un par de cervezas, veo que está hablando con dos de esos chicos que la miraban tanto, que han aprovechado mi ausencia para acercarse a conocerla. No puedo evitar sonreír cuando la veo, aun desde lejos, hablando y gesticulando mucho, riendo y haciéndolos reír. Se me hincha el pecho con una sensación cálida, porque hace tan solo un par de meses Haley aún no se sentía lo bastante segura para quedarse sola en medio de una fiesta y hablar con algún desconocido. Y ahí está ahora, cómoda consigo misma, siendo de nuevo esa chica que se aventuró sin mí en una fiesta en su primer día en Los Ángeles cuando le pedí que me esperara sin moverse; la Haley rebelde, segura y extrovertida que me encantó desde ese primer día. No, en realidad no es exactamente la misma. Porque sí que ha cambiado. Pero creo que ahora aún me gusta más.

Llego a su altura y le tiendo una cerveza, sin interrumpir su conversación. La coge y me sonríe. Soy consciente de que el chico con el que estaba hablando me mira molesto por mi intervención, pero lo ignoro. Comprendo que hayan sentido la necesidad de acercarse e intentarlo, yo haría lo mismo de estar en su lugar. Ella le dice algo más, antes de volverse hacia mí. Tal y como me mira, sé que he hecho algo muy bien, aunque no tenga ni idea de lo que es. Se acerca más y pone una mano en mi nuca, para empujarla y hacerme bajar la cabeza hasta que mi boca queda al alcance de la suya. Me besa de tal manera que estoy a punto de derramar la cerveza, y me daría exactamente igual. Rodeo su cintura con los brazos y pego su cuerpo al mío, sin dejar ni un mínimo espacio entre los dos. Va a volverme loco si sigue así.

Y entonces salen los teloneros y ella se aparta para ponerse a bailar. Yo me dedico a sonreír mientras la miro, y, si me preguntan al salir del concierto, no seré capaz de decir quiénes eran los teloneros ni qué han tocado esta noche.

Presto algo más de atención cuando sale el grupo al que tantas ganas tenía de ver, pero es que ella se pone a saltar como todos los fanáticos que abarrotan la pista junto a nosotros y empieza *a cantar* a gritos. Las canciones de mi grupo favorito, sin fallar ni una sola de las palabras de la letra. Me acerco para hablarle al oído:

—¿Te sabes esta canción?

Gira la cara hacia mí y sonríe.

—Me las sé todas. ¿Tú te crees que voy a venir a un concierto sin aprenderme las canciones? ¿Eso qué gracia tiene? Me hice una lista de reproducción en cuanto me invitaste a venir.

Y entonces la beso yo. Noto cómo sonríe contra mis labios y, en cuanto nos separamos, coge mi mano y tira de mi

278

brazo para obligarme a moverme al ritmo de la música y bailar, saltar y cantar con ella.

Es increíble, ¿no lo es? Es la chica más increíble del mundo y está aquí, ahora, conmigo.

Ahora lo entiendo. Lo entiendo de verdad y del todo. Todo eso que me decían Sarah por un lado y Asher por otro, cuando los acusaba de ser unos empalagosos y de estar *obsesionados* el uno con el otro cuando empezaron a salir. Todo aquello que trató de hacerme entender Niall cuando empecé a burlarme de él por estar tan colado por Britt. Mientras veo a Haley bailar, desinhibida y feliz. Mientras salta y desafina todas y cada una de las notas de las canciones que más me gustan. Lo entiendo. Porque, de repente, se ha convertido en mi imagen favorita, en mi sonido favorito, en mi persona favorita en todo el mundo. No puedo apartar los ojos de ella, aunque el grupo de música al que más admiro lo esté dando todo encima del escenario. Es que prefiero mirarla a ella.

Estoy enamorado de Haley Parker.

Y nunca, en toda mi vida, me había sentido mejor.

# 24

# JAYDEN

Abro la puerta de casa despacio, para no hacer mucho ruido, porque me imagino que Niall debe de estar ya durmiendo. En efecto, todas las luces de la casa están apagadas, todo está en silencio, y la puerta de su cuarto está cerrada. Me vuelvo a mirar a Haley, sin soltar su mano, y compartimos una sonrisa mientras entramos con todo el sigilo posible. Ha sido ella la que se ha encargado de pedir el Uber cuando hemos salido del concierto y ha indicado la dirección de mi casa como destino. No sé lo que habrá pensado de nosotros la conductora, mientras nos comíamos a besos en el asiento trasero de su coche, pero es que yo no podía ni quería dejar de besarla así. Y ahora estamos aquí, entrando en mi casa como dos ladrones para no despertar a mi compañero de piso.

Llegamos a la habitación y ella se quita solo la cazadora y las botas antes de ir al baño. Yo me quito la cazadora, el jersey y las zapatillas, y luego doy vueltas, asegurándome de que todo está ordenado y limpio, para que se sienta a gusto aquí.

Voy al baño cuando ella sale, y me dedica una sonrisa cuando nos cruzamos en la puerta del cuarto. Me lavo los dientes a conciencia y me aseguro de que huelo bien. Cuando vuelvo, Haley está de espaldas a mí. Cierro la puerta despacio, sin hacer ruido, pero ella se gira a mirarme. El corazón me late como loco, y más cuando levanta los brazos para quitarse el jersey.

—Hace calor, ¿no? —dice, en un susurro.

—Ponte cómoda.

Sonríe de medio lado al oír eso.

—Así está bien —me desilusiona.

Da un paso hacia mí al mismo tiempo que yo doy un paso hacia ella y nos encontramos frente a frente a los pies de la cama. Está tan increíblemente sexi con esa camiseta que se ha customizado, de verdad, que siento cada uno de los músculos de mi cuerpo en tensión, tirando de mí hacia ella. Es irresistible. Le acaricio el pelo despacio, con mimo, y poso la mano en la parte baja de su espalda.

—¿Te ha gustado el concierto? ¿Lo has pasado bien? —pregunto, aunque la respuesta es bastante evidente.

Tiene que ponerse de puntillas, para poner los ojos a la altura de los míos, ahora que está descalza.

—Siempre lo paso bien cuando estoy contigo.

Mi corazón bombea con más fuerza, otra vez. No sé cómo describir lo que siento dentro del pecho cuando la oigo decir eso, pero es de las mejores sensaciones del mundo.

Nos besamos de pie, despacio. Y luego ella me empuja, suavemente, hasta que me siento a los pies de la cama y se sienta sobre mí, a horcajadas, de rodillas sobre el colchón. La beso con más intensidad, mordiendo sus labios con cuidado, mientras cuelo las manos bajo su camiseta para acariciar la piel de su espalda. Tiene que estar notando que tengo una erección más que evidente ya, pero no dice nada. Me besa más rápido, más profundo, más íntimo. Mete la lengua en mi boca y la explora con avidez, hasta que me arranca un gemido que se pierde entre sus labios. Me muero por besarla por todas partes. Quiero mucho más. Y creo que ella también, por el modo en que me muerde el labio y luego abandona mi boca para pegar los labios a mi cuello. Echo la cabeza hacia atrás, para dar más recorrido a sus besos. Cuando hace el camino ascendente por la carótida hasta terminar mordiendo el lóbulo de la oreja y aprieta sus caderas contra las mías, rozando las telas de nuestros pantalones justo en el punto más sensible, se me escapa un jadeo y bajo las manos a su culo para acercarla más. No me aparta. Gime muy bajito, con los labios pegados a mi oreja, y yo subo las manos hasta su cabeza, para poder sujetarla delicadamente y moverla hasta encontrar su boca y besarla con ansia, con necesidad. Quiero... necesito... Quiero ir despacio, pero no sé si puedo. Ella me devuelve el beso de la misma manera, sin andarse con rodeos, sin ninguna delicadeza. Y luego se aparta y tira del borde de mi camiseta para incitarme a quitármela. No hace falta que me lo pida dos veces, saco la tela por mi cabeza de un tirón y la lanzo a un lado, sin preocuparme de dónde caiga.

—Haley... —murmuro, sin saber muy bien cuál es mi queja, mientras ella recorre mis abdominales en sentido ascendente con la yema de los dedos.

Inclina la cabeza para besar mi hombro. Luego vuelve a mi oído para hablarme en un susurro:

—¿Qué pasa? ¿No quieres hacer esto? —pregunta.

—Me muero por hacer esto —respondo, y levanto las caderas para apretarme contra ella.

Su gemido ahogado suena en mi oído y me excita aún más.

Se aparta un poco y nos miramos a los ojos, mientras se mueve sobre mí, frotando nuestros cuerpos.

—Estás... tan... sexi... esta noche —murmuro, como puedo, mientras a los dos se nos escapan jadeos entrecortados.

Coge mi cara entre las manos para asegurarse de que no dejo de mirar sus ojos, sin parar de moverse.

—Me gustas muchísimo, Jayden —dice, muy bajito—. Joder, me gustas un montón.

Me besa sin dejarme responder. Empuja mi pecho con las dos manos, para recostarme poco a poco sobre el colchón. Esto no podría gustarme más. Su cuerpo sobre el mío es la postura perfecta y quiero que nunca se vaya. Ojalá pudiera parar el tiempo y quedarnos ella y yo, aquí, solos en mi cama, sin tener que pensar nunca en nada más.

Acaricio sus costados bajo la camiseta mientras ella me besa.

—¿Puedo...? —empiezo a preguntar.

—Sí —responde, firme, en mi boca.

Le quito la camiseta con cuidado, pero sin pensármelo dos veces. Echo un vistazo rápido a su torso, solo en sujetador, y lo que veo no podría encantarme más. Pienso que no es posible estar más excitado, pero ella está consiguiendo que traspase mis propios límites. Voy despacio, moviendo las manos por su cuerpo, para asegurarme de que tengo permiso. Creo que ella se cansa de esperar, porque pone la mano sobre la mía y la lleva hasta su pecho, encima de la copa del sujetador.

Quedaría como un auténtico perdedor si me corriera ahora mismo en los pantalones, pero no descarto que pueda pasarme si esto sigue así. Me incorporo para besarla en la boca, y ella pone las manos en mis hombros para empujarme contra el colchón otra vez, sin despegar nuestros labios. Quiero tocarla, quiero acariciarla por todas partes, quiero probarla y quiero que le guste. Muevo las manos, sobre su sujetador, para tirar de las copas hacia abajo y tener acceso a sus pezones. Están duros, mostrando su nivel de excitación, cuando mis pulgares los acarician. Haley gime en mi boca, y, de verdad, no puedo más. Va a matarme. Me incorporo, sin que ella oponga resistencia a mi movimiento esta vez y dejo que una mano juguetee en su pecho mientras la otra busca el cierre del sujetador y mis labios se entierran en su cuello.

No llego a desabrocharlo, porque antes de poder hacerlo siento que ella no está respondiendo como lo hacía hace solo un segundo. Se ha quedado quieta, casi rígida, y mueve la cabeza para frenar mis besos.

—Haley, ¿qué pasa? ¿Estás bien?

Se aparta, sin mirarme, se aleja y se coloca bien el sujetador con manos temblorosas.

—Haley... —insisto, con el corazón acelerado ahora por razones bien distintas. Mantiene los ojos esquivos—. ¿Qué pasa? ¿Qué he hecho?

Niega con la cabeza, sentada al borde del colchón, y da vueltas a la camiseta entre las manos, buscando la forma de volver a ponérsela. Le tiembla el labio inferior.

—Perdona. —Se pone la camiseta, y sigue sin mirarme ni por un segundo—. Lo siento, Jay. No puedo... Es mejor que me vaya a casa.

—Oye, no tienes que disculparte. Haley, mírame —le pido. Enfrenta mi mirada despacio, con las mejillas encendidas y los ojos llenos de inseguridad—. No tienes que pedir perdón. Perdóname tú si he hecho algo que...

—No —se apresura a desmentir—. No, tú no has hecho nada, Jayden, no es eso. No es culpa tuya. Es culpa mía. No es... Soy yo. Perdona.

—Deja de pedir perdón —insisto, y pongo un dedo bajo su barbilla—. No pasa nada.

Niega con la cabeza de nuevo, con los ojos llenos de lágrimas que no llega a derramar. Me duele tanto verla así que me gustaría poder hacer algo para hacerla sentir mejor, pero no sé qué. Ni siquiera sé qué es lo que ha pasado. Tampoco necesito saberlo si no quiere contármelo. Me basta con saber que ella no quiere hacer esto ahora. Y está bien. No importa.

Solo quiero que se quede y vuelva a estar bien, relajada y a gusto conmigo. Y que vuelva a sonreír.

—Es mejor que me vaya a casa —repite—. Es... Mañana tengo mucho que estudiar, debería...

—Oye —la callo hablando bajito, suave—, no tenemos que hacer nada. No tienes que hacer nada, ¿vale? Pero, por favor, quédate a dormir conmigo.

No podría soportar que se fuera ahora y las cosas se quedaran así. Está aquí, conmigo, y es tarde y hace frío en la calle, y la cama es lo bastante grande para los dos.

—No... —empieza, pero veo que duda.

Me da la impresión de que quiere quedarse, pero piensa que no puede hacerlo porque no ha sido capaz de seguir con lo que estábamos haciendo. Veo una sombra cruzar sus ojos, como si creyera que debe irse a casa porque no se ha ganado quedarse a dormir aquí conmigo. Quiero matar al hijo de puta que hizo esto con ella. Antes la he visto bailar, tan libre, tan feliz, tan ella, y he pensado que ha salido del infierno al que él la arrastró. Pero creo que aún no lo ha hecho del todo. Que aún hay algunos aspectos en los que sigue luchando contra sí misma. Quiero ayudarla, pero no sé cómo. Y supongo que debo dejar que libre ella esa batalla, con las armas que la psicóloga le ayude a encontrar. Sé que puede hacerlo. Y yo puedo estar a su lado e intentar entenderla mientras lo hace. Aún no está preparada para dar este paso. Y yo lo entiendo y quiero permanecer a su lado hasta que lo esté... hasta que lo estemos los dos.

—¿Quieres quedarte a dormir? —cambio la forma de expresarlo.

Me mira a los ojos, más serena que antes.

—Creo que sí —dice por fin—. Pero mañana tengo que estudiar un montón y...

La beso en los labios, en apenas un roce, y la veo abrir los ojos despacio cuando me retiro.

—Mañana me levantaré temprano, te traeré el desayuno a la cama e iremos juntos a la biblioteca —propongo.

—No tengo nada para dormir —pone la siguiente excusa.

Me levanto de la cama y abro el armario.

—¿Qué quieres que te preste? ¿Una camiseta? ¿Una sudadera? ¿Un pantalón de pijama que te quede enorme?

Veo que se le forma una sonrisa muy leve, que tira de las comisuras de su boca.

—Una camiseta estará bien.

—Coge la que más te guste. —Se pone de pie y apoyo las manos en sus caderas cuando da un paso hacia mí—. Sigo queriendo estar así contigo, y me sigues encantando igual, y quiero, no sabes cuánto, que te quedes esta noche aquí a dormir conmigo —digo, por si ella necesita oírlo. Luego me vuelvo inseguro cuando continúo—: ¿Y tú? ¿Aún quieres...?

Se pone de puntillas para besarme, de forma breve pero tierna.

—Sí que quiero —responde, en un susurro—. Siento ser tan lenta.

Endurezco el gesto, mirándola con reproche.

—Si te disculpas otra vez, vas a dormir en el sofá —amenazo, y veo que se le forma una pequeña sonrisa—. Yo no tengo prisa, y mucho menos contigo, ¿vale?

Asiente, y vuelve a esbozar esa sonrisa cuando la beso en la punta de la nariz. Luego me giro y saco unas cuantas camisetas, para darle a elegir.

Se va al baño para cambiarse de ropa. Le recuerdo que hay, en alguna parte, desmaquillante de Brittany, por si lo necesita. Y, mientras la espero, me cambio de ropa para ponerme el pijama y me meto en la cama.

No puedo evitar mirarla cuando vuelve, con la cara lavada, mi camiseta puesta y su ropa en la mano. Le queda lo bastante larga para tapar hasta más de medio muslo, y la verdad es que me encanta cómo le sienta. Cierra la puerta, muy despacio, y deja su ropa sobre la cómoda antes de acercarse, tímida, y colarse entre las sábanas a mi lado.

Apago la luz y me acerco para poder abrazarla. Se mueve para darme la espalda hasta que la encaja en los recovecos de mi pecho, con mis brazos en torno a la cintura. Puedo sentir cómo se relaja poco a poco. La beso en la mejilla con ternura y sé que está sonriendo cuando acaricio su cuello con la nariz.

—No has hecho nada mal, Jay —repite, como si supiera que aún estoy repasando todo lo que ha pasado antes, buscando el momento en que he fallado y he desencadenado esa reacción en ella—. No eres tú, soy yo.

—Qué mal suena eso —trato de bromear, y la oigo soltar una risita queda—. Tampoco eres tú, Haley. No hay culpas. Iremos más despacio, ¿vale?

Se mueve y aflojo mi abrazo para permitir que se gire hacia mí y quedar de frente. Acaricia mi cara despacio con un dedo, como si quisiera memorizarla al tacto.

—Eres increíble, Jayden —murmura—. Gracias por ser así.

—Lo mismo digo —respondo, con una sonrisa.

Y ella me besa esa sonrisa con una parecida.

Luego vuelve a darme la espalda, para que la abrace igual que antes. Y me mantengo aquí, con ella entre los brazos, disfrutando de lo que solo esto me hace sentir.

Puede que hayan pasado un par de horas, o quizá el doble de esas, cuando me despierta al moverse sobresaltada entre mis brazos. Aun adormilado, soy consciente de que acaba de despertarla una pesadilla. Puedo notar la fuerza con la que su corazón golpea su caja torácica. Su cuerpo tiembla y la siento estremecerse cuando me muevo y estrecho el abrazo, acercándola más a mí.

—Eh —murmuro, tan suave como puedo—, no pasa nada. Estás bien. Estoy aquí contigo.

Se mueve para ponerse de lado, de frente a mí, y abrazarse a mi torso con fuerza, escondiendo la cara en la unión de mi hombro y mi cuello.

—Lo siento —dice en un susurro.

Odio que siga disculpándose así por todo, pero esta vez no se lo digo. Le acaricio la espalda con delicadeza, hasta que siento que está más calmada. Ella no me suelta.

—Ha sido solo una pesadilla —le recuerdo, aunque me siento un poco estúpido por no ser capaz de soltar más que obviedades—. Estás a salvo aquí.

Siento su respiración, lenta y profunda sobre el cuello, y me pone la piel de gallina.

—Sí, ya lo sé.

Me quedo despierto hasta mucho después de que ella se haya dormido de nuevo, velando su sueño. Me pregunto si esto le sucede a menudo.

Siento la necesidad de cuidar de ella para que esto nunca vuelva a pasar. Quiero protegerla de todo, para que duerma tranquila y feliz cada noche. Pero no puedo ir de héroe salvador. No está en mi mano espantar esos fantasmas que aún la atormentan a veces. No sabría hacerlo, de todas maneras. Y sé que ella no me necesita, es capaz de cuidar de sí misma, solo necesita un poco más de tiempo para liberarse de esas cadenas del pasado que le impiden volar tan alto como se merece. Lo único que yo puedo hacer es seguir aquí, y quizá velar su sueño para que ella recupere las fuerzas que le permitan seguir luchando por la mañana.

# 25

# HALEY

*Dime que no vas a follar con él.*

*Dijiste que no follarías con nadie más que conmigo.*

Recuerdo una vez más las cosas que dijo. Me han venido a la mente demasiadas veces en la última semana, desde que el viernes pasado Jayden y yo estuvimos a punto de... Odio que me esté pasando esto. Odio que su maldito recuerdo aún me bloquee y me impida avanzar.

Kimberly, mi psicóloga, cierra el cuaderno que le he pasado para que pudiera leer algunas de mis anotaciones de los últimos cinco días. Lo deja en la silla vacía que hay junto a ella y clava la mirada en mí, con expresión calmada.

—¿Has vuelto a tener pesadillas?

Me muevo para acomodarme mejor, aunque no necesite estar más cómoda. Mis zapatillas están abandonadas en el suelo y tengo los pies sobre el sofá, con las piernas dobladas hacia un lado. Ella siempre dice que cuanto más cómoda esté, más fácil me resultará relajarme y abrirme, así que esta suele ser mi postura en la mayoría de nuestras sesiones.

Trato de hacer memoria, para poder decirle el día exacto en que ocurrió. Hoy es jueves, y esta mañana he hecho mi último examen. En parte, lo de estar en medio de los exámenes me ha servido para distraer la mente de todo lo que ha estado rondando por ella últimamente, pero ahora ya no tengo excusa. Ahora tengo que enfrentarme a esto. Mantuvimos esta sesión, que teníamos programada desde antes de empezar la evaluación del semestre, a pesar de añadir una cita de urgencia el sábado. Y me alegro, porque el sábado no pensaba con tanta claridad como hoy.

—Sí, creo que fue la noche del martes... Sí, el martes.

—¿La misma de siempre?

Niego con la cabeza.

—¿La misma del viernes? —prueba con la siguiente opción.

Esta vez asiento. Hacía tiempo que no tenía pesadillas o, al menos, no *estas* pesadillas. El viernes, durmiendo en la cama de Jayden, tuve pesadillas otra vez, pero no como las de siempre. Hasta ahora lo más habitual era la pesadilla en la que alguien me retenía, me sentía atrapada, no podía moverme, escapar, correr, ni gritar, estaba totalmente indefensa. Pero el viernes fue diferente. En la pesadilla que tuve el viernes, y que se repitió hace solo dos noches, no era a mí a quien hacían daño... era *él* quien se hacía daño. Daryl, desquiciado y tembloroso, llorando y furioso, cortando sus muñecas ya empapadas del rojo de su sangre. Y yo no podía hacer nada para detenerlo. De nuevo inmóvil, muda e indefensa. Inútil, mientras él repetía: *Dijiste que no follarías con él.*

*Dijiste que no follarías con él.*

*Dijiste que no follarías con nadie más que conmigo.*

—Sí, la misma.

—¿Cómo te hizo sentir? No has anotado nada sobre eso.

Respiro hondo, intento ordenar mis ideas, y apoyo la cabeza en el respaldo del cómodo sofá de la consulta.

—Culpable —digo por fin—. Me siento culpable. Es como si en el momento en que mejor me siento, cuando creo que por fin vuelvo a ser feliz... algo se me cruzara para recordarme que no me lo merezco.

—No crees que te merezcas ser feliz —recapitula de esa forma en que, sin decir nada, consigue hacerme recapacitar sobre todo.

—No... Sí. Sí, creo que me lo merezco. Sé que me lo merezco, y quiero serlo. Pero a veces me planteo por qué yo debería merecer ser feliz más de lo que lo merece él.

Kimberly anota algo en su cuaderno y deja que el silencio llene el par de segundos que tarda en hacerlo. Luego me mira de nuevo.

—Haley, recuerda que ya hemos hablado de esto: su felicidad no depende de ti, la tuya sí.

—Lo sé.

—¿Por qué piensas que él es menos feliz que tú?

—Creo que nunca lo ha sido, en realidad.

—Entonces, su felicidad no dependía de que tú estuvieras o no —razona, y estudia mi reacción a sus palabras.

—Supongo que no —admito—. Es que... a veces, creo que todo lo que estoy haciendo ahora, todo lo que me pasa, todo lo que siento... Me siento como si en cierto modo lo estuviera traicionando. Cada bronca, cada malentendido, siempre nos llevaba al mismo sitio, y era él obsesionado con que yo tuviera algo con Jayden. Y ahora estoy empezando algo con Jayden que me encanta, que no me perturba, que me hace feliz... y es como si estuviera haciendo justo lo que a él le habría hecho más daño. Y por eso me siento culpable. Porque, eso que sé que a él le habría hecho daño, es precisamente lo que a mí me está haciendo feliz.

Deja unos segundos para que las dos podamos procesar debidamente lo que acabo de decir. Se inclina hacia delante, hacia mí, antes de volver a hablar:

—¿Crees que lo que está pasando con Jayden es, de alguna manera, una forma de vengarte de Daryl por lo que te hizo? ¿Puede ser que, en el fondo, hayas decidido tomar el camino que sabes que él odiaría verte tomar?

—No, claro que no —bufo, indignada—. Lo que hay entre Jayden y yo no tiene nada que ver con Daryl. No es... Habría pasado igual, aunque nunca hubiera conocido a Daryl. Habría acabado pasando en algún momento. De hecho, creo que si no pasó antes fue porque yo no me dejaba llevar porque sabía que eso sería lo peor que podría hacer para él. Pero es que, al final, no he podido evitarlo. Y no se trata de Daryl, se trata de mí, de lo que siento y de escuchar lo que dice mi corazón y de hacer de una maldita vez lo que me hace sentir bien conmigo misma.

Veo que la psicóloga sonríe de medio lado. Me dan ganas de decirle que la traidora es ella, porque siempre consigue arrancarme este tipo de confesiones que ni yo misma sé de dónde salen buscando hacerme saltar.

—Entonces ¿por qué deberías sentirte culpable?

Me estiro las mangas de la sudadera para cubrir las manos y las retuerzo un poco, con la vista clavada en el regazo.

—Creo que no debería, pero no puedo evitarlo.

—El problema no es el sexo —dice, recuperando el tema de nuestra sesión del sábado—. Quieres hacerlo. No tienes miedo de hacerlo. Sabes que eres capaz de disfrutarlo. ¿Qué es, Haley?

—Le prometí muchas veces a Daryl que no me acostaría con Jayden —suspiro, derrotada.

—¿Por qué se lo prometiste? ¿De verdad pensaste que nunca, a lo largo de tu vida, te apetecería acostarte con Jayden? —suelta, un poco burlona.

A veces me dan ganas de tirarle uno de los cojines que tengo aquí a mi lado. Es capaz de sacarme de quicio.

—Se lo prometí porque él me hizo prometérselo, porque

era la única manera de que no se volviera loco, y no terminara por hacer aún más tonterías.

—Así que no eran promesas de verdad —sentencia Kimberly—. Haley, esa voz en tu cabeza que suena como Daryl no se irá si te empeñas en escucharla. ¿Sabes cómo se va? Cuando la ignoras. Cuando le dices «basta ya» y no permites que siga controlando tu vida. Él ya no está. Ni siquiera va a enterarse. No va a dolerle. Y si le doliera... tendría que aprender a lidiar con ese dolor como tú estás aprendiendo a lidiar con el tuyo. Esto solo depende de ti. Esto solo es entre tú y Jayden. Y, si quieres avanzar, con Jayden o con cualquier otro, tienes que sacar a Daryl de la ecuación.

—Lo sé —admito, a media voz—. Y sé que ya no está, y, desde luego, no quiero que esté. A veces, es difícil evitar que me venga a la cabeza. Es solo que..., a pesar de todo, no me gustaría que él estuviera mal.

—Eso es solo cosa suya. Y está fuera de tu control.

Asiento, resignada. Sé lo que significa. Kimberly siempre me lo repite. Lo que está fuera de tu control no puede ser responsabilidad tuya.

—Sí. Primero tengo que ir yo —repito uno de esos mantras que he adoptado en los últimos tiempos.

Veo a mi psicóloga sonreír justo al tiempo en que el reloj que tiene detrás, en la pared, marca el final de nuestra hora.

—Tú vas primero, Haley —repite ella—. Te veo en quince días, pero, si pasa cualquier cosa antes, llámame, ¿de acuerdo?

Asiento mientras termino de atarme los cordones de las zapatillas. Le doy las gracias antes de recoger mis cosas y salir de la consulta.

Enciendo el móvil cuando estoy andando por la calle, rumbo al aparcamiento donde he dejado el coche. Vibra en cuanto cobra vida, haciéndome saber que tengo un mensaje nuevo. Es de Jayden:

> ¿Te importa si yo también voy a Calabasas a pasar la noche?

Me vuelve a atacar ese maldito sentimiento de culpa, pero por otra razón y con respecto a otra persona diferente. Jayden no se merece estar preocupado. Y mucho menos pensar que me estoy alejando de él y que es precisamente eso lo que quiero hacer. Sé que lo piensa. Y no podría estar más equivocado. He sido todo lo sincera que he podido con él, pero entiendo que, desde el otro lado, todos los últimos acontecimientos han podido parecer excusas poco creíbles para no verlo.

Se suponía que esta noche íbamos a hacer algo juntos para celebrar que los dos hemos acabado los exámenes, él, ayer, y yo, esta misma mañana, pero Sue me ha llamado para ver si podía echarle una mano con algunos de los preparativos de la boda, como prometí que haría, y mañana por la tarde me voy con mis amigos a casa del padre de Mark en Beaumont hasta el domingo. No podía decirle a Sue que no y poner como excusa que tenía una cita con su hijo, eso está más que claro.

> No tienes que pedirme permiso a mí para ir a casa de tus padres, ¿no crees?

Recibo una respuesta cuando acabo de montarme en el coche, y la leo antes de arrancar.

> Supongo que he formulado mal la pregunta: ¿quieres que esté allí o preferirías que no vaya?

Me duele de verdad leer eso. ¿Cómo puede pensar que prefiero no verlo? Tengo que hablar con él e intentar explicarle esto. Me mata que se sienta así.

A lo mejor he sido yo la que no se ha explicado bien: preferiría no haber tenido que cambiar nuestros planes y tener una cita contigo esta noche. Así que la respuesta es que quiero que estés allí. Claro que quiero. Tengo muchas ganas de verte.

Dejo el teléfono a un lado cuando veo que ha leído el mensaje y que parece no tener intención de contestar. Vale, ya hablaré con Jayden luego, esta noche, cuando todos duerman en casa de sus padres. Ahora tengo que hacer lo que tengo que hacer y pasar el resto de la tarde con su madre.

Jayden aparece a mi lado cuando me estoy encargando de llenar el lavavajillas. Se pone a pasarme los platos en silencio, asegurándose de rozar nuestras manos cada vez que tiene ocasión. Me giro para comprobar que no hay nadie más en la cocina antes de buscar sus ojos y hablar en un susurro:

—¿Vas a venir luego a mi habitación?

Es casi una súplica, pero espero que no se note hablando tan bajito.

Me dedica una sonrisa ladeada, como si lo diera por hecho y le pareciera gracioso que necesite preguntarlo.

—Claro.

*Claro. Claro.* Sin ningún atisbo de duda. Casi como si no le hiciera falta ni invitación. Y luego, cuando me pasa el último plato, se larga de nuevo de aquí y se va al sofá del salón para charlar con su padre.

Está acercándose la medianoche y yo estoy a punto de ir a su habitación, en vista de que él no aparece por la mía. Luke tiene instituto mañana, y Tyler tiene que ir a trabajar. Sue y yo tenemos la mañana completa, pero no me importa dormir poco. Jayden aparece cuando estoy ya caminando hacia la puerta para salir e ir a buscarlo. Frunce el ceño cuando me ve de pie, y cierra la puerta con mucho cuidado a su espalda, para no hacer ruido.

—¿Dónde vas? —pregunta, en voz muy baja.

—A buscarte, pensaba que no ibas a venir nunca.

Entonces sí que sonríe como me sonríe Jayden habitualmente y mi corazón da un saltito y se olvida de las dudas. Da dos pasos decididos hacia mí y coge mi cara entre las manos para unir nuestros labios con prisa, como si llevara días aguantándose las ganas.

—¿Cómo no iba a venir? —murmura sobre mi boca—. Estaba a punto de volverme loco teniéndote tan cerca y sin poder hacer esto.

Me besa de nuevo y sonrío pegada a él, sin poder evitarlo. Doy dos pasos atrás, tirando de su camiseta para arrastrarlo conmigo, hasta que me siento en la cama y él se inclina sobre mí, recostándome poco a poco en el colchón.

—Pensaba que estabas enfadado.

—¿Por qué iba a estar enfadado?

Escapo del peso de su cuerpo para sentarme y él hace lo mismo frente a mí. Me encojo de hombros, y escondo la mirada.

—Porque esta noche teníamos planes, porque esta última semana apenas nos hemos visto, porque las cosas han estado un poco raras después de lo del viernes...

—Seguimos teniendo planes: estoy aquí contigo, solo los hemos modificado un poco. Esta última semana los dos hemos tenido exámenes. Y las cosas no están raras, lo estás tú —suelta, rebatiendo punto por punto mis opciones—. Si quieres hablarlo conmigo, me gustaría que lo hicieras, pero, si no, entiendo que hay cosas que necesitas enfrentar tú sola. Y tú sabes que estoy aquí si quieres o necesitas compañía.

Me estiro hacia él para besarlo. Recibe mis labios sin oponer resistencia y responde con la misma ternura que imprimo yo. A veces me cuesta entender cómo Jayden es así de increíble. Bueno, a lo mejor es justo como debería ser cualquier persona a la que le gusta otra persona y son..., en fin, *amigos que se besan*. Pero no lo sé muy bien. Lo que sé es que su manera de actuar conmigo es opuesta a la que tenía Daryl y que no entiendo por qué no vi en su momento lo mal que estaba aquello. Y quizá por eso, por contraposición, ahora me alucina la manera en la que Jayden siempre intenta comprenderme, o cómo pregunta antes de interpretar las cosas a su antojo y asumir que la peor opción es siempre la cierta, o que no esté permanentemente enfadado conmigo cada vez que digo que no puedo pasar todo mi tiempo con él. No, Jayden es diferente. Y eso quedó claro en el concierto del viernes, cuando me vio hablando con esos dos tíos y no se acercó a marcar territorio como un maldito hombre de las cavernas. Me encantó que solo se acercara para darme la cerveza que había comprado para mí y me diera espacio para seguir hablando inocentemente con unos desconocidos. Me gusta que siempre intente ponerse en mi lugar. Y me gusta que trate de entenderme aunque a veces no me entienda ni yo misma.

Es un tío increíble. O quizá yo no era consciente de que merecía ser tratada así, hasta ahora. Y está claro que él merece que lo trate igual. Y que sea sincera. Eso es lo más importante.

Me aparto de su boca y lo miro hasta que él abre los ojos para mirarme también. Sonríe, relajado, y estoy a punto de acobardarme y dejar lo de hablar para otro momento y pasar la noche solo besándolo y abrazándolo, acurrucada contra su cuerpo. Pero sé que él necesita que hablemos, aunque no lo exija. Y yo lo necesito bastante también.

—Jayden, tengo que hablar contigo.

—No, Haley, eso suena fatal.

Se inclina hacia mí, para intentar besarme de nuevo. Pongo una mano en su pecho para frenarlo. Vuelve a su posición original y me mira con cara de circunstancias.

—Te mereces una explicación.

—No la necesito si tú no quieres dármela —aclara, y pasea sus pupilas de una a otra de las mías, despacio.

—Pero sí que quiero —aclaro, sin estar del todo segura de que eso sea verdad. Tal vez *no quiero*, pero tengo que hacerlo—. El viernes me bloqueé. No fue porque no quisiera hacer lo que estábamos haciendo, ni porque tú hicieras nada mal, desde luego, ni tampoco tengo ningún trauma específico con el sexo, que yo sepa.

—No sabes cuánto me alegro de oír eso —dice, en tono de broma, como si necesitara restar peso emocional a este momento.

Lo ignoro, porque necesito soltar unas cuantas cosas, y cuanto más me acerco a hacerlo, más nerviosa me pongo. Me están subiendo las pulsaciones por momentos, y noto que me empiezan a sudar las manos.

—Me estaba gustando muchísimo todo lo que estaba pasando y de verdad quería hacer justo lo que estábamos haciendo. Si me bloqueé fue porque... —Se me atascan las palabras en la garganta, y tengo que hacer una pausa para tragar saliva. Jayden me sigue mirando atento, con la misma dulzura en sus ojos color miel—. Me bloqueé por ciertos recuerdos y porque en ese momento me sentí culpable.

Veo cómo se le frunce el ceño, sin dejar de observarme.

—¿Culpable? —repite, como si no llegara a entender el significado de esa palabra—. Culpable, ¿por qué?

Retuerzo un trozo de tela del pantalón del pijama entre los dedos, mientras intento encontrar una forma de expresarme que no se malinterprete.

—Porque...

Dudo de nuevo, buscando las palabras. Él completa por mí lo que yo no soy capaz de decir:

—Por Styles.

Me estremezco al oírlo a él pronunciar su nombre de esa manera. Con ese desprecio. Sé que siempre se odiaron entre ellos y por eso es todavía más difícil intentar explicarle a Jayden el modo en que Daryl me marcó, y que no estoy segura de que esa marca vaya a abandonarme alguna vez. Incluso se ha apartado de mí, echando su torso hacia atrás y me duele ver tan gráficamente cómo esto nos aleja.

—No del modo en que tú crees —me defiendo, porque de pronto siento que tengo que hacerlo, aunque él no tenga ninguna intención de atacarme—. No porque aún... Sabes que ya no siento *eso* por él. No es eso. Es que...

—No tienes que justificarte —me corta.

Pero su tono de voz es más distante que antes y solo eso ya demuestra que en cierta forma sí que necesita una explicación que pueda satisfacerle. Solo que no sé si soy capaz de dársela.

—Que no esté enamorada de él no implica que todo lo que significó una vez desaparezca de golpe, Jayden. Y no le deseo ningún mal, por eso...

—Deberías —me interrumpe de nuevo. Frunzo el ceño y lo interrogo con la mirada, confundida. Así que tiene que aclarármelo, y suena enfadado cuando lo hace—: Deberías desear que se pudra en el infierno después de todo lo que te hizo, Haley. ¿Cómo puedes no odiarlo?

Esta vez me alejo yo. Encojo las piernas para pegarlas al pecho, como si de alguna manera eso me protegiera frente a las palabras. *Deberías*. ¿Debería? ¿Es algo que realmente debería hacer y para lo que, como siempre, no estoy a la altura? ¿Voy tarde? ¿Demasiado lenta? ¿Soy incapaz de alcanzar los objetivos que se supone que los demás tienen marcados para mí? Todo el mundo parece pensar que debería odiar a Styles y, sin embargo...

Freno esa cascada de pensamientos al instante, como he aprendido a hacer con todos estos meses de práctica que llevo a la espalda.

Además, Daryl *ya está* en su propio infierno. Hace mucho tiempo que lo está. Pero eso no lo digo.

—Lo odio, en cierto modo. Una parte de mí, sí. Odio una parte de él, supongo —expongo, con la barbilla apoyada en las rodillas—. Pero otra parte... No *puedo* desear que sufra. ¿Eso te parece horrible?

Suaviza de golpe la expresión y vuelve a acercarse, pone las manos alrededor de mis tobillos e inclina el torso para poner los ojos a la altura de los míos.

—No. ¿Cómo iba a parecérmelo? Yo... no quiero que lo odies, yo no sé lo que deberías sentir y no soy quién para decidir qué sentimientos son válidos y cuáles no. Lo único que a mí me gustaría es que no te afectara para nada, Haley. Que no sufrieras nunca más, ni por él ni por nadie. Pero eso no es tan fácil, está claro, y lo entiendo, ¿vale?

Me parece que no lo entiende, aunque lo diga. No, por su expresión y por su manera de decirlo.

—Necesito hacer una cosa, Jayden, pero quiero que tú lo sepas, primero —planteo, e intento armarme de valor para decirlo—. Y necesito que esto no te afecte a ti y que no lo malinterpretes, ni pienses que es nada más allá de lo que es.

Suelta mis tobillos y me mira, prudente. Veo en sus ojos que tiene miedo de que vaya a afectarle demasiado.

—¿El qué? —pregunta por fin, tras un larguísimo silencio—. ¿Qué es lo que necesitas hacer?

Cojo aire y me yergo, intentando mostrarme más segura

de lo que estoy. Lo miro a los ojos, a pesar de que los suyos no terminan de fijarse en los míos y recorren ansiosos mis facciones.

—Necesito saber dónde está, que está lejos y que ya no piensa en mí. —Se me atasca un nudo de ansiedad en la garganta y me esfuerzo en librarme de él para conseguir explicarme, pero me tiembla la voz cuando vuelvo a hablar—: Que no va a... —No puedo seguir y el «volver» se pierde en la mezcla de culpa y miedo que me inunda el pecho.

La verdad es que no sé si el verbo *necesitar* es el adecuado en esta circunstancia. Supongo que cualquiera en su sano juicio, y quizá incluso mi psicóloga, me diría que lo que necesito es no volver a saber nada de Daryl Styles en toda mi vida. Pero si está lejos de aquí y sigue con su vida..., si puedo pensar que él ya no piensa en mí... Entonces tampoco tendré que preocuparme porque reaccione a lo que siento por Jayden. Entonces podré seguir adelante sin pensar que arrastro ese dolor con cada uno de mis pasos. Que nos hizo daño a los dos, y que ese daño, poco a poco, empieza a formar parte solo del pasado.

—¿Por qué? —Jayden levanta la voz más de lo que debería, confundido—. ¿Por qué ibas a querer saber nada más de él, Haley? Después de todo lo que...

Su tono de voz se me clava dentro como un puñal. No sé cuál es la reacción que esperaba..., quizá esa confusión sí, preocupación, tal vez que a él le doliera creer que aún pienso en mi ex, pero no... No esperaba que me mirara así: enfadado. Parece enfadado. Y a mí no me parece justo que se crea con el derecho de enfadarse por esto.

—No necesito que lo entiendas —digo, prácticamente escupiendo las palabras.

Respira, como si lo necesitara para serenarse, y echa el cuerpo hacia atrás, más lejos de mí.

—Mejor, porque no lo entiendo —deja claro, en un tono parecido al mío.

Nos quedamos en silencio por unos segundos que se me hacen eternos.

Jayden se levanta, sin decir nada más, y camina hasta la puerta del cuarto, dispuesto a marcharse sin ni siquiera despedirse.

—Jayden... —lo llamo, en un susurro a su espalda.

Pero eso no lo detiene. Con el mismo sigilo con el que ha venido, vuelve a marcharse a su habitación.

# 26

# HALEY

—Vendré el domingo en cuanto volvamos. No empiezo las clases hasta el martes, así podemos ir a lo del vestido el lunes, si quieres —me ofrezco, hablando con Sue, a punto de salir de casa de los Sparks para volver a Los Ángeles y recoger a mis amigos.

—No hace falta, cariño.

—No. No hace falta. Pero vendré —insisto, antes de darle un abrazo y un beso en la mejilla.

Ya me he despedido de Tyler y Luke, que están recogiendo la cocina después de haber comido los cuatro juntos.

Me he pasado toda la mañana simulando estar alegre, cuando en realidad no paro de darle vueltas a lo que pasó ayer con Jayden y de preguntarme qué estará pensando él y en qué posición se supone que nos deja esto. Cuando me he levantado esta mañana él se había marchado a la playa con Asher. El agua tiene que estar helada a principios de febrero, pero ya ha pasado la hora de comer y aún no ha vuelto. Y es una mierda tener que irme ahora, dejando las cosas así, pero no puedo esperar eternamente porque mis amigos ya están preguntando si no pienso aparecer por casa.

Salgo y estoy a punto de montarme en el coche, cuando

veo una *pick-up* blanca parar en la entrada, y Jayden baja de ella y se entretiene en recoger su tabla de surf de la parte de atrás. Me apoyo en la puerta del conductor, que aún no he llegado a abrir. Menos mal que Sue ha cerrado la puerta ya, así puedo esperar a que Jayden venga hasta aquí y, al menos, despedirme.

Asher me saluda sacando la mano por la ventanilla antes de conducir alejándose de aquí y yo le devuelvo el saludo. Observo a Jayden mientras se acerca, con una mochila al hombro y la tabla de surf que yo le regalé por su cumpleaños debajo del brazo. Lleva el pelo revuelto y seguramente enredado por la arena y la sal. Se nota que le ha dado el sol. Está guapo.

—Hola. ¿Ya te vas? —dice, en cuanto llega a mi altura.

—Sí, Mark y Tracy me están metiendo prisa. Jay...

—Siento mucho cómo reaccioné ayer.

Niego con la cabeza. La verdad es que puedo llegar a entenderlo. Seguramente yo habría reaccionado igual si la historia fuera al revés.

—Da igual. De todas maneras, no tengo forma de hacerlo y puede que sea una mala idea, al fin y al cabo.

—No... ¿Podemos hablar cuando vuelvas? Me caen un poco mal esos amigos tuyos por llevarte lejos todo el fin de semana —murmura en broma.

No puedo evitar sonreír de medio lado. Y entonces una idea muy absurda cruza por mi mente.

—¿Y si les digo que no voy?

Jayden frunce el ceño enseguida.

—No, ¿qué dices? Claro que no. Ve con ellos y desconecta. Te vendrá bien una escapada de amigos después de tanto estudiar, ¿no? Seguro que lo pasáis bien.

Y sí, seguro que lo pasamos bien. Y, además, tengo ganas de ir. No sé por qué me he ofrecido a no ir, en cierta forma creo que ha sido como si renunciar al viaje con mis amigos fuera la manera de solucionar lo que pasó anoche, la forma de dar a entender a Jayden que lo prefiero a él antes que a nadie y conseguir así que no se enfade. Pero yo ya no hago estas cosas. No, porque no lo prefiero a él antes que a nadie..., primero voy yo. Y la otra parte, de la que me doy cuenta con su reacción: no *necesito* hacer estas cosas. Él no necesita que las haga. Él quiere que tenga tiempo para mí y para mis amigos, que me vaya y lo pase bien. Jayden no es Daryl. Y no tengo ninguna duda de que prefiero esto a lo que tuve en el pasado.

Tiro del cuello de su camiseta, para acercarlo a mí. Lo veo mirar de reojo hacia la casa.

—No nos ve nadie —murmuro, cerca de su boca.

Me besa. Un beso corto, pero dulce.

—Hablamos cuando vuelvas —repite—. Mándame un mensaje cuando lleguéis, ¿vale?

Asiento. Y luego me voy. Y, a pesar de su disculpa y de ese beso, sigo sintiendo que lo de anoche aún constituye una barrera difícil de sortear entre él y yo.


La casa del padre de Mark no es muy grande, aunque tiene un jardín de tamaño decente. Hay solo dos habitaciones, la cocina, el salón-comedor y un baño. Así que tenemos que echar a suertes quién duerme con Mark y quién comparte la cama doble de la habitación de su padre. Me toca compartir esta última con Britt, así que cada uno lleva sus cosas a la habitación correspondiente, para instalarnos.

Durante la primera noche no es que prestemos demasiada atención a cualquier cosa del mundo exterior, aunque Mark no haya cumplido su amenaza de requisarnos los teléfonos. Nos pasamos la mayor parte de la noche con uno de esos juegos de karaoke de la Play Station, desafinando mucho y riéndonos aún más. Y solo utilizamos los móviles para hacernos fotos y vídeos que compartir en las redes sociales. Me encanta estar aquí con ellos. Me acuerdo, por un breve instante, del viaje que hicieron el año pasado antes de los exámenes, de acampada a ver las estrellas, y me duele un poco haberme perdido eso. Aunque más me duele recordar lo que estaba haciendo yo aquellos días, de escapada con Daryl en Santa Bárbara, pensando que todo iba a ser siempre perfecto de ahí en adelante.

Cuando me acuesto ya de madrugada, al lado de Britt, no puedo evitar pensar de nuevo en si debo o no intentar averiguar dónde está Daryl. Me acuerdo de todas esas cosas que decía sobre no poder vivir sin mí, sobre hacer muchas tonterías cuando yo no estaba, y sus amenazas de hacerse daño a sí mismo si yo lo dejaba. En un mes, más o menos, hará un año desde que lo dejamos, así que está claro que ya no puede relacionar las tonterías que esté haciendo ahora con nada que yo haya dicho o hecho, pero no puedo sacarme eso de la cabeza. Bueno, solo se trata de saber que está lejos, con eso será suficiente y no necesito saber más. El problema está en cómo conseguiría averiguarlo, porque sé que no quiero preguntarle a ese gilipollas de Trevor, y que, de todos modos, es posible que nadie en Los Ángeles sepa nada de él.

—¿Estás bien, Haley?

Me sorprende la pregunta de Britt. ¿Por qué no iba a...? Pero ella sigue hablando antes de que me dé tiempo a decir nada:

—El sábado Jayden vino a buscarme después de mi examen para hablar conmigo. Estaba preocupado por ti.

No me sorprende, sé que lo estaba. O que lo está. Y cuando intenté hablar con él anoche, creo que solo lo empeoramos aún más.

Suspiro.

—Lo sé. Sé que está preocupado. Y no quiero que lo esté,

pero es que no sé cómo explicarle cómo me siento sin meter la pata y hacerlo sentir aún peor... —me lamento.

—Pero estás bien con él, ¿no?

—Estoy muy bien con él —me apresuro a asegurar—. Jayden es... es fantástico, Britt. Y me encanta lo que tengo con él. Es solo que aún tengo que trabajar unas cuantas cosas conmigo misma, y a veces siento que no puedo darle todo lo que merece o que no puedo ir al ritmo que a él le gustaría, y no quiero que eso le duela, ni tampoco que tenga que estar preocupado por mí.

Brittany estira la mano para coger la mía.

—La gente que te quiere se preocupa por ti, Haley. Así es la vida. Y, por lo que yo sé, Jayden no tiene ninguna prisa por llegar a ninguna parte, mientras esté contigo por el camino. No le des demasiadas vueltas a las cosas y disfrútalo, ¿vale?

Sé que tiene razón. Y me gusta oírla hablar así de segura sobre lo que Jayden siente por mí.

Aunque lo disfrutaría mucho más si no supiera que gran parte de las cosas que a veces pienso o siento, y una parte importantísima de mi pasado, es lo que, al final, podría alejarlo de mí.

Pasamos el día siguiente conociendo los alrededores, dejando que Mark nos haga de guía turístico por todos los lugares importantes de su pueblo y de su vida. Así, descubrimos el sitio donde dio su primer beso, o el lugar donde un niño le bajó los pantalones delante de todo el mundo a los diez años y le hizo pasar la mayor vergüenza de su vida.

Nos reímos tanto que debemos de haber alargado nuestra vida unos cuantos años para cuando volvemos a casa de su padre. Me gusta muchísimo estar con ellos y me prometo a mí misma que nunca, pase lo que pase, voy a permitir que nada ni nadie me aleje de mis amigos otra vez. Soy muy afortunada por seguir teniéndolos a mi lado, después de todo lo que pasó hace un año.

Y de eso también tenemos tiempo de hablar cuando ya pasa la medianoche del sábado y los cuatro estamos vaciando las botellas de alcohol que trajimos para el fin de semana. Parece que hoy somos de ese tipo de gente que se pone sentimental y entra en fase de exaltación de la amistad cuando bebe.

—Os quiero un montón —digo, dejándome llevar por la emoción colectiva—. No podría estar donde estoy ahora sin vosotros, de verdad, no sabéis lo muchísimo que me habéis ayudado y lo importantes que sois para mí.

—¡Oh! —exclama Tracy, al estrujarme en un abrazo—. Eres una tía muy dura, Haley. Has llegado hasta aquí porque has luchado por ti. Y nosotros también te queremos, y el año pasado también te queríamos, aunque tú pensaras que no.

—Yo no... —Me callo a media frase, porque la verdad es que sí hubo momentos en que pensé que no me querían. Sobre todo, que no me entendían—. Vosotros siempre tuvisteis razón y debería haberos escuchado.

—Lo importante es que estás aquí —le quita importancia Britt.

—Sí —corrobora Mark—. Lo importante es que estás aquí y que has hecho una buena acción por el grupo catando al bombón Sparks. Y me gusta, porque se te ve feliz desde que estás con él, pero ¿sabes qué, Haley? Lo que me gusta más es que no lo necesitas para serlo. Brillas con luz propia.

Y yo, antes de que me vean soltar una lagrimita, me abalanzo sobre él para abrazarlo y acabamos los dos en el suelo, riendo.

Y espero que sepan, aunque no llegue a decirlo con palabras, que ellos son parte de mi brillo.

Estoy un poco cansada de conducir cuando llego a Calabasas, aunque no han sido más de tres horas de trayecto en total. Tyler está en el porche delantero, fumando un cigarrillo, y me sonríe y lo apaga en cuanto me acerco a él.

—¿Qué tal el fin de semana? —pregunta, a modo de saludo.

—Muy bien. Ha estado bien desconectar un poco después de los exámenes.

—Genial. Oye, ve a saludar a Sue y a Luke, que están dentro viendo una película, y luego, si te parece bien, hablamos un momento tú y yo en la cocina.

El corazón me palpita un par de veces tan fuerte que casi hasta me duele, cuando lo oigo pedirme así que hablemos a solas. ¿Qué habrá pasado?

—¿Pasa algo?

Niega con la cabeza, y sonríe para tranquilizarme.

—No, no es nada. Solo quiero comentarte una cosa un minuto. Jayden acaba de volver de correr y está arriba dándose una ducha, así que mejor antes de que venga él a molestar —bromea.

Sue pausa la película que veía con su hijo pequeño para saludarme y preguntar qué tal lo he pasado por ahí con mis amigos. Me disculpo con ellos tan rápido como puedo. Tyler ya se ha ido a la cocina y me apresuro a seguirlo.

Está sentado a un lado de la isla, en un taburete, y tiene una carpeta delante. Trago saliva, aún preocupada, y me acerco para sentarme, sin saber muy bien qué decir.

—No pongas esa cara —me pide con media sonrisa divertida que marca el hoyuelo que su hijo ha heredado de él. Aunque el de Jayden es bastante más evidente que el de su padre—. No voy a regañarte ni nada.

—¿Qué pasa? —me impaciento.

Se pone serio cuando vuelve a clavarme la mirada.

—El viernes cuando te fuiste Jayden vino a hablar conmigo para pedirme un favor.

—Ah..., ¿sí?

—Me pidió que indagara para ver si podía enterarme de dónde está ese chico, Styles. Como no soy idiota, Haley, enseguida me di cuenta de que no es a Jayden a quien le importa saber eso, sino a ti. ¿Me equivoco? —Niego con la cabeza, sin encontrar mi voz para poder decir nada—. Mira, no me parece que sea bueno que preguntes por él, pero prefiero que no busques otras formas de averiguarlo. Así que lo he hecho: he indagado un poco. Te voy a decir lo mismo que le he dicho a Jayden esta mañana cuando me han devuelto una llamada que esperaba: Styles está lejos y no va a acercarse por aquí ni a ti, al menos en una buena temporada. Eso es todo lo que le he dicho a Jayden y, sinceramente, me ha dado la impresión de que no necesitaba saber más. Pero tú eres quien decide lo que necesitas saber tú, Haley. ¿Te vale con eso o quieres que te cuente todo lo que sé? —ofrece, mientras tamborilea con los dedos sobre la carpeta.

Miro esa carpeta de inmediato. Se me aceleran las pulsaciones. Está ahí. Tiene ahí cierta información sobre Daryl y solo yo puedo decidir si me conviene saberla.

Sé que no debería, pero, aun así, respondo:

—¿Está bien?

Tyler asiente, no en respuesta a mi pregunta, sino de una manera resignada, como si eso fuera todo lo que necesitaba escuchar para darse cuenta de que yo aún no he cerrado del todo este capítulo y quiero tener toda la información.

—De acuerdo. No les he dicho nada a tus padres de que has preguntado por él, pero, si te digo todo esto, también necesito que tú me asegures que no vas a decirle a tu padre que yo he estado haciendo averiguaciones para ti a sus espaldas, o no volverá a hablarme en la vida. —Asiento, ansiosa, deseando que diga de una vez lo que sabe—. Resulta que un compañero conoce al asistente social que se hizo cargo del caso de Daryl Styles hace doce años. ¿Sabías lo que pasó con sus padres? —pregunta, prudente.

Asiento, con un nudo en la garganta.

—Sí, él me lo contó —confirmo a media voz.

—Parece que no ha tenido una vida fácil ese chico, ¿eh? —suspira, pero no espera mi respuesta. Abre la carpeta y la gira hacia mí—. Está en Los Álamos. Tiene familia allí, ¿no?

—Sí. Sus abuelos —digo, con la garganta estrangulada por el nudo que parece ir creciendo a cada segundo.

Lo que tengo ante mí es la foto de una ficha policial. De la policía de Los Álamos, en Nuevo México. Y el de la foto es Daryl. Tiene el pelo más largo. Los ojos son los mismos, con unas enormes ojeras alrededor, el *piercing* de su ceja, los mismos labios...

—Lo detuvieron hace unas semanas por posesión de drogas —me cuenta Tyler, mientras yo sigo con los ojos clavados en la fotografía—. Fueron bastante indulgentes porque, con la cantidad que llevaba, estaba claro que no era solo para consumo. De todas formas, y con sus antecedentes, aunque salió bajo fianza, está en libertad vigilada hasta que se celebre el juicio. No puede salir del estado hasta entonces. Así que está lejos, y lejos va a seguir, el juicio tardará unos tres o cuatro meses, como poco. ¿Te sorprende? Porque la lista de antecedentes es bastante larga.

Suspiro y me echo hacia atrás en la banqueta, y dejo de mirar la maldita foto. Hay más papeles debajo, pero no quiero verlos. Da lo mismo. Ya tengo suficiente información. Ya sé dónde está y sé que está... Bueno, como siempre. Es obvio que no está bien porque se sigue dedicando a hacer el gilipollas y a trapichear y a cometer delitos, pero eso no es culpa mía. Eso no tiene nada que ver conmigo. Eso lo hacía antes de conocerme. Lo hacía mientras estuvimos juntos. Lo hace después. No tiene nada que ver conmigo.

—No, no me sorprende —reconozco, y alzo la mirada hasta los ojos de Tyler—. Gracias por contármelo.

Hace una especie de mueca y cierra la carpeta de golpe, con lo que tapa por fin esa maldita fotografía. Al final, ver una imagen suya reciente no me ha afectado tanto como creía que haría. Y me siento bien al pensar que, de alguna manera, es otro obstáculo que consigo dejar atrás.

—Al principio dije que ni loco —me cuenta, con media sonrisa tirando de la comisura de su boca—. Pero Jayden es muy pesado cuando quiere, creo que ya lo conoces.

Intento tragarme la sonrisa. Asiento. Y luego me bajo del taburete y vuelvo a dar las gracias a Tyler antes de salir de la cocina y dirigirme a la planta de arriba.

La puerta de la habitación de Jayden está cerrada, pero ni siquiera me molesto en llamar. Abro y entro, sin pedir permiso. Él está ahí, de espaldas a mí, con unos pantalones de chándal para estar por casa, el torso descubierto y una camiseta sobre la cama que parece estar a punto de ponerse. Tiene el pelo mojado y hay una toalla en el suelo, lo que me da a entender que acaba de salir de la ducha.

Se vuelve sobresaltado ante mi irrupción en su cuarto. Y yo cierro la puerta por completo detrás de mí cuando sus ojos color miel se clavan en los míos.

—Haley...

No le dejo decir nada más. En tres zancadas firmes estoy pegada a su cuerpo y me estiro cuanto puedo y me cuelgo de su cuello para cubrir su boca con la mía. Mi ímpetu es tal que lo hago perder el equilibrio y cae sentado sobre la cama, agarra mis caderas en el camino y quedo sentada en su regazo, con nuestros labios aún devorándose como si estuvieran imantados.

—¿Qué pasa? —pregunta en un susurro, cuando me separo unos milímetros—. ¿Y si sube alguien?

Me recuerda que deberíamos ser discretos, pero, a la vez, enreda los brazos en torno a mi cintura y me abraza un poco más cerca.

—Acabo de hablar con tu padre. Gracias por hacer esto, Jay, ya sé que tú no...

—Reaccioné como un idiota, pero yo... Era importante para ti.

Lo beso de nuevo. Responde a mi beso con todo el cuerpo, como si mis labios encontraran en los suyos algún tipo de engranaje que consiguiera ponerlo en marcha. No me puedo creer que haya hecho esto. Sé cómo se tomó que yo quisiera saber algo de Styles, vi claramente en sus ojos lo que eso le hacía sentir: el dolor, las dudas, la inseguridad... Y, sin embargo, ha hecho todo lo posible por conseguir que yo pueda tener esa información. Porque yo dije que lo necesitaba. Porque sintió que era importante para mí. Joder, Daryl habría... Daryl se habría preocupado mucho de que yo jamás me enterara de nada, me habría ocultado información como ocultó aquel mensaje de Jayden hablando de la enfermedad de Sue; porque a Daryl nunca le importó lo que yo quería o lo que era importante para mí. Jayden lo ha hecho aunque quizá pensara que esto podría alejarme más de él, que tal vez me traería demasiados recuerdos que me afectaran de una manera que ninguno de los dos pudiera controlar. Como mi madre me dijo una vez, alguien que de verdad te quiere no decide por ti. Aunque piense que te estás equivocando.

—Tu padre te lo ha dicho, ¿no? —pregunto, tras apoyar la frente sobre la suya.

—Que está lejos y que va a seguir siendo así —confirma—. ¿Y eso es bueno o...?

313

No puedo evitar sonreír, cuando lo pregunta como si de verdad lo dudara.

—Eso es bueno. Eso está bien. No quiero volver a verlo, Jayden. Sabes que ya he dejado de pensar en él así. En realidad, he dejado de pensar en él de casi cualquier modo casi todo el tiempo. Y no quiero sentirme culpable de ningún modo por si él está mal o por dónde está. No quiero pensar en él nunca más.

—Yo tampoco quiero que vuelvas a pensar en él —murmura, y mueve la cabeza hasta esconderla en mi hombro.

Me aparto para tomar su cara entre las manos y mirarlo a los ojos.

—Solo quiero estar contigo.

Sus ojos pasan de los míos a mi boca, y de nuevo a mis ojos.

—Y yo solo quiero estar contigo.

Rozo sus labios, muy suavemente, y él se mueve para besarme con más seguridad. No deberíamos estar haciendo esto aquí, con sus padres abajo. Sue podría venir a buscarme si acaba la película, o Tyler podría subir a coger algo y darse cuenta de que no estoy en ninguna parte y atar cabos. Pero es que quiero hacer esto, aquí y ahora. Quiero besarlo aún mucho más.

—¿Y si el viernes vamos al cine y a cenar? —propone Jayden en cuanto separamos nuestros labios.

—¿Una cita clásica?

—Nunca lo he hecho. Eres todas mis primeras veces.

Sonrío, muy cerca de él.

Lo beso antes de tener la tentación de volver a decirle lo increíble que es. Ya se lo he dicho alguna vez y tampoco es cuestión de que se le suba a la cabeza. Mis manos se pasean por la piel desnuda de su torso todo lo que quieren, mientras mordisqueo sus labios suavemente. Y quiero más. Quiero mucho más. Pero estamos en casa de sus padres y yo ni siquiera debería estar en su cuarto, sentada en su regazo y besándolo así.

—Es mejor que salga de aquí —murmuro de mala gana—. Ven esta noche a dormir conmigo, ¿vale?

—Claro que sí —susurra sobre mis labios, antes de besarme suave de nuevo.

Tiro de toda mi fuerza de voluntad para levantarme. Me alejo hacia la puerta, y me vuelvo a mirarlo cuando ya tengo el pomo en la mano.

—Creo que eres el chico más increíble que he conocido en mi vida —digo en voz baja.

Porque si se le sube a la cabeza que se le suba, es la verdad y siento que tengo que decirlo.

Jayden se queda muy serio y, por un momento, parece que no sabe muy bien qué decir. Entiendo que no está muy acostumbrado a que sea yo la que diga cosas así primero.

—Y guapo —murmura, pícaro, con una sonrisa engreída.

—Absurdamente guapo, Sparks —respondo, y me muerdo el labio con la sonrisa—. Y bastante engreído también.

—Nadie es perfecto, ¿no? —bromea.

—No importa. Me gustas así, imperfecto y todo.

Le guiño un ojo, intentando imitar el rollito chulo que él usa cuando hace lo mismo, y luego abro con cuidado y me aseguro de que no hay nadie rondando por la planta de arriba antes de salir e ir a esconderme a mi cuarto, como si hubiera estado allí todo este tiempo.

Jayden es... Ya no quiero comparar. Por mucho que él siempre salga ganando. No se merece comparaciones.

Y ya no puedo compararlo más.

Porque Daryl Styles ya está, por completo, fuera de la ecuación.

# 27

# HALEY

—Quiero ir a la fiesta.

Jayden frena en seco en mitad de la calle y, como voy firmemente agarrada a su mano, eso provoca que yo tenga que parar la marcha también.

—¿Estás segura? —pregunta, cuando levanto la mirada hasta su cara.

—Sí. Bueno, algún día tengo que hacerlo, así que, ¿por qué no?

—Técnicamente, no tienes por qué hacerlo —puntualiza.

—Ya sabes lo que quiero decir.

Tiro de su mano para que reanude la marcha y deje de observarme así, como si se creyera Kimberly mi psicóloga y estuviera tratando de leerme entre líneas. Se deja arrastrar y vuelve a caminar a mi lado, aunque avanza más despacio que antes.

Esta semana ha sido una buena semana. De hecho, ha sido más que buena. He mantenido una estabilidad emocional envidiable, he empezado las clases en la autoescuela, me he comprado un vestido que Hannah ha aplaudido —y eso era algo que hacía más de un año que no pasaba— y me vi guapa en el espejo del probador, lo que también es toda una novedad, el recuento total de la semana entera es de cero pesadillas, hace dos días le pateé el culo a Kevin en el gimnasio, y eso que me puso a prueba con los ejercicios más complicados, y esta mañana han salido las notas de los últimos exámenes y he aprobado todo. Me siento bien. Me siento fuerte, y segura de mí misma, y más libre que nunca. Creo que es el momento de dar otro paso más. No hay nada que me impida superar otro de mis límites y dejar el miedo irracional atrás. La de mañana es solo una fiesta en una fraternidad. Iré con mis amigos, tomaremos algo, bailaremos y lo pasaremos bien. No hay nada que temer. Especialmente, si Jayden está allí conmigo.

Además, esta semana he tenido tiempo para pasar un par de tardes echando una mano a Sue en algunos recados para la boda que tenía que hacer por la ciudad y hemos hablado mucho de fotografía, así que he desempolvado la cámara que me regaló y tengo muchas ganas de usarla. También he cenado cada noche con mis compañeros de piso (excepto Mark, que ha faltado una de ellas, pero a cambio trajo a Fer a cenar con nosotros ayer). Y hoy, viernes, Jayden y yo hemos ido al cine y ahora estamos dando un paseo de vuelta a casa después de cenar. Me gusta esto: la estabilidad, la calma, la rutina. Tengo tiempo para mí, para mis cosas, para mis amigos y para él, y no siento que ninguno de los dos estemos descuidando esto que estamos empezando por no dedicar cada minuto del día a estar juntos. Siento que así es mucho mejor. Me gusta mucho más que lo que hacía el año pasado, y también me gusto mucho más yo.

—Muy bien —dice por fin. Se mueve para colocar su cuerpo detrás del mío y me habla al oído, haciéndome cosquillas en el lóbulo de la oreja—. ¿Y vas a ponerte tu vestidito nuevo?

Sonrío, mientras trato de seguir caminando sin tropezar, amoldándome a sus pasos.

—Puede... ¿por qué?

—Porque me encantará verte con él puesto —susurra, con los labios pegados a mi oreja, lo que me provoca un escalofrío de lo más agradable.

Me suelto de su agarre para poder girarme a mirarlo. Lo cojo de ambas manos y tiro de él hacia mí para pegar nuestros cuerpos de frente, en medio de la calle y sin importarme quién esté alrededor.

—¿No será que lo que quieres de verdad es quitármelo, Sparks?

Alzo una ceja, intentando mirarlo con mi expresión más seductora.

—Es la pregunta más retórica que me han hecho en la vida.

Suelto una risita que él atrapa rápido entre los labios cuando me besa suave, inclinándose sobre mí.

Hace ya dos semanas desde aquel viernes después del concierto en que no llegamos a acostarnos porque mi mente me jugó una mala pasada, y la tensión sexual que flota entre los dos se está haciendo más y más insoportable en cada uno de nuestros encuentros a solas. Aún no hemos pasado de los besos y las caricias, aunque los besos empiezan a ser bastante intensos y necesitados. El domingo dormimos juntos en casa de sus padres y, si no hubiéramos estado allí, yo no habría dejado pasar la oportunidad para arrancarle la ropa. Me muero por verlo, por tocarlo, por probarlo y sentirlo por todas partes. Creo que he resuelto alguna de las cosas que no me permitían avanzar más y dejarme llevar con él, así que estoy preparada para esto. No solo eso, tengo muchas ganas. Me parece que él también, por cómo reacciona su cuerpo cada vez que estamos cerca. Ahora la cuestión es que no quiero forzarlo, programarlo ni apresurarlo. Como él dijo, es mejor que dejemos que surja. Y los dos queremos que sea especial... Lo que significa nada de calentones a media tarde cuando hay compañeros de piso al otro lado de la pared.

No quiero que tengamos prisa.

Pero tampoco quiero que perdamos el tiempo.

—Aún no he pensado qué ponerme, pero, sea lo que sea, eres el único candidato a quitármelo. Espero contar contigo si necesito a alguien que me baje la cremallera —murmuro, cerca de sus labios, antes de apartarme y tirar de su mano para que continuemos nuestro camino.

Lo oigo soltar el aire de golpe, caminando detrás de mí, como si lo hubiera estado conteniendo. Me da la impresión de que tiene tantas ganas como yo.


—¡Chicas, vámonos de una vez!

Mark grita tan alto desde el salón que lo oigo claramente desde mi cuarto. Tampoco es tan tarde, podría controlar un poco su histerismo. Termino de pintarme los labios con calma, como si no lo hubiera oído. Y luego recojo todo lo que necesito en el bolso y salgo taconeando por el pasillo.

Casi choco con Britt, que sale de su habitación cuando paso por delante. Ella también se ha puesto un vestido, algo más discreto que el mío. Mark, Fer y Aaron están esperándonos en el salón, con unas latas de cerveza ya vacías sobre la mesita. Nuestro compañero de piso silba, exagerando su admiración, cuando nos ve.

—Eh, silba a Haley, que va bastante más sexi que yo —dice Britt con una sonrisa traviesa mientras me mira de reojo.

Lo cierto es que es un vestido atrevido. Tiene un escote que me realza mucho el pecho, y una falda negra de tul bastante corta. Y me siento bien. Le he dado el visto bueno a mi imagen en el espejo. Me siento sexi, de verdad.

—Haley, estás espectacular —piropea Fer.

Me cae demasiado bien este chico para que pueda molestarme que Mark le haya dado tantos detalles de mi vida, mi pasado, mis inseguridades y demás información sensible. Sé que lo ha hecho, y por eso ahora su novio se pasa la vida incentivando mi autoestima con piropos. No voy a protestar. Creo que voy a dejar que lo siga haciendo, de momento.

—Jayden se va a caer de culo cuando te vea —aporta Mark, que me guiña un ojo con picardía.

—¿Y cuando me vea a mí? —bromea Tracy, cuando aparece a mi espalda y apoya un brazo estirado en el marco de la puerta en una postura seductora.

Me río al verla hacer así el tonto. Va muy guapa y la largura de su vestido compite en escasez con el mío, aunque ella tiene las piernas bastante más largas y esbeltas.

—A Jayden no le pasará nada comparado con el infarto que me está provocando a mí verte así, preciosa. —Aaron se acerca hasta ella para rodear su cintura con un brazo y besarla en la boca.

—Pues ahora que estamos todos hermosos, vámonos de una vez, por favor —interviene Mark, y coge a Fer de la mano para ir hacia la puerta principal—. Las chicas siempre se llevan todos los piropos —protesta entre dientes.

—Tú estás más sexi que nadie esta noche —le dice Fer al oído, y le besa el cuello.

Lo oigo, aunque hable bajito, y sonrío al verlos así de bien. Vale, la noche parece ir a ser todo un éxito si tenemos en cuenta lo felices que estamos todos.

Niall y Jayden están esperándonos a una manzana del lugar de la fiesta. El rubio es el primero en acercarse y saluda en general sin entretenerse demasiado para venir cuanto antes hasta Britt.

Me aparto a un lado, para dejarles intimidad.

Jayden está saludando a todo el mundo, choca la mano

con Aaron, besa a Mark en la mejilla, bromea con Fer y abraza a Tracy. Luego se fija en mí y se queda del todo serio. Sus ojos recorren mi figura lentamente, y parece que le gusta lo que ve. Le sonrío cuando consigue volver a alzar la vista hasta mi cara. Él está guapo, también. Pantalones negros bien ajustados, botas militares, camiseta blanca suelta y la cazadora de cuero encima. La ropa perfecta para que den ganas de quitársela.

—Eh —me saluda, plantado frente a mí, pero no se atreve a besarme delante de todos—, veo que has decidido ponerte el vestidito nuevo.

—Y me parece que sí que te encanta verme con él puesto —insinúo con una sonrisa traviesa.

—Ya te digo —murmura, con la voz un poco más ronca—. Te has puesto muy guapa. ¿Estás lista para esto?

Miro hacia el lugar al que vamos. La música se oye desde aquí y las luces de la fiesta iluminan intermitentemente la calle. Me pongo nerviosa en cuanto me imagino atravesando la enorme puerta principal. He estado tantas veces allí... Asiento, aunque no soy capaz de expresarme con palabras.

Jayden me coge la mano mientras caminamos hasta la entrada con nuestros amigos. Ralentizo la marcha casi sin darme cuenta y él se amolda a mi paso, por lo que terminamos por quedarnos rezagados. Mark se vuelve a mirarme y eso provoca que unas cuantas cabezas se vuelvan también, solo por imitación.

—¿Por qué no vais entrando? —sugiere Jayden—. Nosotros vamos ahora.

Nadie dice nada, pero obedecen enseguida.

—Estoy bien, Jay, puedo hacerlo —me adelanto a lo que sé que va a decir.

—Sí, ya lo sé —habla con tanta firmeza que me sorprende—. Solo quería decirte que, si en algún momento quieres largarte, me avises y me voy contigo.

Sonrío y levanto un brazo para acariciarle la mejilla.

—¿Necesitamos una seña secreta?

Me devuelve la sonrisa al acordarse de aquello.

—No hace falta. Ven y dime: «Jay, quiero largarme», y abandonaré a cualquier chica con la que esté ligando para marcharme contigo —bromea.

Le pego con el dorso de la mano en el estómago, suave, y se me forma una pequeña sonrisa cuando oigo sus carcajadas.

—Anda, vamos, Casanova —me burlo, y tiro del borde inferior de su cazadora.

Me sigue, pendiente de mí, hasta que hemos atravesado el umbral de entrada y yo miro alrededor cogiendo aire despacio y soltándolo de la misma manera. Vale, todo va bien. Puedo con esto. Solo es un maldito lugar lleno de recuerdos. Y esos recuerdos ya son solo como humo, pueden hacer que me piquen los ojos, tal vez, pero no me asfixiarán si mantengo las ventanas abiertas. Ya no pueden hacerme daño.

Mark aparece al instante con una copa para mí. Me veo rodeada por mis amigos, que ya han encontrado a Tanya y a Cole entre la gente que abarrota la fiesta, y me siento a salvo. Protegida. Sé que voy a estar bien.

Bebo despacio, porque sé que no es una buena idea pasarme con el alcohol en mi primera fiesta aquí después de todo, bailo con Fer, y me río mucho, muchísimo, con las tonterías de mis amigos. Tracy va a saludar a Hope, y eso no me afecta como pensaba que podría llegar a hacerlo. Ellas también me ven a mí. Hope me sonríe y yo le devuelvo el gesto. Y Maddie me saluda con la mano y hace una inclinación de cabeza, y yo respondo igual. El pasado, pasado está.

Un rato después, Britt me está arrastrando con ella para que sea su pareja en la revancha del partido de ping-pong que perdimos hace ya más de un año. No sé ni cómo esos chicos se acuerdan de nosotras, en realidad. Mi amiga ya está lo suficientemente desinhibida como para poder charlar y bromear con esos desconocidos, y yo hago lo mismo, aunque no haya bebido tanto como ella. Perdemos la primera partida, pero ganamos la segunda. Y luego uno de los chicos contra los que jugábamos se acerca a hablar conmigo, con intenciones bastante claras. Tengo que apartar sus manos de mi cintura un par de veces, pero parece que lo capta y no lo intenta una tercera. Nos dedicamos solo a intercambiar alguna broma y charlar. Y luego, cuando me despido de él y doy media vuelta, veo a Jayden ahí, con el resto de mis amigos, escuchando relajado algo que Cole le cuenta, pero mirándome a mí. Me sonríe en cuanto nuestros ojos se encuentran. Sé que no ha perdido detalle de lo que pasaba con este chico, porque durante toda la fiesta hemos estado pendientes el uno del otro, compartiendo miradas.

Se me hincha el corazón cuando veo cómo me mira. Me palpita con fuerza cuando me doy cuenta de que me sigue mirando *así*, con este vestido puesto, con algunos chicos acercándose con cierta intención, e incluso si bebo y bailo haciendo el ridículo. Le gusto así, tal y como soy. Y a mí me gusta él, tal y como es. Me gusta mucho. Me gusta tanto que no puedo controlar mi cuerpo cuando se abre paso hacia él entre el gentío. Me está esperando con media sonrisa cuando atravieso el grupo que nuestros amigos forman a su alrededor. Y me da igual quién lo vea: nuestros amigos, toda la fiesta, o el maldito Trevor. Me da igual si Styles se entera. Porque no quiero esconderme, y no quiero esconderlo. No quiero fingir que no siento todo lo que siento por él.

Pongo una mano en su cuello antes de fundir mi boca con la suya. Parece sorprendido al principio, pero enseguida reacciona poniendo un brazo en torno a mi cintura y enredando una mano en mi pelo. Noto cómo sonríe cuando nos separamos un segundo para tomar aire. Y luego me besa él, firme e intenso.

Nuestros amigos se ponen a silbar y aplaudir a nuestro alrededor, como si llevaran esperando esto entre nosotros un montón de tiempo.

—Me encantas, Jayden —le digo al apartarme, y compartimos una sonrisa.

—Tú sí que...

Doy un paso atrás, mordiéndome el labio, sin escuchar el resto.

—Voy a por otra copa, ¿vale?

Asiente, desancla el brazo de mi cintura para dejarme marchar y me mira como si fuera la única chica que existe en toda la fiesta.

Veo cómo Niall y Cole se acercan a decirle algo en cuanto me alejo, y creo que están tomándole el pelo, por la cara que pone.

Mark aparece a mi lado y engancha su brazo al mío, acompañándome a por más bebida.

—Uh, chica, eso ha sido *tan* sensual —me dice, pícaro—. ¿Qué hacéis aún en esta fiesta? Llévatelo a casa y fóllatelo de una vez, Haley. Por favor. Por ti y por todos tus compañeros.

Lo empujo, sin conseguir que se suelte de mi brazo, y él se ríe a carcajadas con mi reacción. Ya, pues lo que no sabe es que yo estoy pensando lo mismo, que debería decirle a Jayden que nos larguemos ya y...

—¿Es que a ti te ha invitado alguien a esta fiesta, niña bien?

Me giro de golpe, al oír la voz de Trevor a mi lado. Levanto la barbilla para enfrentarme a él, como si eso me hiciera parecer más grande. No lo había vuelto a ver desde que le di aquel puñetazo patético en la playa. Ahora podría darle uno que le hiciera bastante más daño, pero soy consciente, al tenerlo enfrente, de que no merece la pena.

—Pues resulta que sí, que me ha invitado alguien. Pero tampoco es que eso sea asunto tuyo, así que hasta luego.

Estoy a punto de seguir mi camino, con Mark, cuando él vuelve a hablar.

—Al final Styles tenía razón y te morías de ganas de follarte a ese gilipollas. Menos mal que él no está aquí ahora para verlo.

Suelto el brazo de Mark para encararme con él, sin dudar ni por un momento. No va a conseguir hacerme sentir mal, porque para eso mi peor enemiga soy yo misma y creo que me estoy esforzando bastante para dejar eso atrás como para que el maldito Trevor lo tire por tierra.

—Métete en tus asuntos, Trevor. Haz como si yo no existiera, ¿quieres? Y yo haré lo mismo contigo. Así seremos más felices los dos.

—Seguro que te lo follaste muchas veces también el año pasado cuando le jurabas a Styles que no había nada entre vosotros. En el fondo siempre has sido igual de zorra, aunque ahora te pongas la falda más corta.

—Que te jodan —le digo por encima del hombro, antes de alejarme hacia la cocina tirando de la mano de Mark.

—Haley —me llama mi amigo—, déjame buscar a alguien con un poco más de músculo que yo y le pegaremos una paliza a ese hijo de...

—Déjalo, Mark. No vale la pena. Estoy bien —le aseguro, cuando estamos ya en la cocina—. Todo bien, ¿vale? Pasa de él.

Frunce los labios para dejar clara su disconformidad, pero cede enseguida y me ayuda a preparar un par de vasos bien cargados de vodka.

Un buen rato después me escabullo del lado de mis amigos, tras bailar con Tanya y con Tracy, y me abro paso entre la gente hasta el jardín de atrás, para tomar el aire. Me había convencido de no beber demasiado, pero el vodka me está subiendo rápido a la cabeza y necesito serenarme. Hay bastante gente aquí fuera, y nadie parece prestarme atención. Voy a un lado de las puertas, en la parte exterior, y me apoyo contra la pared. Estoy justo delante del escalón en el que Jayden me advirtió de que Styles me haría daño, en aquella fiesta de Halloween. En ese otro rincón pillé a Styles vendiendo droga. En ese punto le dio una paliza a un tío que intentó meterme mano.

Hay demasiados recuerdos aquí. Y tal vez no sea aún capaz de controlarlos del todo, por muy fuerte que me crea. Noto un nudo de ansiedad formándose en la boca del estómago. Es el mismo que hace ya tiempo que no sentía. El que creía haber desterrado para siempre. Tomo una gran bocanada de aire y siento que no soy capaz de llenar del todo los pulmones. No. Me niego. Esto no va a pasarme. No voy a dejar que me pase esto otra vez. Y menos por un puñado de malos recuerdos.

Despego la espalda de la pared y me muevo para volver al interior. Encontraré de nuevo a mis amigos y me distraeré de cualquier cosa que no sea la apuesta entre Cole y Aaron para ver quién es capaz de beber más rápido una lata de cerveza. Perder un par de dólares en una apuesta es la máxima preocupación que quiero tener esta noche.

Estoy llegando hasta mi grupo de amigos y cruzo una mirada con Jayden, en la que me pregunta cómo voy, sin palabras, pero Tracy me intercepta y no me deja llegar junto al resto.

—Ay, Haley, ¿dónde te habías metido? Acompáñame al baño, anda, que no me aguanto más.

Tira de mi mano y yo la sigo, sin protestar. La verdad es que yo también necesito ir al baño, por culpa del alcohol con el que me he excedido a pesar de haber decidido no hacerlo hoy. Hay una cola larguísima de chicas y Tracy se vuelve hacia mí, desesperada.

—¿No hay otro baño?

—Eh..., hay uno arriba —digo insegura.

Sé que no me conviene subir ahí. Es mejor que no. Pero Tracy me mira suplicante, dando saltitos y todo.

—¿Y habrá menos gente? Porque si tengo que esperar toda esta cola voy a mearme encima, te lo juro —exagera.

Venga, Haley, puedes hacerlo. Es mejor que ver cómo Tracy se mea encima, ¿no? Subir, ir al baño y bajar. No va a pasar nada. Es solo un pasillo con unas cuantas puertas de habitaciones. Nada que temer.

—Vale. Vamos —digo por fin, y tiro de su mano para guiarla.

Paso prácticamente corriendo por delante de la puerta de la habitación de Daryl, sin mirarla para nada. Tracy intenta seguirme el ritmo, protestando un poco. Hay solo un par de chicas esperando su turno en el baño.

La cabeza empieza a darme vueltas cuando entro en ese aseo una vez que Tracy ha salido de él. No sé muy bien cómo soy capaz de hacer pis y lavarme las manos, pero, cuando me miro en el espejo, siento todo el peso de la chica que era el año pasado aplastándome los hombros. Veo desfilar todos los reflejos que me ha devuelto alguna vez: despeinada, feliz y satisfecha tras el sexo; cansada y ojerosa tras sus peores momentos autodestructivos; llorosa y hundida tras las discusiones. Y todo el tiempo sola y perdida.

—¿Qué te pasa? —pregunta Tracy cuando salgo del baño como una exhalación y casi echo a correr por el pasillo—. ¡Haley!

Freno de golpe cuando estoy llegando a las escaleras y a mi amiga le falta poco para chocarse con mi espalda. La puerta de la antigua habitación de Daryl está abierta. Y es la misma, pero todo es diferente ahora. Imágenes de baloncesto en las paredes, en vez de música *metal*. Una réplica de un esqueleto, en vez de un trípode y una cámara. Ropa colorida sobre la cama y la silla, en vez de camisetas negras.

Necesito salir de aquí.

Tracy me agarra la mano cuando acelero el paso de nuevo.

—Oye, para, ¿quieres? —me pide—. ¿Estás bien? ¿Qué pasa? ¿Qué puedo hacer?

Niego con la cabeza. No, ella no puede hacer nada. Solo yo puedo. Y salir corriendo de esta fiesta no va a solucionarlo. Tengo que quedarme. Tengo que ser fuerte. Tengo que demostrarme a mí misma que soy capaz de dejar esto atrás de una vez.

—Consígueme un maldito chupito de tequila.

Tracy me lleva de la mano hasta el pie de la escalera y luego por toda la fiesta. Pasa junto a nuestro grupo de amigos, solo para coger a Mark con la otra mano y arrastrarlo con nosotras, sin dar explicaciones. Y yo escondo la mirada de la de Jayden porque no quiero que me vea así y empiece a preocuparse y venga él a intentar cuidar de mí.

Acabo en la cocina con mis dos amigos. Britt está desaparecida y es posible que Niall y ella ya se hayan largado de la fiesta y se hayan ido a casa de él. No lo sé, porque ni siquiera he consultado el móvil para ver si ha mandado un mensaje de despedida.

—¿Qué narices le has hecho? —acusa Mark a Tracy.

—¿Yo? Solo hemos ido al baño, al piso de arriba.

—¿Al piso de arriba? Joder, Tracy, pareces nueva. Haley —me llama, al tiempo que me tiende un vasito lleno hasta el borde de una bebida transparente—, tú eres más fuerte que toda esta mierda. Que le jodan.

—Que le jodan —repite Tracy, y alza su propio vaso para invitarnos al brindis.

—Que le jodan —digo yo también, y choco mi vaso con los suyos antes de beberme todo el contenido de un solo trago.

Y luego nos tomamos otro.

Y después otro.

Dos horas después, o puede que tres, ya no me acuerdo de por qué he empezado a beber tanto, ni sé cuántos chupitos me he tomado, cuántos vasos me han preparado mis amigos, ni cuánta cerveza habré derramado bailando sin control, con los brazos en alto y girando en medio de la pista, sin ningún tipo de vergüenza. Creo que he llorado y seguro que mi cara es un desastre, aunque no tengo claro si ha sido de pena o por reírme a carcajadas.

Doy un paso atrás, alejándome de Tracy después de que me diga algo que no he entendido, y pierdo el equilibrio, tirando al suelo el vaso casi vacío que tenía en la mano. No me caigo, y enseño la ropa interior a toda la fiesta, porque unos brazos me sostienen firmemente por la cintura. Me agarro a él y levanto la mirada para poder admirar sus ojos color miel.

—Jay, estoy muy borracha —me lamento.

Me cuesta formar las palabras y noto la boca pastosa. También se me hace difícil enfocar la mirada en sus ojos, pero puedo captar cómo forma una sonrisa de medio lado, que me parece que denota diversión.

—Menos mal que lo dices, no me habría dado cuenta —se burla—. ¿Estás bien? ¿Crees que podrás mantenerte de pie si te suelto?

—Claro que sí.

Me hago la digna, aunque no creo que mi forma de arrastrar la frase respalde mi fachada. Jayden afloja su agarre lentamente, y yo intento dedicarle una mirada de superioridad cuando consigo mantenerme en pie. Pero voy a acercarme más a él para jactarme de mi victoria y entonces me falla el apoyo de un pie otra vez y tengo que agarrarme a su brazo para no caerme.

—Ven aquí, anda.

Pasa un brazo de nuevo por mi cintura y me endereza, justo frente a él.

—He bebido mucho.

—Se puede decir que les has salido cara a los organizadores de la fiesta. ¿Quieres que te traiga un poco de agua?

Asiento un par de veces con la cabeza. Jayden se asegura de que me mantengo en pie sola antes de alejarse para ir a buscar el agua que me ha prometido. Para cuando vuelve yo empiezo a ser muy consciente de lo muchísimo que he bebido y de que, aunque hasta ahora lo he pasado bien, he traspasado el límite en que una debe aceptar que ha perdido el pulso con el alcohol y retirarse a dormir la mona.

—Gracias —consigo decir, o eso creo, y luego bebo del botellín—. Estoy cansada, creo que tengo que irme a casa.

—¿Qué?

Jayden se acerca más, para poder oírme cuando se lo repita.

—Estoy cansada —repito, en un grito.

—¿Quieres que te acompañe a casa?

Niego con la cabeza.

—No. Ya me voy yo sola. Pillo un Uber. No quiero joderte la fies... —suelto un hipido antes de poder terminar de hablar—: ...ta.

—La fiesta pierde mucho interés si tú no estás aquí. Y, además, no puedo dejar que vayas sola estando así, Haley. Podrías acabar en Oakland, en vez de en tu casa de aquí, y tu padre nos mataría a los dos —bromea.

—Cállate —gruño, pero creo que no me escucha. Luego alzo más la voz—. Estoy bien. Puedo ir sola perfectamente, mira...

Empiezo a andar hacia donde creo que está la salida, pero tengo que agradecer que Jayden siga justo detrás de mí cuando me tambaleo de nuevo.

—Anda, deja que te acompañe —insiste.

Ancla un brazo a mi cintura y me hace caminar a su lado, para acercarnos a alguno de nuestros amigos que aún siguen por la fiesta.

—Eh, nosotros nos vamos, ¿vale? Voy a llevar a Haley a casa. —Lo oigo decir.

—¿A la tuya o a la suya?

Creo que ese tono pícaro es de Mark, pero no les presto mucha atención. Enseguida siento el frío de la noche y cómo Jayden me pone la cazadora por encima de los hombros.

No sé si para un taxi o si ha pedido un Uber, pero pronto estoy en el asiento trasero de un coche, con él sentado a mi lado, y me abrocha el cinturón de seguridad como si no pudiera hacerlo yo sola. Bueno, vale, a lo mejor no puedo. Apoyo la cabeza en su hombro y él me coge de la mano y me besa la frente con ternura.

—Has bebido muchísimo para alguien de tu tamaño —se mete conmigo en voz baja.

—Estoy bien —murmuro, porque realmente lo estoy, aquí, cerca de su cuerpo.

—Ahora sí, pero ya verás la resaca de mañana —responde, y me aparta el pelo de la cara despacio.

Creo que llego a adormilarme en el trayecto y Jayden tiene que cargar conmigo y coger mi bolso para buscar él mismo las llaves cuando estamos frente al portal. Por suerte, hay ascensor, así que llegamos rápido hasta el piso y creo que me lleva casi en volandas a la habitación.

—Tengo que ir al baño —anuncio, en cuanto me ha ayudado a quitarme los zapatos.

—¿Necesitas que te ayude...?

—No, no necesito que me ayudes a mear, Jayden. No seas pervertido.

Me parece oírlo soltar una carcajada.

Cuando vuelvo, le doy la espalda para pedir ayuda.

—Por favor, ayúdame con el vestido.

No dice nada. Me aparta el pelo a un lado para bajar la cremallera. Doy un paso adelante y dejo caer la prenda al suelo. Luego me giro para mirarlo. Traga saliva cuando me tiene frente a él solo en ropa interior. Se mueve para coger mi pijama y ayudarme a ponérmelo.

—Jay...

Intento besarlo cuando vuelve a estar frente a mí, pero se aparta a un lado, y niega con la cabeza.

—No hagas esto, Haley. Estás borracha.

—Me gustas cuando estoy borracha, igual que me gustas cuando estoy sobria.

Me obliga a sentarme en la cama para meter las perneras del pantalón del pijama por mis piernas y yo suelto una risita cuando me lo pone levantando mis caderas del colchón.

—Venga, anda, ayúdame —pide, con la camiseta en la mano.

—Vale, pero..., Jay..., yo duermo sin sujetador.

—Joder, quieres matarme, Haley —gruñe.

Me suelta el cierre del sujetador con una sola mano. Incluso así de borracha, soy consciente del esfuerzo que hace por no mirar cuando me lo quito y me ayuda a ponerme la parte de arriba del pijama.

Me dejo caer sobre el colchón y me muevo a duras penas hasta poner la cabeza en la almohada.

—Gracias —murmuro, con los ojos cerrados. De repente tengo un montón de sueño.

—¿No quieres desmaquillarte? —Creo que suelto solo un gruñido en respuesta—. Venga, mañana querrás haberlo hecho.

Desaparece por unos segundos y luego vuelve con un bote y unos discos de algodón en la mano.

—¿Es este?

Asiento. Se sienta en el borde del colchón y me obliga a incorporarme hasta quedar sentada en la cama, a pesar de mis protestas.

—¿De verdad me estás desmaquillando? —digo con una risita cuando siento el algodón deslizándose con mimo sobre mi piel.

—Alguien tiene que hacerlo —razona—. Para quieta. Venga, cierra los ojos.

Dejo que siga con su tarea, soltando risitas tontas de vez en cuando. Cuando termina, me dejo caer de nuevo de espaldas en el colchón.

—Lo siento —murmuro, repentinamente ansiosa y con ganas de llorar, sin saber por qué—. Siento que hayas tenido que traerme, y estar tan borracha, y... —Me calla con un dedo sobre mis labios y acaricia el inferior muy despacio. Abro los ojos para mirarlo—. ¿Aún te gusto?

Creo que se le frunce un poco el ceño. Se inclina sobre mí y clava sus ojos en los míos.

—Me encantas, Haley Parker, ahora y siempre.

Me da un beso muy corto en los labios. Y luego me pide que no me duerma todavía y desaparece de la habitación. Vuelve en uno o dos minutos, y yo ya estoy medio dormida.

—Eh —me habla suave—, te he traído algo para que mañana no quieras morirte al despertar. —Me muestra una pastilla—. Venga, tómatela y luego ya podrás dormir, ¿vale?

Me incorporo de mala gana y me trago la pastilla con ayuda del vaso de agua que ha traído también.

Luego me acurruco en la cama, de medio lado, con la cabeza dándome vueltas.

—¿Estás enfadado?

—Claro que no estoy enfadado, ¿por qué iba a estarlo?

Me acaricia el pelo suavemente y yo cierro los ojos. Tengo que ponerme boca arriba cuando noto que esta postura es peor para mi sensación de mareo.

—Venga, ya es hora de que duermas la mona.

—Eres demasiado bueno conmigo, Jayden —murmuro.

—No lo soy. Soy normal —corrige—. Nadie debería haberte tratado nunca de ninguna otra manera, Haley.

—Quédate conmigo. ¿Te quedas?

—Me quedo —concede en un susurro.

—No te vayas.

—No pienso irme.

Y eso es lo último que oigo antes de quedarme dormida.

# 28

# JAYDEN

Haley está acurrucada contra mi cuerpo, con un brazo sobre mi abdomen y la cabeza apoyada en mi pecho, cuando despierto. Ya entra bastante luz por la ventana del cuarto, pero su respiración es rítmica y profunda, lo que deja claro que ella aún no está cerca de despertar. No me extraña, con todo lo que bebió anoche.

Me muevo despacio para no molestarla, y estiro el brazo para coger el móvil y ver qué hora es. A pesar de mi delicadeza ella protesta con una especie de gruñido que me hace sonreír. Le acaricio el pelo despacio, con una mano, mientras manejo el teléfono con la otra.

Es hora de levantarse.

Y tengo un mensaje de Niall de hace cerca de media hora.

> Quiero imaginar que estás con Haley y no muerto en una cuneta.

Dejo el móvil de nuevo y me froto los ojos con una mano. No tengo resaca porque controlé lo que bebía mejor que la chica que duerme ahora mismo entre mis brazos, pero noto esa sensación de haber dormido poco que acompaña a todas las mañanas después de una buena fiesta. Sin embargo, no puedo dormir más. Me resulta difícil volver a hacerlo una vez que me he despertado por la mañana y, además, le prometí a mi padre que hoy comería en casa con ellos porque quiere hablar conmigo de no sé qué de la boda. Si me levanto ya, me dará tiempo a preparar el desayuno para Haley antes de tener que ir a mi casa a ducharme, cambiarme y coger la moto.

Me doy un par de minutos para abrazarla y disfrutar de solo el hecho de tener su cuerpo pegado al mío. Tengo calor, pese a estar durmiendo en calzoncillos, pero eso no es motivo suficiente para apartarla de mí. Luego, cuando decido que ya tengo que salir de aquí si no quiero ir demasiado justo de tiempo, la hago girar lentamente para dejarla sobre el colchón sin despertarla y la beso en la frente antes de levantarme y vestirme en silencio.

La puerta de la habitación de Tracy, justo enfrente, está cerrada. Paso por el baño antes de avanzar hacia la entrada de la casa. La puerta de la habitación de Mark también está cerrada. Pero la de Brittany está abierta de par en par, el cuarto está vacío y la cama hecha. Recupero el móvil para responder al mensaje de Niall.

> En efecto. Quiero imaginar que Britt está contigo y no tenemos que denunciar su desaparición.

Su respuesta llega cuando ya estoy en la cocina y encuentro a Aaron con unos cuantos ingredientes en la encimera y una sartén en el fuego.

> En efecto. ¿Vas a volver hoy a casa o te quedas a vivir allí?

—Buenos días —saludo a Aaron, que se gira al instante y me dedica una sonrisa.

—Buenos días. ¿Te apetecen unos huevos?

—Claro. Pensaba hacer unas tortitas para Haley, pero puede que los huevos sean mejor para la resaca.

—Va a necesitar más que unos huevos para pasar esa resaca... Ayer acabaron los tres parecido, pero diría que Haley se llevó la palma.

—Sí. ¿Tú también tuviste que traer a Tracy a rastras?

—Tuve que correr dos veces detrás de ella por la calle entre la esquina donde nos dejó el Uber y el portal. Decía que era pronto para irse a casa y que yo era un aburrido, y no paraba de escaparse. Lo peor es que Mark le reía las gracias y Fer tuvo que ponerse serio para que nos dieran las llaves de casa y poder entrar.

Sonrío. Sí, vaya tres se juntaron para ponerse ciegos a chupitos de tequila anoche. Y estoy seguro de que Brittany se les habría unido si aún llega a estar en la fiesta cuando empezaron.

—Buenos días —saluda Fer a nuestra espalda. Nos volvemos a mirarlo y respondemos al unísono—. Hoy nos toca hacer el desayuno a los novios niñeros, ¿no?

—¿Sabes hacer unas buenas tortitas? —tanteo, a ver si hay suerte.

—Yo diría que sí —alardea, con media sonrisa—. Mi abuela tiene una pastelería y me ha enseñado todo lo que sé.

—Nos salvas la vida. Con Aaron de chef íbamos mal —me meto con el otro.

Protesta y me pega un codazo que me hace reír, pero tiene que admitir que no tiene mucha idea de repostería. Así que dejamos que Fer lleve la voz cantante mientras nosotros actuamos como pinches de cocina.

Aprovecho cuando mi parte está hecha para contestar al mensaje de Niall.

Paso un buen rato con estos dos chicos, preparando un desayuno como para un regimiento. Creo que tengo suerte de que, la primera vez que me gusta una chica de verdad, me caigan tan bien sus amigos y los novios de sus amigos. Esto es agradable. Sería una mierda estar incómodo en casa de Haley cuando me quedo a dormir. Pero no es así para nada: me siento tan bien como en mi propia casa.

—Voy a llevarle un analgésico y un poco más de agua a Haley para cuando se despierte —decido, y lleno un vaso de agua del grifo.

—Eres muy buena persona —dice Fer con una risita—. Yo a Mark le he echado otra manta por encima para que se despierte agobiado y pensaba levantarlo dando golpes con un par de sartenes.

—Pues yo a Tracy ni me atrevo a acercarme en las mañanas de resaca —aporta Aaron, divertido.

Bromeamos un poco más y luego voy a llevarle a Haley su analgésico. La puerta de la habitación de Tracy está abierta y oigo correr agua en el baño, así que parece que una de los tres ya se ha levantado y se está dando una ducha. Haley abre solo un ojo y me mira en cuanto entro. Está boca abajo, al borde del colchón, con un brazo colgando a un lado, y lanza un gruñido como todo saludo antes de cerrar el ojo.

—Buenos días. —Dejo el vaso en la mesilla—. Déjame adivinar... ¿No vas a volver a beber nunca más en toda tu vida?

Esconde la cara en la almohada y mueve el brazo para llevarse la mano a la cabeza.

—Te lo juro. No voy a volver a beber en la vida.

Suelto una carcajada y me agacho a su lado para acariciarle la espalda.

338

—Te he traído algo para el dolor de cabeza, ¿vale? Y mucha agua. Fer, Aaron y yo hemos hecho el desayuno, aunque Fer más que los demás, así que creo que será comestible. ¿Vas a levantarte a comer algo?

Gira la cara para mirarme con expresión lastimera.

—Sí. Dame diez minutos.

Sonrío. Sé que lo está pasando fatal, pero no puedo evitar que me haga gracia. La beso suavemente en la sien.

—¿Necesitas algo? ¿Puedo hacer algo para que te sientas mejor?

—No te lo tomes a mal, Jay, pero puedes callarte y largarte —murmura—. Me va a explotar la cabeza.

Me voy riéndome y puedo ver que a ella, a pesar de todo, también se le escapa una pequeña sonrisa antes de que la deje sola de nuevo.

Tracy es la primera en aparecer por la cocina y poder apreciar el detalle de haberles preparado el desayuno. Un rato después, Haley y Mark vienen a la vez. Ella se sienta, pone los codos encima de la mesa y esconde la cara entre las manos.

—¿Qué pasa, Haley? ¿Mucha juerga en la fiesta de anoche? —pica Aaron.

Solo responde con un gruñido y yo me acerco para dejarle delante un vaso lleno de zumo de naranja.

—Imagino que no vas a venir hoy a comer a casa de mis padres, ¿no? —adivino, divertido.

Responde con otro gruñido, breve y bajito.

Mark se deja caer en la silla que hay frente a ella.

—¡Eh! ¿Es que solo hay zumo para ella, bombón? —protesta, y me mira con una ceja alzada.

Fer se ríe al escucharlo.

—¿Acaso durmió contigo anoche? —bromea, como si esa fuera la única razón para mis especiales atenciones con Haley y no con los demás.

—Ay, ojalá —suspira Mark, y sonríe de medio lado con picardía—. Pero no, porque yo he dormido contigo, así que... ¿dónde está mi zumo de naranja? —exige entonces a su novio, burlón.

—Mark, por favor, no grites —suplica Haley.

—Perdona, pero no grites tú —se la devuelve él—. ¿De quién fue la culpa de lo que bebimos anoche?

—Yo no te obligué a...

—*Consígueme un maldito chupito de tequila, Tracy* —interviene Tracy, con una imitación de Haley que nos hace reír—. *Consígueme un chupito.*

—Jolín, no habérmelo conseguido...

Aaron pone un plato lleno de comida en medio de la mesa y consigue acabar así con cualquier discusión. Las tortitas que ha preparado Fer tienen una pinta estupenda. O a lo mejor es que yo tengo mucha hambre.

También nos toca a nosotros encargarnos de recoger la cocina. Creo que Haley ha ido a darse una ducha, Tracy está tirada en el sofá, y no sé dónde se ha metido Mark. En todo caso, tengo que irme ya si no quiero llegar tardísimo a comer con mis padres y ganarme una bronca.

Voy hacia la habitación de Haley, para recoger mis cosas y despedirme de ella. Oigo su voz al pasar por delante de la habitación de Mark. Tienen la puerta entornada, no cerrada, así que es imposible no oírlos plantado en el pasillo.

—Devuélvemela, ¿por qué siempre me robas a mí la crema hidratante? Seguro que Britt tiene una en vuestro baño.

—Ya. Pero la tuya huele mejor —se justifica Mark, con un tono inocente que no engaña a nadie—. Oye, no estés tan gruñona. Sé que tienes resaca, pero has tenido un bombón en tu cama. Vosotros sabréis qué hacéis si tu novio no te ha sacudido aún de encima la mala hostia.

—No es mi novio.

Eso es lo único que gruñe Haley en respuesta. Y a mí se me clava en el pecho como si acabara de lanzarme un dardo envenenado directo al corazón. *No es mi novio.* Con ese tono. Como si llamarme «novio» fuera lo peor que pudiera pasarle.

Vale, no somos novios o, al menos, no nos hemos puesto esa etiqueta, aunque yo en el fondo asumiera que el concepto que eso encierra era el que mejor se ajustaba a nuestra relación. Tampoco necesito decirle a la gente que ella es mi novia o que ella diga lo mismo de mí. Es lo de menos. Lo que me duele es que tan solo esa palabra la haga saltar así, a la defensiva. ¿Tan malo sería para ella tener algo serio a largo plazo conmigo? ¿Tan mala idea soy para Haley Parker?

A lo mejor estoy poniendo mis ilusiones donde no debo, ¿no? Pensando que esto significa para ella lo mismo que para mí cuando en realidad solo soy ese chico-puente que la ayuda a olvidar una mala relación para estar preparada cuando llegue una buena de verdad. Quizá nunca llegue a sentir por mí...

Sea como sea, está claro que alguien que no es tu novio no se queda en tu casa a la mañana siguiente. Así que aprieto la mandíbula y doy un paso al frente para golpear suavemente la puerta de Mark y asomar la cabeza. Haley está de pie, con el bote de crema hidratante en la mano, y con solo una toalla alrededor del cuerpo y el pelo mojado. La miro por un segundo escaso y luego bajo la vista al suelo.

—Me voy ya, se me ha hecho tarde.

No espero su respuesta antes de desaparecer de aquí y seguir mi camino hasta su habitación, a grandes zancadas. Voy a coger mis cosas y voy a irme de aquí, porque ahora mismo no me siento igual de cómodo en su casa que hace solo unos minutos.

—¡Jay!

Haley me llama, y corre descalza por el pasillo detrás de mí. Cierra la puerta de su habitación cuando entra después de que yo lo haga. No me vuelvo a mirarla y me muevo sin detenerme ni una décima de segundo recogiendo mi cartera, las llaves de casa y todo eso que dejé sobre su mesa de estudio anoche. Luego cojo la cazadora y me doy la vuelta, dispuesto a salir. Está justo tras mi cuerpo, tan cerca que casi la atropello al girarme.

—Perdona —digo, y la sostengo por el codo cuando se tambalea al dar un paso atrás para evitar el choque.

Está solo cubierta por esa toalla que es ridículamente pequeña y no entiendo cómo mi cuerpo puede reaccionar a su cercanía cuando aún me duele el corazón.

—Eh. Siento no ir hoy. Tendré que llamar a tu madre para poner alguna excusa como que me sentó mal la cena —bromea.

—Ya. Vale. Oye, hablamos luego, ¿vale? Me van a matar si llego tarde.

Asiente, pero no se aparta de mi camino y me observa por un par de segundos con atención. Se pone de puntillas para unir sus labios a los míos, y yo respondo solo vagamente, porque no sé muy bien cómo debería hacerme sentir esto después de lo que acabo de escuchar.

—¿Qué pasa?

Niego con la cabeza, para indicar que no hay ningún problema.

—Tengo que irme, Haley, de verdad.

Paso por su lado y alcanzo la puerta, pero no he llegado a abrirla cuando vuelvo a oír su voz, más baja y temblorosa.

—Jayden, ¿te pasa algo?

Giro la cara para poder mirarla. Está ahí, de pie en medio del cuarto, seria, vulnerable. Tengo que recordarme que no soy yo el que no quiere hablar de sentimientos.

—No pasa nada —consigo decir—. Te llamo luego.

Y me voy sin esperar respuesta. Me despido de todos sin entretenerme demasiado y salgo de la casa. Me pongo la cazadora mientras troto escaleras abajo, porque ni necesito ni quiero esperar el ascensor.

Mi madre protesta cuando digo que voy a pasarme un rato por casa de Asher, porque no he estado con ella apenas, pero me deja marchar.

Llamo a mi amigo por el camino y entro por el hueco de la parte trasera de la valla que nunca ha llegado a arreglar, por mucho que lleve años prometiéndole a su madre que lo hará «el fin de semana». Está esperándome detrás del cobertizo, sentado en el suelo y con la espalda apoyada en la pared. Tiene un termo de café y dos vasos a su lado.

—¿Quieres un café? —ofrece, como forma de saludar.

—Claro —acepto al sentarme—. ¿Qué pasa, tío? ¿A qué viene tanto interés por verme?

—Tengo que contarte una cosa.

Lo dice tan serio y con un tono tan apagado que me asusta. Lo observo bien, con mi vaso de café entre las manos. Él está preparándose el suyo, así que no me deja ver sus ojos para poder evaluar la situación.

—Pues suéltalo de una vez —exijo—. ¿Qué pasa? ¿Va todo bien?

—Eh, sí. Sí, va todo bien. De hecho, es bueno, supongo. Es decir, sí, seguro, es bueno, es...

—Asher —regaño para que deje de titubear y vaya al grano.

Levanta la vista hasta mis ojos, por fin. Traga saliva antes de hablar. Veo en su mirada que le preocupa decirme lo que sea que vaya a decir.

—He conocido a alguien.

El silencio se impone entre los dos por un par de segundos. Sé que es absurdo, pero en cierta manera me duele oírlo. Lo primero que me viene a la mente es aquel día, en el puente junto al lago artificial, hace años, cuando Sarah me dijo que le gustaba nuestro amigo. Cómo hablaba de él, cómo le brillaban los ojos. La sonrisa incontrolable que decoraba su cara la noche que me hizo escaparme de casa para encontrarme con ella y poder contarme que Asher la había besado por primera vez. Y Asher nunca dejó de quererla, por mucho que ella se equivocara, incluso cuando... Incluso después de ese puto Styles. La siguió queriendo hasta cuando ella ya no estaba y no había posibilidad de que volviera. Y ahora... Me duele. No que Asher siga adelante con su vida, claro. Joder, conozco pocas personas que se merezcan ser felices más de lo que lo merece él. Y ella lo querría así, eso seguro. Me duele que esto borre una parte de lo que queda de ella. Me duele que las cosas cambien para adaptarse a su ausencia. Me duele que Sarah y su recuerdo se queden atrás, mientras la vida sigue avanzando imparable. No es justo.

Me esfuerzo por frenar ese torrente de pensamientos que surcan mi mente a toda velocidad y me machacan el corazón. Asher se merece una respuesta. Una buena. Una que le demuestre que me alegro por él, que lo entiendo, que no tengo dudas de que se merece seguir adelante y ser feliz.

—Quieres decir que has conocido a una chica —puntualizo.

Se mueve, incómodo, y asiente, con la mirada clavada en el suelo.

—Sí. He conocido a una... a una chica —repite—. Se llama Zoe. Es la hija de uno de nuestros proveedores, empezó a trabajar con su padre el año pasado y... Bueno, no sé, ya sabes.

344

Asher trabaja en la empresa de fabricación y montaje de cocinas de su familia desde que terminamos el instituto. Le va bien. Además, eso hace que tenga que mantener a la fuerza una relación estrecha con su padre después de que las cosas entre ellos se deterioraran bastante cuando sus padres se divorciaron. Asumió demasiada responsabilidad con su madre desde entonces y, aunque sé que ha estado ahorrando para independizarse, la idea ha ido perdiendo brillo ahora que su hermana se ha ido a la universidad y su madre se quedaría sola. A lo mejor una novia le da el impulso que necesita para buscarse un sitio de una vez.

—¿Hace cuánto que estás con ella?

No puedo evitar estar un poco cabreado. Y sé que es absurdo. Esto es normal y natural. Es bueno para él. No es malo para nadie. Y, además, Asher ha estado guardando una especie de luto por Sarah mucho más tiempo del que probablemente debería. Y, al fin y al cabo, fue ella la que lo dejó a él. Tengo que recordarme eso para poder ver esto como el paso adelante que él necesitaba dar desde hace tiempo.

—Algo más de un par de meses. La primera vez que quedamos fue justo antes de Acción de Gracias.

—¿Por qué no me habías dicho nada?

—Al principio no era nada serio. Era como cualquiera de los líos que he tenido antes. Pero el caso es que repetimos. Y luego repetimos otra vez. Y, no sé cómo, cada vez me fue gustando más. No pensaba que fuera a pasarme esto, la verdad. Cuando empezó a ponerse serio... Bueno, me daba un poco de miedo decírtelo porque..., joder, ya sabes por qué —finaliza, en un tono más amargo.

Sí. Lo sé. Y lo entiendo. Porque ahora me lo está contando y, aunque yo no quiera, me sienta mal oírlo. Niall y él siempre han tenido claro que yo estaría del lado de Sarah, pasara lo que pasara. Y eso no ha cambiado, aunque ella ya no esté. Pero es ridículo, y ya no tiene ningún sentido. Asher no puede seguir con el corazón cerrado solo porque está lleno de ella. Puede que tenga sitio para alguien más, y eso no significa que Sarah le importara menos.

Sacudo la cabeza. Tengo claro que no puedo hacer nada más que alegrarme por él.

—Ya. Hace ya tres años desde...

—Lo sé —me corta.

No sé si es porque no soporta oírmelo decir. Tres años desde que Sarah lo dejó. Tres años. Creo que es tiempo de que siga adelante.

—Me alegro por ti, Asher —me obligo a decir—. Te mereces estar con alguien que te haga feliz, ¿sabes? Estoy seguro de que es lo que Sarah habría querido para ti —añado, con mis propias palabras marcando un arañazo profundo en mi corazón. Por la expresión de Asher, creo que también en el suyo—. A pesar de todo lo que pasó, ella te quería. Siempre quiso que estuvieras bien. Se odiaba a sí misma por haberte hecho daño. Y quería que fueras feliz. Eso lo sabes, ¿no?

Esconde la mirada y sé que es para que yo no pueda ver las lágrimas. Asiente con la cabeza, manteniéndola gacha.

—Esto no significa que vaya a olvidarla, Jayden —murmura, con la voz rota.

Tengo que cerrar los ojos para que no se me inunden.

—Ya lo sé.

Dejo el café a un lado y me acerco más a él, para poder abrazarlo. Es un poco raro, porque Asher y yo casi nunca nos abrazamos. Pero está bien. Sienta bien. Y él se queda quieto por unos segundos, pero finalmente se mueve para devolverme el abrazo más fuerte que yo.

Sé que no va a olvidarla. Es imposible. Me alegro de que Asher no viera mucho a Sarah después de su ruptura; de que no tuviera que verla destruirse poco a poco; de que no

346

la viera *con él*. Y cuando Sarah ya no estaba con ese hijo de puta de Styles, ella misma se mantuvo alejada porque se sentía demasiado culpable por haberle roto el corazón. Al menos puede recordarla como era antes de eso. Puede recordarla para siempre como ella era cuando *era ella*.

Me aparto dándole a mi amigo unas palmaditas en el hombro. Ya no me siento enfadado, para nada. Sé que esto es como tiene que ser. Y de verdad me alegro por él porque quiero verlo bien.

—¿Cuándo me la vas a presentar? ¿Niall ya la conoce?

—No, no la conoce —responde, y me mira como si esa insinuación le ofendiera.

Los dos tenemos que pasarnos las mangas de las sudaderas por los ojos para poder secarlos, aunque no mencionamos nada al respecto y hacemos como si no nos hubiéramos visto llorar.

—¿Entonces...?

—Te la presentaré cuando tú presentes a Haley como tu novia oficial —busca picarme, y me da un golpe suave en el costado.

Se me encoge el corazón. Creo que hago una mueca de dolor, porque su forma de mirarme cambia y frunce el ceño. Me acuerdo de lo que ha pasado esta mañana. De la forma en que ella ha saltado, molesta, para dejarle claro a Mark que yo no soy su novio.

—Ya, eso —murmuro—. No creo que vaya a pasar.

Me encojo de hombros, haciéndome el indiferente. Recupero el vaso de café, en el que aún queda más o menos la mitad, aunque puede que ya se haya enfriado. Doy un sorbo a pesar de todo, para tragarme cualquier emoción con él.

—¿Qué dices? —lo duda Asher, con una sonrisa incrédula—. Pero si hacéis muy buena pareja.

—Tampoco vamos tan en serio.

—¡Venga ya, Jayden! —exclama, con una risotada que solo consigue machacarme más el corazón—. Si estás colgadísimo.

Ya. Pues claro que sí. Y todo el mundo se ha dado cuenta. El problema es que tiene que ser recíproco. A ver, no tengo dudas de que le gusto mucho ahora. Lo complicado es el largo plazo. Y creo que eso es lo que ella no tiene claro.

—Da igual, no me has pedido que viniera para hablar de esto —reconduzco la conversación—. Cuéntame algo más de Zoe, anda. ¿Cómo es? ¿Cuántos años tiene? ¿Qué ha visto en ti?

Me ríe la gracia con pocas ganas. Pero luego vuelve a quedarse serio y sé que mi intento de cambio de tema no ha servido de mucho.

—Tío, vamos, ¿por qué no le dices a Haley lo que sientes si tú sí que quieres ir más en serio?

Suelto un gruñido.

—No sé lo que quiero —miento. Y luego suelto algo que sí es verdad—: Ni tampoco sé lo que ella está preparada para darme. Es complicado.

Nos quedamos en silencio mientras él me deja reflexionar sobre lo que siento.

Cojo aire y me giro hacia él, para mirarlo y plantearle una enorme duda que no deja de rondar por mi cabeza desde esta mañana:

—¿Tú qué crees que es mejor: exprimir algo que te hace feliz aunque sepas que tiene fecha de caducidad y luego puede destrozarte, o largarte antes de llegar al punto en que no puedas evitar que te hagan daño?

Respira hondo y lo piensa por unos segundos, antes de contestar:

—Si volviera el tiempo atrás y tuviera la oportunidad de repetir lo que tuve con Sarah, aunque supiera todo lo que vino después, me lanzaría a por ello de cabeza y con los ojos cerrados, Jay. Hay que exprimir las cosas buenas mientras las tienes, antes de perderlas. Hay que hacer y decir lo que sientes aquí y ahora, porque nunca sabes si se volverá a repetir.

Sus palabras se me clavan. Sé que está en lo cierto. Solo tenemos el momento presente. No sabemos lo que pasará después.

Sé lo que tengo ahora mismo con Haley, y sé que no puedo dejarlo escapar sin aprovechar cada segundo al máximo. Aunque corra el riesgo de que después la vida sin ella no vuelva a tener sentido nunca más.

# 29

# JAYDEN

Los golpes que le doy al saco resuenan en la sala vacía del gimnasio. He perdido la noción de tiempo y solo me doy cuenta de lo tarde que es cuando levanto la mirada y veo la hora que marca el enorme reloj que hay en la pared. Las personas que entrenaban a mi alrededor, en los otros sacos, han ido desapareciendo poco a poco hasta dejarme solo. No sé si quedará mucha gente en el gimnasio ya. Pero aún no quiero parar. Necesito descargar algo más de frustración.

Además, sé que Haley aún sigue en alguna de las salas del piso de arriba, entrenando con Kevin. Estos meses de duro trabajo en el gimnasio se le notan mucho más de lo que ella cree, y no solo en la parte física. Está mucho más fuerte que antes, a todos los niveles. La he visto, ya con la ropa de deporte, entrando con Kevin a la sala que tenían reservada, cuando yo he llegado. Y creo que no tiene ni idea del culo tan increíble que le marcan esos pantalones.

No debería estar pensando en su culo cuando los últimos días las cosas han estado tan frías entre nosotros, así que vuelvo a golpear el saco con más fuerza que antes, para sacarme todo eso de la cabeza. Hace dos días desde que la oí decir aquello, y me he mantenido distante porque, a pesar de la charla que tuve con Asher, no puedo evitar que me agobie el hecho de estar tan metido en esto y que ella no... Estoy dolido, esa es la verdad. Y creo que ella ya se ha cansado de preguntarme por qué y no obtener una respuesta clara. Sé que tenemos que hablar, pero es que no sé qué decirle.

Me quedo paralizado cuando, tras un último golpe especialmente violento, levanto la mirada y la veo parada en la puerta, observándome, con los brazos cruzados delante del pecho. Detengo el balanceo del saco con las dos manos y le sostengo la mirada, en silencio. Tengo que pasarme una mano por la frente y echarme el pelo hacia atrás, para evitar que el sudor se me meta en los ojos.

Haley tampoco dice nada, pero de pronto se pone en marcha, decidida, y se acerca hasta la mesita que hay a un lado de la sala. Coge un rollo de venda, que yo he dejado ahí antes de empezar a entrenar, y se venda las manos y las muñecas como yo le enseñé, con mucha destreza.

—¿Qué haces? —pregunto a media voz, cuando pasa por detrás de mi cuerpo y se planta ante el saco que hay junto al mío.

—Lo mismo que tú —responde sin ni siquiera girarse a mirarme. Da el primer golpe a su saco, con bastante fuerza—. Entrenar e ignorarte.

Me da rabia oír eso. Yo no la estoy ignorando. Estoy dándome un poco de espacio. No quiero discutir. Y me parece injusto que sea ella la que vaya de víctima. Así que aprieto la mandíbula y vuelvo a golpear el saco, sin contestar.

Pasamos un rato entrenando uno junto al otro, rompiendo el silencio solo con el ruido de los golpes y nuestra respiración, más pesada con cada puñetazo que se suma al esfuerzo.

Veo cómo ella frena el balanceo de su saco y enseguida noto sus ojos fijos en mí. Intento ignorar el nerviosismo que eso me provoca y seguir como si nada, pero me resulta bastante complicado.

—¿No piensas contarme nunca qué es lo que te pasa? —Intento no gruñir, aunque no sé si lo consigo, y cambio el tipo de golpe, atacando el saco por la parte inferior—. Jayden. Al menos podrías mirarme a los ojos cuando intento hablar contigo. Dime qué he hecho para que estés así. ¿Hice algo en la fiesta? ¿Dije alguna tontería cuando estaba borracha? ¿Qué he hecho?

Bajo el ritmo. Me siento mal cuando la oigo buscar así sus fallos. No es culpa suya, en realidad. Ella no ha hecho nada malo. La culpa es mía por haberme ilusionado demasiado cuando ya sabía lo que había.

—Claro que no hiciste ni dijiste nada, tenías una borrachera divertida —la tranquilizo, suavizo los golpes al saco y bajo el ritmo—. Estabas muy mona.

Lanza una especie de bufido ante mis palabras.

—Entonces ¿qué? Y no me digas que no te pasa nada —se apresura a advertirme cuando ve que empiezo a negar con la cabeza—. Te conozco. Sé que la he cagado y no sé por qué. Dime qué es lo que te ha molestado, por favor. No puedo arreglarlo si no lo sé.

—No tienes que arreglar nada. No has hecho nada malo, Haley. Está todo bien.

—¡No, no está todo bien!

Tengo que quedarme quieto y dejar caer los brazos a los lados del cuerpo cuando se planta delante de mi saco, para evitar que siga entrenando como si nada. Me mira a los ojos, pero me veo obligado a apartarlos enseguida.

—He tenido un par de días malos últimamente y ya está.

—Jay —me llama para intentar que vuelva a mirarla. Lo hago tímidamente, casi de reojo—. Dime qué te pasa, por favor. Necesito saberlo.

Vuelvo a esconder la mirada. Es evidente que lo está pasando mal con esto. Odio verla así por mi culpa.

—El domingo por la mañana te oí hablando con Mark.

La miro cuando solo me responde el silencio. Tiene cara de estar intentado recordar qué pasó el domingo por la mañana o de qué habló con su amigo. Y por su expresión, me parece que no tiene ni idea de a qué me refiero.

—Vale —dice, prudente—. ¿De qué?

Doy un paso atrás.

—Te oí decirle que yo no soy tu novio.

Se le forma una sonrisa de medio lado, pero no a modo de burla, sino una de esas sonrisas confusas. Frunce el ceño a la vez.

—¿Y qué pasa? ¿Es que lo eres? No sabía que nos hubiéramos colgado una etiqueta en el cuello —suelta, sin despegar la mirada de mi cara.

—Pues claro que no —respondo entre dientes—. Y no se trata de eso, Haley. Sabes que me dan igual las etiquetas. No necesito ponerle un nombre a esto. No va de eso.

—¿Y de qué va? —Sube el tono.

Genial. Ya he conseguido cabrearla. Es lo único que me faltaba.

—¡Va de la forma en que saltaste a la defensiva en cuanto dijo esa palabra! —exclamo—. Va de que tengas que reaccionar como si la insinuación de que yo sea tu novio fuera lo más horrible que pueden decirte.

—Eso no es así... —empieza, mucho más suave.

—Claro que sí —la interrumpo—. Entiendo que no estés preparada para dar un paso más, o para definir lo que somos en realidad, o para contarle al mundo lo que sentimos. Pero, precisamente por eso, no entiendo por qué necesitas definir tan claramente lo que *no* somos. Y está bien si no quieres nada serio conmigo ahora, o si no vas a quererlo nunca. Está bien, es lo que hay. Como también es lo que hay que eso me duela, ¿vale? Y lo siento, pero no puedo evitar que me doliera. Y no quiero echártelo en cara, porque no es culpa tuya, solo estoy dándome un poco de espacio para lamerme las heridas.

—Jayden... —dice mi nombre con ese tono dulce que normalmente me hace sentir tan bien, pero que ahora me hace sentir estúpido.

Niego con la cabeza y doy un paso a un lado, dispuesto a salir de aquí.

—Necesito dejar esta conversación e ir a darme una ducha, para no sentirme aún más patético.

Doy dos pasos adelante, pero ella estira el brazo y me atrapa la muñeca. Freno la marcha y respiro, espero que entienda que necesito unos minutos para aclarar mis ideas y me deje ir, pero ella no me suelta. Creo que está a punto de hablar cuando Kevin aparece en la puerta de la sala.

—Eh, chicos —saluda—. No quiero interrumpir, pero ya se ha largado todo el mundo, solo quedáis vosotros en todo el gimnasio, y ya he cerrado. Yo aún tengo unas cuantas cosas que hacer arriba en recepción, así que os dejo media hora más, si queréis.

Hago un asentimiento de cabeza, como forma de darle las gracias.

—Gracias, Kevin, saldremos enseguida —promete Haley, más expresiva que yo.

Y él se larga y nos deja solos otra vez.

—Deberíamos...

—Jay, por favor, escúchame —suplica en voz baja.

Se mueve hasta quedar frente a mí de nuevo, dándole la espalda al saco desde otro ángulo diferente. Sigue con una mano en torno a mi muñeca y la otra sube hasta posarse en mi mejilla. Clavo los ojos en los suyos. Está irresistible con esa ropa, con esa trenza que se hace para entrenar, sudada, y, sobre todo, con esa expresión decidida. Sé que no va a parar hasta que la escuche, así que no merece la pena que intente resistirme más.

—Te escucho.

—Siento haber dicho eso. Bueno, siento haberlo dicho *así* —matiza—. No tengo un nombre para ti, ni para esto. Tampoco sé si estoy preparada para que lo tenga. Me gusta cómo es ahora, y no tengo ni idea de cómo va a ser en el futuro... Espero que aún mejor, pero es que yo no lo sé y tú tampoco. Y, sí, me da miedo ponerle un nombre para que después acabe reventando por los aires, porque no quiero estropear esto. Me gustas demasiado. Me encanta lo que tenemos. No quiero definirlo, eso es como encerrarlo, meterlo en un molde y cortarle las alas. Y no quiero hacer eso. Quiero ser libre y decidir estar contigo en cada momento, y que tú lo seas y decidas estar conmigo. Sé que lo de ser amigos que se besan se nos ha quedado pequeño, pero no puedo saltar tan lejos todavía. Hoy quiero estar contigo, Jayden. Hoy quiero que sea así para siempre. Y a mí me vale con lo que es hoy. Aunque lo entiendo si tú no puedes conformarte con eso.

Me inclino hacia delante de forma brusca y la beso en los labios, como toda respuesta a su discurso. Mi impulso la hace retroceder para mantener el equilibrio, pero mis brazos se encargan de no dejarla ir muy lejos.

Responde a mi beso con la misma intensidad, mordiéndome la boca.

—El concepto de amigos que se besan ya no se ajusta a lo que siento por ti —murmuro.

Se pone de puntillas y enreda los brazos en mi cuello para profundizar el beso.

—Definitivamente, contigo quiero hacer mucho más que solo besarte —susurra, tan sensual que me funde hasta la última neurona funcional.

Bajo las manos hasta ponerlas sobre sus nalgas. La tela se pega por completo a su piel y siento todos sus músculos firmes bajo las palmas de las manos. No protesta, así que dejo que mis dedos acaricien, amasen, pellizquen y exploren todo lo que consideren necesario.

Ella me besa con urgencia, usando los labios, los dientes y la lengua. Y yo estoy ya tan cachondo que no puedo pensar. Atrapo su cuerpo contra el pesado saco, sin dejarle escapatoria. Y ella deja mis labios para besar mi barbilla y luego bajar por mi garganta, y mete las manos bajo mi camiseta para arañar mis abdominales y hacerme estremecer. Me inclino y poso la boca sobre uno de sus pechos, para lamer y morder a través de la tela. Pone las manos en mi pelo y la oigo gemir bajito, lo que todavía me hace perder más el control. Tira de mi pelo y me aparta, para abalanzarse de nuevo sobre mi boca y besarme de la forma más caliente que se pueda imaginar.

A la mierda el saco, esto es muy inestable y yo necesito tener las manos libres. Pongo un brazo bajo su culo y levanto su peso, sin dejar de besarla. Enreda las piernas en mis caderas en cuestión de décimas de segundo y cruza los tobillos sobre mis glúteos y así me empuja más contra ella. Gemimos a la vez, en la boca del otro, sin dejar de devorarnos los labios. La llevo hacia el fondo de la sala, hasta que su espalda choca suavemente con la pared. Vuelve a poner los pies en el suelo, pero empuja mis caderas para apretarme aún más contra su cuerpo.

—Tócame, Jayden —dice en un jadeo.

A este ritmo no voy a necesitar ni que ella me toque a mí, porque ya me siento a punto de explotar. ¿Cómo puede ser tan sexi? ¿Cómo puede hacer esto conmigo? ¿Cómo es capaz de llevarme de cero a cien en un segundo?

Obedezco sus deseos, por supuesto, porque tampoco

puedo pensar más allá. Y porque me muero por hacerlo. Meto una mano bajo su camiseta y lucho con el sujetador deportivo hasta lograr abrirme paso y rozar el pezón con las yemas de los dedos. Se tensa al instante y suelta una especie de suspiro. Yo vuelvo a besar su boca, con pasión, y con la mano derecha palpo el elástico de esos pantalones ajustados hasta poder colarme dentro y debajo de su ropa interior. Puedo notar enseguida lo húmeda que está. Separo nuestros labios para poder mirarla. Clava sus ojos en los míos, los de los dos llenos de deseo. Tiene la boca entreabierta y respira por ella, y se le escapa un jadeo y entorna los ojos cuando mis dedos recorren su entrada. Se muerde el labio y sus ojos se comunican con los míos, retándome, exigiéndome. Cómo me pone verla así. Y cuando mis dedos empapados en ella se desplazan y encuentran su clítoris, cierra los ojos y se aferra a mi cuello con un brazo, clavándome las uñas en el hombro. Nos besamos y gime suavemente en mi boca mientras estimulo su punto más sensible llevándola al límite. Paro antes de que alcance la meta y muevo la mano hasta colar un dedo en su interior y, pronto, otro más. Se mueve sobre mí, animándome a moverme al ritmo que marca.

Haley jadea contra mi boca. Y entonces ella también mete la mano en mi ropa interior, despacio pero decidida. Creo que suelto una palabrota en voz baja cuando rodea mi erección, y siento cómo sonríe, muy cerca de mí. Aumento el ritmo, entrando y saliendo de ella, y mi pulgar roza su clítoris con cada embestida. Nos tocamos cada vez más rápido y con mayor precisión, uniendo nuestros jadeos y mirándonos a los ojos.

Es inevitable que yo acabe primero. He intentado aguantar un poco más, pero no se puede decir que me haya puesto las cosas fáciles. Me besa los labios, silenciándome cuando suelto un gruñido extasiado demasiado alto. Su mano sigue dentro de mi pantalón y rodeándome, quieta.

Muevo la mano torpemente bajo su ropa interior mientras me recupero del orgasmo y la sangre va volviendo poco a poco a mi cabeza. Y luego la toco lo mejor que sé, dejando que su expresión y sus gemidos entrecortados me guíen para hacérselo justo como más le guste, hasta que se aferra a mi nuca y su cuerpo se estremece pegado al mío. Como ella, cubro su boca para tragarme los gemidos mientras se corre en mi mano.

Sostengo su peso entre los brazos cuando todo su cuerpo se relaja.

La beso en la frente, luego en la nariz y luego en la boca. Responde levemente a mis labios y siento cómo sonríe.

—Deberíamos darnos una ducha y cambiarnos antes de que Kevin tenga que bajar a buscarnos —dice, en un tono burlón que me hace sonreír.

—Sí, más vale —me muestro de acuerdo.

Me aparto para permitirle escapar de entre mi cuerpo y la pared. Se estira para besarme los labios de nuevo y luego tira de mi mano para guiarme fuera de la sala.

—Eso ha estado bien, ¿no? —comenta, como sin darle importancia, con una sonrisa traviesa, cuando estamos delante de las puertas de los vestuarios.

Me acerco más para besarle esa sonrisa.

—Haley, me vuelves loco. Ha sido increíble y te juro que me muero de ganas de meterme en esa ducha contigo ahora mismo y hacerte gemir muchísimo más.

Me pone una mano en el pecho y me aparta, mientras intenta controlar la sonrisa.

—Tu ducha está por allí, Jayden. —Señala con un dedo la puerta y me da un beso rápido en la mejilla—. Te veo ahora. Date prisa.

Y luego desaparece dentro del vestuario femenino.

Creo que nos hemos pasado al menos cinco minutos del

margen de tiempo que nos había ofrecido Kevin cuando pasamos por la recepción cogidos de la mano, pero él no protesta. Aún se queda dentro cuando nos despedimos y salimos a la calle.

—Me muero de hambre, ¿puedo invitarte a cenar? —propone Haley mientras caminamos con los dedos entrelazados.

—Solo si yo puedo invitarte a dormir —intento pactar.

—Entonces ¿qué te apetece? ¿Comida china?

Dejo que tire de mi mano y que me lleve hacia donde ella quiera. Después de lo que ha pasado, lo único en lo que puedo pensar es en las ganas que tengo de sentirla estremecerse en un orgasmo otra vez.

A pesar de ello, me contengo y mantengo las manos quietas incluso cuando llegamos a mi casa y se acuesta a mi lado. No podemos hacer mucho ruido porque Niall ya tiene la puerta de su cuarto cerrada y apuesto a que Britt está durmiendo con él esta noche.

Haley se ha puesto una de mis camisetas otra vez, y yo la acerco a mi cuerpo bajo las sábanas y sonrío cuando siento sus dedos jugar con mi pelo.

—Jayden —susurra en la oscuridad—, para mí tampoco tiene mucho sentido ya eso de amigos que se besan.

Me palpita un poco más rápido el corazón.

—Aunque seguimos siendo amigos —le recuerdo—. Y también nos seguimos besando.

—Sí —admite, con una risita baja—. Y ahora hemos subido de nivel y también somos amigos que se masturban.

—Y no sabes cuánto me gusta nuestra amistad —murmuro, pícaro.

Me hace cosquillas en el costado, riendo, y yo me retuerzo para evitarlo.

—Jay, tú... Eres especial para mí, ¿lo sabes? —dice, seria—. Y si no quiero definir esto no es porque no me importe.

Me resulta difícil definirte porque lo que me haces sentir no encaja en ninguna categoría que conozca.

Me arde una llama en el pecho que se extiende y me recorre por entero. Tengo que morderme la lengua para no decirle que creo que la quiero, porque sé que aún no necesita oír algo como eso.

—Creo que te entiendo, porque me pasa lo mismo contigo —confieso.

Se acerca lentamente hasta rozar mis labios, muy suave.

—No quiero que te sientas mal porque yo necesite frenar a veces, o no pueda avanzar tan rápido como tú quieres. Si no me hicieras sentir tanto no me daría miedo.

—No tienes que tener miedo —respondo, al instante—. Haley, yo no voy a hacerte daño. Nunca.

—Lo sé —suspira, y apoya la cabeza en mi pecho.

—Voy a cuidar de ti.

—Y yo voy a cuidar de ti.

Beso su pelo y la mantengo cerca hasta que se queda dormida entre mis brazos. Y creo que nunca había sido tan feliz.

Qué mierda que la felicidad sea algo tan frágil y efímero.

# 30

# HALEY

Meto la mano en el bolso y saco un par de frutos secos de la bolsa que tengo escondida dentro, miro alrededor y, con mucho disimulo, me los llevo a la boca. Los saboreo despacio, intentando que no se note que estoy comiendo en esta tienda tan elegante. La dependienta me echaría a patadas. Creo que ya tiene ganas de hacerlo solo para poder quedarse a solas con Jayden. Es mejor que no le dé una excusa.

Consulto el móvil cuando noto cómo vibra con la entrada de un mensaje de Liam.

> No te flipes. Solo es la moto con la que te dejan hacer las prácticas. Nunca será tuya. Y papá se encargará de que jamás tengas una, ni como esa ni de ninguna otra forma o tamaño.

Aguafiestas. Sé que solo responde así porque tiene envidia de que yo esté haciendo las prácticas para sacarme ese permiso de conducir y a él no le dejen. Y por eso le mando fotos mías en la moto tan a menudo como puedo. Si no lo hiciera rabiar no podría considerarme a mí misma una buena hermana mayor.

Guardo el móvil y levanto la vista cuando la cortina del probador se abre de golpe y Jayden da un par de pasos fuera. Recorro su figura con la mirada varias veces, antes de buscar sus ojos y morderme el labio. Está sexi con ese traje. Y no es que no lo esté con los vaqueros y el jersey que lleva hoy, pero es que con ese traje... En fin, es algo muy distinto. Y me dan ganas de plantarme frente a él y quitarle lentamente la chaqueta y... Mis hormonas y yo tenemos un problema después de lo del martes en el gimnasio y no sé por cuánto tiempo más voy a ser capaz de controlarlas sin volverme loca.

—Me siento ridículo —suspira Jay, al ver que yo no digo nada.

Me pongo en pie enseguida y me acerco hasta él, sonriendo de medio lado.

—¿Qué dices? Te queda increíble —piropeo—. En serio. Me gusta más este que el otro. Estás...

Me muerdo la lengua para no soltarle un «yo te follaba» en plan Hannah. Aunque fuera a decirlo de manera literal. Pongo las manos sobre su pecho y recorro las solapas de la chaqueta para luego abrocharle uno de los botones y cerrársela. La verdad es que, con el cuerpo que tiene, se me hace complicado creer que algo le pueda sentar mal.

El taconeo de la dependienta llegando a nuestro lado me obliga a dar un paso atrás cuando la mirada de Jayden ya me estaba empezando a quemar en los labios. Esta señorita elegante le sonríe coqueta y se planta delante, haciéndome retroceder más para que no me empuje con su cuerpo, y empieza a toquetearlo demasiado con la excusa de estirar todas las arrugas del traje.

Pongo los ojos en blanco detrás de ella y veo que a Jayden se le empieza a marcar el hoyuelo cuando ve mi gesto. La mujer lo toca más para hacer que se dé la vuelta y ponerlo frente al espejo, con ella a su espalda estirando los hombros de la chaqueta. Jayden gira la cabeza y me dedica una mirada suplicando auxilio a la que solo respondo sonriendo burlona.

Saco el móvil y le hago unas cuantas fotos. Se las mando a Sue, y tecleo un mensaje para dar mi opinión. Ha sido la madre de Jayden la que me ha pedido que lo acompañara a probarse unos cuantos trajes este viernes por la tarde, aunque él ya me había preguntado antes si podía venir. Creo que ella no se fía mucho de su hijo a la hora de elegir un traje apropiado para la boda. Aunque el verdadero problema es que a él no le gusta ninguno. Y eso que la señorita que nos atiende no para de lanzarle piropos.

—Tu madre está de acuerdo conmigo —digo, al leer la respuesta de Sue—. Este le gusta más.

—Pues ya está —suspira, como si se alegrara de poder poner fin a la tortura—. Que sea este y punto.

—Aún tienes otro más que probarte —le recuerdo.

—¿Para qué? Este os gusta, pues ya está. A mí me da igual.

Cojo aire para responder, pero alguien se me adelanta:

—Este es un traje muy elegante y, además, de la máxima calidad. La verdad es que te queda impecable. Aunque eso es fácil cuando hay un buen modelo para lucirlo, claro.

No puedo evitar que se me escape una risita, y Jayden gira rápidamente la cabeza para dedicarme una mirada asesina, pero termina sonriendo de medio lado cuando me ve haciendo esfuerzos por aguantarme la risa.

—Vale, me pruebo el otro, pero luego ya está. Eliges uno y acabamos con esto.

—Ya veremos —respondo, divertida.

Me entretengo mandándome unos cuantos mensajes con Sue, comentándole lo insufrible y gruñón que está Jayden con esto. No entiendo cómo puede decir que odia estar aquí probándose trajes, con lo engreído que es a veces. Creía que le encantaría ponerse ropa elegante y admirar su belleza en el espejo. Al menos uno de los dos está disfrutando con esto, lo admito.

Me pongo en pie de un salto en cuanto sale y le saco la primera foto, para su madre, antes de acercarme y pegarme a su cuerpo.

—Antes de que lo diga tu nueva enamorada, voy a decirlo yo: Jayden Sparks, te sienta tan bien un traje que tengo ganas de arrancártelo aquí mismo.

Carraspea, y me divierte ver cómo se le suben los colores a las mejillas y parece haberse puesto nervioso. A veces es tan mono...

—Entonces ¿te gusta más este?

—No, me gusta más el otro.

—¿Y por qué me has hecho ponérmelo? —gruñe.

Levanto la cara hacia él e imito su expresión, haciendo muecas de disgusto. Aprieta los labios, molesto.

—Lo siento, pero es que me encanta verte con traje. Por mí, podrías probarte ahora mismo todos los de la tienda.

—Voy a quitarme esto y nos largamos —deja claro, con el ceño fruncido.

—Espera, un par de fotos más para tu madre. Sonríe, Jayden.

Responde a mi petición burlona haciéndome un corte de mangas, y yo me río demasiado alto. Creo que eso es lo que llama la atención de la dependienta, que viene para opinar sobre el último traje y coquetear con él.

Sue me llama por teléfono cuando recibe las últimas fotos e intercambiamos opiniones sobre cuál es el traje que más nos gusta. Seguimos coincidiendo en el mismo, así que Jayden se planta y dice que va a comprar ese y que no piensa probarse ni un solo traje más en el resto de su vida. Pero el caso es que tiene que volver a ponérselo, para que puedan marcarle los ajustes necesarios para que el modista se lo arregle y le quede perfecto.

Ya es bastante tarde cuando salimos y empezamos a caminar hacia el lugar donde hemos dejado la moto.

—No te quejes tanto, tampoco ha sido una tortura. Solo has perdido un par de horas de tu vida poniéndote elegante —pongo en perspectiva mientras avanzamos el uno al lado del otro.

Estira el brazo y busca mi mano para entrelazar nuestros dedos.

—Y he odiado cada minuto —exagera.

—Ahora ya tienes traje para la boda y no te tienes que preocupar más de eso —señalo el lado positivo—. Tu madre está contenta, yo casi he perdido las bragas y tú ya te has quitado este trámite de encima.

Me mira de reojo y sonríe de medio lado, sin dejar de caminar.

—Me gusta lo de tus bragas —sigue mi broma—. Aunque veo que tú has disfrutado lo de esta tarde bastante más que yo. Exijo una compensación.

Finjo pensármelo por un momento.

—¿Quieres que vayamos a que me pruebe un montón de vestidos?

Lo oigo gruñir por lo bajo y se me ensancha la sonrisa.

—Más bien pensaba en que me invitaras a cenar o algo así.

—Qué soso —suspiro dramáticamente.

Llegamos hasta la moto, y yo me pongo el casco, que llevaba en la mano, y espero que él haga lo mismo, pero está consultando el móvil. Levanto la pantalla para mirarlo, en espera de que se decida a irnos de aquí. Me mira y me sonríe.

—Niall me ha mandado un mensaje para decirme que Britt y él no duermen en casa esta noche.

Siento un cosquilleo en la tripa cuando él suelta eso así de despreocupado, como si fuera información sin importancia. Pero eso significa que esta noche tenemos su piso para nosotros solos. Y eso significa que...

—¿Subes? —me mete prisa, cuando ya ha arrancado la moto y yo sigo plantada en la acera, con la cabeza llena de pensamientos pecaminosos.

Subo enseguida y me agarro a su cintura. Pone rumbo a su casa y espero que lleguemos antes de que se desate la lluvia que anuncia el cielo encapotado de esta noche. Las calles se ponen demasiado resbaladizas con las primeras gotas y hay que tener cuidado con la moto. No sé por qué mi padre sigue empeñado en que no puedo tener una, con lo prudente que soy, de verdad.

Llegamos al garaje antes de que caiga ni una sola gota y yo me bajo para que él pueda aparcar tras el coche de Niall. Veo que mi madre acaba de llamarme, así que le devuelvo la llamada y hablo con ellos mientras subimos al piso para dejar los cascos y decidir si salimos a cenar o pedimos algo a domicilio. A mi familia le digo la verdad, que he acompañado a Jayden a mirarse el traje para la boda de Tyler y Sue y que ahora vamos a cenar algo por ahí. Se fían completamente de Jayden y creo que prefieren que esté con él a en cualquier otro sitio, así que no hacen demasiadas preguntas. Mejor, así no me veo obligada a mentir.

—¿Quieres que vayamos a ese italiano nuevo que han abierto al final de la calle? —propone Jay, en cuanto cuelgo el teléfono.

—Vale. No sé si habrá mesa, pero podemos probar. Y si no podemos ir al de la paralela, está un poco más lejos pero me gusta.

—Muy bien. Vámonos antes de que empiece a llover.

Salimos de su casa, caminando esta vez. Me gusta la manera en que su mano envuelve la mía mientras paseamos juntos. Estoy segura de que no me cansaría nunca de esto. Y me siento especialmente bien esta noche, no sé por qué. Quizá porque la sesión de ayer con la psicóloga fue muy bien y me siento mejor conmigo misma. Quizá porque en mi última práctica con la moto me he lucido. Quizá porque el martes Jayden me dejó muy claro que esto para él es algo serio y, lejos de asustarme, me encantó. Estoy feliz, tranquila y muy a gusto. Quiero disfrutarlo al máximo.

Puede que sea mi estado *zen* lo que me hace sonreír en vez de molestarme cuando las primeras gotas de lluvia empiezan a caernos encima. La gente corre a nuestro alrededor para intentar llegar a sus destinos antes de acabar empapados. Jayden tira de mi mano, acelerando el ritmo. Estamos solo a una manzana del restaurante, pero yo no tengo tanta prisa. Detengo mi avance y ofrezco resistencia a su mano, haciendo que él frene también.

—¿Qué pasa? —pregunta, al girarse hacia mí—. Haley, vamos, nos vamos a empapar.

Pero yo me limito a sonreírle, traviesa.

—Es solo agua, Jay.

Da un paso hacia mí y me observa con media sonrisa, como si pensase que me he vuelto un poco loca.

—Ya. El agua moja.

Cojo su otra mano y tiro de las dos, para acercarlo más a mi cuerpo mientras gotas cada vez más gruesas caen sobre nosotros.

—No nos vamos a disolver.

—No, pero...

Cierro los ojos y levanto la cara, para recibir las gotas de lluvia. Jayden me pone las manos en la cintura y me acerca a su cuerpo.

—Estás loca —murmura, en tono dulce.

Cuando abro los ojos veo que está haciendo lo mismo que yo y eso hace que ensanche mi sonrisa. Estamos solos en la acera y cada vez llueve con más fuerza. Empiezan a resbalarle gotas del pelo que caen sobre sus párpados cerrados, y yo estiro la mano para apartar esos mechones con delicadeza. Baja la mirada hasta mis ojos.

—Estás muy guapo mojado.

Despega una mano de mi cintura para ponerla a un lado de mi cuello, apartando el pelo mojado, y acariciar la línea de mi mandíbula con el pulgar.

—Estás preciosa bajo cualquier condición climática.

Me pongo de puntillas para poder alcanzar su boca. Sus labios están mojados y fríos, pero el contacto arde entre los dos. Me aferro con una mano a su cazadora mientras la otra sujeta su nuca, manteniéndolo cerca. Y él también parece dispuesto a no dejar que me vaya muy lejos, con los dedos enredados entre los mechones empapados de mi pelo.

—Me encanta estar bajo la lluvia contigo —dice, al separar nuestros labios y apoyar su frente sobre la mía.

—Me encanta estar contigo.

Vuelve a besarme, profundo e intenso, y yo respondo de la misma manera. Nuestras lenguas se enredan y en mi interior se prende una mecha. Tengo el tiempo contado antes de explotar. Lo deseo tanto que es casi insoportable.

—Volvamos a tu casa —hablo sobre sus labios, y me aparto para encontrar sus ojos.

También están oscurecidos, impacientes y rebosantes de deseo. No tengo ninguna duda de que quiere esto tanto como yo.

—¿Qué pasa con la cena? —pregunta a media voz.

—Olvídate de la cena.

Tiro del cuello de su cazadora para volver a unir nuestros labios de manera brusca. Y luego echamos a correr de vuelta a casa. Corremos cogidos de la mano, debajo de la lluvia, riendo y parando a besarnos en cada cruce de calles.

Los dos estamos empapados cuando nos peleamos en broma para ser el primero en atravesar la puerta del portal. Yo consigo colarme primero y Jayden atrapa mi cintura entre los brazos cuando echo a correr hacia la escalera y acalla mis carcajadas girándome hacia él y besándome con intensidad al pie del primer escalón. No sé cómo logramos subir los tres pisos que nos separan de su casa, ni cuánto tiempo tardamos en hacerlo, porque vamos parando al final de cada tramo de escalera para comernos a besos. Para cuando estamos frente a su puerta mis labios ya han secado cada gota que resbalaba por su cuello y él ha hecho lo mismo con mi piel. Le arrebato las llaves de la mano para abrir, impaciente, cuando me desespera la parsimonia de sus movimientos.

—Vamos a mojarlo todo —advierto, en cuanto estamos dentro y él ha cerrado.

Compartimos una mirada en la que nos entendemos sin palabras, y los dos nos descalzamos y nos quitamos las cazadoras, dejando todo tirado en la entrada. Jayden se abalanza sobre mí antes de que me dé tiempo a dar un solo paso más hacia su cuarto, y yo cuelo las manos bajo su jersey y su camiseta para aferrarme a su espalda mientras besa mi cuello con dedicación. Le muerdo el labio inferior cuando su boca cubre la mía y entonces él pone las manos bajo mi culo y me levanta en el aire, para que nuestras cabezas estén a la misma altura y besarme de manera más cómoda. Enredo enseguida las piernas en torno a su cintura, con los brazos sujetándome a su cuello. Puedo notar en el roce de nuestros cuerpos que él está ya muy excitado. Supongo que tanto como lo estoy yo.

Carga conmigo hasta su habitación, sin dejar de besarme, y, por tanto, trastabillando y haciéndonos chocar a los dos contra las paredes sin que lleguemos a quejarnos en ningún momento. Atravesamos la puerta de su cuarto y la cierra tras nosotros con el pie. Luego apoya mi espalda en la pared y yo me separo de su boca para acariciar su labio inferior con el pulgar y luego empujar su barbilla y pegar los labios a su cuello. Huele deliciosamente bien, y sabe aún mejor. Su piel está suave y no sé si se ha afeitado hoy porque planeaba verme o si es fruto de la casualidad, pero me encanta que aún permanezca en su piel el olor del *aftershave*. Nos miramos a los ojos cuando vuelvo a levantar la cabeza. Sus manos siguen en mi culo y noto la tensión de los músculos de sus brazos cuando paso las palmas de las manos por ellos. Las cuelo entre nosotros y tiro levemente de su ropa, buscando el permiso para quitarle la parte de arriba. Mi espalda contra la pared y mis piernas rodeándole me dan todo el apoyo que necesito para mantenerme en el sitio mientras él se deshace del jersey y la camiseta y los tira al suelo sin ninguna contemplación. Luego sus manos vuelven a mi culo, y sus ojos dejan los míos para hundir la boca en mi cuello. Lo aparto solo para poder quitarme la parte de arriba yo también, y quedarme en sujetador.

Noto cómo traga saliva despacio, mientras sus ojos bajan y recorren mi escote lentamente, sin perder detalle. Tiro de su pelo para poder besarlo en la boca de nuevo, con necesidad.

—Joder —murmura pegado a mis labios—, tu padre me va a matar.

Echo la cabeza hacia atrás para poder mirarlo con reproche. ¿De verdad cree que es el momento para soltar algo como eso? Es insufrible, de verdad... Pero veo la sonrisa burlona que tira de las comisuras de su boca, marcando su hoyuelo, y me limito a soltar un bufido y mirarlo a los ojos con toda la intensidad posible.

—Cállate —gruño, antes de morderle la boca de nuevo sin contemplaciones.

Su sonrisa se mantiene por un solo segundo, y luego amolda sus labios a los míos hasta dejarme sin aliento.

Se mueve, girando conmigo entre los brazos, para acercarnos a los dos a la cama. Tropieza con la ropa que acabamos de tirar al suelo y aterrizamos sobre el colchón de manera más brusca de lo que seguramente planeaba. Suelto un quejido mezclado con una carcajada cuando su cuerpo aterriza sobre el mío. Jayden también se ríe bajito.

—Lo siento —se apresura a decir—. Perdona. ¿Estás bien? ¿Te he hecho daño?

Sacudo la cabeza, y me muevo bajo su cuerpo —que él ya sujeta con los codos apoyados en el colchón para no aplastarme—, para poder poner la cabeza en la almohada.

—Estoy bien —aseguro, aún soltando alguna risita.

Se inclina sobre mí para besarme de nuevo, lento, suave y dulce. Luego me mira a los ojos.

—¿Estás segura de esto?

Mantengo su mirada sin dudar.

—Segurísima. ¿Y tú?

Me besa de nuevo, más brusco que antes, y luego deja resbalar los labios por la línea de mi mandíbula hasta el lóbulo de la oreja.

—Más que seguro —susurra en mi oído.

Empieza a repartir besos por mi piel lentamente, descendiendo por el cuello y pasando por el escote para saltar luego la unión de las copas del sujetador y descender por el abdomen hasta más abajo del ombligo. Pongo las manos en su pelo y cierro los ojos durante todo el recorrido que hace su boca, permitiéndome sentir y sin pensar en nada que no seamos él y yo aquí y ahora.

Mis dedos trazan cada línea de los músculos tensos de su espalda cuando vuelve a subir sobre mi cuerpo hasta que sus labios me rozan la nariz. Acaricio sus costados y su cuerpo

reacciona tensándose de inmediato, en respuesta a las cosquillas. Me muerdo el labio, porque no me he dado cuenta
de que estaba en zona sensible.

—Perdona —murmuro, aunque tengo que tragarme una
risita.

—No puedes pedir perdón mientras te ríes, Haley, no es
creíble —protesta.

Y eso hace que me ría un poco más y él enseguida se está
riendo conmigo.

—Ha sido sin querer.

—Da igual. Soportaré las cosquillas por ti.

Levanto la cabeza de la almohada para poder alcanzar
sus labios una vez más y dejamos las risas atrás para abando-
narnos a la pasión mientras nuestras lenguas se enredan y
nuestros cuerpos buscan cada vez un roce mayor. Suelto el
botón de sus vaqueros y lo miro a los ojos cuando él se aparta de mí y me mira desde arriba.

—¿Puedo? —pido permiso, con los dedos sobre la cremallera.

Se le frunce un poco el ceño, pero a la misma vez esboza
una sonrisa leve.

—Ninguna chica me había pedido antes mi consenti-
miento —asegura, divertido—. Gracias por preguntar. Y, por
si no es obvio, estoy deseando librarme de estos pantalones.

Sonrío y le bajo la cremallera despacio antes de colar la
mano dentro y acariciar su erección. Estoy deseando quitar
de en medio toda esa ropa que nos separa.

Freno mis impulsos más primarios cuando noto que él
duda, estudiándome con detenimiento.

—¿Qué pasa?

—No, nada. Es que... hace mucho que no...

Sonrío al oírlo tan nervioso.

—No te preocupes, Jay. Tendré cuidado contigo —digo

372

en un susurro, que, aunque pretendía ser burlón, termina sonando dulce y sincero.

Nos miramos a los ojos en silencio por un par de segundos.

—Te prometo lo mismo —susurra finalmente en respuesta.

Me besa y algo más que deseo recorre cada rama de mi sistema nervioso, haciéndome sentir en la cima del mundo.

Luego él forma un camino de besos hasta el tatuaje de mi costado, mientras se quita los pantalones y los aparta hasta hacerlos caer al suelo.

—¿Puedo? —pregunta justo igual que he hecho yo, cuando sus dedos recorren la piel sobre la cinturilla de mi pantalón.

Asiento con la cabeza varias veces. Me los quita lentamente, posando los labios en cada centímetro de piel que va quedando al descubierto en mis muslos. Y luego vuelve a acomodarse entre mis piernas y nos miramos a los ojos mientras nos rozamos a través de la ropa interior y los dos gemimos a la vez. Me está volviendo loca. Es una tortura demasiado placentera que nos estemos tomando las cosas con tanta calma.

—Me flipas —murmura, con los labios a escasos milímetros de los míos.

Me muerdo el labio con fuerza para contener una risita.

—¿Te flipo? —repito, un poco burlona.

Cierra los ojos y pone cara de avergonzado, como si se diera cuenta de que acaba de meter la pata. Sonrío al ver su expresión.

—Perdona. Soy un pringado. Solo digo tonterías, yo...

Cojo su cara entre las manos y lo obligo a mirarme a los ojos, manteniendo mi leve sonrisa.

—Tú también me flipas, Jayden —susurro, con el corazón acelerado.

Sus labios se unen a los míos y me dejo llevar por este beso, mientras mis manos recorren su torso y luego cubren sus nalgas, empujándolo aún más cerca de mí. Nuestros gemidos suenan al unísono.

—Quiero quitarte esto —dice, con la mano sobre el cierre del sujetador.

—Quiero que me lo quites. —Arqueo la espalda para facilitarle la tarea.

Y luego sus manos y sus labios se pegan a la piel desnuda de mis pechos, consiguiendo hacerme suspirar de placer. Sabe muy bien lo que hace y cómo hacerlo, usando los dedos, los labios, la lengua y los dientes en su perfecta medida. Cuando creo que podría correrme solo con esto, abandona mi torso para desplazarse más al sur, hasta el borde de mi ropa interior. Me muero de ganas de que lo haga, pero, al mismo tiempo, se me desboca el corazón y me pongo nerviosa al darme cuenta de que él aún no lo ha visto. No sabe que existe. Y no sé si estoy preparada para lo que pensará de mí cuando lo haga.

Me baja la última prenda como si no tuviera prisa. Se detiene cuando aparece ante su vista y casi se me para el corazón esperando a que reaccione. Y lo que él hace es besar ese tatuaje dulcemente, sin dejarse ni una sola letra. Siento que se me llenan los ojos de lágrimas y los cierro para contenerlas. No sabe lo que significa para mí que él bese así esas letras marcadas en mi piel. Es como si aceptara y besara con mimo esa parte de mí. La más oscura. La de la Haley que se perdió y está solo volviendo a encontrarse.

—Me gusta tu tatuaje —dice, suave y cariñoso.

Ni siquiera quiero mirar esos trazos de tinta. No lo hago a menudo porque, a pesar del cambio, hay demasiados recuerdos de esos que duelen. Y me gusta ese *not yours* que ahora significa lo que debería haber significado siempre, pero nadie lo había visto hasta ahora excepto Hannah.

—¿Incluso con el *no*? —pregunto, con un hilo de voz.

Al fin y al cabo, tener un tatuaje que dice «tuya» en una zona tan íntima puede en cierta forma resultar sexi para cualquiera que logre acceder a ella, ¿no? Pero eso ya no es precisamente lo que dice.

—Precisamente por el *no* —responde sin titubear.

Levanto la cabeza para mirarlo. Sus ojos color miel brillan cuando conectan con los míos y nos decimos unas cuantas cosas sin necesidad de usar palabras.

—Sigue, por favor, Jay.

Obedece sin rechistar, deshaciéndose de mi ropa interior, y probándome, volviéndome del todo loca con sus dedos, sus labios y su lengua. Sabe hacerlo tan bien que me deja la mente en blanco y me lleva hasta el orgasmo mucho más rápido de lo que esperaba.

Cubre mi cuerpo con el suyo con delicadeza y me besa los párpados y la nariz mientras yo me recupero de un orgasmo que me ha sacudido por entero. Consigo moverme para rodear su cuello con los brazos y abrazarme a él con fuerza. Besa mi hombro repetidamente, con dulzura, hasta que decido apartarme y mirarlo a los ojos.

Esto es tan bueno que no puedo creerme que sea real. He tenido buen sexo antes, he tenido sexo buenísimo, sí, y adictivo, pero esto es otro nivel, porque no es solo sexo. Porque aparte de lo evidente, de lo físico, siento que Jayden y yo conectamos a otra escala.

Siento la necesidad de hacerle sentir lo mismo que él me ha hecho sentir a mí, de hacerlo estremecer, de ponerlo a temblar, de darle todo el placer que quiero. Lo empujo con todo el cuerpo, para hacerlo rodar y poder ponerme encima. El problema es que ninguno de los dos calculamos el espacio disponible hasta el borde de la cama.

Nos caemos al suelo, yo sobre él, y el golpe suena tan

fuerte que llega a hacer eco en las paredes de la habitación.

—Ay, mierda, lo siento —me apresuro a decir—. ¿Estás bien?

Sacude la cabeza, pero tiene una sonrisa en los labios que se me contagia al instante.

—Somos un desastre —se lamenta—. Yo quería que esto fuera perfecto.

—Es perfecto.

—Díselo a mi culo —lo pone en duda, burlón.

Empezamos a reírnos juntos, tanto que termina por dolerme la tripa mientras él me abraza contra su cuerpo, aún tirados en el suelo. Esto no es exactamente como me había imaginado todas las veces que he pensado en este momento, la verdad. Pero no importa. Me gusta así. Me gusta reírme con él, desnuda en el suelo. Me gusta alternar los momentos de máxima excitación con besos lentos y tiernos. Y me encanta lo que me hace sentir.

Me incorporo para intentar trepar de nuevo al colchón, pero Jayden pone las manos en mis caderas y me sostiene sentada sobre él, mientras mira mi cuerpo con deseo.

—Es increíble lo preciosa que eres, Haley —murmura al tiempo que una de sus manos asciende por mi costado y traza el perfil de mi pecho desnudo.

Cierro los ojos, disfrutando de sus caricias, y entreabro los labios para permitir que cuele el pulgar en mi boca. Lo lamo de la forma más erótica posible, satisfecha cuando veo cómo me observa y oigo el cambio en su respiración, que se hace más pesada.

—Vuelve a la cama —ordeno.

Se da mucha prisa en acomodarse a mi lado, y nos besamos mientras jugueteo con la goma de sus calzoncillos hasta bajárselos y liberar su erección. La observo, dura y dispuesta en mi mano, y luego lo miro a los ojos antes de pegar la boca a su cuello y descender por su piel, con los labios y la lengua, hasta alcanzar esa zona.

—Dios, Haley, me estás matando. Espera. Para. Sube aquí —me pide, tras solo un minuto.

Enreda las dos manos en mi pelo, para poder besarme con intensidad. Y yo le acaricio la espalda hasta arañarle el culo, con nuestros cuerpos pegados.

—Me gusta encima, Jay —advierto, en cuanto separamos los labios unos escasos milímetros.

Se deja caer de espaldas sobre el colchón, y estira los brazos a los lados.

—Haz conmigo lo que quieras —ofrece, tan entregado que consigue hacerme sonreír.

Saca una caja de preservativos del cajón de la mesilla, y se la quito de entre las manos para coger uno y ponérselo yo, despacio y con cuidado. Sostiene mis caderas cuando subo sobre su cuerpo y cierra los ojos y gime mientras lo introduzco en mi interior. La sensación es indescriptible y me alegro de que tengamos la casa para nosotros solos cuando mis gemidos pierden el control de volumen mientras él se mueve en mí. Empezamos despacio, con cuidado y besándonos tiernamente a cada ocasión cuando yo me recuesto sobre él o él se incorpora para alcanzar mis labios. Luego desatamos nuestros impulsos más acuciantes y perdemos el control, besándonos con lujuria, mordiéndonos y arañándonos la piel, y mezclando nuestro sudor entre jadeos y gemidos. Me dejo llevar por el placer cuando sus embestidas se hacen más profundas y su boca juega con mis pezones. Me sostiene entre los brazos cuando mi cuerpo se relaja y doblo la espalda hacia atrás. Y él se mueve más despacio, con más cuidado, hasta terminar con un gruñido ronco y la cara enterrada en mi cuello.

Acaricio el pelo de su nuca, mientras su cuerpo aún se estremece en pequeños espasmos. Luego, siento cómo sus brazos se ajustan aún más a mi cintura y me hace girar con él para tumbarme sobre el colchón y quedar tendido a mi lado, con la cabeza sobre mi abdomen. Intento recuperar el ritmo normal de mi respiración, poco a poco, con los dedos jugando en su pelo.

Me siento tan bien que es como si hubiéramos parado el tiempo, consiguiendo ese momento solo de los dos que tantas veces he deseado tener. Cualquier cosa que no seamos él y yo parece estar a años luz y carece por completo de importancia. Noto cómo se me forma la sonrisa sin que pueda controlarla. Mierda, es..., ha sido perfecto, con caída de la cama incluida. Tengo la mente en blanco y, cuando poco a poco empiezo a ser consciente de lo que ha pasado, me siento levemente avergonzada por no recordar con exactitud las cosas que he dicho o hecho cuando estaba entregada. Me retumban en los oídos unos cuántos «Dios, Jayden» mezclados con sus «Joder, Haley» y bastantes «me encanta», «me muero», «sí, así» y «sigue» por parte de los dos. Y también alguna palabrota más. Pero prefiero no rememorarlas demasiado.

Él es el primero en moverse, se incorpora, con mis manos aún en su pelo, para acercar la cabeza a la mía y mirarme a los ojos. Solo me doy cuenta de que sigo sonriendo cuando esa sonrisa se refleja en su cara también.

—¿Todo bien? —pregunta mientras me estudia.

—No ha estado mal —digo, en plan condescendiente, solo para picarle un poco.

Sonríe de medio lado.

—Ya. Un poco sin más —me la devuelve, y se encoge hacia un lado cuando le clavo un dedo en el costado como castigo. Luego vuelve a quedarse serio—. Me refería a ti, ¿estás bien?

Acaricio su mejilla y levanto la cabeza para rozar su nariz con la mía.

—Mejor que nunca —respondo en un susurro.

Me besa con dulzura. Y de verdad que me siento mejor que nunca. Se acomoda a mi lado y los dos nos tumbamos sobre nuestros costados, mirándonos de frente. Se dedica a hacerme caricias en la espalda mientras mis dedos recorren su perfil.

—Quiero que te quedes —dice de pronto, como si eso fuera toda una revelación.

—Vaya, menos mal. Sería la hostia que ahora me echaras de tu casa —bromeo.

Cierra los ojos y aprieta los labios, aunque se le escapa la sonrisa.

—Ha sonado fatal. Tenía mucho más sentido en mi cabeza —se lamenta, lo que me hace reír suave—. Es que esto nunca me había pasado antes. Me quedaría días enteros así contigo.

Me acerco más para poder besarlo en los labios. Y luego beso su nariz, sus párpados, su frente, sus mejillas, hasta que tiene que pedirme que pare, entre risas.

Y yo también me quedaría días enteros así con él. Y sé que apenas me daría cuenta cuando se conviertan en meses.

—Me encantas —susurro en su oído—. Y esta es una de las mejores noches de mi vida.

Nos quedamos largo rato aquí abrazados, acariciándonos y besándonos con ternura, hablando bajito aunque no molestemos a nadie, y riendo de una manera íntima y perfecta que rellena cada hueco resquebrajado que hay en mí. Estar con Jayden es fácil y bonito. Es emocionante y puro. Me da la paz que tanto he buscado. No me da miedo sentir lo que siento, aquí en este momento concreto, a pesar de que aún no me atreva a ponerle nombre.

# 31

## HALEY

Despertar a su lado, desnudos bajo el edredón, con su piel tocando la mía lo máximo posible es sin duda la mejor forma de empezar el día. He dormido de maravilla, como solo se duerme cuando estás en casa y a salvo. Y así es como yo me siento estando con él. Ni rastro de pesadillas.

Estrecha su abrazo en cuanto me muevo, y habla con voz adormilada, con los labios pegados a mi cuello:

—Buenos días.

Sonrío con los ojos cerrados. No sé qué hora es, pero soy consciente de que entra un montón de luz por la ventana. Anoche nos dormimos tardísimo. Siento los músculos entumecidos en varios puntos del cuerpo, después de todo lo que... en fin, hicimos. Y solo pienso en repetirlo todo de nuevo.

—Buenos días. ¿Aún quieres que siga aquí, o es el momento de echarme de tu casa?

Me besa el hombro, luego el omoplato, sobre el tatuaje, y luego la nuca y varios puntos de la columna vertebral, proporcionándome una sensación muy agradable.

—Quédate en mi cama todo el fin de semana —sugiere, mimoso.

Ensancho la sonrisa y muevo el brazo para acariciar su pelo revuelto. No quiero ni pensar en cómo estará el mío, que anoche se secó mientras nos enredábamos el uno en el otro entre las sábanas.

—No puedo —me lamento—. He quedado hoy con tu madre.

—Qué manera de cortarme el rollo —protesta, burlón.

Abro los ojos de golpe, alarmada.

—¡Jayden, he quedado con tu madre! ¿Qué hora es?

Intento incorporarme, pero me retiene entre los brazos.

—Es pronto —asegura, aunque no tengo dudas de que ni ha mirado el reloj—. Prontísimo. Puedes quedarte aquí conmigo durante horas.

—Voy en serio. Tengo que irme. Tengo que pasar por casa, coger el coche...

Me libro de su abrazo y me siento al borde de la cama. Entra demasiada luz por la ventana. Últimamente he dado pasos de gigante en cuanto a mí y mi autoestima, pero si hay algo que todavía me avergüenza es la posibilidad de que Jayden me vea completamente desnuda con tanta luz... con todos mis defectos expuestos. Busco por el suelo, pero no encuentro camisetas, solo pantalones, así que tiro del edredón para envolverme con él.

—¡Eh! —protesta cuando el resultado de mi acción es dejarlo a él desnudo y destapado sobre el colchón—. Haley...

Intento huir hacia el baño arrastrando el enorme edredón conmigo, pero él coge uno de los lados y tira de la tela hacia atrás, haciéndome caer de nuevo sobre la cama.

—¿Se puede saber qué haces? Haley —repite mi nombre con dulzura cuando me ve esconder la mirada—. Ven aquí. Y déjame verte.

Quiero protestar, pero no voy a admitir en voz alta que me da vergüenza que me vea desnuda a estas alturas, después de lo que pasó anoche. Tampoco hace falta que yo diga nada para que él lo sepa, de todas maneras.

Me mira a los ojos mientras me quita poco a poco el edredón. Se ha puesto de rodillas sobre la cama, sin avergonzarse en absoluto por no llevar nada que tape su desnudez. Se inclina hacia mí para besarme un hombro cuando lo descubre, y luego un poco más abajo, en el escote. Desliza la tela hasta exponer mis pechos, y envuelve uno de los pezones con los labios, endureciéndolo con un roce de lengua, y encendiéndome de golpe. Y, más abajo, besa la piel que queda a la vista. Después, el ombligo, la parte baja del vientre, y los muslos cuando por fin se deshace del edredón y lo deja a un lado.

A continuación, se aparta y me mira. Pasea los ojos por cada rincón de mi anatomía. Yo siento las mejillas ardiendo, pero al mismo tiempo me siento sexi, deseada..., poderosa. Me acerca más a él y sus manos me acarician la espalda, en solo un roce que me hace sentir unas cosquillas demasiado agradables.

—No tienes ni idea de lo preciosa que eres —murmura, con los ojos en los míos de nuevo.

—No digas eso.

—Me gusta cada centímetro de ti —sigue.

—Jayden...

—No hace falta que creas en mis palabras, si no quieres —me corta, en un tono más burlón—. Te lo puedo demostrar con hechos.

—¿Hechos?

—Reales y tangibles. —Se echa hacia atrás para sentarse sobre las piernas y deja a la vista su erección—. Todo lo tangible que quieras...

—Pervertido —protesto, pero creo que puede ver cómo se me escapa la sonrisa.

—¿Sabes? Yo también he tenido dudas de si te gustaría

cuando me vieras desnudo —me sorprende—. Yo qué sé, de alguna manera no soy tu tipo, ¿no? Sé que te atrae un tío como Kevin que, aunque odie admitirlo, está bastante más cachas que yo. Y, bueno, tu exnovio del instituto era por lo menos *running back*.

—*Fullback* —corrijo, solo por molestar un poquito.

—Lo que sea —gruñe, y yo sonrío—. Yo también quiero que te guste cada centímetro.

Lo dice en un tono tan obsceno que es imposible no saber exactamente a qué se refiere. Suelto un bufido e intento apartarme, pero me abraza, con sus carcajadas resonándome en los oídos, y yo lucho contra la sonrisa mientras me sienta a horcajadas en su regazo y nuestras pieles se rozan... por todas partes. Vuelve a acariciar mi espalda y luego pone las manos sobre mi culo. Tengo ganas de mucho más, pero también quiero decirle algo, y necesito que se lo tome muy en serio:

—Me gusta cada centímetro, Jayden —susurro en su oído—. Todo tu cuerpo y todo tú.

Echa la cabeza hacia atrás para mirarme y sus pupilas recorren mis facciones.

—Tu cuerpo me vuelve loco —asegura, con la vista clavada en mis labios. La sube despacio hasta mis ojos—. Y el resto de ti también.

Sonrío y me besa la sonrisa.

Y no sé cómo mis conexiones neurales son capaces de seguir funcionando y recordarme que tengo algún otro sitio en el que estar, pero lo hacen.

—No quiero irme, pero debería hacerlo —le recuerdo.

—Aún tenemos tiempo: si te acerco a tu casa con la moto te ahorras diez minutos.

—Diez minutos —repito—. Así que ese es el tiempo que necesitas para hacerlo, ¿eh?

—Solo si me esfuerzo y doy lo mejor de mí —me sigue la broma—. Y dado que esto es una situación desesperada que requiere medidas desesperadas, puedo hacer que te corras en cinco.

Estoy a punto de protestar ante eso, pero se mueve rápido haciéndonos girar y lanzándome de espaldas sobre el colchón. Me río a carcajadas hasta que él mete la cabeza entre mis piernas, y entonces la risa se transforma en gemidos que ni puedo ni quiero controlar.

Puede que de esos cinco minutos le sobre uno, o también puede que perdamos por completo la noción del tiempo entre mi placer y el suyo y ninguno de los dos queramos para nada mirar el reloj. Ya no me acuerdo de que existe más mundo fuera de su cama.

—¿Qué te parece, Haley?

La pregunta de Sue me trae de vuelta a la realidad de golpe. Llevamos ya un rato en la floristería, intentando conformar el que debería ser el ramo de novia perfecto, pero admito que estoy un poco distraída.

—¿Eh? Ah, bueno, no sé, creo que me gusta más con calas en vez de tulipanes —opino, cuando consigo centrarme.

—Vale. Sí. Puede que tengas razón.

Vuelve a observar cada flor durante largo rato. Habla con el florista y cuando él se aparta para buscar algo, se gira hacia mí y me mira detenidamente.

—¿Qué te pasa hoy?

Alzo las cejas, sorprendida por la pregunta. No me pasa nada hoy, ¿cómo iba a pasarme algo? Llevo todo el día flotando por encima del común de los mortales, sintiéndome mejor que bien.

—¿A mí? Nada. ¿Por qué?

384

Entorna los ojos como si así pudiera ver a través de mí. Espero, por mi bien, que no tenga de verdad esa capacidad.

—No sé, estás... —Parece pensar un momento cuál es la palabra más adecuada—. Llevas todo el día muy feliz.

—Será que tengo un buen día. —Intento disimular, y camino hacia uno de los mostradores como si me interesaran mucho las flores allí expuestas, solo para que no pueda mirarme a los ojos y ver todas las cosas que callo—. He dormido bien.

—Y mucho —añade, burlona.

He tenido que decirle que me había quedado dormida, cuando me he presentado en su casa casi dos horas tarde. No ha hecho demasiadas preguntas, pero, no sé por qué, creo que sospecha que le he contado una mentira piadosa. Jayden me ha llevado a casa con la moto, y me he duchado y cambiado en tiempo récord, pero ya no había nada que pudiera hacer para llegar a tiempo, así que he tenido que llamarla y decir que acababa de despertarme y que iría para allí enseguida.

Ahora ya es por la tarde y, por lo menos, hemos aprovechado bastante el tiempo, resolviendo unas cuantas cuestiones de la boda por Calabasas. Y yo me sentía con tantas ganas de vivir y de hacer cosas, que me he traído la cámara que Sue me regaló y la he estado acribillando a preguntas sobre fotografía durante nuestra breve parada para comer. Intento poner en práctica algo de lo que me ha enseñado con las flores que tengo delante.

Noto que se pone a mi lado, en silencio, y, por un momento, pienso que está observando mi técnica para darme otra clase gratuita y hacer posible que yo saque una foto increíble hoy. Pero qué va. Nada que ver.

—¿Qué tal ayer con Jayden?

Se me escurre la cámara de entre las manos, y doy gracias

por llevar la correa colgada del cuello y que no se haya estrellado contra el suelo.

—Eh... ¿Qué? —Me hago la despistada sin mirarla ni de reojo.

El corazón me va a mil por hora y estoy segura de que me sobraba el colorete cuando me he maquillado después de la ducha porque me he pasado el día entero con las mejillas encendidas. Espero que Sue no se esté dando cuenta.

—¿Se puso muy insoportable en la elección del traje?

Ah. Claro. Eso. Tengo el corazón palpitándome en la garganta.

—Gruñó un poquito, pero nada más —aseguro, con media sonrisa.

—Gracias por haber ido con él, cariño. Si no llegas a estar allí habría elegido el primero que le enseñaran sin probárselo siquiera.

—No lo dudo.

Sue se acerca un poco más y me abraza contra su costado.

—Me encanta que estés aquí con nosotros, Haley —dice, cariñosa.

Voy a contestar algo igual de bonito y significativo, pero el florista se acerca con una cesta de mimbre llena de flores, y Sue centra toda su atención en él.

—Vamos a ver el prototipo de nuestro ramo —me anima.

Permanezco a su lado, dando mi opinión cada vez que me la pide. Yo también me alegro de que ellos estén aquí, conmigo. A veces pienso qué habría hecho sin los Sparks desde que empecé la universidad, y lo que me imagino no es en absoluto agradable. Antes de venir a Los Ángeles ya eran como familia lejana, pero es que ahora se han convertido para mí en familia de verdad. No puedo ni plantearme cómo sería volver a vivir sin los intercambios de confidencias con Luke frente a la Play, o sin bromear con Tyler mientras le hago de pinche en la cocina, o cómo podría vivir sin Sue..., o sin Jayden. Y eso podría ser un problema porque ya no me veo capaz de renunciar a Jay, y no sé en qué medida cambiará mi relación con Tyler y Sue si algún día llegaran a saber lo que hay entre nosotros. ¿Y si sale mal? Es su familia, no la mía. Que las cosas entre nosotros lleguen al punto en que no podamos volver a ser solo amigos sin que uno de los dos salga herido significaría renunciar en cierta forma a ellos. A los tres. A los cuatro, porque, aunque prometimos que ante todo siempre seríamos amigos, eso se vuelve complicado cuando tu amigo es el culpable de tu corazón roto.

No quiero pensar en esto ahora. Estoy teniendo un día genial, flotando en una nube, y no me da la gana aterrizar tan pronto. Hemos llegado hasta aquí, y creo que ya es tarde para dar marcha atrás. Así que iremos hacia delante y solo podemos confiar en que ninguno de los dos salga herido.

Al salir de la floristería, pasamos por la tienda de vestidos de novia para que Sue se pruebe el que eligió con los primeros arreglos que le han hecho. La verdad es que ha escogido bien. No es para nada clásico, y encaja totalmente con ella. Escote corazón, falda vaporosa de tul, de un color blanco roto con detalles en negro en el bajo de la falda, y un cinturón negro bastante roquero. Y está guapísima con él puesto.

Tengo que esperarla un rato mientras le marcan los nuevos arreglos y se cambia de ropa, así que me entretengo con el móvil. Hannah no ha vuelto a contestarme después de todos los mensajes que nos hemos estado mandando hoy (está histérica con las novedades, claro), así que abro las redes sociales para matar el tiempo. Hace casi un año ya que las tengo totalmente privadas y escojo muy bien las solicitudes de amistad que acepto, y, además, tengo silenciadas todas las notificaciones. Hay unos cuantos corazones en mi última foto, y un par de comentarios de colegas del instituto. Y luego veo que tengo un nuevo mensaje privado de alguien desconocido y la aplicación me pregunta si quiero aceptarlo o no. Como si no acepto no podré verlo, doy mi permiso para que el mensaje entre. Y es entonces cuando me acuerdo de por qué nunca hago estas cosas, aun a riesgo de parecer borde con algún viejo conocido. Reconozco al remitente por la foto de perfil, es un chico que conozco de vista de la fraternidad de Daryl. Ni siquiera sabía su nombre hasta que lo veo reflejado en la pantalla. Y el mensaje dice básicamente lo que solían decir todos hasta que dejé de aceptarlos y ya no leí más: propuestas sexuales que me revuelven el estómago e insinuaciones sobre lo que han oído y lo que soy en la cama. Estoy bastante segura de quién es el que sigue hablando de mí por ahí para conseguir esto... Pero haga lo que haga no voy a lograr que Trevor se olvide de que existo.

Lo borro de inmediato y bloqueo al remitente. Sé que debería ignorarlo. No debería dejar que me afecte de ninguna manera, pero lo hace. Me siento desnuda frente a esto. Expuesta, agredida, angustiada. No puedo evitar que me deje mal cuerpo. Y mi mente decide volver a ser mi peor enemiga ahora, cuando estoy vulnerable, y empiezo a plantearme cada cosa que hice o dije ayer con Jayden en la cama, o en las que he hecho esta mañana. ¿Qué pensará de mí? ¿Seguirá viéndome de la misma manera que antes o pensará igual que ellos? ¿Le habrá gustado mi forma de comportarme con él, o creerá que soy «una auténtica guarra en la cama»? O quizá sea todo lo contrario, ¿no? Tal vez tuviera unas expectativas que no he llegado a alcanzar... Cierro los ojos con fuerza mientras le grito a mi mente «¡Basta!», en silencio. No voy a caer en esto otra vez. Quiero seguir recordando lo que ha pasado entre nosotros igual de feliz que hace solo unos minutos, porque así era como estábamos los dos esta mañana cuando nos hemos despedido, y entonces no tenía ninguna duda de lo que pensaba o sentía Jayden.

—Venga, ya podemos volver a casa, estoy agotada —dice Sue al aparecer a mi lado—. ¿Qué pasa? ¿Estás bien, cielo?

Fuerzo una sonrisa y asiento.

—Sí, bien —miento—. Vámonos y me enseñas lo de los encuadres antes de cenar.

Suelta una risita y entrelaza su brazo con el mío mientras caminamos de vuelta a su coche.

Para cuando llega la hora de la cena, Jayden lleva cerca de media hora aquí, en casa de sus padres. Me escabullo de la cocina, donde toda la familia está reunida, con la excusa de poner la mesa, solo porque me está poniendo un poco nerviosa la manera en que Sue interroga a su hijo mayor.

—¿Qué pasa hoy, han echado algo en el agua de Los Ángeles? Te veo muy contento. ¿Por qué estás tan contento? Incluso más pesado que de costumbre, sé que algo te pasa. ¿Por qué vas por ahí con esa cara de tonto, Jayden?

Imagino que es lo bastante sospechoso para que pueda relacionar su felicidad con la mía. Aunque hace rato ya que yo estoy bastante más taciturna. De todos modos, creo que es mejor que intente pasar desapercibida por el momento.

Y, entonces, cuando entro a coger los cubiertos, veo cómo Sue frunce el ceño y se acerca a Jay para tirar del cuello de su sudadera. Y seguro que ella lo ve tan claro como lo veo yo: Jayden tiene una marca en el cuello, justo sobre la clavícula, y yo sé en qué momento exacto se la hizo, o más bien *se la hice*.

—¡Mamá! —protesta, y se aparta de forma brusca.

—Ya veo. Entiendo que esto tiene algo que ver con que vayas por ahí tan contento.

Luke se acerca y se pelea con su hermano para poder admirar él también mi obra de arte. Lanza un silbido, y Jayden lo aparta de un empujón, molesto.

—A ver, dejad al chico en paz, que ya tiene edad para hacer en su intimidad lo que le dé la gana —pide calma Tyler mientras termina de servir la cena en los platos para llevarlos a la mesa. Luego se vuelve a mirarlo—. ¿Algo que contarnos, hijo?

—Ni de broma —gruñe Jayden, al tiempo que se levanta del taburete y coge un par de platos para llevarlos al comedor.

—Eh, chico, ese genio... Que se note que has follado —pica su padre, con una carcajada.

—¡Tyler! —protesta Sue.

Pero lo siguiente que hace la madre de Jayden es echarme un vistazo a mí. Por supuesto, escondo la mirada tan rápido como puedo y me largo de vuelta al comedor, con los cubiertos en la mano.

—Bueno, Jayden... —empieza Tyler en cuanto nos hemos sentado alrededor de la mesa.

Yo solo quiero que me trague la tierra ya, en serio.

—Papá, ya. Déjame en paz.

Pero puedo ver con el rabillo del ojo que se le escapa la sonrisa, al muy tonto. ¿Cómo pretende que no cotilleen y que no sospechen?

—Tranquilo, que iba a cambiar de tema —se defiende su padre—. Aunque quizá relacionado: ¿por qué vienes tanto por aquí últimamente?

Es un milagro que no me atragante con el último bocado de la cena. Menos mal. Un ataque de tos ahora me pondría por completo en el punto de mira, si es que no lo estoy ya. Resulta bastante obvio que Jayden viene mucho más a quedarse en casa de sus padres de lo que lo hacía el año pasado, aunque yo esperaba que lo achacaran a lo mucho que le afectó la enfermedad de Sue y cómo eso los ha unido aún más. Pero supongo que también es evidente para sus padres que, todas las últimas veces que ha venido, yo también estaba aquí. Y no sé si va a colar como una casualidad.

—Porque sigo siendo vuestro hijo —responde Jay, tan tranquilo—. Y un hijo es para toda la vida, padre. Además, ahora quedo con Asher mucho más.

Vale, lo de Asher ha sido una buena salida, aunque no creo que ellos vayan a creer que viene casi todos los fines de semana solo por su amigo.

En cualquier caso, yo me mantengo al margen y apenas abro la boca en toda la cena. Y luego me ofrezco a fregar, solo para poder esconderme y no seguir oyendo insinuaciones sobre la vida amorosa de Jayden.

Luke viene a ayudarme. Eso es lo que dice, aunque parece que no tiene mucha intención de ayudar.

—Vaya, Haley, qué loba. ¿Le querías chupar la sangre? —se burla en un susurro en cuanto estamos solos.

Estaba claro que esto no era ningún secreto para Luke, aunque no lo hubiéramos hablado así de claro todavía.

A veces odio un poquito a este niño. Justo como si fuera mi hermano.

—Cállate —siseo, molesta, y lo empujo con la cadera para que se aparte de mí.

No tarda mucho en dejarme sola, al ver que no estoy dispuesta a dar detalles.

Estoy tan metida en mis pensamientos y tan centrada en mi tarea, que no oigo que alguien se acerca por mi espalda y, cuando me clava los dedos en los costados, pego un bote y ahogo un grito. Jayden se ríe, con la boca tan cerca de mi cuello que su aliento cálido me hace cosquillas. Luego besa mi piel en ese punto y yo me aparto.

—Para —susurro.

—No hay nadie —me tranquiliza en el mismo tono.

—Ya, pero... Tu madre sospecha algo, Jay. Lleva todo el

día diciéndome que parezco muy feliz hoy —le cuento, en voz baja.

Sonríe con aire canalla. Le pego en el abdomen, con la mano mojada, y él se encoge un poco y se ríe ante mi ataque.

—Perdona —se disculpa, aunque sigue sonriendo y no parece muy arrepentido—. Es que yo sí estoy muy feliz hoy.

Nos miramos a los ojos y siento cómo mi estómago da un saltito.

—Estás disimulando fatal —acuso, en tono de broma.

—¿Yo? —se indigna, sin levantar para nada la voz—. No creo que necesites que te recuerde quién fue la que dejó marcas por todas partes.

—Sí, claro, ¿y tú qué?

Lo cierto es que yo no llevo una marca oscura en el cuello, pero sí en el pecho izquierdo, y un par en los muslos.

—Vale. Igual es mejor que cada uno se quede en su cama hoy, ¿no?

Asiento, de acuerdo con su sugerencia. Aunque creo que los dos ponemos la misma expresión de decepción; no hay nada que me apetezca más que dormir acurrucada contra su cuerpo.

Quizá por eso me resulta tan difícil conciliar el sueño esta noche. Me quedo tendida sobre la cama, mirando el techo durante más de una hora. A pesar de todos mis esfuerzos, no he conseguido dejar de sentirme mal después de lo de ese mensaje. Y sigo preocupada, aunque sepa que no tengo motivo alguno, por lo que piense Jayden. Siento la necesidad de que me envuelva en sus brazos y me dé cobijo hasta que reúna de nuevo las fuerzas para luchar contra mi propia mente traicionera.

Sin darle demasiadas vueltas me levanto de la cama y camino descalza hasta salir del cuarto. Había dejado la puerta entornada, para que *Piezas* pudiera entrar, y eso me permite no hacer ruido cuando la dejo durmiendo con toda la cama para ella sola. Camino de puntillas hasta la habitación de Jayden.

Me siento mejor cuando me meto bajo las sábanas a su lado y siento el calor que emana de su cuerpo. De repente, ya nada tiene importancia. El sexo ahora es nuestro y solo nuestro y no importa lo que piense la gente mientras nosotros nos entendamos. No tengo dudas sobre lo que siente Jayden. Sonrío cuando rodea mi cuerpo con los brazos y me atrae hacia él.

—Hola —susurra.

—Hola.

Busca mis labios para besarme despacio, con cuidado. Soy yo quien profundiza el beso y cuelo la mano bajo su camiseta para acariciar sus abdominales. Quiero demostrarle cuánto me gusta y el sexo es la manera fácil de hacer eso, supongo. Además, también quiero demostrarme a mí misma que lo de hoy no me ha afectado en absoluto. Aunque la verdad es que solo tengo ganas de acurrucarme con él en silencio y escuchar los latidos de su corazón.

No sé si Jayden tiene el superpoder de leerme la mente, o de ver en mi interior, pero detiene mi mano cuando migra al sur y juguetea con la goma de su pantalón de pijama.

—No tienes que hacer esto. Está bien si solo quieres que te abrace esta noche.

Eso me deja claro que ha podido notar mi estado de ánimo durante la cena. Me abrazo a su torso y dejo que me ancle a él, dándome el cobijo que necesito hasta que haya amainado la tormenta.

—Contigo me siento a salvo.

Y para mí, ahora mismo, eso lo significa absolutamente todo.

# 32

# HALEY

Debería levantarme del sofá y empezar a arreglarme de una vez si quiero estar lista para mi cita de esta noche con Jayden, pero lo cierto es que no me siento con ganas de mover ni un músculo. Me ha venido la regla a mediodía, mientras estábamos con la prueba del menú en esa finca de ceremonias tan bonita y acogedora en la que va a celebrarse el enlace de Tyler y Sue. La comida estaba buenísima, pero mi ciclo hormonal me ha fastidiado el día y ahora lo único que quiero es quedarme acurrucada hecha un ovillo con una manta, comer chocolate, y puede que llorar. Maldita menstruación.

—Si yo fuera Jayden preferiría que anularas la cita a tener que verte ese careto toda la noche —se mete Mark conmigo, mientras recoge todo lo que tenemos desordenado y fuera de lugar en el salón.

No es que esté limpiando porque sea el más pulcro de este piso, ni nada de eso; es que ha invitado a Fer a cenar y, por alguna extraña razón, quiere prepararle una cena especial. Ha puesto velas en la mesa de comedor. Y ese es otro de los motivos por los que debería levantarme de aquí y largarme para darles intimidad. Britt ya lo ha hecho y Tracy está en

Bakersfield, así que soy la única que corre el riesgo de sujetar esas bonitas velas mientras ellos cenan.

—No quiero fastidiaros el plan a Fer y a ti.

—No nos fastidias nada. Te quedas encerrada en tu habitación y listo. Y, por tu propio bien y para evitar traumas mayores, puedes dormir con unos tapones para los oídos —añade, burlón.

No contesto. Me levanto del sofá y camino hasta mi habitación, dispuesta a hacer el esfuerzo de cambiarme de ropa.

No encuentro nada que ponerme. Me sentiría fatal con todo. Me siento muy incómoda en mi propio cuerpo, tengo la impresión de estar hinchada como una maldita pelota de playa, y me pesan tanto las piernas que dejo el armario abierto y me tumbo en la cama, para evaluar las prendas desde allí. Miro el reloj. A lo mejor aún me puedo quedar aquí acurrucada y calentita diez minutos más.

Esto es absurdo. Mark tiene razón. No voy a ser una buena compañía si me obligo a salir de casa esta noche cuando lo único que quiero hacer es quedarme en la cama y ver alguna película que no me haga pensar.

Llamo a Jayden.

—Hola —saluda en cuanto descuelga—. ¿Qué pasa? ¿Estás mejor?

Cuando me he despedido de él antes de volver de Calabasas ya le ha quedado claro que mi única intención para la tarde era meterme en la cama y dormir un par de horas.

—No mucho —respondo, sincera—. ¿Has llamado para reservar mesa para esta noche?

—No, aún no. No sabía si ibas a tener ganas.

A veces odio que parezca conocerme tan bien. Otras veces no.

—No me apetece demasiado moverme de casa.

—Vale. No pasa nada —me tranquiliza—. Iremos a ese restaurante otro día.

Es la segunda vez que estamos a punto de ir a ese italiano nuevo de su barrio y lo cancelamos en el último minuto. La primera vez fue porque preferí arrastrarlo de vuelta a su casa y acostarme con él por primera vez. Esta vez no me gusta tanto el motivo.

Me llena de ternura lo rápido que me deja claro que entiende mi situación.

—Siento dejarte plantado en el último momento. Tengo muchas ganas de verte, Jay, pero me temo que mi cuerpo no quiere dejarme salir de casa esta noche.

Sé que está sonriendo al otro lado, aunque no pueda verlo.

—Oye, ¿y qué tal si llamo al restaurante y encargo algo para llevar y cenamos en tu casa? Imagino que algo tendrás que cenar, ¿no? —propone, aunque enseguida parece arrepentirse de su entusiasmo y añade—: Bueno, a lo mejor solo quieres dormir, o te apetece estar sola y... Olvídalo. Lo dejamos para otro día.

—¡No! —exclamo, puede que con demasiada vehemencia—. No. Me encanta la idea. Tengo ganas de pasar un rato contigo, si a ti no te importa venir aquí y...

—Claro que no me importa.

—No puedo prometerte arreglarme más que con un pijama.

—Me encantan tus pijamas. Y yo puedo ir en chándal para estar a la altura.

Sonrío.

—Me apetece mucho —confieso, en voz más baja, y tengo que morderme la sonrisa—. Lo que pasa es que Mark y Fer tienen una especie de cena romántica en el comedor, así que tendríamos que cenar encerrados en mi cuarto como unos apestados.

—Pondremos música para no oírlos —sugiere, divertido.

—Suena bien.

—Entonces te veo en un rato, ¿vale?

Me despido de él y me arrastro fuera de la habitación de nuevo para contarle a Mark que Jayden viene a cenar conmigo y dejar bien claros los límites de la casa para no estorbarnos ni molestarnos los unos a los otros.

Algo más de una hora después estoy sentada en la cama, hablando con mi primo Simon a través del portátil, con un pijama calentito para estar por casa y el pelo recogido en un moño mal hecho, cuando oigo la voz de Mark gritándome desde el pasillo:

—¡Haley! ¡Está aquí tu Romeo!

Mierda. Me tenso de golpe cuando me doy cuenta de que ni siquiera me he peinado mirándome al espejo. He perdido mucho tiempo hablando con Simon, y, vale, no tenía intención de arreglarme mucho, pero un mínimo de decencia no habría estado de más.

«Ya ha llegado Jayden», le cuento a mi primo, con repentina prisa por cortar la llamada.

«Pues no seas borde y deja que lo salude», pide, con una mueca.

Aprieto los labios, pero no respondo.

Unos toques suaves en la puerta preceden su entrada. Entre Jayden y yo hay confianza, supongo que no le asustará verme con estas pintas, al fin y al cabo.

Sonrío en cuanto lo veo porque, como ha dicho antes, viene vestido con unos pantalones de deporte y una sudadera. Trae unas bolsas en una mano y un par de vasos que ha debido de coger de la cocina en la otra, además de una botella de agua debajo del brazo.

—Hola —saludo cuando responde a mi sonrisa con una parecida—, estaba hablando con mi primo, pero le cuelgo ahora mismo.

Digo eso con toda la intención y sabiendo que Simon me está leyendo los labios, porque he podido ver en la pantalla cómo ponía caras y se burlaba de mí cuando me ha visto sonreír a Jayden.

—No, espera. Déjame saludarlo.

Deja todo lo que traía entre las manos sobre la mesa de estudio y luego se sienta al borde del colchón, a mi lado, para asomarse a la cámara.

«Hola, ¿cómo estás?», signa perfectamente, como si llevara expresándose así toda la vida.

Lo observo interesada y seguro que un poco atontada. Me encanta que siempre se interese por mi primo y que quiera llevarse bien con él y poder entenderse.

«Hola. Muy bien, ¿cómo estás tú?», le responde Simon, con una sonrisa.

«Estoy bien —sigue Jayden—. He traído comida para alimentar a tu prima.»

¿En serio? ¿Quién le ha enseñado a decir eso en lengua de signos? Porque, desde luego, no he sido yo. No lo hace con tanta soltura como lo de antes, y se nota que se esfuerza en intentar recordar cómo expresar cada cosa, pero está claro que ha estado aprendiendo en algún lado, a mis espaldas. Me llena de ternura y siento como si el corazón me creciera en el pecho, inflándose poco a poco.

Tengo que tener cara de estar flipando, porque lo estoy. Y admito que también estoy bastante emocionada; tanto que hasta se me llenan los ojos de lágrimas. Malditas hormonas.

Interrumpo su conversación para que no se den cuenta de cómo me está afectando y también porque quiero que Simon desaparezca ya de esa pantalla y poder quedarme a solas con Jayden sin ningún testigo.

Cuelgo la llamada y cierro el portátil para poder quitarlo

de en medio. En cuanto hago eso me encuentro con los ojos color miel de Jayden clavados en los míos.

—¿Tienes hambre? —pregunta, como si aquí no hubiera pasado nada.

—¿Qué ha sido eso? —interrumpo, y aguanto la media sonrisa que lucha por aflorar a mis labios—. ¿Quién te ha enseñado a decir todo eso en lengua de signos?

Encoge un hombro y luce una sonrisa traviesa.

—Te dije que quería aprender, pero tú no quieres enseñarme así que he tenido que buscar ayuda por otro lado. —Sigo mirándolo en silencio—. Tu primo es muy importante para ti, y sé que solo él puede contarme muchas cosas muy interesantes, así que no me compensa que tengas que hacerme de traductora cada vez que lo vea, me contarías solo la parte que te interesa.

No puedo admitir en voz alta que tiene razón, pero su expresión divertida me indica que lo sabe.

No puedo creerme que esté haciendo todo esto. Por mí. Porque es algo que forma una parte muy importante de mi vida y, al parecer, él también quiere formar parte de ello.

—¿Quién te ha enseñado? Ha sido él —acuso a mi primo.

—Me ha estado dando algunas clases —reconoce, con gesto inocente.

—No hacía falta, ¿sabes? Hannah también puede traducir y contarte trapos sucios —le recuerdo, para no soltar una lagrimita tonta.

Lanza una especie de bufido incrédulo.

—Hannah está demasiado de tu parte. Aunque, bueno, Simon también está demasiado de tu parte y, como yo también lo estoy, supongo que da un poco igual —medio bromea.

—¿Qué más te ha enseñado? —Lo pongo a prueba.

Finge pensar por unos cuantos segundos, antes de empezar a signar.

«Eres muy guapa. ¿Cómo va eso? ¿Vienes mucho por aquí?»

Suelto un par de carcajadas y veo cómo se ensancha su sonrisa.

—¿Solo te ha enseñado frases para ligar?

No sé cuál de los dos es más tonto, de verdad, pero entiendo que se lleven tan bien.

—Me ha enseñado lo que consideraba más importante —lo defiende.

Niego con la cabeza, con desaprobación, aunque no puedo borrar la sonrisa. Jayden me frena cuando estoy a punto de levantarme de la cama para sacar la cena de las bolsas que ha traído.

—Me enseñó una cosa más.

Lo miro interesada. Esperando la siguiente tontería. Pero él está muy serio y me aparta con cuidado un mechón de pelo de la mejilla y lo coloca tras la oreja, antes de clavar los ojos en los míos y prepararse para signar.

«Te quiero.»

Vuelvo a sus ojos en cuanto sus manos terminan el movimiento. Él no los ha despegado de mí. Mi corazón parece estar sufriendo una arritmia severa y hay como un millón de explosiones distintas teniendo lugar al mismo tiempo en diferentes partes de mi organismo. Una sensación cálida, agradable y familiar. Y al mismo tiempo un temblor incontrolable en las entrañas. Una chispa de euforia. Y unas ganas absurdas de llorar.

—¿Qué has dicho? —pregunto a media voz—. ¿Vas en serio?

Él sonríe, aunque parece inseguro ante mi reacción. Se inclina hacia mí y me pone las manos en las caderas, con su cara muy cerca de la mía.

—Haley, te quiero —murmura, bajito y suave.

Dejo que mis labios acaricien los suyos con ternura, cuando mi cuerpo toma todo el control por mí y mi mente se funde a negro.

No tengo dudas, aun así. Ninguna duda de lo que esto me hace sentir. De que me encanta oírselo decir, y que me encanta aún más que lo haya hecho en lengua de signos. Y tampoco tengo dudas de que yo podría decir lo mismo en respuesta aquí y ahora.

Pero tampoco tengo ni una sola duda de que no voy a ser capaz de hacerlo.

No parece importarle. Enreda una mano en mi pelo para profundizar el beso y el mundo desaparece hasta que él y yo somos los únicos seres que quedan. Lo único que importa.

—Jay...

Su pulgar me acaricia despacio la mejilla, con ternura.

—No tienes que decir nada.

Creo que mi sonrisa le pone difícil besarme justo como él quiere, pero, aun así, lo intenta. Luego se aparta y es él quien me mira con una sonrisa.

—¿Cenamos?

No espera respuesta. Se pone de pie y coge un par de cojines de la cama, para dejarlos en el suelo, antes de empezar a sacar el contenido de las bolsas y extender los envases de comida en la zona que queda entre ellos, como si esto fuera un pícnic improvisado.

—Para esta noche, señorita, he decidido deleitarle con una cena italo-japonesa —explica, en un tono tan solemne que resulta inevitablemente cómico—. La comida es italiana, pero se cena en el suelo. Es lo que los expertos vienen a denominar *cocina fusión*.

Me río y dejo que me coja la mano y me guíe hasta mi sitio.

—Me da la impresión de que no se refieren a esto, pero a mí me vale.

La cena está buenísima y, aunque ha pedido para mí mi plato favorito y para él el suyo, acabamos compartiendo los dos. Estar así con Jayden me hace olvidarme de lo mal que me he estado sintiendo toda la tarde e incluso mi cuerpo parece menos incómodo y dolorido teniendo el suyo tan cerca. Me olvido de que estoy hecha un desastre. Él me hace sentir preciosa todo el tiempo y no tengo ni idea de cómo lo hace.

Aún nos quedamos sentados en el suelo un rato, frente a frente, cuando la comida ya se ha terminado. Y yo me estoy quejando por haber comido demasiado y echándole la culpa por comprar tanta comida y, encima, tan rica.

Se arrastra por el suelo para ponerse más cerca. Y quiero hacerlo ahora. Quiero abrir la boca y soltarlo. Quiero decirle que yo también lo quiero, que tenía tanto miedo de enamorarme que me ha costado darme cuenta de que ya lo había hecho aun sin querer. Y que me siento bien con ello. Que me hace feliz.

Pero se me cierra un nudo en la garganta antes de formar las palabras.

—Estás preciosa —dice él, ajeno a todo lo que pienso.

Niego con la cabeza y bajo la mirada.

—Venga ya —suspiro—. Con el pijama, sin maquillaje y con este moño.

—Sí. Con pijama o con vestido, con maquillaje o sin él, y, joder, sí, con ese moño.

Me inclino hasta estampar los labios contra los suyos sin ningún tipo de delicadeza. Si por alguna maldita razón mi voz se niega a expresar lo que de verdad siento, necesito encontrar otra manera de demostrarlo, ¿no?

—Creo que esta es la mejor cita en la que he estado nunca —confieso, en un susurro, a apenas unos milímetros de sus labios.

—No esperaba menos, me he vestido para la ocasión. —Sonríe contra mi boca cuando vuelve a besarme.

Acabamos tumbados sobre la cama, besándonos despacio. Y sé que es tarde y que él solo ha venido a cenar y tiene la intención de irse en cualquier momento. No quiero que lo haga. Quiero que se quede.

De alguna manera empieza a agobiarme la idea de que se marche. Tengo miedo de que se vaya antes de que pueda decir lo que siento por él. Necesito que lo sepa.

Pero no encuentro las palabras.

—A pesar de que la cama sea enana y si no es lo peor que va a pasarle a tu espalda..., ¿te quedas a dormir? —pido, protegida por su abrazo.

Sé que sonríe, aunque no pueda verlo.

—Sí. Claro que me quedo.


Niall y Britt vienen juntos a casa el domingo por la tarde. Llegan antes de que vuelva Jayden, que ha ido a comer con su padre al centro para charlar a solas de no sé qué detalles secretos entre novio y padrino para la boda. Fer lleva todo el día aquí y Mark y él parecen estar más cariñosos que nunca entre ellos, así que imagino que la cena de anoche sí fue romántica.

Niall está extendiendo sobre la mesa baja del salón el juego con el que vamos a pasar la tarde cuando Jayden llama al timbre. Está bastante serio cuando entra, y, por un momento, me da la impresión de que no sabe muy bien cómo saludarme delante de nuestros amigos, así que tengo que ser yo la que se estira para besarlo en los labios.

—Venga, tío, te estábamos esperando para jugar una partida —lo saluda Niall, como si ellos llevaran aquí más de los diez minutos que hace que han llegado en realidad.

Jayden se quita la cazadora y la deja en el respaldo de una de las sillas de comedor. Me siento a su lado en el sofá, con nuestros amigos, en torno a la mesita, donde ya se reparten las cartas del juego. Me inclino hacia él para poder hablarle en voz baja.

—¿Qué te pasa? ¿Estás bien?

Ni siquiera me mira cuando asiente con la cabeza y suelta un monosílabo acorde al gesto como toda respuesta. Pero es obvio que eso no es verdad.

—¿En serio? Vamos, Jay —insisto. Empiezo a preocuparme un poco más cuando endurece el gesto, aunque resulte casi imperceptible—. ¿Todo bien con tu padre? ¿Ha pasado algo?

—Todo bien, Haley. —Me lanza una mirada de advertencia para que no siga preguntando—. De verdad. Déjalo.

Entonces me doy cuenta de que esto no tiene nada que ver con su padre, ni con nada que haya sucedido por el camino, sino *conmigo*. Le pasa algo conmigo. Está molesto, obviamente, y ni siquiera sé por qué. Estábamos bien cuando se ha marchado de aquí esta mañana. Hemos dormido juntos, ayer lo pasamos bien, bromeamos, nos reímos, nos besamos..., él dijo que me quiere. Pero esa burbuja parece haberse deshinchado rápido, como si hubiera encontrado un clavo en su camino. Sí, porque él dijo que me quiere, pero yo no pude decir lo mismo. Y aseguró no querer que dijera nada, pero creo que empiezo a conocer esta parte de él y que un silencio al otro lado está dejando de servirle. Y que no sea capaz de hablarlo conmigo me hace sentir aún peor.

Suspiro y me aparto de él en el sofá, para dejarle claro que no soy el saco de boxeo de nadie y, si no quiere hablar, no voy a ser quien aguante su mal humor.

Intento centrarme en el juego, pero no estoy al máximo de concentración.

Britt gana la primera ronda y Mark empieza a protestar y a meterse con ella y su suerte de principiante, porque todos sabemos que Mark es muy competitivo y muy mal perdedor.

—No te piques, cariño —le pide Fer, burlón—. No será la primera ni la última vez que pierdes. Eres un poquito negado para este juego.

—¿Perdona? —Tengo que apartarme hacia Jayden cuando la voz de Mark sube un par de puntos de volumen por la indignación, justo a mi lado—. Mira, bombón, en la vida me has ganado tú a un solo juego, así que será mejor que te guardes esa opinión tan equivocada y no me vayas difamando por ahí.

—Claro que me ganas siempre —le da la razón su chico—. Me ganas porque siempre te dejo ganar; ya nos conocemos y te pones muy tonto cuando pierdes.

—¡Que me dejas ganar! —exclama Mark, que se pone en pie de un salto—. Fernando, hasta aquí hemos llegado. Sal inmediatamente de mi casa y llévate contigo tus sexis calzoncillos de dinosaurios.

Pero el otro se limita a soltar una carcajada y se acomoda más en su sitio.

—Quiero dejar claro que no llevo calzoncillos con dibujitos —nos informa a todos los demás—, se refiere a la talla por el increíble tamaño de mi...

—¡Claro que no estoy hablando del increíble tamaño de tu nada! —chilla Mark, aunque no puede evitar que se le escape una risita—. Venga, lárgate, ya no quiero que te lleves bien con mis amigos.

—Tarde —mete cizaña Niall, y se protege con un cojín cuando mi amigo le dedica una de esas miradas que matan.

—No engañas a nadie, Markie —suspira Fer, tan tranquilo—. No superarías nunca haberme dejado marchar. Chicas, ¿aún os sigue diciendo que soy solo su rollo de verano? Porque anoche se me puso en plan romántico...

—¡Cállate!

Mark se lanza sobre él, para taparle la boca con las manos, y se pelean en broma, los dos riendo como unos críos, mientras Fer intenta seguir hablando.

—Diles lo que me decías anoche, guapo. Venga, que son tus amigos, no se van a burlar de ti nada más que un poquito...

—Te odio, Fernando.

—Sonaba parecido, pero no igual. Mira, estás loco por mí. Aquí. —Se señala la palma—. Aquí te tengo. Comiendo en la palma de mi mano.

Me sobresalta la brusquedad de Jayden cuando se levanta de mi lado y se aleja hacia la puerta de la terraza. Me giro a mirarlo, sorprendida, y hasta Mark y Fer se quedan quietos y en silencio. Creo que él no se entera de las miradas curiosas que ha dejado atrás ni de la tensión que ha quedado en el ambiente, donde nadie se atreve a decir ni una palabra, porque ya está fuera, asomado a la calle.

Y creo que esa es mi señal para ir a ver qué le pasa, ¿no?

No me levanto al instante porque las miradas de nuestros amigos clavadas en mí me dejan anclada en el sitio por unos segundos.

—Perdón —murmura Fer—. ¿He dicho algo que...?

Sacudo la cabeza.

—No. No es culpa tuya.

Me pongo en pie y camino hacia la terraza.

La culpa es mía, supongo. En parte lo entiendo. Pero no del todo. Y lo que no entiendo es que tenga que portarse así y ponerse dramático delante de todo el mundo. Así que ya empiezo a estar un poco irritada cuando salgo a la terraza y vuelvo la puerta para evitar que nos oigan. El problema con lo que siento ahora es que no sé si estoy más irritada con él o si lo estoy conmigo.

—¿Se puede saber qué demonios te pasa? —hablo a su espalda.

Me cruzo de brazos en cuanto se vuelve a mirarme.

—Lo siento.

—No —advierto, firme. Le sostengo la mirada cuando sus ojos buscan los míos—. Di lo que tengas que decir.

—Pensaba que iba a poder con esto, Haley, pero no puedo.

Esas palabras, que suenan tristes y duras al mismo tiempo, aprietan mi corazón hasta que duele. Me cuesta volver a llenar los pulmones de aire, y mucho más poder hablar.

—¿Poder con qué? —pregunto, con un hilo de voz.

Tampoco hace falta que responda porque ya lo sé. No puede seguir tirando de mi mano mientras yo no paro de tropezar en el camino. Lo único que hago es retrasarlo y no permitirle avanzar. Y toda la culpa es mía, porque no consigo ser lo suficientemente fuerte como para seguir adelante yo sola. Porque sigo teniendo miedo y dejo que me controle. Porque me sigo callando aun cuando tengo ganas de gritar.

—Tú y yo nunca vamos a estar en el mismo punto y pensaba que no importaba tanto, pero ahora ya no me basta con esto —confiesa con la voz rota.

Se me cierra el estómago y siento cómo se revuelve. Va a dejarme. Me está dejando y ni siquiera tenemos nada sólido que romper porque yo no he dejado que lo tuviéramos.

—¿Desde cuándo? —pregunto, aprieto los dientes y endurezco la mirada para no ponerme a llorar—. Porque anoche estábamos bien, y los dos queríamos estar juntos y hasta me querías.

Lo miro desafiante, esperando que intente rebatir eso.

—No te quería, Haley, *te quiero* —corrige el tiempo verbal—. Y ese es el problema, que yo estoy aquí diciéndote todo lo que siento por ti y lanzándome al puto vacío cuando lo hago. Yo también tengo miedo. A mí no me ha pasado esto nunca y cuando por fin lo siento es complicado porque tú...

Me acojona sentirme así contigo y mucho más decírtelo, pero lo hago porque sé que mereces la pena. Y sé que tú también tienes miedo, así que siento no merecer tanto la pena como para que quieras saltar al vacío por mí, igual que yo lo hago contigo.

Doy un paso hacia él, molesta. ¿Cómo puede decirme algo así?

—No seas injusto. Eso no es así. Y si solo dices lo que sientes porque quieres obtener la misma respuesta al otro lado, entonces no es tan puro como tú te crees, Jayden.

Veo lo mal que le sienta mi último comentario. Cuadra la mandíbula, como si acabara de pegarle un puñetazo.

—No necesito que me digas que sientes lo mismo. Pero necesito que me des algo, Haley.

—¿Es que no te estoy dando nada? —levanto la voz, frustrada. No sé por qué no puede ver que ya me machaco lo bastante yo solita por no avanzar más rápido, no necesito que él lo haga también—. Hago todo lo que puedo.

Niega con la cabeza, tristemente.

—No deberías tener que esforzarte tanto. Está bien si no soy esa persona.

Se me agrieta el corazón, despacio pero imparable, de lado a lado. Sigue a flote, aunque tocado.

—¡No! —exclamo, quizá demasiado alto, pero ya no importa si dentro pueden oírme o no—. Esto no tiene nada que ver con quién eres tú para mí, Jayden. Ojalá estuviera en un momento como el tuyo, pero no lo estoy. No soy tan libre, no estoy intacta, y no puedo ir más rápido. Eso no significa que no quiera hacerlo o que no lo intente. Y lo sabías cuando te metiste en esto conmigo.

Asiente. Me sostiene la mirada, pero puedo ver que no está tan entero detrás de sus pupilas como muestra su fachada.

—Lo sé. Y por eso digo que creía que podría.

—Ya no puedes —digo despacio.

—No lo sé —responde, mucho más suave que antes.

Suelto el aire que contenía, y siento cómo me deshincho y me hago más pequeña.

—Lo último que quiero es hacerte daño, Jay.

—Pues entonces no me lo hagas —suplica—. Sé que te gusta lo que tenemos, que estamos bien, que sientes algo.

—Claro que siento algo. Pero parece que para ti no es suficiente.

—¿Cómo voy a saber si lo es, si ni siquiera me lo has dicho nunca?

—¡Te lo digo todo el tiempo! —grito, desesperada.

Lo hago, ¿no? Le digo lo mucho que me gusta, que es increíble, que me encanta. Y le demuestro que quiero estar con él. Lo hago. Todo lo que puedo, al menos. Pero él necesita que diga dos palabras en respuesta a las suyas, y ninguna otra cosa le va a valer. No es justo.

—¿Qué es? ¿Qué sientes por mí?

Me quedo callada, con un nudo que llega a doler apretándome la garganta. Jayden da un paso atrás y sacude la cabeza, derrotado, al ver que me quedo en silencio.

—Mi padre no para de preguntarme si hay alguien por ahí, y se pasa todo el día haciéndome insinuaciones —dice con amargura—. Y yo ni siquiera puedo decirle que estoy enamorado, Haley. No puedo. Porque tú no quieres que lo sepan.

Es otro pellizco fuerte en el corazón oírle decir eso de esa manera.

—Los dos decidimos que era mejor que no lo supieran —le recuerdo.

—¡Sí! Decidimos que era mejor que no lo supieran cuando no sabíamos a dónde iba esto ni a dónde queríamos llegar. Pero yo ya tengo muy claro dónde quiero que vaya. Tú todavía no, al parecer.

Me estoy agobiando por momentos. Me siento atrapada en esta terraza, me tiene emocionalmente acorralada y no sé cómo salir de aquí.

Sí que sé dónde quiero que vaya esto. Sé lo que es, lo que quiero que sea y lo que nunca será. Y me dan ganas de gritarlo, pero no puedo.

—No necesito que me presiones con esto.

Creo que suena más como una advertencia que como la súplica que es en realidad. Sobre todo, porque me he comido el «por favor» que mi mente quería añadir al final.

—No quiero presionarte. Pero yo también necesito cosas y creo que estoy dejando de lado eso por las cosas que necesitas tú. Eso tampoco es justo, ¿no?

No. Claro que no. No lo es.

Estoy llorando por dentro, aunque no permita dejar salir las lágrimas. Él tiene razón. Y también la tengo yo. Simplemente no estamos en el mismo punto y no es justo para ninguno de los dos el forzarnos a alcanzar el punto del otro. No es posible. Siempre supe que iba a llegar el momento en que Jayden ya no pudiera esperarme más. Esperaba que para entonces yo hubiera avanzado lo suficiente como para permitirme dar un salto y poder alcanzarlo antes de que se alejara. Pero ahora no puedo saltar. Siento los pies clavados al suelo.

—No es tan fácil —me lamento.

Aunque quizá lo es. Puede que lo sea. Pero no encuentro la manera. Sé que los dos sentimos lo mismo. Debería ser sencillo decirle que siento lo mismo que él, pero, por alguna razón, es lo más complicado a lo que me he enfrentado en mucho tiempo. Y lo es porque esto no va de él, ni de nosotros, sino de mí. Y en las batallas contra mí sigo sin tener ganada la guerra.

—Joder —se desespera, al tiempo que se mesa el pelo. Da un paso decidido hacia mí—. ¿Me quieres o no me quieres, Haley? No es tan difícil.

Sí. No. Es fácil, pero complicado. Me está poniendo entre la espada y la pared, exigiéndome que diga algo que es obvio que no estoy preparada para decir. No aquí y no ahora. Y desde luego no de esta manera y no en respuesta a un ultimátum.

—¿Si no digo lo que tú quieres oír te vas a largar? ¿De verdad es a escuchar dos palabras a lo que no puedes esperar? —pruebo, a la defensiva.

Me niego a que me obligue a hacer esto, aunque esa no sea su intención.

Baja la mirada y hunde los hombros. Está claro. Nadie espera a nadie eternamente. Cuando sus ojos vuelven a encontrar los míos veo la derrota muy clara a través de ellos.

—Nunca vas a sentir por mí algo como lo que sentías por él.

Me arde por dentro oírle decir eso. Me abrasa los pulmones, la garganta y el corazón. Ya entiendo de qué va todo esto. Porque siempre ha ido de lo mismo. No de mí o de él. No de nosotros. El que se interpone entre los dos siempre será Styles, aunque ya no sea yo la que retiene aquí su fantasma.

Algo como lo que sentí *por él*.

Lo que sentí por Daryl y lo que siento por Jayden es tan diferente que no sabría ni por dónde empezar.

Pero el fuego que me quema por dentro no me deja razonar, ni respirar, ni contenerme. Así que la rabia empapa mis palabras cuando respondo, cabreada porque ahora sea él quien no vaya a dejarlo atrás.

—¡Pues claro que no!

Lo veo resquebrajarse, en su mirada aún sosteniendo la

411

mía. Yo me estoy ahogando y no puedo aguantar más sin salir de aquí, sin correr o sin gritar. Jayden se adelanta a cualquier cosa que yo tuviera intención de hacer. Entra en casa y coge su cazadora del respaldo de la silla antes de salir dando un portazo.

Y yo cierro los ojos y me quedo aquí, incapaz de hacer lo que se supone que debería hacer. Incapaz de ser la Haley que creía que ya estaba logrando ser y enfrentarme a esto siendo sincera y valiente. Incapaz de explicarme mejor.

Porque debería haberme explicado. Y dejar que Jayden conozca todos los matices de ese «no» que suena a todas luces insuficiente.

Al final mi miedo de anoche era una premonición, porque Jayden se ha marchado sin saber que yo también lo quiero a él.

# 33

## HALEY

Me está costando bastante más de lo que debería realizar el informe de la práctica de laboratorio que tuve ayer porque no paro de pensar en Jayden. En todo lo que nos dijimos el domingo, en cómo se largó de aquí y en cómo la cagué. No me arrepiento exactamente de lo que dije sino más bien de cómo lo expresé. Mal. Me expresé fatal. Esa es la verdad.

Ahora es martes y llevo toda la tarde sentada a la mesa de estudio de mi cuarto intentando avanzar en mis tareas pendientes para la universidad, pero no hay manera de concentrarme. Jayden no ha vuelto a llamar ni a escribir. No ha intentado ponerse en contacto de ninguna forma ni a través de ningún medio y yo tampoco lo he hecho. No sé muy bien por qué. Tal vez porque creo que es momento de aceptar que él tiene razón. No puedo retenerlo esperando algo que no sé cuándo seré capaz de darle. Además, aún tengo que trabajar conmigo misma unas cuantas cosas antes de intentar arreglarlo con él... si es que hay algo que aún se pueda arreglar. Y tampoco lo he llamado porque, aunque pueda entender su postura, no es esa clase de presión externa lo que necesito. Y, pase lo que pase, primero voy yo. No voy a hacer ni decir nada de lo que no esté cien por cien segura, solo por otra persona. No puedo hacerlo, porque tengo que ser fiel a mí misma y sincera con él. El problema es que con él no he sido del todo sincera.

Y que lo echo de menos.

Muchísimo.

Tanto que me escuece y me araña por dentro.

Sé que él tampoco lo está pasando bien.

Todos mis amigos me echan la culpa a mí de lo que ha pasado entre nosotros, aunque ninguno sepa exactamente qué es. Al menos han tenido la delicadeza de no echarme la bronca por romper su corazón, pero todos me han pedido que hable con él. Yo sé lo que tengo que hacer. Tengo que cuidarme y volver a respetar mi proceso y mis tiempos. Sé que está a punto de hacer un año desde que saqué a Styles de mi vida y que la gente espera que ya haya dejado todo eso atrás, pero no pienso machacarme por seguir arrastrando algunas pequeñas cosas. Sé que llegaré al punto al que quiero llegar, pero tengo que hacerlo bien. Daryl ya ha quedado atrás, ahora me enfrento a mí misma y eso es aún más complicado.

Necesito hacerlo por mí. Solo por mí y por nadie más.

El teléfono empieza a sonar y se me acelera el corazón, solo hasta que veo que el nombre que refleja la pantalla no es el de Jayden.

Es Hannah.

—Hola, tía.

—Hola, cariño, ¿qué tal tu día? —saluda, en un tono sensual que hace que se me escape una sonrisa.

—Igual de mierda que los dos anteriores —suspiro—. ¿Y tú?

—¿Has sabido algo de Jayden?

No sé si me gusta mucho que vaya al grano.

—No. Nada. Lo entiendo. No es fácil estar conmigo

ahora mismo. Él se merece a alguien que pueda darle mucho más.

Hannah hace una especie de pedorreta al otro lado de la línea.

—¡Haley, por favor, no me obligues a ir hasta LA para darte un sopapo! —Ahogo una risita porque no puedo evitar que me haga gracia su manera de decir *sopapo*, como si tuviéramos diez años—. No se merece nada ni «mejor» ni «más» que tú. Eres lo mejor que se va a encontrar. ¿Que eres lenta como una tortuguita con artrosis? Obvio que sí, pero te queremos igual, ¿sabes? Jayden te quiere. Le dio demasiadas vueltas a todo el otro día porque es un rayado de la vida y entonces fuiste tú y dijiste un par de cosas que seguro que ha malinterpretado, ¿verdad que sí? Tampoco es que te expresaras como un libro abierto. Es normal que esté llorando en un rincón y que no haya dado señales de vida. Eso no significa que no quiera quererte, ni que se haya hartado de esperarte, ni que vaya a pasar de ti para enamorarse perdidamente de una modelo brasileña y casarse aprovechando que la ceremonia de sus padres ya está montada. Vale, te presionó un poco y no tengo ni una sola duda de que ya se está arrepintiendo de eso, porque nunca ha querido forzarte a ir más rápido de lo que vas, Haley, y lo sabes. Mira, te lo voy a decir claro: él fue un poco idiota el domingo, pero solo como fruto de una inseguridad. Tú te pusiste a la defensiva, cosa que entiendo, porque te conozco y porque estoy segura de que él dijo algo que no debía. Pero luego fuiste tú la que dejaste cosas en el aire para que él las interpretara de la peor forma posible. La cagaste, amiga, es lo que hay. Ve ahí y arréglalo, ¿vale?

—¿Por qué iba a casarse con una modelo brasileña? —pregunto, confundida tras su pequeña bronca.

—¿En serio es eso lo que te ha tocado la fibra de todo mi

discurso? —se indigna en una especie de bufido—. Tía, ¿has oído lo otro? ¿Lo de que la has cagado y que tienes que ir a hablar con él? Es imposible que la gente te entienda si no te explicas, Haley. Sé que Jayden suele interpretarte bastante bien, pero, en serio, ni siquiera él es adivino. Sé sincera, eso lo primero. Y si después de eso necesitas tomarte un tiempo para ti, o lo que sea, está bien. Pero no dejes que esto se quede enquistado entre los dos hasta que resuelvas tus movidas, anda.

Sé que tiene razón. El domingo Jayden estaba frustrado, obviamente rayado, y dolido. Probablemente no habría llegado a marcharse si no hubiera malinterpretado lo que dije. Podríamos haber hablado más tranquilos. Puede que siguiera pensando que no le basta lo que tengo para ofrecerle en este momento, pero al menos no habríamos dejado de hablarnos. Podríamos seguir siendo amigos. *Amigos.* Yo no quiero ser su amiga. No quiero eso para nada. Ser amigos se me queda muy corto ya.

Puede que yo también interpretara mal lo que él dijo, porque me sentí presionada para decir algo que aún no puedo decir, aunque lo tenga dentro. Me agobié, porque últimamente me agobio con demasiada facilidad. Porque lo de las relaciones serias me parece una jaula, en vez de algo bonito. Porque me da pánico que la gente ponga las expectativas en algo que es tan frágil, porque me da miedo crearme esas malditas expectativas yo. Necesito seguir sintiéndome libre. Y eso es solo problema mío, porque Jayden jamás me ha querido atrapar. Y sé que probablemente él no necesitaba que yo dijera un «te quiero» de vuelta, sino más bien que le dijera que yo también apuesto por nosotros y que a mi ritmo, despacio, voy justo hacia donde él está.

Pero ninguno de los dos dijimos lo que deberíamos haber dicho.

Y eso me ha hecho darme cuenta de que aún tengo que resolver un par de cosas conmigo.

—Dijo cosas que... —empiezo, pero no sé muy bien cómo explicarlo.

¿Cosas que me hicieron daño? ¿Cosas que me agobiaron? ¿Cosas que me hicieron pensar cuando yo no quería hacerlo?

—Él dijo cosas y tú también. Es lo que pasa cuando se discute con alguien. Seguro que no dijisteis cosas peores que las que nos hemos dicho tú y yo alguna vez. Y seguimos siendo hermanas, ¿no?

—Claro que sí —le doy la razón—. Porque tú eres tú y no te hartas de mí.

—Un poquito sí, pero aun así te quiero —bromea.

—Yo también.

—¿Me quieres o te hartas de mí?

—Las dos cosas.

—Por eso somos mejores amigas —asegura con una risita—. Ve a hablar con él, Haley. Ahora mismo. ¿Qué estás haciendo? Déjalo y ve a hablar con él.

—Estoy hablando contigo.

—Pues déjalo y ve a hablar con él.

No obedezco enseguida. Aún quiero hablar con ella un poco más. Pero luego, antes de colgar, me hace prometer que iré a aclarar las cosas con Jayden. Y sé que tengo que hacerlo. Solo explicar de forma calmada lo que los dos quisimos decir y de qué manera terminamos interpretándolo. Y después podremos darnos el espacio que necesitemos.


Lleno los pulmones de aire y pulso el botón de su piso cuando estoy en el portal, regañándome a mí misma por mi nerviosismo. Es Jayden, siempre he podido hablar con él de cualquier cosa, ¿no?

Es Niall quien contesta, y suena extrañado, imagino que porque no esperan a nadie.

—Niall, soy Haley —me identifico enseguida—. ¿Jayden está en casa?

Espero que diga que sí, porque, si no está, me he dado un paseo en vano.

—Sí. Claro. Sube.

Abro la puerta en cuanto puedo y subo las escaleras casi de dos en dos para que no me dé tiempo a arrepentirme por el camino.

Niall me espera con la puerta entreabierta y veo que Britt está justo detrás de él. Vaya par de cotillas.

—Hola —saludo, y los dos me responden al unísono y me miran expectantes como si esperaran que les diera las explicaciones a ellos antes de ir a hablar con quien realmente he venido a hablar—. ¿Está en su cuarto?

Paso sin que me contesten y me dirijo hacia allí.

—Lleva toda la tarde ahí metido y ya ni responde si lo llamas —dice Brittany a mi espalda.

Me hace sentirme culpable, aunque sé que no debería. Dije lo que no debía, pero él lo interpretó todo mal y ni siquiera se quedó a escuchar el resto, así que los dos tenemos parte de culpa.

—Esperemos que siga vivo —dramatiza Niall, en tono de broma.

Paso de su comentario. Me planto frente a la puerta cerrada de la habitación de Jayden y llamo con los nudillos. Lo hago hasta tres veces sin obtener respuesta. Y entonces abro y asomo la cabeza. Está sentado en la cama, con la espalda apoyada en el cabecero y las plantas de los pies en el colchón, con las piernas flexionadas. Tiene un libro entre las manos y auriculares en las orejas. Lleva las gafas puestas... ¿Por qué me gusta tanto con las gafas puestas?

Levanta la vista del libro cuando siente mi presencia y abre los ojos con sorpresa al verme. Se quita los auriculares de un tirón, y se incorpora, separando la espalda del cabecero, y dobla las piernas bajo el cuerpo.

—Haley —murmura.

—¿Puedo pasar?

—Sí, claro, pasa.

Deja el libro a un lado. Cierro la puerta detrás de mí, aunque no estoy muy segura de que esos dos cotillas no vayan a pegar la oreja a la madera. Me acerco despacio y me siento a los pies de la cama, lejos de él, y levanto la vista hasta sus ojos. Qué mono está con esas gafas.

—¿Te parece bien si hablamos de esto?

—Siento lo que pasó —dice en primer lugar—. No quería presionarte, de verdad. Estaba... Bueno, ya da igual, supongo.

—¿Puedo hablar yo? He venido porque tengo que decirte algo.

Asiente con la cabeza, pero, por la cara que se le ha quedado, no parece muy seguro de que vaya a gustarle.

—Dime.

Tomo aire antes de empezar. No tengo muy claro cómo va a salir esto o si voy a saber explicarme o solo voy a conseguir cagarla todavía más. Pero él se merece que sea sincera.

—No voy a decir que siento lo que dije, porque la verdad es que era justo lo que quería decir —empiezo. Sus ojos me dicen que no esperaba eso, y se oscurecen, como si quisieran darme a entender que duele—. Sí que siento no haber tratado de explicarme mejor. Así que voy a explicarme ahora, si aún te interesa que lo haga.

—Sí —suelta en un susurro.

—Vale. Cuando estaba con Daryl... —Se revuelve inquieto en cuanto me oye decir ese nombre y me callo por un mo-

419

mento, esperando que diga que no quiere escucharlo, pero no lo hace. De modo que vuelvo a empezar—: Cuando estaba con Daryl me sentía como si estuviera en una montaña rusa. De repente estaba arriba, y al segundo siguiente me lanzaba a toda velocidad hasta lo más bajo. Nunca sabía cómo iba a hacerme sentir un día. De hecho, había días que podían empezar bien y acabar peor que mal. Nunca sabía de qué humor estaría o si eso podría cambiar solo con que yo dijera una palabra inadecuada, o hiciera algo que él interpretara de manera equivocada. No sabía lo que iba a pasar, ni cuánto iba a durar, ni si seguiría estando bien con él al segundo siguiente. Así que eso me generaba ansiedad. Me pasaba todo el día midiendo mis palabras y pensando dos veces los pasos que iba a dar porque no quería que la parte buena se estropeara. Y cuando se estropeaba siempre era mi culpa. También me sentía así: culpable todo el tiempo. Cuando las cosas iban bien era como despegar en un cohete y dejar cualquier otra cosa muy abajo. Tan lejos que no importaba. Pero nunca conseguí mantenerme arriba. Y la caída dolía... un montón. Con él me sentía..., bueno, sí, supongo que a ratos me sentí feliz, en pequeñas dosis, ¿sabes? Pero el resto del tiempo, me sentía pequeña —elijo con cuidado la palabra, entonándola amargamente—. Me sentía atrapada, como en una tela de araña. Me sentía muy sola. No era bonito la mayor parte del tiempo. Y seguía ahí porque creía que servía para algo, que yo podía cambiar su mundo y que eso cambiaría el mío también.

»Sé que piensas que lo que yo sentía por él era intenso y profundo. Pero no era bueno, Jayden. Lo que yo sentía por él era agotador, me consumía y me nublaba. Me hacía olvidarme de mí y alejarme de quien era y de los que quería. Lo que yo sentía por Daryl me hacía daño todo el tiempo, incluso cuando pensaba que era lo más especial que sentiría nunca. Me desgarraba y me partía en dos.

»Así que no: nunca voy a sentir por ti algo como lo que sentía por él. Ni se le acerca. ¿Quieres saber cómo es lo que siento por ti? Es dulce y bonito y tierno y cálido. Lo que siento por ti me hace sonreír. Lo que siento por ti me hace subir alto, pero me da alas para que sea yo misma la que pueda mantenerme ahí arriba. Y me gusta lo que siento por ti. Me hace feliz todo el tiempo. Me hace ser libre.

»Lo lamento si eso no te basta, o si tú quieres fuegos y explosiones y montañas rusas y desorden e irracionalidad. Lo entiendo, en cierto modo, suena atractivo. Pero no es lo que siento por ti, ni tampoco es lo que quiero sentir. No cambiaría lo que me haces sentir tú por algo como eso. Si quieres seguir comparándote con Styles y pensando en la intensidad de todo lo que sentí por él, hazlo, pero al menos ahora sabes la verdad. Me ha costado verlo como realmente era; lo he hecho, y lo he dejado atrás. Si Styles se interpone entre tú y yo ahora no es por mí, Jay, eres tú el que no para de traerlo de vuelta.

Ha estado muy atento a mis palabras, sin apartar los ojos de mi cara, estudiando mis facciones casi con ansiedad. Y cuando dejo de hablar cierra los ojos y frunce un poco el ceño como si le costara procesar toda la información que acaba de recibir. Cuando vuelve a abrirlos un destello de arrepentimiento brilla en ellos.

—No quería hacerte pensar en todo eso. Ni tampoco pretendía idealizar algo que sé que no fue bueno. Sé que lo que sentías por él te destrozó, pero yo...

—¿Quieres que te quiera a base de dejar de quererme yo?

—Claro que no. Prefiero mil veces que te quieras a ti misma antes de quererme a mí.

—Por suerte para ti, creo que puedo hacer las dos cosas —alardeo, con una leve sonrisa—. Pero necesito resolver un par de asuntos primero. Y entiendo si no puedes o no quieres esperarme más, Jayden, de verdad que sí. Yo también me frustro cuando no avanzo a la velocidad a la que me gustaría ir. Y tú te mereces a alguien que esté preparada para dártelo todo ya y sin condiciones.

—Te esperaría toda la vida si pensara que hay una sola posibilidad de que no termines por romperme el corazón, Haley.

Me remueve por dentro oírlo decir eso.

—Porque lo último que quiero es romperte el corazón es por lo que no voy a decir nada que no me sienta preparada para decir solo para no perderte. Y ten por seguro que cuando sea capaz de decir en voz alta y gritando todo lo que siento por ti, nadie te habrá dicho nada tan de verdad en toda tu vida. Pero no sé si será mañana, el mes que viene o dentro de un año. No te puedo hacer promesas. Supongo que hay un cincuenta por ciento de probabilidades de que esto salga mal. Y un cincuenta por ciento de que sea lo mejor que nos ha pasado en la vida. No sé cómo te suenan esos porcentajes.

—Es una probabilidad muchísimo mayor que la de que te toque la lotería —compara—. Y la gente no deja de jugar por eso, ¿no?

—Hasta hay gente a la que le toca —señalo, con una sonrisa de medio lado.

—Podría ser yo —imagina, y sé que no habla precisamente de una lluvia de millones cuando se ve como hipotético ganador de la lotería.

Nos sostenemos la mirada por unos segundos en los que parece que el tiempo se detiene y que no existe nada más allá. Solo nosotros dos.

—Vas a irte, ¿verdad? —adivina, sin atreverse a tocarme—. A resolver esos asuntos pendientes con los que tienes que lidiar.

Asiento.

—Sí. Es mejor que lo haga. Intentaré no ser tan lenta.

Sacude la cabeza y esboza una sonrisa tenue.

—Tómate el tiempo que necesites. Te esperaré justo aquí.

Contengo mis ganas de echarle los brazos al cuello y aferrarme a él hasta que me haga olvidar que aún me quedan barreras que debo echar abajo. Necesito dar al menos un paso más yo sola.

Me levanto y camino hacia la puerta, ignorando el cosquilleo en los labios, que no paran de exigir fundirse con los suyos. Me giro para mirarlo antes de salir de aquí.

—Te veo pronto, ¿vale?

Asiente una sola vez, y sé que no dice nada porque no está seguro de poder encontrar la voz.

No me despido de los dos amigos cotillas antes de salir del piso. Y no lo hago porque no quiero que me vean llorar.

# 34

## HALEY

Mark me arrastra de la mano a través de todo el bar hasta que llegamos a la barra. Nadie nos pide ningún tipo de identificación cuando pedimos cuatro cervezas más. Mejor así.

—Oye, no pasa nada si no estás bien. A mí me lo puedes contar.

Me dan ganas de poner los ojos en blanco. No sé cuántas veces he tenido que decir que estoy bien en las dos horas que hace desde que hemos salido de casa. Es obvio que estar lejos de Jayden no me hace feliz, pero eso no significa que esté hecha polvo. La verdad es que creo que me ha venido bien dar un paso atrás y tomar un poco de perspectiva.

—Estoy bien, Mark, en serio —repito, otra vez—. ¿Vais a darme la noche con esto? Me estoy tomando unos días para mí misma, para cuidarme, para pensar en mí y para resolver algunas de mis movidas. Y estoy bien. Me siento bien.

Me mira con desconfianza. Luego saca la cartera para pagar esta ronda. Coge dos de los botellines y yo me encargo de los otros dos y volvemos caminando hacia el fondo del local, donde Tracy y Britt están bailando y hablando entre ellas a gritos.

—Vale. Voy a hacer como que te creo. Voy a hacer como

424

si tú estuvieras de maravilla y como si Jayden no tuviera que tender su almohada cada mañana para secar sus lágrimas.

Me duele que diga eso. Sé que no saben cómo fue la última conversación entre Jayden y yo. Pero intentar machacarme con el supuesto daño que le he hecho no es lo que necesito.

—Yo también tengo sentimientos, ¿sabes?

Le da uno de los botellines a Brittany y luego me pasa un brazo por los hombros, para abrazarme contra su costado.

—Claro que lo sé. Por eso no dejo de preguntarte si estás bien —me recuerda—. Solo quiero que lo arregléis, tía. Los dos estáis de mejor humor y sois más agradables cuando estáis juntos.

Bueno, tengo mis dudas sobre eso, porque al parecer para Jay estar conmigo, últimamente, no estaba siendo tan agradable, ¿no? Ha estado dándole demasiadas vueltas a las cosas y conformándose cuando en realidad quería mucho más de lo que teníamos. Y eso no es justo para él. Y tampoco para mí.

Por suerte, he decidido enfrentarme a mis propios miedos de una vez y he pasado las últimas sesiones con Kimberly explorando qué es lo que me da pánico de expresar mis sentimientos y a qué se debe mi repentina y recién descubierta fobia al compromiso. Ni siquiera era consciente de que, desde aquello, percibo las relaciones como jaulas de oro en las que, por mucho que creas tenerlo todo, has perdido tu libertad. Pero las relaciones sanas, las bonitas, las *de verdad* no son así. Eres libre, siempre lo eres. Y decirle a alguien lo que sientes no te ata a ese sentimiento para siempre. Nunca tienes por qué ser presa de tus promesas. Creo que avanzamos bastante. Y me siento mejor. Más fuerte. Y también más valiente. Hace un par de días estuve a punto de ir directa a casa de Jayden y decirle que yo también lo quiero en cuanto salí de la consulta, pero respiré hondo y decidí darme un poco más de tiempo. No es bueno hacer las cosas en caliente, y no quería precipitarme. Necesito asentar todo lo trabajado. Como le dije a él, lo haré cuando sienta que es el momento, cuando esté segura al cien por cien y el miedo no me apriete la garganta. Cuando me sienta libre al decirlo. Eso si para entonces él aún sigue queriendo escucharlo, claro. Me está dando espacio, y lo estoy tomando. Creo que es lo mejor.

Decido ignorar a Mark y ponerme a bailar con las chicas. Britt vuelve a advertirnos de que esta es la última y después ella se va a casa, porque mañana tiene una práctica obligatoria, pero Tracy solo responde a eso cogiéndola de la mano y haciéndola girar en su baile improvisado.

—Tú tampoco deberías quedarte mucho, ¿sabes? Mañana cuando venga Aaron se asustará al verte la cara de muerta viviente —se burla la rubia.

—Mi cara de muerta viviente no tiene secretos para Aaron —ríe Tracy.

—Eh, ¿qué planes tenéis para mañana por la noche? —pregunta Mark, tras consultar el móvil—. Fer dice que el director del corto que acaba de empezar a rodar tenía mesa reservada en ese restaurante de Santa Mónica que se ha puesto tan de moda, pero que no va a poder ir y le ha dicho que puede aprovecharla él con unos amigos. La reserva era para seis, pero no creo que pase nada si somos alguno más... ¿Os apetece una cena de parejitas?

—¡Pero si ese restaurante tiene una lista de espera de meses, Mark! —exclama Tracy—. Aaron lleva un montón de tiempo pidiéndome que reserve y nunca lo hago porque de aquí a unos meses podría estar muerta.

—¡Ay, chica, qué ceniza! —Mark estira el brazo para tocarle la cabeza como si estuviera llena de madera—. Entonces, Aaron y tú dentro. Muy bien, le digo a Fer que vosotros sí.

Teclea rápidamente. Me da la impresión de que le está encantando esto de tener un novio que empieza a codearse (muy poco a poco, eso sí) con gente del mundo del espectáculo. Me parece que ya se ve a sí mismo posando en la alfombra roja, colgado del brazo de su novio, la nueva revelación de Hollywood.

Luego alza la vista y mira a Britt. Ella se encoge de hombros.

—Niall y yo habíamos hablado de salir a cenar, así que supongo que sí, ¿por qué no? Luego le pregunto, pero creo que le apetecerá.

—¡Perfecto! —se emociona Mark, que empieza a teclear de nuevo. Y entonces levanta la vista hacia mí—. Y..., eh..., ¿Haley?

Sé lo que están pensando. Jayden y yo no vamos a ir juntos. Si voy yo tendrían que dejarlo fuera a él, o al revés. No pienso hacerlos elegir aunque, para ser justos, Mark era amigo mío antes que suyo.

Sacudo la cabeza.

—No, yo no voy.

No piden explicaciones. Creo que no quieren volver a insistir en que debería hablar con Jayden y arreglar esto de una vez. Prefiero que no lo hagan, porque me he cansado de intentar explicarles que esta es la mejor forma de arreglarlo que se me ocurre.

No vuelven a hablar del tema de la cena, al menos conmigo, y tampoco vuelven a preguntarme si estoy bien. No sé si es porque no sienten la necesidad de hacerlo. Creo que es bastante obvio, por mi forma de bailar, saltar y reír con ellos, que lo estoy pasando bien. Y no es que no piense para nada en él, pero me siento bien conmigo esta noche.

Estoy bailando con Mark cuando lo veo. No a Jayden, sino a Niall. Parece que acaba de llegar al bar y está buscando a alguien entre la multitud. Y ver a Niall no es ningún problema, claro, pero yo ya sé lo que hay. Donde está Niall suele estar Jayden. Y está claro que el rubio sabe que estamos aquí. Voy a matar a mis amigos. Creía que la tontería de las encerronas ya la habían dejado atrás.

Mark se gira al ver que me quedo parada.

—Ah. Haley, por favor, no nos odies.

Lo aparto de un empujón, aunque no me voy muy lejos. Tampoco tengo ningún sitio al que ir. Y entonces veo a Jayden, justo detrás de su amigo, con la cazadora en la mano, pero mucho más relajado que Niall, como si no pensara que aquí hay nadie a quien encontrar. Así que nos han traído engañados a los dos.

El corazón empieza a saltarme en el pecho y a golpearme las costillas, como si quisiera escapar, y no sabe ni a qué ritmo latir. Hasta me tiemblan las piernas, como si estuviera en mi primera cita. Está insultantemente guapo. No se me pasa por alto que varias chicas se vuelven a mirarlo cuando pasa a su lado, aunque él no parece notarlo. Yo tampoco puedo dejar de mirarlo, y siento cómo mi cuerpo vibra exigiendo ir hasta donde él está, pero me obligo a quedarme quieta.

Niall se gira para decirle algo, y veo cómo se tensa, aprieta la mandíbula, como si acabara de cabrearse bastante con su amigo, y barre el local con la mirada. Hasta que sus ojos encuentran los míos.

Seguimos mirándonos hasta que llegan al lugar en el que estamos. Niall ya está saludando a todo el mundo. Jayden le da una palmada en el brazo a Mark cuando mi amigo le clava un dedo en el costado a modo de saludo, e ignora a todos los demás para dar un paso más y quedar justo frente a mí.

—Hola —saludo yo primero, con una sonrisa tensa.

—Hola. Lo siento, no tenía ni idea de que estabais aquí, yo no...

Doy un paso adelante y le pongo una mano en el brazo. Eso lo deja mudo de inmediato. Esta vez le sonrío de verdad mientras sacudo la cabeza.

—Ya lo sé. No importa —lo tranquilizo—. Tampoco es que no podamos vernos, ¿no?

—No —dice, aunque suena tan inseguro que casi es una pregunta—. ¿Cómo estás?

—Bien. ¿Y tú?

—Bien —imita mi respuesta, pero no mi seguridad. Luego señala el botellín vacío que tengo en la mano—. ¿Quieres otra? Voy a pedirme algo.

Asiento.

—Sí, vale. Gracias.

Me sonríe de medio lado antes de alejarse un par de pasos. Abraza a Britt por la espalda para asomarse al corrillo que han formado nuestros amigos, supongo que para preguntar si quieren algo ellos también. Veo cómo choca el puño con Tracy y, cuando empieza a alejarse hacia la barra, Mark salta sobre su espalda y se le cuelga del cuello. Jayden carga con él, los dos riendo. No puedo evitar sonreír ante la escena. Me encanta esto... Me encanta *él*.

Vuelven en unos minutos. Tiempo suficiente para que yo ya haya podido decir al resto de mis amigos lo traidores que son. La verdad es que no me molesta que esté aquí. Más bien al contrario. Reconozco que ahora que lo tengo delante soy más consciente de las ganas que tenía de verlo.

Le pago con una sonrisa cuando me tiende un botellín de cerveza igualito al que acabo de beberme, pero lleno y frío.

Se ríe cuando Mark le dice algo. Y yo lo miro mientras lo hace. Lo que siento por dentro al escuchar su risa se me hace difícil de ignorar.

No quiero perder el tiempo cuando podría estar pasándolo a su lado.

Pero es que quiero hacer las cosas bien con él.

Avanzo hasta casi rozarlo.

—Jay...

—Haley...

Empezamos a hablar los dos a la vez, y nos callamos y nos sonreímos ante la coincidencia. Me observa interesado, dándome pie a que sea yo la primera en hablar. Y no puedo callármelo más, así que doy otro paso hacia él, y levanto la cara para poder conectar nuestras pupilas.

—Te echo de menos.

Veo cómo le brillan los ojos y relaja la expresión.

—Yo también te echo de menos. Mucho.

Me muerdo el labio, pensando en qué debería decir ahora. Probablemente nada, pero, como siempre, la parte odiosa de mi nuevo yo toma el control y me recuerda que no puedo hacer las cosas a medias y menos con él.

—Aún estoy...

—Lo sé —me corta—. No hay prisa. Está bien.

Aunque sé que no lo está del todo. Y lo que está aún peor es que no puedo dejar de mirar sus labios, y que me muero por besarlo.

—Quiero hacer las cosas bien.

—Y yo quiero que las hagamos bien los dos. —Desvía la vista hacia mis labios él también.

A la mierda.

Tiro del cuello de su camiseta al tiempo que me estiro sobre los tacones para unir sus labios a los míos. Él reacciona enseguida, me pone las manos en las caderas y me acaricia el labio inferior con la lengua, despacio. Mi mente se relaja y mi cuerpo se pone en marcha, fundiéndome en su beso.

430

—Perdona —digo, aún con los dedos hundiéndose entre los mechones de su pelo y pegada a su cuerpo.

Niega con la cabeza.

—No pienso perdonarte a no ser que hagas eso otra vez.

Sonrío. Y vuelvo a besarlo.

No se puede decir que me haya durado mucho la fuerza de voluntad. Aunque, tratándose de él, tampoco es que me haga falta contenerme para nada.

Una tos fuerte y claramente fingida a nuestro lado es lo único que consigue hacer que nos separemos. Es Niall, con una sonrisa inocente.

—Perdón —suelta la disculpa más falsa que he oído—. Tío, me voy. Voy a acompañar a Britt, que mañana tiene que levantarse pronto, y luego me voy a casa. Supongo que te quedas.

Jayden me mira a mí antes de decidir. Me encojo de hombros, porque no voy a tomar la decisión por él, pero creo que se me escapa la sonrisa y eso le da una pista de que no quiero que se vaya aún.

—Me quedo.

—Bien. Buenas noches, Haley —se despide de mí.

Me despido de Britt con la mano, cuando ella hace lo mismo en la distancia. Y luego vuelvo a mirar a Jayden.

—Haley, quédate conmigo esta noche —pide, mientras acaricia despacio mi espalda—. No vamos a arreglar el mundo por una noche, pero tampoco vamos a joderlo por eso, ¿no?

No hay nada que me apetezca más que pasarme la noche entera con él, aunque solo fuera mirándonos así, como lo estamos haciendo ahora.

—¿Y mañana?

—Mañana ya lo pensaremos. ¿Qué más da? A lo mejor no existe mañana.

—Me encanta cuando te pones apocalíptico —bromeo.

Y sentirlo sonreír, tan cerca, me pone toda la piel de gallina.

No sé en qué momento Tracy y Mark se largan del bar y nos dejan solos. Para cuando me doy cuenta de que ya no están puede que acaben de marcharse, o que lleven una hora entera sin estar.

Jayden y yo nos hemos tomado nuestras cervezas mientras hablábamos de todo lo que hemos hecho últimamente. Hemos bailado. Y hasta hemos jugado una partida de dardos en la diana que hay al fondo del local. Hacía días que no me reía tanto. Ni siquiera hemos vuelto a besarnos, ni a tocarnos, pero es que no necesitamos hacerlo para que su simple cercanía me estremezca y haga cosquillear mi piel. Lo consigue con su risa. Y con su mirada. Lo consigue solo el sonido de su voz. Y no era consciente de lo muchísimo que he echado de menos esto. Solo esto: estar a su lado, hablar con él, nuestras bromas, que sea mi mejor amigo. Es más que solo el aspecto romántico. Mi vida sería peor sin él. En muchos sentidos.

—Te he dado una paliza a los dardos, ¿eh? —me pica, mientras volvemos hacia la zona de la barra.

—Los dardos no son lo mío, pero soy buena en otras muchas cosas.

—Ponme un ejemplo.

—¿Solo uno? Soy buenísima a los bolos, una de las mejores en escalada en rocódromo, experta en chistes malos, y muy buena besando, Sparks. —Me planto delante de él para cortarle el paso, muy cerca de su cuerpo.

—He pedido solo un ejemplo, señorita vanidosa —se mete conmigo, con los ojos clavados en mis labios—. Y exijo una demostración de alguno de esos talentos.

—Se abre el telón...

Me río suave en su boca cuando se lanza hacia la mía, cortando mi broma. Siento cómo sonríe, pegado a mí, y luego los dos nos quedamos serios para profundizar el beso y hacer que desaparezca por completo el bar. La temperatura va subiendo, hasta que se me empieza a hacer necesario salir de aquí e irnos a un lugar donde podamos estar solos.

—Vamos a tu casa —digo en su oído mientras me besa el cuello.

Se aparta para buscar mis ojos. Se lame los labios despacio y asiente.

Apenas hablamos en el camino hasta allí, que hacemos cogidos de la mano. Me pide silencio en cuanto entramos en su piso, porque la puerta de la habitación de Niall está cerrada y debe de llevar ya un par de horas durmiendo.

Me giro hacia él en cuanto cierra la puerta del cuarto tras nosotros, y en menos de un segundo nos estamos besando con ansia mientras nos movemos torpemente hacia la cama. Me río cuando caemos sobre el colchón, él encima de mí, y lo veo sonreír mientras me observa. Tiro del cuello de su camiseta para que vuelva a besarme, aunque pronto tengo que separarme de sus labios para poder quitársela. Él se desliza hacia los pies de la cama, y acaba de rodillas en el suelo para quitarme las botas. Las deja caer, haciendo demasiado ruido, cuando ve que yo me libro del top y me quedo en sujetador.

—Vas a despertar a Niall.

—Que se joda —decide, trepa de nuevo sobre mi cuerpo y pega los labios a mi escote.

Me río bajito, intentando que no se me oiga fuera de estas cuatro paredes, pero pronto estoy gimiendo. Cómo lo he echado de menos.

No tengo ni idea del ruido que hemos hecho o lo alto que hemos gemido cuando él se desploma sobre mí, sudoroso, después de un larguísimo rato de pieles en contacto y cuerpos enredados. Beso su hombro, y acaricio su espalda y su nuca, con mimo, mientras dejo que recupere el ritmo normal de su respiración y siento su corazón desbocado latiendo en sincronía con el mío. El sexo me ha dejado relajada y feliz, como si pudiera elevarme y flotar por encima del resto de mundo, y ninguna otra cosa aparte de nosotros dos tuviera importancia.

—Perdona, te estoy aplastando —susurra.

Rueda para caer a mi lado, me rodea con los brazos y me pega a su pecho.

—Tampoco pesas tanto.

—¿Cómo que no? Si soy puro músculo.

—Ya te gustaría —me burlo, con una risita.

—Mira esto. —Flexiona el brazo para mostrarme el bíceps.

—Los he visto más grandes —digo, desinteresadamente, y sonrío cuando lo oigo soltar un bufido en respuesta—. Mira yo.

—¡Oye! Sí que te estás poniendo cachas, ¿eh?

—Te lo he dicho. Podría darte una paliza.

—Ya me la has dado. Mañana me va a doler todo el cuerpo.

—Eres muy flojito, Sparks.

—De eso nada. Soy un tío duro. Resistente.

—¿En serio?

—De acero. Ni un punto débil.

No lo puedo evitar. De verdad que no. Así que lanzo un ataque de cosquillas contra su costado que le hace revolverse y flaquear al instante. Luchamos y reímos, pero no me apiado de él ni cuando le oigo suplicar. No aflojo para nada hasta que me frenan en seco unos golpes fuertes en la pared.

Nos quedamos los dos quietos, mirándonos en silencio con cara de circunstancias, hasta que a Jayden se le escapa una risita y yo me río todo lo bajito que puedo con él.

—Mira lo que has hecho —me acusa en un susurro.

—¿Yo? Eres tú el que se ha puesto a suplicar clemencia en voz muy alta.

—Eso es mentira. Yo nunca suplico, Parker.

Ni siquiera llego a tocarle porque solo acercar la mano a su costado ya hace que se encoja y me dirija una mirada de advertencia.

—¿Qué pasa?

—Para, en serio. Mi compañero de piso va a odiarme por tu culpa.

—No es mi culpa. Soporta las cosquillas con dignidad.

—Vale. Te la has ganado.

Se lanza sobre mí y me llevo la mano a la boca (tarde) cuando suelto una risa demasiado alta. Me mira con reproche, pero luego mete la cabeza bajo el edredón para dedicarse a hacer pedorretas en mi vientre y mis costados, lo que hace que me retuerza y no pueda parar de reír.

Unos nuevos golpes en la pared le hacen emerger de debajo del edredón, despeinado y con un amago de sonrisa que se me hace imposible no besar.

—Niall va a matarte —susurro.

—Te he dicho que mañana podría no existir.

—Si mañana no existe..., más vale que aprovechemos esta noche.

Y Niall puede dar todos los golpes que quiera, porque la noche, para nosotros, solo acaba de empezar.


Despierto con sus caricias dibujando mi perfil muy delicadamente. Se me forma una sonrisa incluso antes de que pueda abrir los ojos. Lo encuentro justo frente a mí, mirándome.

—Buenos días.

—Buenos días —repite, y me coloca el pelo con mimo

detrás de la oreja—. Parece que mañana sí que existe. Es tardísimo. ¿Quieres desayunar aquí o...?

Deja la frase en el aire y sé, sin ninguna duda, que es porque se le hace difícil preguntarme una vez más si ahora me voy a ir.

No quiero irme. Sé que ayer dimos a entender que pasaríamos la noche juntos y luego volveríamos a tomarnos el espacio que los dos necesitemos. Pero es que no sé si necesito más espacio... No sé si lo necesito, pero, definitivamente, no lo quiero.

Vuelvo a mirarlo, y muevo el brazo para acariciar su cuello.

—¿Puedo quedarme también a comer?

Estudia mi cara por un par de segundos.

—Puedes quedarte todo el día. Y también la noche. Total, los fines de semana no son para pensar en nada serio, ¿verdad?

Sonrío cuando lo oigo buscarme excusas.

—Verdad.

—Entonces voy a prepararte algo para desayunar.

Ni siquiera quiero que salga de esta cama para nada. Quiero comérmelo a besos.

—Es peligroso salir ahí fuera, Jay. Niall podría matarte.

Se ríe y niega con la cabeza.

—No. Se ha ido hace un rato.

—¿Cuánto tiempo llevas despierto?

—El suficiente para saber lo preciosa que estás cuando duermes y lo dulces y armoniosos que suenan tus ronquidos.

Me estiro para pegarle una palmada en el culo cuando él se levanta de un salto para huir de las represalias por su comentario. Se ríe a carcajadas, mientras se pone unos calzoncillos y unos pantalones de deporte.

—No ronco, ¿no? —insisto cuando todo lo que recibo por su parte son burlas ante mis quejas.

Se acerca hasta mí para inclinarse y besarme en los labios.

436

—Hoy no. Dormías como un bebé.

—¡Pues es un poco raro que me mires mientras duermo!

Mi acusación lo persigue cuando ya ha salido del cuarto. Lo oigo reír. Y yo me quedo un par de minutos más acurrucada bajo en edredón con una sonrisa en los labios.

Luego me levanto y busco mi ropa interior. Me pongo la camiseta de Jayden que aún está tirada en el suelo antes de salir de aquí, pasar por el baño, y luego ir a la cocina, donde ya huele a café.

Me siento sobre la mesa que hay contra la pared, con las piernas colgando, y me dedico a admirar su espalda y el espectacular culo que le hace ese chándal, mientras él prepara unos huevos revueltos en el fuego.

—¿Cuánta hambre crees que tengo? —pregunto, cuando veo que también está tostando pan, y que tiene unas tiras de beicon sobre la encimera, listas para entrar a la sartén en cualquier momento.

—Venga, tienes que crecer —se burla, en un tono de lo más irritante.

Estiro la pierna para pegarle una patada suave en el culo, pero solo consigo hacerlo reír.

—Ya soy mayor, ya no crezco.

—No querrás quedarte toda la vida así de canija.

—Cállate.

—No te preocupes, hago los mejores huevos revueltos de toda California.

—No te lo crees ni tú.

—Es otro de mis múltiples talentos ocultos. Te dejo que los vayas conociendo uno a uno, para no abrumarte el primer día.

—Eres lo peor, Jayden.

—Ya sabes, como cuando estás a oscuras y de repente enciendes la luz, quiero dejar que te adaptes poco a poco a mi brillo, no quiero que te duelan las pupilas por mi culpa.

—Engreído y pretencioso.

—Si es demasiado para ti solo dímelo y procuraré mostrarte mis increíbles habilidades en dosis más pequeñas.

Pongo los ojos en blanco, aunque no pueda verme. Lo peor de todo es que me hace gracia. Y yo respondo en el mismo tono burlón que usa él:

—Es difícil estar enamorada de ti, ¿sabes?

Se queda quieto y noto cómo se le tensan los músculos de la espalda. Solo entonces soy consciente de lo que acabo de decir en voz alta. Lo he dicho sin pensar. Y el silencio se hace demasiado espeso hasta que lo rompe el pitido de la vitrocerámica cuando Jayden apaga el fuego y aparta a un lado la sartén.

Se gira para mirarme y da un paso hasta quedar justo frente a mí.

—¿Qué has dicho? —pregunta, a media voz. No digo nada, pero le sostengo la mirada mientras me muerdo el labio para no sonreír—. ¿Quieres decir que no sabes cómo alguien en el mundo podría alguna vez en su vida, en un caso superhipotético, enamorarse de mí..., o quieres decir que lo estás y no sabes muy bien por qué?

Entonces sí que se me forma la sonrisa.

—Más bien lo segundo. Aunque creo que entiendo bastante bien el porqué.

Apenas me deja terminar la frase y tira de mis piernas para acercarme hacia el borde de la mesa, pegándome a su cuerpo, y me besa con intensidad. Enredo los brazos a su cuello. Mi sonrisa se mezcla con la suya. Y luego me levanta en el aire y carga conmigo hasta su habitación.

—Jayden..., ¿qué pasa con el desayuno?

—Que le den al desayuno.

Cierra la puerta con el pie y me lleva de vuelta a la cama.

Pasamos gran parte del día sin salir de ese cuarto y por la noche, acostados juntos sobre el colchón, acaricio con cuidado la piel sensible de su costado, para trazar el contorno de las letras que componen ese poema de su tatuaje.

—¿Crees que yo te trato como si fueras mucho más especial que cualquier otra persona en el mundo?

Dibuja media sonrisa, relajado tras su último orgasmo.

—Me tomo muy en serio los consejos de mi madre y también los de Oscar Wilde —dice, a modo de respuesta.

—¿Te hago sentir extraordinario?

—Me haces sentir como un puto superhéroe, Haley.

—Tampoco te crezcas, Sparks —pico, en tono burlón.

Se mueve rápido para castigarme por mi burla. Y yo me retuerzo y grito y me río a carcajadas, intentando evitar las cosquillas. Lo oigo reír conmigo y pienso que es muy difícil que este momento pudiera llegar a ser más perfecto. Así que lo digo, en medio de la risa de los dos:

—Te quiero.

Se queda serio en cuanto las palabras acarician sus oídos. Y yo me acerco aún más a su cuerpo sobre el colchón y pongo las manos en sus mejillas para acariciarlo despacio con los pulgares, clavando mis ojos en los suyos, sin miedo, sin vergüenza y sin una sola duda, antes de repetirlo:

—Te quiero, Jayden.

Acerca nuestras caras un poco más, hasta que su nariz roza la mía.

—Yo también te quiero, Haley.

Y luego me besa de la manera más dulce en que me ha besado nunca.

Soy más feliz de lo que he sido jamás. Y me duermo sin haber sido capaz de borrar la sonrisa.


Sé que estoy dormida y que esto es solo un sueño, así que me repito un montón de veces que tengo que despertarme ya, pero no lo consigo. En vez de despertarme y volver a estar a salvo, sigo avanzando por un pasillo oscuro. Hay una puerta entornada al fondo, y puedo oír su voz al otro lado. Está murmurando y no puedo entender nada de lo que dice, pero solo ese sonido, ronco y apagado, ya consigue provocarme un escalofrío. No quiero avanzar, pero avanzo. Y no quiero entrar ahí, pero entro. Está en medio de la estancia, de pie, con la cabeza gacha, y los brazos extendidos hacia mí. Me está enseñando las muñecas. Llenas de cicatrices y de nuevos cortes. Llenas de sangre. Con un *yours* en tinta muy negra, salpicado de gotas rojas y brillantes. Y entonces levanta la cabeza. Clava los ojos en los míos, y los suyos parecen huecos, vacíos. Y cuando habla sus palabras hacen eco en las paredes de la estancia.

*Me lo prometiste, nena. Lo dijiste, ¿te acuerdas? Te prometo que nunca voy a querer a nadie así, amor.*

Me despierto sobresaltada, e intento llenar mis pulmones de aire en una enorme bocanada. Tengo el corazón desbocado y un nudo en la garganta que me impide respirar con normalidad.

Hacía mucho que no tenía una pesadilla como esta. Tanto, que había empezado a pensar que ya había logrado dejarlas atrás.

Mi cuerpo se relaja cuando Jayden reafirma su abrazo y me acerca un poco más al calor de su piel.

—¿Estás bien? —murmura, muy suave, junto a mi oído.

Siento todos y cada uno de los músculos liberando la tensión en respuesta al sonido de su voz. Acaricio sus brazos, moviéndome para encajar en los recovecos de su pecho.

—Sí. Sí, estoy bien —susurro.

La angustia del sueño se difumina mucho más rápido de lo que ha hecho después de cada pesadilla antes. Que él esté

440

aquí, a mi lado, es un bálsamo de paz para mi mente y para mi alma.

Todo está bien.

Jayden está aquí.

Y sé que aún me queda camino por recorrer y que tengo que seguir trabajando en muchas cosas y dejar atrás un montón de miedos que aún me atenazan. Sé que tengo que hacerlo yo. Pero ahora también sé que no tengo que hacerlo sola. No quiero hacerlo sola.

Quiero seguir recorriendo ese camino cogida de su mano.

# 35

## JAYDEN

Despierto con el aroma del café recién hecho y el suave tacto de sus labios en el cuello. Sonrío sin abrir los ojos, y busco su cuerpo a tientas con los brazos.

—Espera..., ¡cuidado! —me pide, y creo que tiene el tiempo justo de dejar las tazas sobre la mesilla antes de que tire de ella y la haga caer sobre mí para luego rodar los dos hasta tenerla de espaldas en el colchón, atrapada.

—Buenos días —digo, escondo la cara en su hombro y beso su clavícula en el punto donde esa camiseta mía que ha decidido ponerse se ha movido y deja piel al descubierto.

Aún se está riendo, mientras enreda los dedos entre mi pelo. Me gusta muchísimo cuando hace eso. No sé cómo he podido vivir tanto tiempo sin sus caricias.

—Podrías haber tirado todo el café sobre las sábanas —me regaña, aunque no parece para nada molesta.

Levanto la cabeza para poder mirarla. Me peina mientras me observa con una sonrisa.

—No tenías que haberte levantado para traerme el desayuno a la cama.

—No es el desayuno. Solo es un café.

La contemplo en silencio por unos segundos. Está preciosa. Relajada, sonriente..., feliz. Y creo que yo tampoco había sido tan feliz en toda mi vida. Anoche... Anoche esta chica preciosa que tengo entre los brazos dijo que me quiere. Justo como yo la quiero a ella. Y esta mañana todo es perfecto.

¿O no lo es?

Creo que hasta se me frunce el ceño cuando recuerdo haberme despertado en la madrugada por su sobresalto y el temblor de su cuerpo. Tuvo una pesadilla. Otra vez. Y esta mañana se ha despertado antes que yo, y eso es algo que no suele hacer. Me pregunto si ha dormido demasiado. Me pregunto si algo la tiene tan preocupada como para provocarle pesadillas y robarle el sueño.

Parece feliz, pero...

—¿Estás bien? Te has levantado pronto, ¿no has dormido bien?

Sonríe como si buscara tranquilizarme.

—Solo fue una pesadilla, Jay. Estoy bien. Ayer fue un día intenso, quiero decir a nivel emocional..., en el buen sentido, claro. A veces las emociones me alteran un poco y me hacen soñar —explica, como si fuera algo de lo más normal para ella—. Cada vez menos. Al final desaparecerán. No fue nada. Te juro que me siento estupendamente esta mañana.

Se estira para besarme en los labios.

Ojalá pudiera hacer algo para que esas pesadillas desaparecieran ya de una vez y para siempre. Pero, como en tantas cosas, eso es algo a lo que también tiene que enfrentarse ella sola.

—¿Qué pasaba en esa pesadilla?

Sacude la cabeza, haciéndose la indiferente.

—Apenas me acuerdo.

Miente. Y se nota mucho. Pero no quiero insistir. Estoy seguro de que tiene sus razones para no contármelo. Y quizá es mejor que yo no lo sepa. Lo único que me importa es que ella se sienta bien.

—¿Qué planes tienes para hoy? —cambio de tema.

La libero de mi abrazo y me siento en la cama, para recuperar las dos tazas de café que ella ha dejado en la mesilla. Se sienta a mi lado y coge la suya.

—Depende, ¿tienes algo que proponerme? —tantea, con media sonrisa.

—Sí. Quiero llevarte a un sitio con la moto si todavía...

Dejo la frase a medias antes de decir algo como si todavía está convencida de que quiere quedarse aquí, o si todavía no se ha arrepentido de todo lo que los dos dijimos ayer.

Se acerca a mi cuerpo y me acaricia el hombro despacio.

—Sí, Jayden —dice, seria—. Todavía te quiero y quiero ir contigo a cualquier sitio al que quieras llevarme.

Sabe a café cuando la beso. Y estoy a punto de pasar de todo lo demás y pedirle que nos quedemos todo el día en la cama. Pero sé que le gustará la ruta a la que quiero llevarla.

—Entonces te invito a desayunar en condiciones en un sitio buenísimo que conozco y luego nos vamos de excursión.

Pronto estoy conduciendo la moto, con ella agarrada a la cintura, y me incorporo a la carretera que lleva hacia el norte y al interior, en dirección al Bosque Nacional de Los Ángeles. La carretera es ideal para un paseo en moto, está en perfectas condiciones y es ancha, pero tiene las suficientes curvas para no aburrirte conduciendo. Y sé que a Haley va a encantarle el paisaje.

He hecho esta ruta un par de veces antes, pero creo que nunca la había disfrutado tanto como ahora que viene conmigo. Es como si yo también estuviera aquí por primera vez mientras imagino lo que le está pareciendo todo a medida que avanzamos. Y a través de sus ojos es como si cualquier cosa se viera mucho más especial.

Rodamos durante cerca de media hora, en la que com-

444

pruebo lo que ya sospechaba, que apenas transita nadie por aquí. Paro en uno de los muchos miradores que hay a un lado de la carretera.

—¡Me encanta este sitio! —exclama, tan entusiasmada como yo esperaba verla, baja y se quita el casco para respirar hondo.

—Genial —digo a su espalda—. Ahora, cuando termines de mirar a tu alrededor como si no hubieras visto un bosque en tu vida, ¿qué tal si conduces tú?

Se gira de golpe hacia mí. Se me ensancha la sonrisa.

—¿En serio? —pregunta, emocionada—. ¿Me estás vacilando? Sabes que aún no tengo el permiso, ¿verdad?

Encojo un solo hombro, como si eso fuera un problema menor.

—Te examinas en poco más de una semana. Creo que deberías ir practicando.

Además, apenas hay tráfico y aquí no va a pararnos nadie. Pero no me hace falta blandir esos argumentos que me quedan en la manga, porque ella ya me está empujando para que me eche hacia atrás en el sillín y poder sentarse delante.

—¿Estás preparado? —pregunta, a punto de ponerse el casco.

Yo ya tengo el mío puesto, así que asiento.

—Vamos, dale caña.

—Muy bien. Agárrate bien y reza, Jayden, porque no tengo ni idea de lo que estoy haciendo.

Yo diría que sí que tiene idea, y mucha, de lo que hace. Conduce con seguridad, controlando la moto como si llevara años practicando con una. Es más prudente que yo, y eso es una buena noticia porque quiero que siempre tenga cuidado y que no se haga daño. Me gusta ir así, relajado y agarrado a ella mientras le cedo por completo las riendas y el control. Me gusta ver cómo ella disfruta de esto. Y, la verdad, me pone bastante verla llevar mi moto así.

No sé cuánto tiempo pasa hasta que decide parar a un lado. Apaga el motor y pone la patilla. Se quita el casco, pero no se baja. Gira sobre sí misma hasta acabar sentada al revés, de frente a mí. Me da el tiempo justo a quitarme el mío antes de que coloque sus piernas sobre las mías y se me suba al regazo. Tiro el casco al suelo, porque ahora mismo necesito las manos libres para poder ponerlas en su culo y acercarla aún más. Me besa con intensidad.

—¿Te ponen las motos, la velocidad y el peligro? —murmuro sobre sus labios, en tono pícaro.

—Me pones tú —responde, en un ronroneo que me pone cachondo al instante.

La beso de nuevo, mordisqueando sus labios, y la estrecho contra mi cuerpo.

—Gracias por traerme —dice después—. Y por dejarme conducir.

Me encojo de hombros, quitándole importancia.

—Me gusta verte absurdamente entusiasmada y feliz —aseguro, con un tono burlón.

—Estoy feliz —confiesa, con una sonrisa adorable—. Contigo siempre lo estoy.

Mi corazón salta, perdiendo toda su dignidad, cuando la oigo decir eso. No creo que pueda pedir nada mejor que esto. No quiero oírla decir que me quiere tanto que se está volviendo loca, no quiero que me necesite, ni que me diga que siente algo tan intenso que borra al resto del mundo. No, esto es mucho mejor. Esto es lo que quiero. Que sea feliz. Que esté feliz a mi lado. Quiero ser capaz de hacerla sonreír todo el tiempo. Y eso será mucho mejor que cualquier otra cosa que pudiera tener de ella ese capullo de su ex.

—Yo también estoy muy feliz.

Los dos sonreímos sosteniéndonos la mirada en silencio. Luego, es ella quien lo rompe:

—¿He conducido bien? —pregunta, como si mi opinión fuera la respuesta más trascendente a cualquier pregunta que se haga.

—Lo has hecho perfecto.

¿Tiene sentido que me sienta así de orgulloso porque ella conduzca mi moto mejor que yo?

—¿Crees que voy a aprobar?

—No tengo ni una sola duda.

Aún está sonriendo cuando me besa.

—Tienes razón —alardea, sin hacerse para nada la modesta—. Pero, por ahora, será mejor que conduzcas tú en el camino de vuelta. Me ha parecido oír que Niall y Britt iban a ir a comer a Calabasas con los padres de Niall, ¿qué tal si nosotros volvemos a tu casa? Quiero hacerte la comida hoy.

Enarco una ceja. Sonrío, burlón, antes de soltar mi chiste:

—¿Lo dices en plan guarro o de verdad?

Pone los ojos en blanco y se aparta, fingiendo estar mucho más indignada de lo que está.

—Perdona —me disculpo mientras la risa me resta muchos puntos de credibilidad—, me lo has puesto demasiado fácil.

Se baja de la moto y recupera los cascos del suelo antes de pegarme suavemente con el mío en el abdomen. Luego se sube detrás de mi cuerpo y acerca la boca a mi oído.

—Primero voy a cocinar para ti. Después, si te portas bien, podemos pasar al plan guarro también.

Joder. No sé si voy a poder portarme bien si sigue insinuándose así.

Tengo que respirar hondo y obligarme a centrarme en la conducción hasta que volvemos a casa. No es una tarea fácil teniendo su cuerpo completamente pegado a mi espalda y sus brazos rodeando mi cintura todo el camino.

Como ha prometido, cocina para mí, utilizando una de

mis sudaderas a modo de delantal para no mancharse la ropa. No tiene tanto cuidado con la mía, pero eso tampoco importa. Me encanta observarla mientras se mueve por la cocina, al ritmo de la música que ha puesto a todo volumen. Empiezo a imaginarme toda una vida llena de momentos así a su lado y me muero de ganas de vivir todos y cada uno de ellos.

No pasamos al plan guarro al terminar de comer, pero no tengo ninguna prisa por eso, porque me parece perfecto esto de quedarnos medio dormidos juntos, acurrucados en el sofá con una película de fondo. Nuestros cuerpos encajan y dudo que pudiera estar más cómodo de lo que estoy con ella entre los brazos, con la cabeza apoyada en su pecho y escuchando latir su corazón. Esto es perfecto. No cambiaría este momento por nada.

Y entonces alguien tiene que interrumpirlo. El móvil empieza a vibrar insistente encima de la mesa, anunciando que tengo una llamada. Sea quien sea, va a ser mi persona más odiada del día. Haley suelta un gracioso gruñido de fastidio, y quita la mano de mi pelo y se mueve, para permitirme incorporarme con facilidad.

Me estiro para cogerlo y me levanto despacio.

—Es mi padre.

Ella encoge las piernas para dejarme más espacio y se sienta mientras yo contesto, extrañado.

—Papá, ¿qué pasa?

—Eh, Jay. ¿Te pillo mal? ¿Puedes hablar?

Su voz suena demasiado seria y a mí se me para el corazón por un momento. ¿Qué demonios ha pasado?

Me pongo de pie y camino por el salón, incapaz de quedarme quieto, mientras siento los ojos de Haley seguir cada uno de mis movimientos.

—Sí, puedo hablar. ¿Qué pasa? ¿Ha pasado algo? —me impaciento, nervioso.

—No te asustes. Estamos todos bien. Mamá está bien, la abuela está bien, Luke está bien, *Piezas* está bien y yo también estoy bien —enumera, repasando a todos los miembros de la familia.

—Vale —digo, más tranquilo.

—Es que... Verás, tengo que llamar a Haley y no sé muy bien cómo darle una noticia, y he pensado llamarte primero porque a lo mejor a ti se te ocurre alguna forma menos mala de hacer esto.

Miro a Haley de reojo. Está muy atenta a mí, con el ceño fruncido y cara de preocupación. Hace un minuto estaba ahí feliz, tranquila y a salvo entre mis brazos, y ahora hay algo que mi padre no sabe cómo decirle y lo único que yo quiero es parar el tiempo y que nadie tenga que darle jamás ninguna mala noticia.

Me muevo para alejarme de ella, para que no haya ninguna posibilidad de que oiga nada de lo que mi padre vaya a decirme, al menos hasta que sepa lo que es y pueda evaluar los posibles daños. Salgo del salón hacia mi habitación, noto sus ojos clavados en mi espalda y sé que le estará doliendo que me aleje de ella cuando piensa que estoy recibiendo malas noticias, pero necesito mantener cualquier cosa dañina lejos, aunque solo pueda demorarlo un par de minutos.

—¿Qué ha pasado?

No quiero que ella se entere, y tampoco quiero que mi padre pueda notar que una mala noticia para Haley me afecta igual que una para mí.

—Es por ese chico... Styles.

Freno en seco el paseo nervioso. Me apoyo en la pared contra la que besé a Haley con ansia la primera vez que hicimos el amor. De repente, parece que hace siglos de aquello.

Una mala noticia relacionada con Styles es lo que menos necesitamos ella y yo ahora mismo. No justo ahora. No cuando estamos tan bien. No cuando acaba de decir que ella también me quiere y el día está siendo tan perfecto y los dos somos tan felices. Odio a ese tío. No quiero que vuelva a aparecer justo cuando los dos parecemos haberlo olvidado por fin.

¿Qué pasa con él ahora?

Lo primero en lo que pienso es en que está aquí, en Los Ángeles, en que ha vuelto. La rabia hace que se me tensen todos los músculos y aprieto el teléfono en la mano hasta que me hago daño.

Si ha vuelto voy a ir a por él antes de que tenga tiempo de acercarse a ella. Si ha vuelto...

—¿Qué pasa? ¿Está aquí?

—He recibido una llamada hace un rato. Ese asistente social con el que hablé cuando me pediste que averiguara dónde estaba, ¿te acuerdas? —Me limito a soltar un gruñido a modo de confirmación para que siga hablando sin perder más tiempo—. Ha dicho que tal vez podría interesarme saber lo que ha pasado.

¿No va a decir algo ya? Tengo el puño apretado y me estoy haciendo daño en la palma de la mano, pero apenas lo noto.

Quiero que no lo diga. Que no diga que ese hijo de puta ha vuelto. Que no diga nada que no pueda resolver sin que Haley se entere y no tenga que volver a oír su nombre. Quiero protegerla. De él. De su recuerdo. De ella misma. De lo que sea. Protegerla de todo. Solo quiero ser el escudo que le evite el dolor. Ojalá pueda serlo, aunque sea solo por una vez.

—¿Y qué es lo que ha pasado? —meto presión—. Papá...

Cuando por fin responde, su voz suena baja pero firme, ronca, cargada de una extraña mezcla de alivio y preocupación al mismo tiempo. Y siento que el mundo da vueltas a demasiada velocidad y que yo me quedo quieto, anclado al suelo, y la inercia me empuja buscando hacerme caer. Me quedo helado, se me escapa todo el aire de los pulmones y, al volver a llenarlos, siento que puedo respirar más profundo que nunca. Y mi cuerpo tiembla, no ya de rabia, sino de un nerviosismo incontrolable, porque no sé cómo demonios voy a decirle esto a ella.

Me duele imaginar lo que va a hacerle sentir, lo que le va a doler. Me mata tener que decirle esto y traer de vuelta la oscuridad. Pero sé que hay que decírselo. Y sé que es mejor que sea yo quien lo haga. Quiero hacerlo yo. Si alguien tiene que romper una parte de su mundo e intentar sostenerla en firme cuando se derrumbe, sé que prefiero ser yo.

—Styles ha muerto, Jayden.

# 36

# HALEY

Me estoy poniendo más y más nerviosa a cada segundo. Es evidente que Tyler ha llamado para darle a Jayden una mala noticia, y que se aleje de mí para recibirla me hace sentir fatal. ¿Qué habrá pasado? ¿Y por qué no quiere enfrentarse a lo que sea dejando que lo coja de la mano y esté a su lado?

No se me ha pasado por alto la mirada que me ha dedicado antes de salir de aquí, y eso, no sé por qué, me ha encogido mucho más el estómago, que ahora tengo convertido en un nudo enorme. ¿Tendrá algo que ver conmigo? ¿O será algo de lo que él no quiere que yo me entere? Sea lo que sea, no me gusta.

Mi corazón suena tan fuerte que casi ni me oigo pensar. He pasado de estar en el paraíso con él a estar sola en medio de una tormenta de nieve. Estoy helada. Tan tensa que podría saltar con el sonido de un susurro. Se me pasan un millón de ideas por la mente a la máxima velocidad, cada una peor que la anterior.

Y, sí, Jayden ha salido de la estancia para no hablar de lo que sea con su padre delante de mí, pero solo ha ido hasta su habitación y no ha cerrado la puerta, de modo que su voz llega hasta mí bastante clara, aunque no tenga ni una sola pista de lo que pueda estar diciendo Tyler al otro lado.

—¿Qué? Pero... ¿cómo ha sido? ¿Qué ha pasado? —Lo oigo preguntar.

Estoy a punto de levantarme e ir hasta donde él está, para poder verle la cara. Solo para poder cogerlo de la mano si necesita que alguien lo haga. Pero él ha salido de aquí para alejarse de mí, así que me quedo sentada en el sofá, agitando la pierna en un movimiento histérico y mordiéndome la uña del dedo pulgar.

—Joder... —suspira Jayden, en la distancia—. Papá... No, deja que... Deja que lo haga yo, por favor. Yo se lo digo.

*Yo se lo digo.* Siento un escalofrío, y entiendo al instante que se refiere a mí. No se ha alejado porque no quiera tenerme a su lado cuando recibe una mala noticia. No porque prefiera estar solo cuando la vida golpea de alguna manera. Se ha ido de aquí porque la mala noticia es para mí y no quería que su cara me dijera nada antes de tiempo mientras la escuchaba.

Si es Tyler quien tiene una mala noticia para mí, ¿qué podría ser? Mi padre, mi madre... No puedo respirar. Siento que voy a ahogarme.

Jayden cuelga el teléfono en el mismo momento en que atraviesa la puerta del salón. Su expresión es grave, tiene la mandíbula apretada y los ojos oscurecidos. Evita que nuestras pupilas conecten cuando mis ojos buscan los suyos con ansiedad.

—Jay... —consigo llamarlo, con un hilo de voz—. ¿Qué pasa? ¿Qué ha pasado?

Deja el teléfono sobre la mesa de comedor y termina de recortar la distancia que nos separa con pasos pesados, como si lo hiciera a cámara lenta. Se agacha justo delante de mí, para poner nuestras caras a una altura parecida, y posa las manos en mis rodillas de manera muy delicada.

—Jayden. Por favor, dime qué pasa. Me estás asustando.

Alza la mirada. Intento ver más allá, averiguar en sus pupilas todo eso que le está costando tanto decir, pero no encuentro respuestas. ¿Mi familia está bien?

—Ha pasado algo, Haley —empieza, creo que con la voz tan entera y suave como es capaz. Estoy cogiendo aire para volver a hablar, exigiendo más respuestas, cuando él sigue—: Es sobre Styles.

Oír ese nombre me descoloca por completo. Parece bastante irreal. No sé qué es lo que está pasando. Estaba pensando en todos y cada uno de los miembros de mi familia, y siento un alivio inmediato cuando toda esa lista queda descartada, pero, al mismo tiempo, el corazón se me para por un segundo y otra parte más profunda de mi mente se pone alerta de golpe.

—¿Qué pasa?

Intento preguntar, pero no sé a ciencia cierta si ha llegado a salirme del todo la voz, o si Jayden ha podido oírme. Sin previo aviso, me golpean en cascada todas esas imágenes de mi pesadilla de anoche, y creo que hasta me encojo por el impacto.

Mi mente quiere preguntar si está aquí, demasiado cerca, si vuelve a por mí, a perseguirme y a atormentarme, pero no es eso lo que termino diciendo. Se supone que está en Los Álamos, que sigue pendiente de un juicio, que no puede moverse de allí y que sigue haciendo el idiota y complicándose la vida, pero al menos está con sus abuelos y se supone que eso es bueno, ¿no? Debería estar mejor, debería...

—¿Está bien? —Es lo que pregunta mi patético hilo de voz.

Jayden aprieta los labios por una décima de segundo, de manera casi imperceptible, y luego sacude la cabeza despacio, tristemente. Sostiene mis manos, antes de hablar:

—Murió anoche, Haley.

Lo oigo perfectamente, pero mi mente rechaza la nueva información, formando una barrera que la hace rebotar y repetirse como un eco en mis oídos que no puedo terminar de procesar. Niego con la cabeza, y creo que hasta formo una sonrisa incrédula de medio lado mientras me libro de las manos de Jayden y echo el tronco hacia atrás para ganar distancia.

—No —digo, firme—. No. ¿Qué dices? No es verdad.

¿Por qué me está diciendo esto? No puede ser real. Jayden no se inventaría nada así, y no puedo comprender por qué está soltando cosas como esa para hacerme daño. No puede ser verdad. ¿Qué está haciendo?

—Sí lo es —murmura, con algo parecido a la pena en sus ojos dorados—. Ese asistente social ha llamado a mi padre. Lo han encontrado esta mañana en su coche. Dicen que ha sido una sobredosis.

Me levanto de golpe, tan repentinamente que casi hago caer a Jayden hacia atrás. No me preocupo de si mantiene o no el equilibrio mientras me alejo unos pasos. No es cierto. No puede ser cierto. No tiene sentido. Anoche no se hizo daño de verdad, claro que no lo hizo, fue solo una pesadilla. Eso es todo.

—Jayden, ¡para! —grito, y me giro para mirarlo con rabia—. Para. Deja de hablar. ¿Por qué me dices esto?

Se levanta y da dos pasos hacia mí muy despacio, con la máxima prudencia.

Lo miro a los ojos. Y alguna extraña conexión tiene lugar en mi mente, y levanta la barrera que ha formado hace tan solo un minuto. Entonces el eco de sus palabras llega, y lo proceso en décimas de segundo. Styles... Ha dicho que Styles murió anoche. Y esa frase que me repito a mí misma un par de veces es solo como un rumor lejano, indiferente e insensible. Insensible hasta que mi mente cambia el nombre.

*Daryl murió anoche.*

Siento como si me golpearan con un bate de béisbol en la boca del estómago, tan fuerte que se me corta de golpe la respiración. Se me cierra la garganta, y tengo que jadear para intentar respirar. Para no ahogarme.

—Haley... —Jayden me habla, dulce y bajito, mientras da un paso más y para justo delante de mí—. Odio tener que decirte esto, créeme. Lo han encontrado en su coche —repite—. En un aparcamiento a las afueras de Los Álamos. Había restos de coca, unos frascos de antidepresivos, y un par de botellas de tequila. Ojalá no tuviera que contarte esta mierda, pero...

Lo empujo para pasar por su lado y poder volver hacia el sofá. Tengo la impresión de que no había tenido tantas ganas de llorar en mi vida y, sin embargo, tengo los ojos secos. No me sale ni una lágrima. Es como cuando una masa enorme de agua llega de golpe a un paso estrecho: la corriente se empuja y se revuelve, formando remolinos e impidiendo el avance. Solo hasta que la pared revienta, claro. Y no sé cuánto tiempo tardará en reventar la mía.

Siento a Jayden moverse detrás de mí, como si quisiera alcanzarme, pero no se atreviera a tocarme.

Me escuece la garganta. Me duele tanto como si llevara horas llorando, o gritando a pleno pulmón.

No dejo que llegue a mi altura, me aparto antes de que pueda hacerlo y me siento al borde del sofá. Apoyo los codos en las rodillas y escondo la cara entre las manos, tratando de ordenar mis pensamientos. Más bien trato de pensar, porque tengo la cabeza embotada y no soy capaz de hacerlo.

Coche. Aparcamiento. Droga. Medicamentos. Alcohol. *Daryl murió anoche.*

Si parece tan irreal, ¿por qué duele?

Cuando levanto la cabeza, mientras intento mantener

constante el ritmo de mi respiración para no sufrir un ataque de ansiedad, veo que Jayden ha apoyado la espalda en la pared de enfrente y me mira en silencio.

—Me cuesta creer que... —empiezo, pero me resulta demasiado complicado—. Parece todo tan irreal...

Encoge los hombros levemente.

—Supongo —suspira—. Tampoco se puede decir que nadie esperara algo así.

Es un arañazo fuerte y bastante profundo en mi corazón el que consigue marcar con esas palabras. Frunzo el ceño y estudio su cara.

—¿Qué? ¿Cómo puedes decir algo como eso? —salto, aunque la voz solo me sale a medias—. Como si fuera inevitable. Así no hay culpas, ¿no? Las cosas no son así. Alguien debería haber hecho algo por él.

Se me quiebra la voz. Mi mente tiene que gritarse un «basta» cuando esa vocecita contra la que ya creía haber ganado la batalla aparece para decir que ese alguien tendría que haber sido yo.

—Un solo culpable, creo. Aunque supongo que ya es tarde para ir a pedir cuentas.

Mis ojos echan chispas cuando los clavo en los suyos de nuevo. ¿Cómo se le ocurre decir algo así? ¿Cómo puede juzgar así sin tener ni idea? ¿Cómo puede decir eso sin que le tiemble la voz, sin avergonzarse de lo frías e injustas que suenan sus palabras?

—No puedes creer eso de verdad, Jayden.

—¿Qué quieres que diga? —responde, amargo y a la defensiva—. ¿Que lo siento? La verdad es que no lo siento, Haley.

Esas palabras me atraviesan el pecho. Se me instala dentro algo frío y duro que no para de retorcerse provocándome ganas de aullar de dolor. Aprieto los dientes y me estiro hasta alcanzar mis botas, que antes he dejado tiradas a un lado del sofá. Me calzo a toda velocidad, me pongo en pie y cojo la chaqueta del respaldo de la silla donde la he dejado al llegar.

—No entiendo cómo puedes ser tan cruel —digo entre dientes, mientras paso por su lado sin ni siquiera mirarlo, directa a la puerta de salida.

—Joder. —Lo oigo mascullar a mi espalda—. Haley —me llama.

Creo que viene detrás de mí, pero no miro atrás. Abro la puerta principal de un tirón y me lanzo al rellano, corriendo hacia las escaleras.

—¡Haley!

No me detengo hasta llegar a la calle y, una vez allí, solo dudo un segundo antes de decidir qué dirección debo seguir.

Camino rápido y sin prestar atención a nada a mi alrededor, mientras callejeo, dando un rodeo en el camino hacia casa. No es hasta que llevo por lo menos quince minutos andando cuando la realidad de la situación me ataca repentinamente. Ralentizo el paso a medida que se me va haciendo más y más difícil respirar. Termino por sentarme en el murete bajo que rodea un edificio de viviendas. Y entonces, rompo a llorar. Es como si llevara meses sin hacerlo. O, al menos, no así, con tanto dolor. Siento cómo el llanto me desgarra por dentro al abrirse paso para salir.

Styles ha muerto. Y Daryl..., *mi Daryl*, ya no está. No está. Y nunca va a volver a estar. Se ha ido. Ha desaparecido para siempre. Sin darse la oportunidad, sin luchar por sí mismo, y sin decir adiós. Y siento como si una parte de mí acabara de morir con él. Esa parte que se llevó consigo; no la que me robó, sino la que le entregué con todas las consecuencias, la que quise que fuera suya y solo suya y ya nunca había intentado recuperar.

Ha muerto Styles y con él todos sus demonios que durante mucho tiempo consiguieron encadenarme junto a él en ese infierno. Pero también se ha ido Daryl: ha muerto ese chico asustado y vulnerable, todas sus inseguridades y esa convicción de que no merecía que nadie lo quisiera. Y, sin embargo, yo lo quise. Lo quise tanto y tan mal que aun ahora, cuando ya no lo quiero, me duele de tal manera que siento que nunca podré volver a vivir igual. Anoche él dejó de existir y yo... Y yo ni siquiera sentí que algo hubiera cambiado. Anoche Daryl murió mientras yo le decía a Jayden que le quería. Mientras me enredaba con él entre sus sábanas y me reía a carcajadas y me sentía tan a salvo, tan completa, tan... feliz.

*Voy a morirme sin ti.*

*Di que no vas a follar con él.*

*No me importa que me odies o que me quieras mientras sientas cosas solo por mí.*

*Te juro que esta vez no me encuentran a tiempo.*

Y ahora él ya no está. ¿Qué se supone que debería sentir en este momento?

No sé cuánto tiempo me cuesta ser capaz de volver a ponerme en pie y caminar. Y cuando llego a casa, ni siquiera sé cómo mis pies han logrado traerme hasta aquí.

No hay nadie cuando entro en el piso. Voy directa a mi habitación y me encierro allí, para tumbarme sobre la cama y llorar hasta quedarme sin lágrimas.

No tengo ni idea de cuánto tiempo ha pasado, ni qué hora es, ni lo que ha podido pasar fuera de estas cuatro paredes mientras yo he estado hecha un ovillo sobre el colchón, abrazándome a mí misma y buscando cualquier indicio que pudiera llevarme a pensar que esto no es real.

Me repito una y otra vez que jamás habría querido volver a verlo, que, de hecho, no quería volver a saber nada de él nunca más. Y, sin embargo, es muy distinto saber que ya no está. Y duele más de lo que debería doler ya.

Oigo la puerta de entrada, y unas voces lejanas que se acercan cada vez más por el pasillo.

—¿Haley?

Es Mark, y no viene solo. No contesto. En solo unos segundos, unos golpes tímidos en la puerta buscan mi permiso para pasar, pero tampoco lo concedo.

—Haley, somos nosotros —dice Tracy.

La puerta se abre de todas maneras. Me incorporo en la cama y me abrazo las rodillas. Ahí están los tres, mirándome como si acabara de perder un brazo. Brittany es la primera en atreverse a acercarse y se sienta junto a mí en la cama.

—Eh —saluda, dulce—. Jayden me ha dicho lo que ha pasado. ¿Estás bien?

Me encojo de hombros al tiempo que sorbo por la nariz. Sé que debo de tener un aspecto horrible, porque llevo horas sin parar de llorar y siento los ojos hinchados y la piel de las mejillas reseca. Apuesto a que me siento aún peor de lo que aparento.

—Sí, Jayden se lo ha dicho a Britt, y Britt me lo ha dicho a mí —aporta Mark desde el marco de la puerta, donde está apoyado con Tracy a su lado—. Y yo se lo he dicho a Tracy, que ha abandonado a Aaron en la estación de autobuses antes de tiempo. Y, chica, ya me imagino que es una movida, pero...

—Hemos venido para que sepas que nos tienes aquí —lo corta Tracy, con una mirada de advertencia que no se me pasa por alto—. ¿Podemos hacer algo por ti?

Sacudo la cabeza lentamente. No sé si sigo teniendo voz.

—No te quedes aquí sola dándole vueltas a la cabeza —aconseja Britt—. Vamos a poner algún programa absurdo en la tele y a pedir comida basura para cenar, ¿quieres?

—No puedo —consigo decir, con la voz ronca y las palabras arañándome la garganta irritada—. Aún no me creo que sea verdad.

Se quedan en silencio durante unos segundos. Sé que Jayden lo ha hecho con buena intención, pero me molesta mucho que haya ido corriendo a contarle todo esto a Britt. Sé que piensan como él. Que Styles se lo tenía merecido. Que no lo sienten en absoluto. Y los odio por sentir que esto no es algo que lamentar, cuando a mí me remueve tanto.

Mark rompe el silencio cuando yo no quiero oír a nadie:

—Haley, sé que te duele que Styles..., en fin, ya sabes. Pero, lo siento, no lo entiendo. Ese tío te destrozó, no sé si te acuerdas, tuviste que pedir una puta orden de alejamiento. No quiero decir que esto fuera lo que se merecía, pero lo que sí voy a decir es que no se merece que tú le llores.

Estoy a punto de contestar, de decir algo empapado en rabia de lo que seguramente me arrepentiré, pero Tracy empuja a mi amigo fuera de aquí mientras le dice algo entre dientes y, de repente, Britt y yo estamos solas.

Me dan ganas de preguntar en voz alta quién se supone que va a llorarle si no lo hago yo. Pero el nudo de la garganta ni siquiera deja que me salga la voz.

—Siento que haya acabado así —habla Brittany por mí, y puedo ver en la tristeza que refleja su mirada que está siendo sincera—. Ojalá las cosas hubieran sido de otra manera para él, pero tú nunca pudiste hacer nada, Haley, ¿vale? Recuerda eso. Era el único que podía salvarse y no todo el mundo sabe cómo hacer eso.

Dejo que mi amiga me abrace.

—Necesito estar sola, Britt. Mañana estaré mejor —prometo, aun sin saber si es cierto—, pero ahora necesito...

Asiente. No protesta, ni intenta convencerme. Se levanta

de la cama y va hasta la puerta. Se vuelve a mirarme cuando ya está fuera y tiene el pomo en la mano, dispuesta a cerrar.

—Estamos aquí mismo si nos necesitas, ¿vale? —Es lo último que dice.

Una parte de mí llora su pérdida. Y la parte que lo odia me hace sentir mal por guardar rencor a alguien a quien ha terminado por consumir su propio infierno. Styles no se merece que nadie lo odie, él se odiaba a sí mismo lo suficiente como para no necesitar más. Y, a pesar de todo, no puedo evitar seguir odiando lo que hizo con nosotros... lo que *ha vuelto a hacer* con nosotros ahora, huyendo de la vida y dejándome a mí cargar con todo el dolor sobre los hombros. Lo odio y eso solo hace que duela todavía más. Y todo ese miedo que me producía, toda la ansiedad, los malos recuerdos y hasta las pesadillas, todo eso solo me desestabiliza porque sé que yo no fui su única víctima y que la persona a la que Daryl Styles hizo más daño siempre fue él mismo.

Tengo tal remolino de emociones dentro que me siento desbordada y me es imposible desgranar cuál es la que predomina ahora.

Siento que me va a estallar la cabeza, que me duele horrores por haberme pasado tanto tiempo llorando, cuando el móvil empieza a vibrar.

Es mi madre, y mi primer impulso es colgarle, porque no puedo hablar con ella ahora, no así... Pero descuelgo de todas formas, consciente de lo patética que va a sonar mi voz en cuanto diga una sola palabra.

—Mamá...

—Cariño —responde al instante, y por su tono me queda claro que ya lo sabe—. Tyler me ha llamado. ¿Cómo estás?

Cierro los ojos con fuerza y respiro.

—No lo sé.

—Pequeña, sé que duele y me imagino que es confuso

—habla, como si pudiera leerme aun sin tenerme delante—. Lo siento muchísimo.

Oírla decir eso me da muchas ganas de llorar otra vez. Sé que es la única persona que lo dirá en serio, que entiende todo lo que llevo por dentro. Oigo a mi padre decir algo por detrás, pero mi madre ni le hace caso. Prefiero no hablar con él, porque no tengo ni una sola duda de que pensará y dirá exactamente lo mismo que Jayden. No puedo negar que los entiendo y que, probablemente, si yo estuviera en su lugar también sentiría en parte que esto supone un alivio más que una tragedia. Sé que están preocupados por mí y que saber que Styles ya no puede volver a mi vida ni hacerme más daño no deja de ser una buena noticia. Solo mamá parece estar pensando en lo que llevo por dentro.

—Mamá, ¿podemos hablar de esto mañana? —pido, con un hilo de voz—. Por favor. Solo quiero irme a dormir pronto.

Cede enseguida y no tardamos en colgar. Aunque me da la impresión de que sospecha que no voy a poder pegar ojo esta noche. Yo estoy completamente segura de ello.

Unos toques suaves en la puerta me hacen levantar la cabeza de la almohada y mirar hacia allí cuando se abre lentamente sin esperar respuesta. Me sorprende que sea Mark. Me sonríe antes de hablar:

—Oye, Jayden está aquí. Me ha pedido que te pregunte si quieres hablar con él y dice que si no quieres lo entiende y que se marcha. ¿Qué? ¿Lo hago pasar? ¿O lo saco de casa de una patada en su atractivo culo?

Eso consigue arrancarme una pequeña sonrisa, y siento la piel tirante sobre los pómulos.

No sé si estoy en condiciones para hablar con Jayden ahora, pero sé que no es justo ni para él ni para mí dejar las cosas como están, y que no me sentiré de ninguna manera mejor si sigo estando molesta con él por lo que ha dicho y cómo lo ha dicho. Los dos hemos tenido tiempo para asimilar algo más la noticia y no quiero tener más espinas clavadas ya.

—Dile que pase. Gracias, Mark —añado antes de dejarlo marchar, y creo que entiende que no lo digo solo por hacerme de mensajero.

Me dedica una sonrisa antes de salir de aquí y luego, en menos de veinte segundos, es Jayden quien empuja la puerta para colarse en mi cuarto y cerrar tras él.

Nuestros ojos se encuentran y se me destensa uno de los nudos que han estado enredando mi alma en las últimas horas. Se acerca despacio y se sienta en el colchón, justo delante de donde estoy.

—Oye...

—Te entiendo —me adelanto a lo que sea que tuviera planeado decir—. Pero eso no significa que lo que has dicho me haya dolido menos.

Me mira a los ojos y asiente.

—Siento haber sido insensible, Haley. He hablado sin pensar. Siento mucho que haya pasado esto y sobre todo siento que te duela así. Ojalá pudiera ser un poco más empático, y ojalá pudiera encontrar las palabras adecuadas y saber qué hacer para hacerte sentir mejor. Haría lo que fuera para borrar cualquier cosa que te duela y me gustaría poder evitarte toda esta mierda, pero entiendo que tengo un montón de limitaciones y que tú eres mucho mejor que yo en esto, y que tienes que enfrentarte a ello tú misma. Solo quiero decirte que lo entiendo, y que te tomes todo el tiempo que necesites, y que voy a estar ahí en cualquier momento, para cualquier cosa. Sé que probablemente ahora quieres estar sola, y que necesitas espacio para procesar algunas cosas. Sé que tengo que echarme a un lado y dejar que lo hagas, porque te conozco, así que eso es lo que voy a hacer. Pero sigo estando aquí para ti y necesito que lo tengas muy presente, ¿vale?

Me muevo para abrazarme a su torso, y él pone los brazos en torno a mí y me acaricia el pelo con ternura. No llego a decir nada. Pasados unos segundos me aparto para poder mirarlo.

—¿Me llamarás si me necesitas?

Asiento una sola vez con la cabeza.

—Esto no cambia lo que siento por ti, Jayden —me obligo a decir en voz alta, solo porque sé que él necesita escucharlo.

—¿Vas a volver a mí cuando estés lista?

—Sí.

Se inclina hacia delante y me besa la frente.

Y sé que necesito enfrentarme a esto sola, pero me siento más fuerte sabiendo que él siempre va a cubrirme las espaldas.

# 37

# HALEY

Tengo un objeto en la mano que no paro de frotar con dos dedos, como si fuera un amuleto. Pero nada más lejos de la realidad. Es el colgante que Daryl me regaló, esas alas de ángel que encontré a principio de curso en una caja y me prometí tirar.

—No dejes que esa parte de ti que siempre se siente culpable por todo reescriba la historia, Haley —dice Kimberly, después de que yo haya soltado un monólogo de diez minutos sin apenas respirar—. No dejes que tome el control. Tú estabas pensando en ti, siendo feliz y permitiéndote vivir. Eso es lo que tú tienes que hacer. Es imposible que Daryl supiera lo que estabas haciendo y con quién y mucho menos lo que le dijiste o no le dijiste a Jayden aquella noche. Hace casi un año desde la última vez que viste a Daryl, y hacía el mismo tiempo para él, así que es de lo más improbable que esto esté relacionado contigo. No era, es, ni nunca será tu responsabilidad. Recuerda que tú le ofreciste ayuda. Le diste mucho más de lo que podías permitirte dar. Nadie podía hacer nada por él cuando él no quería ser salvado.

Asiento. Retrocedo y me dejo caer sobre el sofá, con un suspiro.

—No puedo dejar de pensar en que murió mientras yo le decía a Jayden que lo quería, y eso me atormenta más que nada, aunque sepa que es absurdo.

—Es una triste coincidencia y nada más que eso.

Me quedo en silencio, ordenando mis ideas, tratando de traducir mis emociones a palabras para poder decir cómo me siento en este momento, pero me está resultando más difícil que nunca.

—Creo que lo que peor me hace sentir es no haber podido librarme del rencor, del miedo... A pesar de todo, y aunque él ha terminado por hacerse más daño a sí mismo, no puedo evitar culparlo de muchas cosas. Por una parte, sí siento alivio. Y eso me hace sentir fatal. Siento que necesito perdonarlo, de alguna manera, y no sé cómo.

—Tal vez es el momento de averiguarlo. Pero, sobre todo, Haley, acuérdate de perdonarte a ti misma, ¿quieres?

El sol está a punto de esconderse cuando aparco el coche en el lugar exacto en el que Daryl lo hizo aquel día, el día que todo cambió entre nosotros. Me descalzo para caminar por la arena de la playa de Topanga, dejo que el viento me despeine y cierro los ojos para respirar hondo y escuchar con atención el sonido de las olas. Recuerdo aquel día con todo lujo de detalles. Las bromas, las risas, cómo terminó cediendo mientras yo lo incitaba a jugar en la playa. Esa primera sonrisa de verdad que conseguí arrancarle sin tener que pelear para ello. Me siento bien cuando me doy cuenta de que esos recuerdos ya no duelen.

Justo aquí creí vivir uno de mis momentos más felices. Y nadie me puede quitar eso, pasara lo que pasara después. Ni siquiera él. Daryl se llevó muchas cosas, pero algunas otras serán siempre mías.

Me alejo de la orilla y me siento en la arena, con ese colgante enredado entre los dedos.

Hay un par de personas paseando y, a lo lejos, un chico jugando con un perro que se mete sin dudar en el agua una y otra vez para recuperar su pelota.

Bajo la vista hasta esas alas de plata. Las acaricio despacio con los pulgares, recordando el día que me las regaló. Como casi todo con él, fue agridulce. Me quitó el colgante de mis padres para sustituirlo por el suyo. Ese que él me arrancó del cuello y lanzó al mar.

*No eres una jodida princesa.*

No. No es eso exactamente lo que soy.

Pero de lo que Daryl no se dio cuenta entonces es de que tampoco era, soy, ni nunca seré lo que él pensaba.

Así que me pongo de pie y vuelvo a acercarme al océano hasta que me lame los tobillos y salpica los bajos de mis pantalones. Aprieto el puño en torno al colgante, clavándome el extremo puntiagudo de las alas en la palma de la mano, y luego echo el brazo hacia atrás y lo lanzo tan lejos como puedo, para verlo perderse entre las aguas.

*Tampoco soy un ángel, Daryl.*

# 38

# JAYDEN

Salgo del agua y suelto la tabla sobre la arena antes de dejarme caer sentado al lado, apartándome el pelo mojado de la cara.

Asher viene detrás de mí.

—Tío, estás oxidado.

—No estoy muy centrado.

Mi amigo se sienta a mi lado y sacude la cabeza, salpicándome todas esas gotitas que salen disparadas de su pelo.

—Haley, ¿no?

Supongo que tampoco era una apuesta muy difícil. Aunque en realidad no es exactamente ella o lo nuestro lo que me tiene preocupado ahora. Esta última semana no me he estado cayendo demasiado bien a mí mismo. Sobre todo, por lo mal que reaccioné cuando me enteré de que Styles había muerto, pero también porque, por mucho que lo intento, no puedo encontrar ni una pizca de lástima por él en mi interior. Y, según Haley, debería. Si ella es capaz de llorar por él..., ¿por qué yo me alegro de que haya desaparecido para siempre?

—Bueno, sí y no. Sé que Haley va a estar bien y entiendo que necesite un poco de espacio. Ya la conozco, no pasa nada. Es solo que...

—Sabes que va a estar bien, pero eso no te impide estar preocupado por ella mientras llega a estarlo. Está bien, Jay, es normal. ¿Y sabes lo que también es normal? Que te joda que siempre tenga que hacer todo sola y no se apoye en ti para ciertas cosas. No pasa nada si te molesta. A todos nos gusta sentir que nos necesitan.

No me importa apartarme a un lado para dejar que resuelva esos asuntos que aún tiene pendientes consigo misma, pero la verdad es que me duele que no me pida que me quede con ella durante el proceso.

—Me siento la peor persona del mundo.

—¡Venga ya! ¿Y eso por qué?

—Porque no está bien alegrarse por la muerte de nadie, Asher —mascullo, molesto—. Y la verdad es que, por mucho que intento sentir lástima por él, no puedo. Te juro que no puedo evitar pensar que tiene lo que se merecía. Y sé que, si le digo eso a Haley, ella va a odiarme. Va a pensar que soy un monstruo sin sentimientos.

—Lo eres, joder.

Giro la cabeza de golpe, para fulminarlo con la mirada. Se supone que debería consolarme y decirme que soy un buen tío, ¿no?

—¿Me estás vacilando?

—¡Pues claro que sí! Jayden, ese tío no era una buena persona, ¿vale? Y, sí, yo que sé, sería así por mil mierdas que hubieran pasado en su vida, pero llega un momento en el que hay que elegir, ¿sabes? Puedes hacerte la víctima y empezar a soltar odio por ahí para que todo el mundo se sienta tan mal como tú, o puedes buscar soluciones y luchar por ser mejor persona de lo que las circunstancias te han llevado a ser. Hizo mucho daño a dos de las personas que más querías. Me parece normal que no quieras llevar flores a su tumba.

Bajo la mirada y observo cómo mis dedos aparecen y desaparecen mientras jugueteo con la arena.

—Sí, pero tampoco debería pensar que esto es lo mejor que podía pasar. ¿Tú lo piensas? Tú nunca... nunca lo has odiado como yo. ¿No es horrible eso de odiar a alguien? Es agotador.

Asher asiente.

—No lo odiaba porque fue Sarah la que decidió lo que quería hacer y con quién quería estar, Jay. Y no lo he odiado porque, en realidad, nunca he llegado a saber todo lo que le hizo, o lo que le hizo a Haley el año pasado. Y, ¿sabes?, prefiero no saberlo. Como dices, odiar y guardar rencor es agotador, y ya no podemos cambiar el pasado.

—No, no se puede.

Ojalá se pudiera. Ojalá pudiera volver atrás, al principio del curso pasado y no ser un cobarde. Ojalá pudiera rebobinar y besar a Haley aquella noche en el coche de Niall, o antes, en la cueva de Falling Springs. A lo mejor así las cosas habrían sido muy diferentes.

—No eres una mala persona por sentir alivio al saber que ya no puede volver a buscarla ni hacerle más daño. Eres humano, Jayden. No tienes que ser perfecto, ni siquiera delante de ella. Que te preocupe no entristecerte por su muerte ya demuestra que no eres un monstruo. Y creo que lo mejor que puedes hacer, por Haley y por ti mismo, es dejarlo bien enterrado en el pasado y que descanse en paz.

Sus palabras me llegan bastante porque no es la primera vez que alguien me lo dice.

—Gracias, tío —murmuro.

Últimamente parece que Asher siempre sabe qué decir, y me gusta poder charlar así con él.

—Bueno, hago lo que puedo —le quita importancia—. Seguro que Sarah lo haría muchísimo mejor, ella siempre sabía qué hacer contigo cuando te ponías así de desastre.

Sonrío tristemente. Sí, ella siempre sabía qué hacer conmigo. Me conocía mejor que ninguna otra persona en el mundo. Y no sé por qué, por mucho que pase el tiempo, sigo sintiendo que nunca nadie me conocerá como ella. Hace casi tres años que ya no está y, sin embargo, nunca se apaga esta necesidad de hablar con ella cada vez que me pasa algo. Siempre pienso que ojalá pudiera contárselo.

Miro el mar y aprieto los labios.

—La echo muchísimo de menos —confieso a media voz.

Oigo a mi amigo soltar el aire de los pulmones despacio a mi lado.

—Sí. Yo también.

Nos quedamos en la playa hasta la hora de comer, y Asher se dedica a contarme un montón de tonterías que consiguen cumplir su cometido y distraer mi mente por un rato.

# 39

# HALEY

Ha pasado más de una semana y aún no termino de creérmelo del todo. Cada noche, cuando me voy a dormir, pienso que ya lo he aceptado, que he conseguido interiorizarlo y que no volveré a tener esta sensación de irrealidad que me acompaña a todas partes. Pero por la mañana siempre vuelve ese pensamiento, en algún momento, de golpe y sin avisar: *Daryl ha muerto*. Y me siento de nuevo como si viviera en un sueño del que me es imposible despertar.

Hoy me ha pasado en clase de microbiología. Al menos he conseguido mantener la compostura. He cortado los pensamientos intrusivos y hasta he podido volver a centrarme. Kimberly debería darme una medalla, estoy segura de que soy una de sus pacientes más aplicadas.

Salgo de clase caminando junto a Mark, que se está quejando del sueño que tiene, pero no le presto mucha atención. Tengo un par de mensajes nuevos y los consulto mientras finjo escuchar a mi amigo. Se da cuenta de que no le estoy haciendo caso cuando freno en medio del pasillo para poder leer con calma.

—¿Qué pasa? —pregunta.

No respondo. Es Cole:

Hola, ¿cómo lo llevas? Sean ha venido a hablar conmigo porque quiere ponerse en contacto contigo. Ayer llegó un sobre para ti a la fraternidad, con remite de Nuevo México. Lo tiene él y quiere saber dónde puede llevártelo.

Me tiemblan las piernas y tengo que sentarme en un banco. Mark se sienta a mi lado, con los ojos llenos de preocupación, como si pensara que voy a desplomarme en cualquier momento. Le tiendo el teléfono para que pueda leerlo.

—No vas a recogerlo, ¿no?

Recupero el móvil y escribo un mensaje con manos temblorosas para darle las gracias a Cole.

—No lo sé.

—Haley, sea lo que sea, igual es mejor no saberlo y que se quede de una maldita vez en el pasado, ¿no crees?

—No lo sé, Mark —repito, en un tono más duro cuando empiezo a sentirme agobiada—. Ya lo pensaré. Hoy no puedo, de todas maneras. Tengo un examen, no sé si te acuerdas.

Eso último se lo gruño, como si él tuviera la culpa de que mi concentración no esté en el mejor momento el día que tengo el examen de conducir. Me levanto de golpe, lleno los pulmones de aire y echo a andar por el pasillo sin esperarlo ni volver a mirar atrás. Hace tiempo que decidí que Daryl Styles ya no iba a condicionar mi vida. Y tampoco va a hacerlo ahora desde el más allá. Así que cualquier cosa que tenga que ver con él va a tener que esperar a mañana. Hoy tengo un examen que aprobar.

—¡Pues buena suerte, simpática! —grita Mark a mi espalda.

Mis amigos tienen ganado el cielo conmigo y más últimamente. Lo admito. Y ya está bien de ser esa chica por la que todos tienen que preocuparse. No volveré a serlo.


Por eso el miércoles cuando salgo de la facultad y me monto en el coche tomo una decisión: voy a acabar con esto de una vez por todas.

Conduzco hasta esa fraternidad que tan bien llegué a conocer el año pasado. Podría hacer el recorrido con los ojos cerrados. Salto del coche en cuanto aparco y me obligo a avanzar rápido, para no darme tiempo a arrepentirme. La puerta principal está abierta, como siempre.

Hay gente en los sillones junto a la escalera.

—Estaba bastante claro cómo iba a acabar, ¿no?

—El tío siempre estuvo mal de la puta cabeza.

—¡Pero si se metía de todo!

—Lo único raro es que no la palmara antes, joder.

Aquí están: sus supuestos amigos. Me revuelve el estómago escucharlos.

Carraspeo fuerte. Se quedan todos en un silencio sepulcral cuando me ven aquí.

—Pero ¿qué cojones...? —empieza Trevor.

Sean se abre paso entre sus colegas y le pega un golpe en el pecho para que se relaje y no se ponga chulo conmigo.

—Yo le pedí que viniera —explica para todos en general. Luego se acerca a mí y me sonríe con un deje de tristeza—. Hola, Haley.

—Hola —respondo, sin devolverle la sonrisa—. ¿Dónde está? ¿Te importa dármelo y me voy?

Señala hacia las escaleras.

—Lo tengo en mi cuarto, ¿me acompañas o...?

—No. Te espero fuera.

Asiente. No espero a que diga nada más antes de dar la vuelta y salir a la entrada.

Sean tarda muy poco en asomarse y tenderme un sobre acolchado, de tamaño mediano.

—Suerte que estaba aquí cuando pasó el mensajero. Podría haberse perdido.

—Sí —suspiro—. Gracias.

Me despide con la mano cuando me alejo de vuelta al coche. No arranco enseguida. Tengo demasiada curiosidad por saber qué contiene esta entrega a mi nombre. Le doy un par de vueltas hasta leer el remitente. Es de la abuela de Daryl. Se me encoge el corazón. Si hay una sola persona que esté llorando su muerte, incluso cuando a mí ya se me han acabado las lágrimas por él, es esta pobre mujer. Debe de estar destrozada. Y no puedo evitar acordarme de la desesperación que había en sus ojos cuando me pidió que cuidara de él en aquel pasillo de hospital.

Oigo un tintineo. Rasgo el borde y un juego de llaves cae sobre el asiento. Las reconozco al instante. Son del apartamento de Daryl en Santa Mónica. Y si yo pudiera pensar con claridad y fuera racional y no estuviera desesperada por enfrentarme a la batalla final contra el pasado, no iría hasta allí. Pero sigo siendo yo y me siento más fuerte que nunca para decidir el final de la guerra. Así que pongo el coche en marcha y conduzco.

Empiezo a temblar al aparcar delante del portal. Me dedico a practicar los ejercicios de respiración para calmar la ansiedad, aún con el cinturón de seguridad puesto.

*Vamos, Haley, puedes hacerlo.*

No sé si esto es una buena idea. Vale, sí, sí que lo sé: es una idea pésima. Es la peor idea que podría haber tenido y debería gestionar esto con Kimberly y buscar un entorno seguro para enfrentarme a las emociones complicadas que seguro esconde en su interior ese sobre. Pero ya estoy aquí, y si me marcho ahora el pasado habrá vuelto a ganarme la batalla.

Esto puede salir muy bien o muy mal. Sea cual sea el resultado final, ha llegado el momento de afrontarlo.

Estoy a punto de volver corriendo hasta el coche y encerrarme en él hasta en cuatro ocasiones solo en el camino hasta el portal, pero me obligo a seguir avanzando.

Subo las escaleras despacio, parando a respirar en cada peldaño. Me cuesta tres o más intentos encajar la llave en la cerradura, porque me tiembla demasiado la mano. Una vez que lo he conseguido, la hago girar lo más rápido que puedo y entro como si alguien me persiguiera, solo porque, si me lo vuelvo a pensar, daré la vuelta y correré en dirección contraria hasta que me quede sin aire en los pulmones.

Siento algo parecido a la claustrofobia cuando cierro detrás de mí. Como si volviera a estar aquí encerrada, sin posibilidad de escapar. Aprieto el juego de llaves en el puño hasta que se me clavan en la palma y me hacen daño. Ese dolor es en cierta manera reconfortante porque me recuerda que tengo la posibilidad de abrir cualquier cerradura que busque retenerme aquí.

Este sitio no ha cambiado nada. Y quiero decir *nada* de verdad. La cocina está a medio reformar, el salón revuelto, el televisor en el suelo. Es como si Styles se hubiera largado de aquí después de que yo lo hiciera y no hubiera regresado más. Mi mente decide bombardearme de golpe con un montón de recuerdos y tengo que avanzar y sentarme en el brazo del sofá cuando siento que me mareo. La peor parte es que no solo son recuerdos malos. También hay algunos buenos. Y son esos últimos los que más me atormentan. Cierro los ojos y me concentro en respirar, lenta y profundamente, buscando ese rincón de paz en mi cabeza que me he esforzado tanto por crear durante el pasado año.

Me levanto en cuanto estoy un poco más entera y me

477

acerco despacio hacia el ventanal. Aún hay un par de manchas de sangre reseca en el suelo, de cuando él cogió la tijera.

Vale. Estoy bien. Todo está bien. Todo va a estar bien. Aquello ya pasó. Estoy sola aquí y nadie ni nada va a hacerme daño. Estoy a salvo. Él ya no va a volver.

*Él ya no va a volver.*

Se me contrae el corazón con fuerza y me quedo sin aire de forma tan repentina que tengo que tomar una bocanada ruidosa y desesperada para no sentir que me ahogo. No, Daryl nunca va a volver y me está resultando complicado reconciliar las emociones opuestas que eso me genera.

Me siento en el suelo. Justo en el lugar en el que estaba él cuando me dio las llaves para que pudiera salir de aquí. Recuerdo cada gesto de su cara en ese último momento. La última vez que hablamos. Las últimas palabras que me dijo aún resuenan en mis oídos: *Ya no puedes quererme, ¿verdad? No lo merezco.* Solo me doy cuenta de que estoy llorando cuando una lágrima hace ruido al caer en el sobre que tengo en el regazo.

Me seco la cara con las mangas de la chaqueta y lo vuelco para esparcir el contenido en el suelo. Hay otro de menor tamaño que lleva mi nombre escrito con una letra que no reconozco. Una tarjeta de memoria. La cámara pequeña de Daryl. Y un folio doblado en dos.

Despliego ese folio en primer lugar. Es un dibujo a carboncillo. Un retrato mío. De espaldas, con la cabeza girada y la expresión desolada. Lágrimas en las mejillas. Y dos enormes alas negras naciendo de la espalda. Es descorazonador y un poco tenebroso, pero hermoso a su manera. No puedo creerme lo mucho que se me parece. Y debajo, a un lado, pone mi nombre escrito con la letra de Daryl. Ni siquiera sabía que él dibujara. Nunca me lo dijo. En el fondo, no nos conocíamos. Nunca dejamos de ser un par de extraños que decían quererse.

Abro el sobre y saco otra hoja de papel, esta vez cuidadosamente doblada en tres. Está escrita por las dos caras. La caligrafía es pulcra y bonita.

*Querida Haley:*

*No sabes cuánto me duele escribir estas líneas. Puede que ya te hayas enterado, o puede que tenga que darte yo esta terrible noticia. Mi nieto, mi pequeño, nuestro Daryl nos dejó hace solo unos días. Podría decirte que fue un accidente, que es lo que me han dicho a mí, pero tú y yo sabemos que puede que no fuera solo eso. La vida siempre fue demasiado para él, creo que pudiste darte cuenta.*

*Él ya no está, y me toca a mí decidir qué hacer con su recuerdo. Y, mi queridísima Haley, había una parte de él que fue solo tuya, y no me corresponde a mí guardarla.*

*Siempre dijo que el apartamento de Los Ángeles era tuyo si lo querías, así que te envío las llaves y, si decides quedarte con él, te anoto mi número de teléfono al final de estas líneas para que puedas ponerte en contacto conmigo y que nuestro abogado arregle el papeleo.*

*Desde que volvió a casa no paraba de ver vídeos en esa cámara suya, así que es mejor que la tengas tú; al fin y al cabo, siempre eras la protagonista.*

*Rescaté ese dibujo cuando él iba a tirarlo y lo guardé porque me parece lo más hermoso que le vi dibujar nunca. Quería deshacerse de él porque no paraba de repetir que se había equivocado, que había hecho algo muy mal: que tus alas nunca fueron negras sino blancas, suaves y tan brillantes que cegaban.*

*Nuestro Daryl no sabía bien cómo querer, Haley, pero a ti te ha querido más que a nada en el mundo hasta el último día de su vida.*

*Sé que te hizo mucho daño, aunque no conozco los detalles.*

*Se lamentaba por ello cada día. He perdido la cuenta de la cantidad de veces que intentó llamarte para pedirte perdón. Esa noche, la noche que murió, también fue tu número el último que marcó. Así que, si no es mucho pedir, cariño, por favor, perdónalo. Perdona el daño que te causó sin querer y que a él le estuvo doliendo cada minuto desde que saliste de su vida, para que pueda descansar en paz.*

*Te quiso, Haley. Seguro que aún te quiere.*

*Espero que esta carta te encuentre bien, sana y feliz. Gracias por haberlo querido, y gracias por enseñarle esa parte de sí mismo que él nunca había llegado a conocer. Por favor, cuídate.*

*Un abrazo enorme,*

*Edna.*

Esto me duele mucho más de lo que quiero que nada vuelva a dolerme nunca. Debería volver a meterlo en ese sobre, cerrarlo para siempre y no mirar más, pero no puedo hacer eso.

Enciendo la cámara y la manejo hasta conseguir introducir la tarjeta de memoria en el sitio correspondiente. Tiene una sola carpeta, bautizada con mi nombre. Y hay muchísimos vídeos. Míos. Nuestros. Reproduzco algunos. En los que aparecemos los dos y parecemos felices. Aunque es simple apariencia. Estamos bromeando, besándonos, o metidos entre las sábanas de su cama. En los que solo salgo yo... no parezco feliz en absoluto. Me cuesta reconocerme en la persona que aparece en la pantalla. A medida que avanzaba el tiempo, parezco menos yo y más una sombra, por mucho que sonría a la cámara.

Sé lo que tengo que hacer. Sé lo que voy a hacer.

A lo mejor hay cosas que no tienen perdón. Pero, incluso con eso, hay que aprender a soltar y dejar ir el rencor.

Vuelvo a guardar la carta. También la cámara. Lo devolveré con las llaves al remitente con un aviso de destinatario desconocido. Me quedo con la tarjeta de memoria y el folio del dibujo entre las manos. Mientras hago todo esto, tengo la voz de mi psicóloga en la cabeza repitiendo aquello que me dijo en nuestra última sesión: que me acuerde de perdonarme a mí misma. Llevo demasiado tiempo sintiéndome culpable por las cosas que pasaron entonces, por toda su maldita infelicidad, e incluso ahora, cuando ya estoy consiguiendo dejar todo eso atrás, sigo sintiéndome culpable por cada paso adelante que doy. Y ya es hora de perdonar mis errores, mis tropiezos y hasta mis avances.

Cierro los ojos y respiro. Y luego lo suelto lentamente en un murmullo en voz alta:

—Te perdono, Haley.

Me siento más libre cuando me oigo decirlo.

Me pongo de pie y camino hasta la habitación para buscar en los cajones de Daryl. No me es difícil encontrar un mechero entre las pocas cosas que aún quedan ahí. Voy al baño y prendo fuego al folio con el dibujo sobre el lavabo, contemplando con una extraña sensación de calma cómo las llamas devoran la imagen que Daryl tenía de mí. Nunca fui un ángel. Al final, creo que acabé por convertirme solo en uno más de sus demonios.

Ya nunca voy a volver a ser esa chica que se olvidó de sí misma.

Cuando el papel se ha consumido por completo voy a la cocina en obras y rebusco en lo que aún queda en pie para encontrar algo que me sirva para hacer pedazos esa pequeña tarjeta de memoria que contiene todo aquello que es momento de olvidar.

No paro de moverme hasta que recojo del suelo el sobre con el resto de las cosas y estoy en el rellano del edificio, con la puerta abierta, y me giro a mirar el interior del apartamento una última vez.

Siento que una parte de mí se quedó aquí dentro para siempre. Y lo único que puedo hacer es despedirme de ella y abrazar a la nueva persona en la que me he convertido.

—Adiós, Daryl —susurro.

Cierro la puerta y hago girar la llave, encerrando dentro lo que aún quedaba del pasado.

Me encuentro en paz cuando me siento en la arena de la playa de Santa Mónica, frente al océano, y respiro profundamente observando los colores del cielo en los últimos minutos del atardecer.

La vida sigue.

Y yo quiero vivirla.

# 40

## JAYDEN

Estoy de pie en el altar, junto a mi padre, y los invitados ya están sentados en los lugares designados. No paro de buscarla con la mirada, pero no la veo por ninguna parte. Hannah está ahí mismo, riendo con Seth, y si Haley no está a su lado es que no está aquí.

La veo aparecer junto a su madre. Se separan al llegar a la zona de sillas y Ashley va a sentarse con su marido, que se inclina para decirle algo al oído que la hace sonreír. Haley va hasta donde están Hannah y Seth. Lleva un vestido largo, con la falda vaporosa, granate y atado al cuello. Tiene el pelo recogido en un moño, los ojos perfectamente delineados parecen enormes, y está... Cuando nuestros ojos se encuentran, sonríe. Y yo le devuelvo la sonrisa, sin importarme quién pueda darse cuenta.

Me mantengo serio, elegante y con mi mejor pose, durante todo el tiempo que dura la ceremonia para unir a mis padres en matrimonio. Y disimulo todo lo que puedo la manera en que los ojos se me escapan a cada segundo sin permiso para buscarla a ella una y otra vez.

Pero ni siquiera cuando los declaran marido y mujer y mi padre puede besar a la novia y todo el mundo aplaude y vitorea y se acercan a felicitarlos, puedo escabullirme y buscarla.

Y entonces la veo abrirse paso entre la gente y llegar hasta aquí. Mi madre deja plantadas a algunas de las personas que esperaban felicitarla, para cogerla a ella de la mano, acercarla y fundirse las dos en un abrazo. Me encanta lo bien que se llevan y lo mucho que se quieren. No las oigo, pero sé que se están diciendo cosas bonitas y es enternecedor ver cómo se sonríen. Luego pasa por los brazos de mi padre, y los oigo bromear y reír juntos. Y es perfecto. ¿Por qué nos hemos empeñado durante tanto tiempo en creer que esto era complicado cuando para mis padres ya es como una hija y está claro que quieren tenerla siempre alrededor? No la vamos a cagar. Esto va a salir bien. Y a ellos les va a parecer perfecto porque yo no soy el único de la familia al que Haley Parker hace feliz.

Me pone una mano en el costado con disimulo cuando pasa por mi lado. Y yo pongo la mía en su cintura para retenerla y que no pase de largo sin pararse aquí conmigo. Engancha los dedos en el botón cerrado de mi chaqueta. Y yo trago saliva cuando sus ojos ascienden y conectan con los míos. Los tacones que lleva han disminuido nuestra diferencia de altura y lo único que soy capaz de pensar es que así será más fácil besarla.

—Está increíblemente guapo, señor padrino —dice en voz baja.

—Estás preciosa —respondo en el mismo tono—. Y me ofende que te parezca increíble lo guapo que estoy.

Eso la hace reír y mi cara dibuja una sonrisa de forma refleja.

—Lo he dicho solo por adornar el piropo. Aunque ya debería saber que no es necesario tratar de hinchar tu ego, si lo inflas solo un poco más, explotará.

—Yo voy a explotar, Haley. No puedo apartar los ojos de ti.

Esconde la mirada y niega con la cabeza.

—Aquí no, Jayden.

Me voy a volver loco.

Se aparta despacio y, antes de alejarse, roza mi mano con la suya en una caricia que solo consigue hacerme desear más.

Me acerco a ella por la espalda en la pista de baile y, en cuanto estoy ahí y Hannah me sonríe burlona, carraspeo para llamar su atención. Se da la vuelta enseguida y veo cómo se le forma esa sonrisa involuntaria al verme.

—¿Es el momento del baile del padrino con la dama de honor no oficial?

Mira alrededor, como si no estuviera muy segura.

—Bueno..., mientras el padrino no me pise los pies.

Le ofrezco la mano y deja que la arrastre conmigo de vuelta entre toda esa gente que se mueve al ritmo de la música. Empezamos a bailar cerca, pero separados, de acuerdo a la canción que suena por los altavoces.

—Tus padres son adorables —dice ella, con la mirada en algún punto a mi espalda.

—Haley...

Me pone una mano en el brazo, no sé si para que me aleje o para que no pueda hacerlo.

—Tenemos que hablar.

—¿Por qué suena tan mal cada vez que dices eso?

Sonríe de medio lado, y suaviza la expresión.

—No podemos hablar aquí, Jay. Luego, cuando termine la fiesta, Hannah tendrá la amabilidad de dejarnos un poco de intimidad en nuestra habitación si se lo pedimos por favor.

Sacudo la cabeza. No. Yo no puedo esperar tanto. No puedo. Me voy a volver loco. Ya me estoy volviendo loco. Así que me inclino hacia ella y bajo la voz, aunque sé que nadie nos está escuchando:

—Solo necesito saber una cosa: ¿crees que estás preparada?

Frunce el ceño, confusa.

—¿Para qué?

—Para mí. Para nosotros. Para esto entre tú y yo.

Me clava la mirada con tanta intensidad que corta de golpe mi pregunta y se me atascan las palabras en la garganta.

—Estoy preparada, Jayden.

Pongo una mano en la parte baja de su espalda, y la acerco más a mí, pegando nuestros cuerpos. Se muerde el labio, pero no protesta. Acomodo nuestra postura para bailar.

—Esto no se baila así —dice, aunque su tono es divertido.

—Ahora sí.

—Tu madre nos está mirando.

Bajo la cabeza para hablarle al oído.

—Pues que miren, Haley.

Y luego empujo su cadera y tomo su mano, haciéndola girar. Se ríe. Y el sonido de su risa hace que la música que suena pase a dar completamente igual.

Pasamos varios ratos juntos siempre manteniendo las distancias y actuando como lo hacíamos cuando éramos solo amigos. Y eso es lo que estamos haciendo, a un lado de la fiesta, cuando creo que los dos nos damos cuenta a la vez de que nadie nos está prestando atención y que lleva ya un buen rato siendo así. Es Haley quien estira la mano y coge la mía, entrelazando nuestros dedos. Luego me dedica una sonrisa traviesa.

—Ven.

—No, por aquí.

Tiro de ella en la dirección contraria y nos escabullimos caminando deprisa, sin correr para no llamar la atención, y soltando risitas bajas, como un par de niños haciendo una travesura. Rodeamos la esquina del edificio donde todos los invitados vamos a pasar la noche, hacia la zona donde se ha celebrado el cóctel hace horas ya. La música sigue sonando casi igual de alta aquí y la guío hasta un lado de la extensión de césped, donde hay dos espacios separados por un arbusto lo suficientemente alto para ocultarnos.

—Me siento como si me estuviera escapando del colegio —bromea, con una sonrisa preciosa.

Pongo las manos en sus mejillas y la beso sin perder más tiempo. Ella me acaricia los brazos por encima de la tela de la camisa.

—Estás buenísimo esta noche, Jayden —murmura, aún pegada a mi boca.

—Tú estás... Te queda tan bien ese vestido que llevo toda la noche pensando en quitártelo.

—Qué paradójico.

—Te quiero —digo, mucho más serio, con la frente sobre la suya.

—Yo también te quiero.

Nos besamos de nuevo, esta vez despacio y sin prisas, suave y tierno.

—Te he echado de menos —murmuro.

—Y yo. Sé que no te he dejado estar conmigo, pero no ha sido porque no te quisiera a mi lado o porque no pensara que sería más fácil contigo cerca. Para mí ha sido muy importante saber que, pasara lo que pasara, tú ibas a estar ahí cubriéndome las espaldas. Necesitaba cerrar un capítulo y necesitaba hacerlo sola.

—Lo sé. No pasa nada, Haley.

—Sí, sí que pasa —me lleva la contraria—. He cerrado el

capítulo. Y quiero que el resto del maldito libro sea diferente, quiero que tú estés en cada página, quiero que lo hagamos juntos y que seamos un equipo y cuidarte y dejar que me cuides... A veces me viene bien que me cuides, ¿sabes?

—Te prometo que voy a cuidar de ti.

—Y yo te prometo que voy a cuidar de ti.

Vuelvo a besarla, con tanto ímpetu que tiene que retroceder un paso para mantener el equilibrio. La sujeto con fuerza entre los brazos y ella se aferra a mis costados. Y, claro, me hace cosquillas. Suelta una risita en mi boca cuando me encojo hacia un lado en un acto reflejo.

—Haley... —advierto.

—Perdón —dice en el tono más falso posible, y me hace cosquillas en el otro lado.

—Te la estás ganando.

—No estoy haciendo nada.

Pero, por supuesto, lo vuelve a hacer.

—Se acabó. Tú lo has querido.

Suelta un grito bajo cuando me lanzo contra ella y la atrapo entre los brazos. Y a partir de este momento hasta se me olvida que el baile de una boda se está celebrando a solo unos metros al doblar esa esquina.

Pasamos un montón de tiempo jugueteando, riendo y besándonos. Y no sé si alguien nos estará echando de menos, pero la verdad es que me da igual.

Al menos hasta que mi padre me llama por los altavoces.

—¿Y dónde demonios se ha metido el padrino?

Tanto Haley como yo nos quedamos quietos, paralizados por un par de segundos. Luego ella suelta una risita.

—Creo que te reclaman.

—Mierda.

—Es mejor que vayas.

—Vale, sí, voy antes de que empiecen a buscarme.

—Jay.

—¿Qué?

—Mejor péinate antes de volver ahí —se burla.

Se acerca para ayudarme a adecentar mi aspecto. Tiene que restregar el pulgar contra mi mejilla donde parece haberse transferido algún resto de su colorete. Me quedo mirándola embobado mientras hace eso. Aparta la mirada y sonríe, casi tímida.

—Venga, vete.

Le guiño un ojo antes de dar dos pasos atrás.

—Quiero dormir contigo esta noche —pido, mientras sigo retrocediendo.

Sonríe.

—Ven a mi habitación cuando termine el baile.

Y no puedo esperar a que el maldito baile termine de una vez.

# 41

# HALEY

Acomodo mi postura sobre el pecho de Jayden, desnudos en
su cama, y sonrío cuando lo oigo soltar una protesta en sueños y estrecha su abrazo para pegarme más a él. Esta mañana ha madrugado y se ha pasado varias horas metido en el
laboratorio a pesar de ser sábado. Luego hemos comido juntos y ha pasado la tarde ayudándome con un trabajo de inge-
niería genética que se me resistía. A la hora de cenar, hemos
quedado con Mark y Fer y con Niall y Britt y hemos ido por
ahí los seis. Por supuesto, les hemos mandado unas cuantas
fotos a Tracy y Aaron para que se murieran de envidia desde
Bakersfield. Nos hemos distribuido las casas para pasar la
noche. Mark se ha ido al apartamento de Fer a dormir con él.
Y Niall y Britt y Jayden y yo hemos echado a suertes quién se
quedaba con cada piso esta noche. Y, por si no está claro,
hemos ganado nosotros. Que se apañen ellos con la cama
individual. Supongo que, por todo ello, Jayden se ha quedado dormido después de hacer el amor, y yo aún estoy despierta. Aunque no me quejo: me gusta escuchar el cambio de
su respiración cuando le vence el sueño y lo en paz que parece, ahí, relajado. Y también me encanta cuando me busca y
me abraza en sueños. Esa es la mejor parte.

Esta semana aún no habíamos dormido juntos y eso ya empezaba a hacerse molesto, así que me aseguro de disfrutar al máximo posible del contacto de su piel con la mía entre las sábanas. Sobre todo, porque ya me había acostumbrado a lo contrario: a dormir con él casi todos los días.

Han pasado tres semanas desde la boda de sus padres y la semana después, la de las vacaciones de primavera, Tyler y Sue se fueron de luna de miel. Hicieron un viaje de doce días a Bali y, durante ese tiempo, Jayden tuvo que trasladarse a Calabasas para quedarse con Luke. Y yo les dije a mis padres que había hecho planes y que me quedaba. Aunque, en realidad, pasé mucho más tiempo en Calabasas que en Los Ángeles. Y no usé precisamente mi cama prestada para dormir. Una vez acabadas las vacaciones cambió la rutina, pero nos apañamos bastante bien: llevar a Luke al instituto, ir a clase, recoger a Luke del instituto, entrenamientos, cuidar de *Piezas*... Y dormir juntos cada noche en su habitación, aunque Luke nos criticara. Pero luego sus padres volvieron y nosotros tuvimos que regresar a la vida real. Ellos están muy morenos, y nosotros esta semana hemos tenido que ponernos al día con todas esas cosas que habíamos dejado de lado en las anteriores, así que nos hemos visto bastante menos.

A pesar de todo, me encanta la relación que tenemos ahora. Me gusta cómo me hace sentir. Me encanta la estabilidad, saber que él es una constante en mi vida, pero también las mariposas, la emoción de los encuentros y la pasión. Y creo que cada día que paso a su lado estoy más enamorada de él.

Es perfecto.

Es como si por fin, después de tanto tiempo, las piezas volvieran a encajar en mi vida para crearme un entorno seguro en el que poder ser yo. Mi familia, mis amigos, la carrera, el entrenamiento en el gimnasio al que me he hecho casi adicta, las horas que dedico a leer y aprender sobre fotografía, y *él*. Puedo tenerlo todo. Y puedo seguir teniéndome a mí. En mi última sesión con la psicóloga, Kimberly dijo que podemos empezar a probar con citas una vez al mes en vez de cada quince días, y siento que he superado otro de los mayores obstáculos que me quedaban por delante. Me siento bien. Me quiero más que nunca. Y estoy orgullosa de mí.

Me despierta el sonido del móvil de Jayden en la mesilla. Él, sobresaltado, se mueve rápido y contesta.

—Papá. ¿Qué pasa?

No puedo verle la cara en la penumbra del cuarto y su silencio me está poniendo aún más nerviosa mientras oigo a Tyler hablar al otro lado, pero no entiendo nada de lo que dice.

—Pero ¿cómo ha pasado? —pregunta, y aprieta mi mano cuando la pongo sobre la suya—. ¿Seguro que está bien? Vale, voy para allá ahora mismo... Pues claro que voy... ¿Lo van a ingresar ya? Sí, claro, papá... ¿Mamá está llorando? Vale... Os veo ahora.

Le acaricio el hombro y la espalda, prudente.

—¿Qué ha pasado?

—Han atropellado a mi hermano —responde, enciende la luz y se levanta de la cama—. Mi padre dice que está consciente y que está bien, pero tienen que hacerle algunas pruebas. Tengo que ir al hospital.

Ya se está vistiendo a toda prisa. Y yo me levanto de inmediato y empiezo a vestirme también. Si le pasa algo a Luke, me muero, de verdad. Y Jayden está muy nervioso.

—Voy contigo.

Tengo que caminar muy deprisa para poder mantenerme al ritmo de sus largas zancadas mientras me guía de la mano a través de los pasillos del hospital. Veo a su padre cuando enfilamos un pasillo en la tercera planta, está de pie paseando de un lado a otro. Y luego reparo en Sue, que está sentada en una de esas incómodas sillas de plástico, con el torso inclinado hacia delante. Jayden afloja el agarre de mi mano, como si acabara de recordar que no deberían vernos llegar con los dedos entrelazados, pero yo reafirmo mi sujeción y le pego un apretón para que sepa que no lo pienso soltar y que me da lo mismo quién esté mirando. Me acaricia con el pulgar en respuesta.

—Cariño —dice Sue, y se acerca para abrazarlo. Luego me incluye a mí—. Haley.

—¿Qué pasa? ¿Cómo está? ¿Dónde está? —pregunta Jayden.

Tyler se acerca y me envuelve entre sus brazos en cuanto yo doy un paso hacia él. Estira el brazo para apretar el hombro de Jayden sin soltarme.

—Tranquilo. Está bien. Solo quieren descartar que no haya ningún traumatismo interno. Se lo han llevado para hacerle un escáner.

—Ha dicho que quiere una copia de la imagen de sus órganos para decorar la entrada, así que me temo que está bien y el golpe no le ha arreglado la cabeza —bromea Sue, con un amago de sonrisa.

Pero aún se le ve preocupada.

—¿Cómo ha sido? —pregunto a Tyler.

Hace una mueca.

—Ha ido a la fiesta de cumpleaños del capitán del equipo con el resto de los chicos. Se suponía que sus padres estaban allí, aunque me da la impresión de que no han estado muy atentos. Iba a ir a recogerlo a la una, pero a las doce y media me han llamado para decirme que lo estaban llevando al hospital. Al parecer, ha bebido, se ha peleado con alguien y ha salido corriendo a la calle y sin mirar. Se ha llevado un buen golpe. Una fractura en el brazo, para empezar, y un golpe en la cabeza. Parece que está bien, pero preferimos que le hagan todas las pruebas que haga falta para asegurarnos.

Sue tira del brazo de Jayden, para que se siente a su lado, y, como todavía estoy cogida de su mano, me veo obligada a moverme también y ocupar otra de las sillas. Si ellos se han fijado en nuestros dedos entrelazados o en que ninguno de los dos parecemos querer soltarnos, al menos no dicen nada.

—Así que ahora resulta que el hijo bueno soy yo, ¿eh? —bromea Jayden.

Sue sacude la cabeza y chasquea la lengua.

—Tiene quince años, ¿de verdad ya es momento de que empiece a beber y a hacer el idiota?

Tyler se acerca a ella y le acaricia el pelo.

—Ya ha tardado más que Jayden. No te preocupes, nena. No va a tener oportunidad de volver a hacerlo porque va a estar castigado hasta los veintiuno.

No digo nada, aunque me parece que seis años de castigo resultan un poco excesivos. Jayden se recuesta en la silla.

—Miradlo por el lado bueno: al menos esto no ha pasado mientras estaba a mi cargo.

Me muerdo el labio para no soltar una risita que quedaría bastante fuera de lugar a juzgar por cómo lo están mirando sus padres. Tiene un poco de razón. Y tengo que admitir que, mientras nos estuvimos quedando con Luke en Calabasas, lo dejamos salir con sus amigos un par de noches, y también invitar a Wyatt a casa mientras nosotros no estábamos. Yo también me alegro de que no le pasara nada como esto entonces.

—Sí, es un consuelo —ironiza Sue.

Parece cansada. Aunque ahora tiene la expresión más serena, se nota que ha llorado esta noche.

Nos ponemos de pie todos a la vez cuando una mujer de mediana edad con una bata blanca se acerca y pregunta a Tyler y Sue si son los padres de Luke Sparks. Suelto la mano de Jayden, pero solo para poder acariciar su espalda. Él me pasa el brazo por los hombros y me abraza contra su costado. Puedo notar el ligero temblor de su cuerpo.

—Tranquilos, está bien. —Es lo primero que dice la médica—. La imagen del TAC solo muestra una pequeña zona de hemorragia subdural en el lateral derecho de la cabeza, pero es muy leve y lo más probable es que se reabsorba sola. Como ya habíamos visto tiene fractura de cúbito y radio, pero son limpias y los huesos están bien colocados, así que vamos a escayolar y darle tiempo. Por lo demás, está perfectamente.

Sue le da las gracias de forma bastante más efusiva que Tyler y, cuando se marcha, se abraza a su marido y esconde la cara en su pecho. Él la abraza y acaricia su pelo al tiempo que inclina la cabeza para susurrarle al oído. Puedo notar que ella llora, aunque creo que es más por la tensión acumulada que por otra cosa.

Me quedo en la puerta mientras los demás se acercan a la cama en cuanto Luke está acomodado en ella y los celadores han desaparecido.

—Mi vida, ¿cómo estás? —pregunta Sue, con mucha más dulzura que cuando planeaban su futuro castigo.

—Me duele el brazo —dice él, que ya lleva el brazo izquierdo escayolado—. Y un poco la cabeza.

Sue se inclina para besarle la frente y lo abraza con cuidado.

—Dios, nos has dado un susto de muerte.

—Lo siento, mamá —se disculpa, con la cara escondida en su hombro.

Tyler está sentado en una butaca con pinta de incómoda que hay junto a la cama y apoya los codos en el colchón para inclinarse hacia Luke cuando Sue se aparta. Pone la frente sobre la cabeza de su hijo.

—Estás castigado a todo para toda la vida —le dice en un murmullo.

—Papá...

Tyler le besa el pelo con cariño.

—Para toda la vida, Luke.

—No es justo. Yo no...

—Ya nos darás las explicaciones cuando estemos en casa.

Luke aparta la mirada y clava los ojos en su hermano.

—¿Por qué habéis llamado a Jayden?

—¿Y a ti qué demonios te pasa? ¿Es que no sabes que hay que mirar a los lados antes de cruzar la carretera? —ataca el aludido.

—Pues claro que sí —responde el pequeño, a la defensiva.

—¿En serio?

Me meto por medio, y empujo a Jayden a un lado para que no empiecen a discutir ahora. Creo que no es lo que Luke necesita, sobre todo si le duele la cabeza. Me acerco hasta su cama y le cojo la mano.

—Nos alegramos de que estés bien. Y lo que tu hermano quiere decir en su primitivo lenguaje de gruñidos es que estábamos preocupados, ¿sabes?

Jayden suelta una especie de bufido leve detrás de mí, en respuesta a mi traducción directa y sin diccionario de sus palabras. Eso me hace sonreír y, aunque no lo veo, sé que él sonríe también.

—¿Te puedes quedar tú conmigo hasta que me den el alta? —pide Luke, y no creo que vaya del todo en broma—. El resto de la familia solo quiere regañarme durante horas y meterse conmigo hasta que tenga que pedir morfina para aguantar la tortura.

Suelto una risa breve al oírlo. Me enternece que diga «el resto de la familia» como si yo estuviera incluida en el *pack*.

—Luego hablaremos de quién se queda a torturarte —habla Tyler.

—Deberíais iros vosotros —sugiere Jay a sus padres—. Dormid unas horas y volvéis luego, así estáis aquí cuando le den el alta para llevarlo a casa. Si no, no vais a iros hasta la tarde y tendréis que dormir un poco, ¿no?

Creo que tiene razón. Ahora Luke solo va a dormir, y nosotros podemos quedarnos aquí por si necesita algo y luego aprovechar el segundo turno de sueño.

—Vosotros también estaréis cansados —rebate Sue.

—Nosotros habíamos dormido algo cuando habéis llamado, seguro que vosotros no habéis dormido nada en toda la noche —adivina Jayden.

Me muerdo la parte interna de la mejilla cuando lo oigo soltar ese plural. A ver, lo que ha dicho no implica que estuviéramos durmiendo juntos, pero ha sonado totalmente así.

Tyler me mira a mí y yo aparto la mirada.

—Puede que tenga un poco de razón.

—Vale, habéis ganado el primer turno de guardia —cede Sue—. Volveremos en unas horas.

Luke duerme durante todo el tiempo que Jay y yo pasamos acurrucados en una incómoda butaca junto a su cama. Y apenas he conseguido dormir yo también para cuando Tyler y Sue vuelven a aparecer a primera hora de la mañana.

Es nuestro turno para irnos a descansar y dejo que sea Jayden quien conduzca la moto todo el camino hasta la casa de sus padres.

Estoy a punto de entrar en mi habitación prestada cuando me coge del brazo y me arrastra con él para pasarla de largo y seguir el camino hasta la suya.

—Jay, es mejor que... ¿Qué pasa si vuelven antes de que nos despertemos?

—No. Venga. Ven a dormir conmigo —pide exagerando la inocencia en su tono de voz—. Van a tardar horas en venir. Pondré el despertador.

Sé que cedo demasiado rápido, pero yo tampoco quiero dormir sola sabiendo que solo nos separa una pared.

—Déjame coger el pijama.

No me suelta la mano.

—Te dejo una camiseta —trata de negociar.

Me acuesto a su lado con una sonrisa y una de sus camisetas a modo de camisón. Él solo se ha puesto el pantalón del pijama y siento la piel de su espalda muy caliente cuando lo abrazo. Se aferra a mí y esconde la cara entre mi pelo enseguida.

—¿Estás cansada? —pregunta, ahogando un bostezo.

—Mucho —confirmo—. ¿Y tú?

Se aparta para mirarme.

—Estoy agotado.

Le aparto el pelo de la frente con cariño para poder besarlo en esa zona. Lo veo sonreír con los ojos cerrados al apartarme.

—Gracias por cuidar de mí —dice, bajito y con voz somnolienta, sin abrirlos.

—Te prometí que lo haría.

—Sí —susurra.

Y no volvemos a decir nada más antes de quedarnos dormidos.

Me despierta la vibración del móvil en algún lugar del cuarto. No sé qué hora es y Jayden gruñe cuando me muevo, pero no se despierta. Tengo que bajar al suelo y reptar hasta el montón de ropa para poder recuperar el teléfono.

Es Hannah. Y ya ha pasado de largo la hora de comer.

—Tía —respondo con la voz ronca.

—Haley, ¿estabas durmiendo?

Emito un quejido lastimero y me froto los ojos antes de ser capaz de contestar.

—Ha sido una noche muy larga.

—¿En serio? Dame todos los detalles guarros —suelta, pícara.

—No seas pervertida —protesto—. No es eso para nada. Luke tuvo un accidente y hemos pasado toda la noche en el hospital.

—¿Qué? ¿Está bien? ¿Qué...?

—Sí, sí, está bien —digo, de mala gana, porque acabo de despertarme y no me apetece dar explicaciones—. ¿Por qué me llamas? ¿Qué pasa?

Se hace un breve silencio al otro lado de la línea. Y eso me preocupa. Hannah pocas veces se queda sin palabras y muchas menos piensa antes de hablar.

—Son mis padres, tía —suspira—. Pero ahora todo esto de mis dramas de hija parece una tontería porque te has pasado la noche en un hospital, así que...

—No. Qué va. Para nada. Cuéntame.

Oigo a Jayden soltar quejidos lastimeros porque le molesta que hable, y eso que solo suelto monosílabos de vez en cuando en respuesta al eterno monólogo de mi amiga.

Resulta que Jayden y yo no fuimos los únicos que jugamos a los cambios de habitación la noche de la boda de sus padres. A nosotros no nos pillaron, pero Hannah vio a su padre salir de la habitación de su madre a primera hora de la mañana. Lo cierto es que yo los vi muy juntos durante todo el baile y parecían a gusto y Vanessa se reía coqueta y le tocaba mucho el brazo, pero no quise hablarle a mi amiga de esas señales inequívocas porque sé que le alteran los vaivenes de esa pareja. Desde la boda, al parecer, se han estado viendo. Quedan para salir a cenar. Van juntos al teatro. Y Hannah aún no ha decidido si eso es bueno o malo.

Me levanto del suelo para volver a la cama con Jayden cuando terminamos la llamada. Me tumbo sobre las sábanas y lo abrazo por la espalda repartiendo pequeños besos por su cara, su hombro y su brazo.

—Os odio —murmura. Hago un sonido de interrogación y no duda en aclararme sus palabras, con la voz ronca de quien parece no haber despertado todavía—: A Hannah y a ti. Sois unas cotorras. Y no me dejáis dormir.

—Vale. Entonces me voy.

Me río cuando se gira de golpe y me atrapa entre los brazos.

—Quédate —dice, como si me hiciera un favor—. Pero calladita.

Me río bajito porque su pelo me hace cosquillas en el cuello mientras esconde la cara en mi escote. Estoy a punto de protestar ante esas exigencias tan bordes, pero entonces los dos oímos el sonido de la puerta de entrada a la casa cerrándose en el piso inferior.

Me levanto de un salto, recojo toda mi ropa del suelo lo más rápido que puedo y salgo corriendo de aquí. No puedo cerrar la puerta de mi cuarto, porque me oirían abajo, así que la dejo entornada, deshago la cama tirando del edredón y cojo mi pijama para meterme al baño y poder quitarme la camiseta de Jayden y cambiarme.

Por los pelos.

—¿Haley? —Oigo a Sue en la puerta.

Me arrugo el pantalón antes de asomarme.

—Hola. ¿Ya estáis aquí? ¿Qué hora es? Me acabo de despertar.

—Muy tarde —responde—. Vamos a comer, hemos ido a recoger algo preparado por el camino, ¿bajas?

—Sí. Sí, ahora voy. ¿Qué tal Luke?

Sonríe.

—Bien. Está bien. Solo lo del brazo, así que se queja mucho, pero podría haber sido peor. Te dejo que te cambies, o puedes darte una ducha rápida, si quieres, y comemos cuando estés, ¿vale? Voy a despertar a Jayden para que coma algo también.

Asiento. Y luego, como ella ha sugerido, me doy una ducha rapidísima y me visto con ropa cómoda para estar por casa. Y escondo la camiseta de Jayden en el fondo del armario.

Luke se pasa toda la comida contando su experiencia con las técnicas de diagnóstico por imagen en la pasada madrugada. No parece tan alegre cuando vuelve a salir el tema de su castigo, eso sí.

Jayden y yo nos pasamos toda la tarde disimulando. Lo más alejados el uno del otro que podemos, al menos delante de sus padres. Aunque no sé si servirá tanta prudencia ahora ya, cuando anoche nos vieron tan juntos y cariñosos. Prefiero no pensarlo.

Mañana tengo clase, así que me acuesto pronto. No quiero irme de vuelta a Los Ángeles aún, a pesar de que eso signifique madrugar una hora más por la mañana, porque, aunque no puedo hacer nada por él, prefiero quedarme un par de días cerca de Luke, por si la familia necesita algo. Lo mismo le pasa a Jayden y, quizá por eso, ha decidido que se va a saltar las clases de mañana. La parte buena es que va a prestarme la moto para que yo pueda ir hasta la universidad, y me hace ilusión eso de hacer mi primer viaje sola.

Jayden se levanta cuando suena mi despertador, refunfuñando. Y yo sonrío desde primera hora de la mañana porque me encanta verlo despeinado y medio dormido, mirándome con un solo ojo porque es incapaz de abrir el otro del todo.

Baja conmigo a desayunar y prepara un par de tostadas mientras yo sirvo los cafés. La casa está en completo silencio y solo *Piezas* nos observa desde la puerta de la cocina.

—Ten cuidado, ¿vale? Mándame un mensaje cuando llegues —dice, una vez más, cuando estamos en el camino de entrada, delante de la moto, y yo tengo el casco en la mano.

Pongo los ojos en blanco.

—Conduzco mejor que tú —le recuerdo, altiva.

Hace una mueca. Está aquí fuera aún en pijama y con el pelo revuelto, y ha dejado la puerta de entrada a la casa entornada para no hacer tanto ruido cuando vuelva a entrar.

—Sí, ya lo sé —admite—. Pero ten cuidado.

Me pongo de puntillas y uno nuestros labios, solo para callarlo. Pone una mano en la parte posterior de mi cabeza para retenerme.

—Tengo que irme, no quiero llegar tarde —me disculpo, pegada a su boca.

Pongo los brazos en torno a su cuello, con el casco sujeto en la mano derecha, y lo beso con ganas.

Luego me aparto lentamente y, al hacerlo, cuando abro los ojos, algo a su espalda me llama la atención.

Es Tyler.

Está apoyado con un hombro en el marco de la puerta abierta, con los brazos cruzados delante del pecho, y nos observa con una ceja alzada.

# 42

# JAYDEN

—¿Crees que van a decirme que a partir de ahora no puedo quedarme aquí?

Haley acaba de volver de clase y mi madre le ha concedido cinco minutos para dejar sus cosas y ponerse cómoda antes de convocarla en el comedor para tener una charla. Como si yo no hubiera tenido bastante con su interrogatorio a lo largo de todo el día.

Tiene que girarse a mirarme al ver que no respondo a su pregunta. Enarco una ceja y espero que mi expresión le dé a entender sin palabras lo absurdo de ese pensamiento.

Lanza un suspiro.

—Vale, sí, ya lo sé. Estoy exagerando las cosas. Perdona. Aunque tú llevas meses diciendo que mi padre va a matarte y yo no te he dedicado esa mirada tan condescendiente, ¿sabes?

Suelto una carcajada. Qué pena no haberla grabado alguna de esas veces.

—Tú me pones los ojos en blanco, que es peor.

Pone los ojos en blanco, solo para molestarme, y yo estiro los brazos hasta poner las manos en torno a su cintura y poder acercarla a mi cuerpo de un tirón, haciéndola reír bajito.

Unos golpes fuertes en la puerta nos hacen dar un respingo y un paso atrás. Mi padre nos mira desde el umbral con expresión traviesa.

—Las puertas bien abiertas, chicos.

Y luego se larga hacia su cuarto, riéndose él solo como si le pareciera de lo más gracioso hacerse el padre controlador. No tarda mucho en volver a pasar y soltar un «os estamos esperando» en tono cantarín. Se lo está pasando en grande dedicándose a avergonzarnos.

No sé qué es lo que hablan mi madre y ella durante más de una hora a solas, pero Haley parece mucho más tranquila, relajada y hasta feliz cuando aparecen en la cocina para echar una mano con la cena. Y el ambiente es más distendido que antes y bromeamos y nos reímos todos juntos. Incluso *Piezas* aparece para unirse al buen rollo familiar.

—Como comprenderéis, a partir de ahora vamos a tener que poner unas normas en esta casa para asegurarnos de que no se traspasan ciertos límites —habla mi padre en cuanto nos hemos sentado los cinco juntos a cenar—. Para empezar, la más importante: las puertas bien abiertas cuando estéis juntos en una habitación.

—Papá...

Levanta el dedo índice delante de mi cara para frenar la protesta.

—Nada de escapadas nocturnas entre habitaciones.

—Como si no lo hubieran hecho ya mucho hasta ahora —se burla Luke.

Le dedico una mirada asesina, pero se limita a hacer una mueca en respuesta.

—Tú calla, que aún estás castigado y lo vas a estar para siempre —advierte mi madre.

Eso hace que Luke baje la mirada y yo sonría.

—Y ahora que vuestro secreto ya ha salido a la luz y solo

por asegurarnos de que no hay nada más de vital importancia de lo que deberíamos estar informados, ¿hay alguna cosa más que queráis decirnos? —vuelve a hablar mi padre, y nos mira a Haley y a mí alternativamente.

Pero, aunque se dirige a nosotros, no somos quienes respondemos a la pregunta. Me sorprende oír la voz de mi hermano, suficientemente alta para que le oigamos todos.

—No me gustan las chicas —suelta, de una vez, como si necesitara hacerlo antes de acobardarse—. Me gustan los chicos.

—Muy bien —responde mi padre sin dejar transcurrir ni un segundo de silencio incómodo—. ¿Me pasas el pan?

—Joder, papá.

Mi hermano pequeño suelta una palabrota en un gruñido y arrastra las patas de la silla para levantarse y largarse hacia las escaleras sin añadir ni una sola palabra más.

—Tyler —regaña mi madre en un susurro, cuando Luke ya está corriendo escaleras arriba.

—¿Qué he dicho?

—Voy a hablar con él —suspira ella.

Sabía que mi padre no le iba a dar importancia. El problema es que para Luke la tiene. Yo lo aprendí cuando se cabreó conmigo la noche que hablamos del tema. Y ahora mi padre lo está aprendiendo de la misma manera. Bueno, mi hermano tiene quince años, está en la edad de pelearse con papá y mamá.

—¿Qué he hecho? —nos pregunta entonces a nosotros.

—Creo que Luke ha sentido que no estabas validando sus sentimientos —informa Haley—. Para él ha sido un gran paso decir eso, y esperaría una reacción.

—Hablas igual que tu madre —gruñe mi padre, y ella suelta una risita—. ¿Qué hago ahora?

—Hablar con él y decirle que está bien que le guste quien le gusta y que para ti no supone ninguna diferencia.

—Es que no supone ninguna diferencia —deja claro, y tiene cara de no entender cómo podría ser de otra manera—. Sé que le gustan los chicos desde que empezó a colgarse por Alexander. Me da igual con quién salga mientras sea feliz.

—Pues a lo mejor es eso lo que necesita escuchar —intervengo.

—¿Tú dijiste lo que se suponía que tenías que decir cuando se suponía que tenías que decirlo? —consulta conmigo.

Me río al escuchar su enrevesada cuestión.

—Por supuesto que no, papá. Si las miradas de Luke matasen, ya no estaría aquí. Se cabreó conmigo y yo no sabía ni qué decir, ni cómo decirlo. Pero al final hablamos y se le pasó. Para ti no es tan trascendente, pero para Luke sí. Ve a hablar con él, dile que te parece bien y que lo quieres exactamente igual, que siempre va a ser así y que lo vas a apoyar en todas sus decisiones y ya está. Sé que tú piensas que no hace falta decirlo, pero él sí necesita oírlo.

Se queda en silencio un par de segundos, procesando mis palabras y respirando, luego asiente y se levanta de la mesa.

—Tienes razón. Voy a hablar con él. Deseadme suerte.

Haley y yo lo decimos al unísono mientras se aleja hacia las escaleras. Se va a enfriar la cena, pero esto es mucho más importante.

—Has estado genial con eso que acabas de decir —alaba Haley tras inclinarse hacia mí y besarme el brazo por encima de la camiseta.

Le sonrío y me encojo de hombros con modestia.

—Casi siempre es bastante obvio lo que mi padre piensa o siente, pero a veces le cuesta expresarlo con palabras.

—Ya. Pues yo creo que lo hace bastante bien. Tienes unos padres geniales. Tenemos mucha suerte con nuestras familias, ¿verdad?

La rodeo con el brazo y la estrujo contra mi pecho.

—Sí —admito. Supongo que está pensando en los rollos familiares que tenía Styles—. Y tienes mucha suerte conmigo, desde luego.

Me clava el dedo en el costado y salto hacia un lado. Y mi manera de vengarme esta vez es besarla en los labios con todas mis ganas. La siento sonreír pegada a mí.

Y me alegro de que no tengamos que escondernos más.

# 43

# HALEY

Salgo del baño envuelta en una toalla. He perdido la noción del tiempo mientras me daba una ducha puede que demasiado larga. Y ahora debería darme prisa porque sé que Brittany quiere llegar pronto y pasar un rato con los padres de Niall antes de salir.

—¡Britt! ¿Cómo vas? —grito para que me oiga desde su cuarto.

—¡Yo ya estoy!

Más vale que no me entretenga eligiendo modelito.

—¡Vale! ¡Dame dos minutos!

Me encierro en mi cuarto sin esperar la respuesta. Menos mal que ya tenía medio decidido lo que iba a ponerme. Solo necesito verme bien en el espejo una vez que esté vestida.

Para justificar mi tardanza diré que he salido tarde de la facultad porque hoy he tenido la última práctica del curso y ha durado más de lo que esperaba. La semana que viene aún tenemos clases teóricas, pero eso es todo lo que queda para acabar este segundo año de carrera. Eso y los exámenes, claro. Y, como este es el último fin de semana antes de encerrarnos a estudiar y pasar días e incluso semanas sin ver la luz del sol, hemos decidido tomárnoslo de descanso. Tracy se ha ido a casa a ver a Aaron. Mark se ha ido con Fernando de escapada romántica. Y Britt y yo vamos a Calabasas en cuanto yo esté lista, porque esta noche cenamos con los chicos y Asher quiere presentarnos a Zoe.

No es que Jayden y yo hayamos pasado muchas noches en Calabasas en casa de los Sparks en el mes que hace desde que sus padres saben lo nuestro, aunque sí hemos ido a menudo a comer con ellos. Y, a pesar de todos mis temores, que Tyler y Sue por fin sepan la verdad ha sido en cierto modo una liberación. Nada ha cambiado con ellos, y yo me siento mejor conmigo misma y con mi relación con Jay. Claro que también tuve que decírselo a mis padres antes de que sus amigos se fueran de la lengua... Más bien, se lo dije a mamá y dejé que ella lidiara con la parte complicada de la familia. Mi padre llamó a Jayden solo un día después, y él no me ha querido dar detalles de la conversación, aunque imagino que el hecho de que no haya salido huyendo implica que no hubo ningún tipo de amenaza ni intimidación.

Me pongo la ropa interior y rebusco en el armario hasta conseguir los pantalones y la camiseta que quería llevar esta noche. Meteré algunas cosas básicas de maquillaje en el bolso y me pondré preciosa en casa de los Sparks, así ahorro tiempo. Cuando me he puesto la camiseta, y aún sin pantalones, me echo un vistazo en el espejo de cuerpo entero que tengo colgado en la pared, casi sin querer. Hace solo tres semanas que ese espejo está ahí. Lo colgué yo sola y me sentí muy orgullosa cuando lo tuve listo. Me gusta mi reflejo, aunque tampoco sea tan diferente del que me ofrecía cuando empecé a odiar eso de mirarme. Y, a pesar de las prisas, me doy un momento para mirar mi cuerpo con más detenimiento. Diría que no es perfecto, pero, a ver, ¿quién dice lo que es perfecto y lo que no lo es? Será que hoy tengo un buen día, pero sí que lo veo así: hoy me veo el cuerpo bonito. Sin pensármelo dos veces, cojo el móvil y saco una foto a mi reflejo, posando en el ángulo más favorecedor. Y, antes de terminar de vestirme y salir de aquí, la comparto en redes sociales con el título «Quiérete» y un corazón.

—Vamos, que ya estoy —meto prisa a Britt.

Para cuando llegamos al garaje y me siento al volante, el móvil ha vibrado en tantas ocasiones que me veo obligada a consultarlo para descubrir cuál es la emergencia. No hay ninguna, claro. Es que en solo unos minutos la mayor parte de mis amigos ha indicado que le gusta mi foto y ya acumula una docena de comentarios. Hannah llamándome su «hermana preciosa» para empezar, Mark llamándome bombón y Fer respaldando el comentario, Tracy expresándose a través de un montón de llamas, mi primo ha puesto que además de quererme yo también me quiere él, Luke ha puesto un corazón, mi hermano dice que la belleza se lleva en los genes, el muy engreído, Tanya ha comentado con muchísimos corazones, y muchos de mis colegas del instituto han hecho lo mismo. Los mensajes y los corazones siguen llegando mientras leo los que hay, y Britt comenta también, aunque esté sentada justo a mi lado. Y entonces la barra de notificaciones me avisa de que acabo de recibir un mensaje privado de Jayden. Se me acelera el corazón mientras pulso para abrirlo, pero no porque piense que va a decir nada malo. No, él no. Me ha enviado unas caras babeando, un «preciosa» escrito en mayúsculas y un corazón muy grande. Y no me hacían falta todas estas muestras de cariño para sentirme a gusto conmigo misma hoy, pero lo cierto es que sientan bien.

Guardo el móvil para poder centrarme en conducir y llevar a mi acompañante de una vez al sitio donde ya debería estar si no quiere que sus suegros piensen que pasa de verlos. Y sigo todo el viaje con una sonrisa en la cara. Bromeando con mi amiga. Cantando juntas algunas de las canciones que suenan a través del reproductor de música.

Estoy aplicándome el rímel con mucho cuidado en el baño de la habitación de invitados de Tyler y Sue cuando veo la figura de Jayden aparecer en el reflejo del espejo. Se apoya en el marco de la puerta y me observa en silencio mientras termino con mi delicado trabajo.

Mis conexiones neuronales, que aún son un poco imperfectas, me traen el recuerdo de Daryl haciendo lo mismo una vez. Pero Jayden me mira de una manera muy diferente a como lo hacía él. Lo recuerdo diciendo que no debería maquillarme tanto y que me prefería sin tanta mierda en la cara. Siento una pequeña punzada en el pecho al pensar en él. Creo que cada vez lo hago menos, pero me sigue pasando. He aceptado que es normal y que no hay nada malo conmigo por el hecho de que algunas veces me acuerde de Daryl Styles y me pellizque el corazón pensar en cómo acabó. Ojalá haya encontrado la paz que tanto necesitó siempre y nunca tuvo. No sé si hay algo más allá de esto, a decir verdad, pero quiero pensar que terminó por encontrar un lugar mejor.

Guardo el rímel y, con él, los pensamientos que no quiero tener ahora mismo. Me giro hacia Jayden con dos pintalabios en las manos y los saco para mostrarle los colores.

—¿Cuál me pongo?

Finge estudiarlos con mucho detenimiento y luego me mira a los ojos.

—¿Cuál es más resistente a los besos?

No puedo evitar que se me escape la sonrisa y me giro de nuevo hacia el espejo, tomando la decisión yo misma. Sigue mirándome con atención mientras me lo aplico. Y luego asiente con aprobación cuando termino y me giro para que pueda verme bien.

—Estás muy guapa.

—¿Crees que estoy más guapa maquillada o sin maquillar? —pregunto, cuando doy un paso hacia él y no se aparta lo más mínimo para dejarme salir del baño.

En realidad, es una pregunta trampa. Lo es para mí. Hace mucho que me prometí que no volvería a importarme la opinión de nadie por encima de la mía.

Jayden no se toma nada de tiempo para pensarlo y responde enseguida:

—Estás más guapa cuando te sientes cómoda y bien contigo misma, así que de la forma en que tú prefieras en cada momento.

Estiro la mano para acariciarle la mejilla. A veces es muy insufrible y hasta un poco bocazas. Pero otras veces dice justo lo que tiene que decir cuando tiene que decirlo. Y lo besaría mucho y con muchas ganas si no acabara de pintarme los labios.

—¿Nos vamos ya?

Asiente. Me tiende la mano y sonríe cuando la cojo y entrelazo nuestros dedos.

—Sí, vámonos.

Por suerte, no llegamos los últimos. Asher y Zoe aún no están aquí cuando nos encontramos con Niall y Britt en el lugar en el que hemos quedado los seis. Jayden está nervioso con esto y puedo notarlo, así que me mantengo cerca, por si eso le sirve de apoyo.

Vuelvo a sujetar su mano cuando veo venir a su amigo acompañado de una chica. Supongo que Asher tiene un tipo porque, aunque las diferencias son evidentes, sí se parece en cierta forma a la Sarah que yo conozco por las fotos. Creo que Jay agradece mis patéticos intentos de estabilizar sus emociones porque se acerca más a mí y se inclina para besarme la sien mientras ellos terminan de llegar con el grupo.

Zoe es alegre, mantiene la sonrisa todo el tiempo, es muy extrovertida y se ríe muy alto. Eso hace que me caiga bien de inmediato. Aunque creo que Britt está un pelín intimidada. Quizá por eso deja que seamos nosotras las que dirigimos la conversación en el camino al restaurante. Una vez allí, son los chicos los que empiezan a contarnos anécdotas y a bromear entre ellos.

Me gusta esto. Formar parte de esto con él. Salir con sus amigos de toda la vida y poder bromear con ellos como si siempre hubiera sido parte del grupo. Espero que Zoe se sienta igual con toda esta gente desconocida alrededor de golpe. Aunque me da la impresión de que ella no tiene problemas con eso de conocer gente nueva.

Al final de la cena lo estamos pasando tan bien que decidimos ir a otro sitio a tomar algo, aunque Asher y Zoe trabajen mañana. Van fuera cuando les pido tiempo para ir al baño antes de cambiar de local. Y, cuando salgo, Jayden está esperándome en la puerta.

—¿Qué? —le pregunto, lo abrazo por la cintura y alzo la barbilla para poder mirarlo a la cara—. ¿Qué te parece?

Sonríe de medio lado.

—No sé, es raro. Pero me cae bien, me gusta. Parece muy feliz con ella, ¿verdad?

Sigo el curso de su mirada hasta Asher, que está riendo con algo que acaba de decirle Niall.

—Sí, me parece que los dos lo están.

—¿Sabes qué es lo más raro de todo? Que no paro de pensar que Sarah se habría llevado de puta madre con esa chica. Y sé que le encantaría vernos a los tres así de bien.

Me estiro para poner la cara frente a la suya y las manos en sus mejillas.

—Seguro que está encantada de ver esto, y que se alegra de que Asher haya encontrado a alguien como Zoe.

Baja la cabeza para apoyar la frente sobre la mía.

—Te quiero, Haley —susurra, y su aliento cálido hace

513

cosquillear mis labios—. Gracias por estar siempre aquí, y por ser así.

—Yo también te quiero —respondo, y acaricio su nariz con la mía—. No des las gracias, somos un equipo, ¿no?

El increíble beso que me da cuando apenas he terminado de decir eso, se ve interrumpido por un silbido al que sigue la voz de Asher:

—¡Venga, tortolitos! —nos mete prisa—. Algunos tenemos que madrugar mañana.

—No seas aguafiestas —le responde su novia—. No será la primera vez que vamos a trabajar sin dormir apenas.

Veo cómo Asher la achucha contra él mientras caminan.

—Ni será la última —asegura, pícaro.

Tiro de la mano de Jayden para seguir a sus amigos y vamos a un bar cercano que los tres dicen que les gusta mucho. Me ofrezco enseguida a ayudar a Asher a pedir y traer las bebidas de todos cuando nos hemos acomodado en una mesa del fondo y la carta de cócteles ha sido revisada a conciencia.

Me encanta ver que Jayden se queda charlando con Zoe mientras nosotros nos alejamos. Tenía miedo de que no consiguiera dejar atrás esa absurda sensación de estar traicionando a Sarah en cierto modo.

—¿Crees que Jayden está bien con todo esto?

Me giro hacia Asher como un resorte, cuando lo oigo. Me está mirando con cara de no estar muy seguro de que uno de sus mejores amigos vea su relación con buenos ojos.

Le sonrío para tranquilizarlo. Y asiento.

—Está bien, Asher. Y Zoe es genial, era imposible que no le cayera bien.

Sacude la cabeza.

—Bueno, no sé. Creo que entiendo cómo se siente. Sarah y él eran como... No sé, supongo que eran parte el uno del

514

otro. Familia, ¿sabes? Y Jayden siempre quería que ella estuviera bien por encima de todo.

—Y es así también contigo —digo, sin darle tiempo a decir nada más—. Jayden solo quiere verte feliz. Eres muy importante para él. Y está feliz por ti. Puede que le cueste un poco aún eso de que la vida siga y todo parezca avanzar tan rápido, porque es difícil que la gente que quieres quede atrás, ¿no? Pero tú también eres familia para él.

Lanza una mirada llena de cariño hacia la mesa donde sus amigos hablan demasiado alto.

—Sí. Sí, ya lo sé —murmura—. Tienes suerte de haber pillado a un tío tan guapo y codiciado, ¿sabes?

—Desde luego. Y él tiene suerte de que por ser tan guapo le perdone todos sus otros defectos.

Asher suelta una carcajada.

—Me parece que todos vuestros defectos no importan demasiado, porque se os ve muy bien juntos.

Levanto mi copa en cuanto la camarera nos deja las seis bebidas delante.

—Por esa gente que saca lo mejor de tus peores defectos.

Choca su vaso con el mío.

Jayden me sonríe cuando me ve acercándome de nuevo a la mesa haciendo equilibrios con tres vasos. No es perfecto, pero no cambiaría nada en absoluto de él. Y sé que él tampoco quiere cambiarme. Estoy orgullosa de poder sentarme aquí a su lado y cogerlo de la mano, de que me mire como lo hace y de estar loca por él.

A lo mejor era de esto de lo que iba el amor, ¿verdad?

Y creo que nunca nadie me había querido tan bien como yo quiero a la persona que soy cuando estoy a su lado.

# 44

# JAYDEN

Tracy responde al portero automático cuando llamo. Me abre enseguida cuando me identifico, y subo corriendo las escaleras para no perder el tiempo esperando el ascensor. Las últimas tres semanas apenas he pasado tiempo a solas con Haley, y creo que no hay nadie en el mundo ahora mismo con más ganas que yo de celebrar que por fin han acabado los exámenes.

—No tengas tanta prisa, acaba de meterse a la ducha —avisa Tracy cuando llego al piso.

Bueno, creo que podré esperar unos minutos más..., ¿no?

Estoy frente a la nevera abierta, evaluando los ingredientes de los que disponemos en caso de que decidamos preparar algo, cuando ella se acerca corriendo por detrás y salta sobre mi espalda, abrazándome con fuerza por el cuello. Me río y protesto a la vez, mientras me estruja la tráquea, y consigo que deslice su cuerpo pegado al mío hasta quedar de frente y poder besarla. Está descalza, vestida con un pantalón corto deportivo y una camiseta suelta de tirantes y aún tiene el pelo mojado. Me cuesta tanto separarme de sus labios que el electrodoméstico empieza a pitar y Tracy y Aaron protestan y nos llaman empalagosos.

Haley cierra la nevera, con un brazo alrededor de mi cuello, y me sonríe y me besa la barbilla antes de hablar:

—Tenía muchas ganas de verte.

—Y yo —aseguro cerca de su boca—. ¿Cómo te sientes, ya libre de exámenes?

—Un poco pesimista, en el de hoy han ido a pillar.

Pongo los ojos en blanco solo para molestarla. Me pega suave en el brazo con la mano abierta y me río quedamente.

—Siempre dices que no sabes cómo te han salido y luego apruebas todo con nota.

—Bueno, ya veremos —deja caer, sin querer profundizar en el tema porque sabe que tengo razón—. Me ha llamado mi prima Alice. Dice que se casa.

—¿En serio? Vaya, dale mi enhorabuena. ¿Crees que tu tío Robbie y tu padre llamarán a Owen por otro nombre delante de todos los invitados que vayan de su parte?

Se ríe y asiente.

—No tengo ninguna duda, pero Alice ya sabe a lo que se expone.

Sus padres la llaman cuando los cuatro estamos a punto de cenar. Y, por lo que oigo, la conversación está por completo centrada en la gran noticia del día.

—¿Están buscando fecha para final de año? Entonces voy a tener que comprarme un vestido de invierno. ¡No tengo ninguno, mamá! Es la boda de mi prima, tampoco es que pueda repetir modelito... ¿Qué? —Me mira mientras escucha lo que le dicen al otro lado—. No. No, mamá. Porque no. Jayden no va a venir.

Alzo las cejas y ella pone los ojos en blanco, como si su madre le pareciera la persona más pesada del mundo.

*Jayden no va a venir.* Tampoco me ha preguntado si estaría dispuesto a acompañarla. Cosa que, por cierto, había dado por supuesta. Es la boda de su prima. Es importante para ella. La gente lleva pareja a las bodas, ¿no? ¿Por qué ella está insistiendo tanto en que no la voy a acompañar?

—Ya te he dicho que no —repite—. Odiaría comprarse un traje para una boda que ni le va ni le viene. Además, que no, que ir a la boda de mi prima es una movida. Iré yo y ya está.

Creo que su madre no tiene muchas ganas de discutir hoy y por eso no tarda en colgar la llamada. Se disculpa por habernos tenido aquí siendo testigos de su conversación familiar y luego ataca su comida como si llevara días hambrienta.

—¿Por qué no voy a ir a la boda de tu prima? —pregunto, sin poder contenerme, cuando Aaron ya había cambiado de tema y la conversación se estaba animando.

Haley me mira sorprendida. Frunce un poco el ceño.

—Bueno, porque... Yo qué sé, es una boda, Jay, y va a estar toda mi familia. No te van esas cosas. No pensaba que quisieras venir.

—¿Y si quisiera?

Alterna las pupilas entre mis ojos.

—¿Quieres? —pregunta, en un tono entre incrédulo y burlón.

—¿Tú no quieres que vaya?

Se queda callada. Puedo notar la incomodidad que esta conversación está produciendo a nuestros amigos. Sacudo la cabeza y vuelvo a hablar, antes de que conteste. Tampoco tengo muy claro que fuera a hacerlo.

—Lo hablamos luego —murmuro.

—Sí, mejor.

No quiero darle vueltas a esto y terminar por rayarme más. Sé que a veces pienso demasiado. Que dramatizo. Que no soy capaz de ver las cosas con perspectiva cuando se trata de situaciones que deberían llevarnos hacia delante y ella se empeña en frenarnos y mantenernos quietos en el mismo lugar. No es que este lugar esté mal. Pero me gustaría que ella quisiera seguir avanzando de la misma forma en que lo quiero yo.

Consigo centrar la atención en el momento presente y disfrutar de esta cena con nuestros amigos. Haley está mucho más habladora que yo, por lo que interpreto que no le ha dado demasiada importancia a lo que ha pasado antes. Y cuando nos vamos a su habitación, listos para irnos a la cama, no parece tener ninguna intención de volver a sacar el tema.

Me empuja hasta hacer que me siente al borde del colchón y se sienta en mi regazo, con los brazos en torno a mi cuello. Está a solo unos milímetros de mis labios cuando, sin saber ni por qué, mi voz nos interrumpe antes de que lleguemos a ponerlos en contacto.

—¿De verdad lo haces por mí, o no quieres que vaya contigo?

Echa la cabeza hacia atrás para poder mirarme, con el ceño fruncido.

—¿Qué?

—A la boda de tu prima.

Pone los ojos en blanco y suelta un suspiro molesto.

—Jayden, hace días que no estábamos así a solas, y me muero de ganas de quitarte toda esta ropa. ¿No podemos dejar todo esto para otro momento?

No sé qué dirá mi cerebro, porque la verdad es que hay otra parte de mi cuerpo tomando el control de la situación y tiene muy claro lo que quiere.

—Vale, lo hablamos luego.

La veo sonreír antes de que su boca se acerque peligrosamente a la mía.

—Sí. O mañana —opina antes de fundir nuestros labios sin dejarme decir nada más.

Y ni siquiera me doy cuenta de que no ha llegado a contestar mi pregunta.

Me despierto en medio de la noche porque hace un calor húmedo y asfixiante en el cuarto. El verano está a punto de empezar y sé que me esperan muchas noches así. Espero que al menos, en las que quedan por venir, mi traicionera mente no me recuerde, cuando no puedo dormir, la manera en que Haley le ha dicho a su madre que yo no estoy invitado a su evento familiar del año.

Ella está durmiendo, vuelta hacia mí, con un brazo sobre mi torso. Recorro su figura con la mirada, en la penumbra a la que me voy acostumbrando poco a poco. La sábana ha resbalado hasta la curva que conforma su cadera y el perfil de sus pechos desnudos es una obra de arte. No me puedo creer la suerte que tengo de que ella me elija para ser quien puede observarla así, desnuda en más de un sentido. Ser quien mejor la conoce, poder ser la persona con la que ella es más ella misma que con nadie en el mundo. Ser quien bese sus tatuajes y, con ellos, todas las cicatrices que lleva por dentro. Y sé que seguiré siendo así de afortunado mañana. Sé que ella siempre va a elegirme. Ahora no es ese el problema.

Me muevo despacio y con cuidado, para no molestarla. Busco por el suelo hasta encontrar mis calzoncillos y el pantalón corto que he llevado hoy. Tenemos la ventana entreabierta. Me apoyo en el escritorio para salir sigilosamente a la escalera de incendios.

Hace más de un año desde que lo dejé, pero ahora me fumaría un cigarrillo si lo tuviera. No entiendo muy bien qué es lo que pasa por la cabeza de Haley acerca de nosotros y nuestro nivel de compromiso, llegados al punto que estamos, y eso me preocupa. Llevamos juntos seis meses. Y no tiene problema en que todo el mundo lo sepa, incluidas nuestras familias, pero sigue necesitando marcar ciertas distancias y diferenciar claramente lo que nosotros tenemos de una relación convencional. Está claro que lo hace, aunque se empeñe en decirme que no es así. Estamos juntos, pero no somos novios. Nos queremos, pero nadie sabe lo que pasará mañana. Nos enfrentamos a todo cogidos de la mano, pero no iremos de la mano a la boda de su prima. Y no lo entiendo, por mucho que intente hacerlo. Tal vez ir como pareja a una boda sea demasiado serio... ¿Y no es serio decirnos que nos amamos más que a nada en susurros en mitad de la noche? No me importa la forma en que ella decida definir lo que tenemos y, sin embargo, me da miedo que su necesidad de escapar de las etiquetas y su negativa a asumir el largo plazo termine por hacerla salir corriendo de lo que somos en realidad.

Por mí no va a marcarse la piel, a ponerse un colgante ni a atarse a un concepto. No vamos a ponernos un anillo. Y me encanta así de libre. No sé por qué no se da cuenta de que de ninguna manera voy a querer atraparla. Jamás. Y aun así le sigue dando miedo. Y a mí me da miedo que se lo dé.

Sé que no es culpa mía.

Tampoco es culpa suya.

Ella es la persona que mejor me conoce. Si aún no se ha dado cuenta de que cuando estamos juntos los miedos sobran, ya no sé qué más puedo hacer.

Me giro hacia la casa cuando me llegan sonidos amortiguados desde la habitación. No sé cuánto tiempo llevo aquí. Haley se asoma a la ventana, con cara de seguir medio dormida y mi camiseta tapando su desnudez.

—Eh, ¿qué haces ahí?

Se mueve despacio, como si no hubiera logrado despertar del todo, y sale descalza para sentarse a mi lado.

—Hace mucho calor —me justifico—. Me he despertado y me estaba asfixiando, he salido a tomar el aire.

Me mira como si no terminara de creerme del todo.

—¿Estás bien? —pregunta, a media voz, cuando aparto la mirada.

Asiento, con la vista clavada en el frente.

—Claro.

Me pone una mano en la mejilla y me obliga a girar la cara hasta que nuestros ojos se encuentran de nuevo. Puedo ver muy claro en los suyos que sabe lo que yo estoy pensando. Y también que se siente culpable. Y eso quiere decir que no me equivoco mucho en mis sospechas. Ella no quiere que la acompañe a esa boda. No quiere presentarme como su pareja delante de toda su familia. Eso todavía es demasiado serio para ella. Y el verdadero problema es que creo que ninguno de los dos estamos muy seguros de que algún día vaya a ser de otra manera.

—Te quiero muchísimo, Jayden —murmura.

Paso un brazo por sus hombros para atraerla hacia mí y besarla en la frente.

—Ya lo sé.

Y los dos nos quedamos aquí fuera, abrazados y en silencio, porque no queremos arriesgarnos a pronunciar ni una palabra más y que se nos escape la pregunta de si de verdad nos creemos que eso será suficiente.

# 45

# HALEY

Miro alrededor, buscando entre la gente que abarrota la playa en la fiesta de esta noche. Creo que aún no han llegado. No quiero preguntarle a Britt si ella sabe dónde están porque prefiero que mis amigos no se pongan a indagar y descubran que paso de escribir a Jayden. Llevamos todo el día evitándonos por si decimos algo que nos lleve a enfrentarnos a eso que flota entre los dos desde anoche.

La verdad es que hace apenas unas horas que él se ha ido de mi casa y ya me muero por verlo otra vez. Y por eso no entiendo lo que me pasa ni por qué me cuesta tanto dar un salto de fe. Hace tiempo ya que el miedo ha dejado de ser mi estado natural, pero hay pequeños detalles que siguen haciéndome entrar en pánico. Y es tan irracional que se me hace imposible controlarlo.

Debería estar aquí ya. Así no estaría preocupándome por si la cosa está tensa y podría besarlo con ganas y decirle que lo quiero ahora y mañana y siempre. Pero él necesita más que eso, llegados a este punto. Él quiere una relación *de verdad*, en la que le digamos al mundo que vamos a estar juntos para siempre y hagamos planes sobre dónde viviremos y cuántos hijos queremos tener. Él quiere que le prometa una eternidad. Y a mí me sigue dando miedo que hacer promesas me encierre en una jaula de la que no pueda salir volando sin más si la cosa se pone fea.

Creía que él lo entendía.

Y la que no lo entiende para nada soy yo.

—¿Dónde están Jayden y Niall? —me pregunta Mark.

—Creo que de camino —digo despreocupadamente.

—Haley, ¿qué pasa?

¿Tan obvia soy? Sacudo la cabeza para indicar que no quiero hablar de eso ahora. Pero su mirada inquisitiva termina por ponerme nerviosa.

—Creo que está enfadado porque piensa que yo no quiero que venga a la boda de mi prima.

—¿Y por qué no quieres que vaya a la boda de tu prima?

Pongo los ojos en blanco. Como siempre, interpreta la historia a favor de Jayden. No es exactamente eso lo que he dicho.

De hecho, me gustaría que Jay viniera. Pero es complicado. Porque entonces para todo el mundo seremos un tándem, un *nosotros* en el que se pierde nuestra propia individualidad, y, si al final lo nuestro no sale bien por cualquier cosa, mi familia se llevará una decepción y volverá a sentir lástima por mí y a mirarme de esa manera. De la manera en la que la gente mira a un corazón hecho pedazos. Quiero que todos tengan muy claro que yo soy yo, suficiente para mí y lo bastante independiente del chico con el que estoy como para que ir sola a la boda no parezca una tragedia. Quiero que me vean como la chica libre que soy, que no necesito tanto a nadie y que me vale conmigo misma.

Y supongo que me lo estoy intentando demostrar más a mí que a nadie porque me aterra caer en la dependencia que llegó a anular la persona que era. Aunque racionalmente sepa que no necesito demostrar nada. Aunque esté segura de que lo que tengo con Jayden nunca se convertirá en nada parecido a eso. Aunque sea más libre que nunca cuando estoy con él.

—Sí que quiero, pero no...

—Haley, es Jayden. No tienes que seguir luchando contra esto con uñas y dientes. Estáis genial juntos. Admitir que sois *muy novios* y estáis asquerosamente enamorados y los dos soñáis con casaros en Las Vegas y adoptar un par de perritos y un gato gordo no va a cambiar las cosas. Solo te engañas a ti misma. Te hablo desde mi propia experiencia y te aseguro que el miedo al compromiso es una tontería cuando estás loca por una persona. No te vas a poner unas cadenas, solo vas a admitir que te gustaría pasar a su lado el resto de tu vida. Querer que dure para siempre y admitirlo y hacer planes tontos, aunque sepas que puede que nunca se hagan realidad, solo por soñar, no te obliga a nada. Puede que no funcione, nunca se sabe, y entonces no estás obligada a quedarte en un sitio donde ya no eres igual de feliz solo porque un día dijiste que ojalá durara. No estás firmando ningún contrato, ni vendiéndole tu alma al diablo. Pero si no vas a vivir lo que quieres vivir con la persona con la que estás y vas a estar continuamente echando el freno, chica, déjalo ya porque no merece la pena. Y vas a acabar haciéndole daño.

—No voy a hacerle daño —salto a la defensiva.

Me molesta porque tiene razón en todo lo que ha dicho. Y lo sé. Jayden lo apuesta todo en esta relación, a pesar de que sabe que no soy fácil, y yo quiero hacer lo mismo, pero, de alguna forma, siempre termino por dar un paso atrás y no lanzarme con él al vacío. Necesito cambiar eso. Me he enfrentado a cosas mucho más difíciles y arriesgadas que apostar por Jayden Sparks. Pero mi problema no es apostar por él, mi problema es apostar por mí.

—Ya le has hecho daño. Cada vez que has salido corriendo asustada y no has querido admitir que estás tan metida en esto como lo está él.

—Vale. Cállate. Creía que habíamos venido a una fiesta de fin de exámenes, no a la fiesta de criticar a Haley.

—No lo digo para joderte.

Suavizo la expresión cuando alzo la mirada y conecto con sus ojos azules. En el fondo lo tengo muy claro. Mark nunca haría o diría nada para molestarme o hacerme daño. Siempre ha sido todo lo contrario, aunque muchas veces yo no lo haya querido ver así. Doy un paso al frente y me abrazo a su torso, estrujándolo con fuerza. Me envuelve en sus brazos y noto el frío del vaso que tiene en la mano colándose por la tela de mi camiseta, pero casi lo agradezco con el calor que hace esta noche.

—¿Por qué tengo que ser tan estúpidamente complicada? Jayden no se merece esto.

—Eres lo que Jayden se merece, y él es lo que te mereces tú, pero tienes que dejar de poneros piedras en el camino.

Me aparto para poder mirarlo a la cara de nuevo.

—Sí que quiero que venga a la boda. No paro de imaginarme allí con él, a mi padre haciendo como que quiere asesinarlo cada vez que me roza un poco de más, y cómo engatusará a mis abuelas en cuanto empiecen con su interrogatorio. Claro que quiero que venga conmigo, pero es que es toda mi familia y me da miedo que eso lo haga demasiado real y me acojone y se me vaya la olla y termine por cagarla del todo con él.

Lo suelto todo de carrerilla, y me muerdo el labio cuando termino y veo cómo me mira Mark.

—Haley, querida, pues no la cagues y ya está.

Hago una mueca molesta.

—Gracias, Mark. Es el mejor consejo que me has dado nunca.

Se ríe.

—¿Sabes qué consejo sí que voy a darte?: cuéntale eso a Jayden. Explícale la verdad y no lo dejes creer que no quieres llevarlo con tu familia y que no quieres que esto evolucione y sea algo serio. Seguro que se lo dices, lo habláis, y te das cuenta de lo absurdo que es.

Sé que tengo que hablar con Jayden de todos mis miedos. A lo mejor es hora de que me deje ayudar en esa ardua tarea de ahuyentarlos. Y él es experto en disipar dudas. Lo tengo todo más claro que nunca cuando lo veo llegar a la playa y bromear con Britt mientras prueba lo que ella tiene en su vaso.

Quiero estar con él. Ahora y siempre. Quiero soñar despierta a su lado con vacaciones juntos, con futuras mascotas y pisitos de alquiler con encanto. Quiero tenerlo todo con él sin preocuparme de si algún día lo perderemos. Quiero ser siempre la Haley que soy cuando él le da impulso a mis alas y me permite volar más alto de lo que llego a hacerlo yo sola.

Y sé que va a merecer la pena. Pase lo que pase mañana.

No puedo tener la conversación más seria que hemos tenido nunca aquí, delante de nuestros amigos, pero sí puedo dejarle claro lo que siento a su lado.

Salto sobre él cuando me guiña un ojo, de esa manera suya tan irritante, y lo abrazo fuerte por el cuello.

—Te quiero —digo, alto y claro.

—Haley, para —me advierte.

Lo suelto y lo miro con el ceño fruncido.

—¿Que pare qué?

—Esto. Lo que estás haciendo. Solo haces cosas así porque estás borracha.

Doy dos pasos atrás.

—¡No estoy borracha! Sé perfectamente lo que hago y lo que digo.

—Sí, ya —lo duda entre dientes—. Y por eso a la hora de verdad no te atreves a hacer planes conmigo y sigues queriendo ir día a día como si en cualquier momento fueras a cansarte de mí y darme la patada.

—Eso no es así.

—¿No? ¿Pues sabes lo que creo yo? Que tienes tanto miedo de lo que sientes por mí que prefieres hacerlo saltar en pedazos antes que admitir que prefieres estar conmigo a estar sola, porque piensas que eso te hace débil. Y yo no quiero ser la persona contra la que crees que tienes que luchar para demostrarte lo fuerte e independiente que eres. No quiero ser ese chico al que quieres, pero al que no vas a dejar quererte de la manera en que desea hacerlo. Me jode que tengas que parar y volver dos pasos atrás por cada uno que damos hacia delante, solo porque te pasas los días pensando en los recuerdos que no quieres tener si esto se acaba.

Sus palabras se me meten dentro y siento cómo me abrasan, encendiendo mi rabia. Odio saber que tiene razón. Que realmente hago esas cosas. Que de verdad se las estoy haciendo a él. Y machacando su corazón poco a poco, rompiéndolo despacio y no de golpe, pero es que a lo mejor de esa forma duele más, ¿no?

—Claro que prefiero estar contigo a estar sola. —Es lo único que soy capaz de decir, a media voz, mientras un nudo que solía conocer bien empieza a apretarme la garganta.

—Pero nunca lo estás al cien por cien. No quieres que vaya a la boda de tu prima porque no quieres que aparezca contigo en unas fotos que no vas a poder borrar si alguna vez decides que no quieres verme más. Eso es lo que te pasa, Haley.

—Eso no es...

—Estás tan preocupada por cómo gestionarías todo si alguna vez ya no estamos juntos que no nos estás dejando estar juntos de verdad. Y, ¿sabes qué?, que, a diferencia de ti, yo sé que, pase lo que pase entre tú y yo, nunca voy a querer borrar tus recuerdos. Yo sé que, aunque me partieras el corazón de la manera más cruel que se te pudiera ocurrir, no borraría lo que hemos tenido hasta ahora. Y sé que no estamos en la misma situación y lo que has venido arrastrando contigo, pero me duele que tú no lo veas así. Que evites tanto como puedes las cosas permanentes, como si haber sentido todo lo que sentimos juntos pudiera borrarse apretando un botón en el momento en que quieras hacerlo. Ahora mismo yo quiero estar contigo todo el resto de mi vida, y sé que tú quieres estar conmigo, hoy, mañana, y para siempre si fuera posible. No podemos prometer que todo va a ser siempre igual, que nada va a cambiar y que nunca nada va a poder separarnos. Eso no se sabe, como tú no te cansas de repetir, pero ¿por qué necesitas recordártelo tanto? Si vas a estar siempre preocupada por qué pasará si se acaba, mejor termínalo ya, Haley, porque no quiero seguir rompiéndome el corazón cada vez que necesitas dar marcha atrás y volver a marcar los límites. No puedo. Yo estoy poniendo todo lo que tengo en esto, y necesito que tú hagas lo mismo. Dime si crees que puedes darme eso.

A lo mejor si lo digo a gritos se entera de una vez de todo lo que siento por él. Pero es que habla como si yo no quisiera jugarme todo por esta relación cuando la verdad es que hasta ahora *no he podido* hacerlo.

—Puedo darte eso —digo al final, a media voz—. Ahora dime si tú puedes creértelo. Porque puedo gritar que te quiero a pleno pulmón y tú pensarás que lo hago porque estoy borracha. Puedo decirles a tus padres y a los míos lo que siento por ti y seguirás pensando que no quiero que el mundo lo sepa. He tardado en llegar hasta aquí, Jayden, pero aquí estoy. Te quiero y me quedo contigo. Sigo teniendo miedo, y sé que a veces me dejo llevar por eso y te hago daño. Tú quieres el blanco o el negro ya y de una vez, y yo no te puedo prometer que no vayan a mezclarse de vez en cuando. Estoy saltando tan alto como puedo para alcanzarte, pero aún no he podido aterrizar en el punto en el que estás. Siento que eso te haga daño, pero no significa que no esté tan implicada en la relación como tú. Y no voy a castigarme a mí misma por no poder llegar más lejos cuando lo sigo intentando cada día.

Baja la mirada y asiente con tanta tristeza que me encoge el corazón.

—No quiero que te castigues —murmura.

—Estoy al cien por cien en esto contigo.

Tiene los ojos brillantes y me duele pensar que es por mi culpa.

—Te quiero. Y sé que me quieres. Pero no vamos a llegar a ninguna parte si sigues dejando que ese miedo se interponga entre tú y yo.

—¡Joder! —grito, frustrada—. ¿Es que has oído algo de lo que he dicho? ¿Puedes, por un segundo, pararte a escucharme y dejar de ser tan cabezota?

Da un paso atrás, y esconde la mirada.

—Necesito alejarme un poco, ¿vale? Ahora no es el mejor momento, mejor hablamos cuando estemos más tranquilos.

Da media vuelta y camina hacia la salida de la playa, sin despedirse de nadie.

—¡Yo estoy muy tranquila! —le grito a su espalda—. ¡Jayden! ¿Por qué tienes que rayarte tantísimo? ¿No puedes disfrutar de lo que tenemos?

Ni siquiera gira la cabeza. Lanzo un gruñido frustrado.

—Piensa en lo que quieres hacer, Haley —me llega su voz, aunque sigue caminando mientras habla—. Piensa de verdad en lo que quieres de esto y en lo que estás dispuesta a poner de tu parte. Hablamos cuando lo tengas claro.

Suelto un bufido cabreado y me doy media vuelta. Allá él si quiere seguir jugando al drama esta noche. Ni siquiera creo que haya escuchado nada de lo que he intentado decir.

# 46

## HALEY

Esa maldita playa está lejos. Cuando llego, el sol está bajando y los colores del atardecer actúan como marco para algunos surfistas dispersos.

Veo enseguida la *pick-up* de Asher y aparco al lado. Me quito las zapatillas para caminar por la arena aún caliente por los últimos rayos de sol.

Pensé que Jayden se tomaría unas horas para lamerse las heridas del orgullo y luego estaría dispuesto a hablar, como siempre. Pero me ha dado largas cuando he intentado quedar con él. Y lo que tengo que decirle no puede esperar. Así que he tenido que venir a buscarlo cuando Britt me ha dado el chivatazo de dónde estaban él y sus amigos.

Localizo a Niall sentado en la arena a unos metros de la orilla. Tiene a su lado la tabla de surf de la hermana de Asher.

—Hola —saludo cuando llego a su lado.

Levanta la mirada.

—Haley, ¿qué haces aquí?

—Tú dirás —suelto un suspiro paciente.

Sonríe de medio lado.

—Mira a ver si consigues que deje de gruñir, por favor.

Dejo el bolso y las zapatillas en la arena, y luego camino hacia la orilla, hasta que el agua me lame los pies.

Los veo a los dos. Asher está manteniendo el equilibrio tras cabalgar una ola, y Jayden, cerca de él, está sentado a horcajadas sobre su tabla y le dice algo. Por un momento pienso en la fotografía que podría sacar. Él sobre la tabla, en bañador y con el pelo y el torso mojados, y su silueta recortando el atardecer.

Utilizo las manos como altavoz.

—¡Jayden! —grito con todas mis fuerzas.

Gira la cabeza enseguida para mirarme. No hace amago de venir hacia mí, pero la corriente lo arrastra cada vez más cerca.

—¿Qué haces aquí? —me grita de vuelta.

Pongo los ojos en blanco, aunque sé que no puede ver mi gesto de exasperación a la distancia que estamos.

—¿Puedes salir, por favor?

—No, no puedo. —Se hace el duro—. Te he dicho que hablaríamos mañana.

Suelto un gruñido frustrado.

—Vale, muy bien.

Me adentro decidida en el océano, sin que me importe empaparme la ropa. Si hay que saltar sin red, caer en el agua puede ser mejor que aterrizar en el duro suelo.

A lo mejor es hora de que, por una vez, sea yo quien lo coja de la mano y tire de él hacia delante.

—¿Te has vuelto loca?

El agua me cubre a la altura del pecho cuando llego hasta donde está.

—Eres muy insufrible, ¿te lo había dicho alguna vez?

No le doy opción a contestarme. Pongo las manos en el borde de la tabla y la levanto hasta hacerla volcar y tirarlo al agua. Emerge sacudiendo la cabeza, mientras sus amigos,

Asher a unos pocos metros y Niall en la orilla, se ríen de él a carcajadas.

—¿Qué haces?

—Eres muy cabezota, Jayden Sparks. Me parece que no sabes escuchar. Pero ¿sabes qué?, si te lo tengo que decir a gritos, voy a hacerlo. ¡Te quiero, ¿me oyes?! Joder, te quiero, y sé que no he sido fácil, y que voy lenta y que siempre llego tarde. Ya lo sé. Lo siento. Estoy tan harta de eso como tú. Y por eso he venido hasta aquí a decirte que el miedo puede irse a la mierda. Que voy a saltar hasta donde haga falta contigo sin medir la caída. Ahora mismo quiero pasar el resto de mi vida a tu lado, y no me importa lo que pase mañana.

—Haley...

—¿Sabes por qué me cuesta tanto ponerle un nombre a esto? Porque no encuentro ninguno que defina todo lo que tú eres para mí. Porque nunca había sentido nada parecido a lo que siento cuando estoy contigo. Y me daba miedo reconocer que me he enamorado de ti más de lo que pensaba y como nunca antes. Pero a la mierda el miedo, ¿no? Quiero todo contigo. Un millón de fotos y todos los recuerdos que podamos acumular, quiero soñar contigo con mil tonterías, aunque no sepamos si algún día se harán realidad. ¿Qué importa? Ahora estamos aquí, y ahora quiero que sea para siempre. Quiero ser siempre la persona que soy cuando estoy a tu lado.

—Cuidado, estás saltando muy lejos —dice, con una sonrisa tímida de medio lado.

—No importa. Sé que tú vas a sostenerme.

—Siempre —promete, con los ojos clavados en los míos.

—Te prometo que yo haré lo mismo por ti, Jay. Y no puedo prometerte la eternidad, ni la perfección, pero sí te prometo que va a merecer la pena. Apuesto todo lo que tengo.

—¿Por mí?

—Por nosotros.

—¿Hay un *nosotros*?

—Hace mucho tiempo que lo hay, ¿de verdad no te habías dado cuenta?

—Yo sí —rebate—. ¿Qué hay de ti?

—Lo tengo muy claro. Tú eres mucho más que... Eres mi mejor amigo, y todo lo demás también. Así que elige el nombre que más te guste, ¿vale? El que quieras, porque tú y yo los somos todos: amigos, amantes, novios...

Da un paso que recorta la distancia que nos separa y pone las manos sobre la piel de mi cintura, bajo el agua, en el punto donde la camiseta flota y la deja al descubierto.

—Entonces ¿cómo podemos llamar a esto?

Recorro sus facciones con la mirada. Es la imagen perfecta: las gotas de agua desprendiéndose de su pelo, sus ojos tan atentos a mí, una sonrisa leve en sus labios, y su piel a la luz de los colores del atardecer.

Y no tengo ninguna duda acerca de mi respuesta.

—Creo que podemos llamarlo amor.

Sonrío contra sus labios cuando me besa. Subo las manos hasta sus mejillas y las suyas me acarician la espalda y me pegan a su cuerpo. Puedo notar cómo sonríe también y el beso se vuelve más torpe.

El beso perfecto.

Y por fin, después de tanto preguntármelo, tengo la respuesta. Es esto. Es él. Yo. *Nosotros*.

Esto es lo que llaman amor.

# Epílogo
## ALTO Y CLARO

*Seis meses después*

—Estás preciosa, mi princesa.

Apoyo la cabeza sobre la solapa del traje de papá, en su pecho, mientras bailamos. Sonrío cuando me acaricia la espalda con cariño y marca el ritmo lento al que nos movemos. Estaba a punto de ponerme celosa de mi prima Alice, aunque esta noche estemos celebrando que acaba de casarse y sea la protagonista, porque mi padre no ha dejado pasar la oportunidad de bailar con ella un montón de veces antes de venir a bailar conmigo.

—Mamá dice que me he pasado con la sombra de ojos —respondo a su apreciación.

—Tu madre no tiene ni idea. —Se posiciona de mi lado y eso me hace ensanchar la sonrisa—. Lo único que se te puede criticar hoy es que hayas traído a un Sparks contigo.

Suelto una risita, y noto en el movimiento suave de su pecho que no ha podido evitar reírse él también, restándole cualquier seriedad a sus palabras.

Miro alrededor para buscar a mi acompañante. Está a un lado de la pista de baile, hablando en lengua de signos con Simon y con Erin como si llevara haciéndolo así toda la vida.

—Insistió en venir, y se pone muy pesado cuando quiere —bromeo.

—Sí, ya lo conozco. ¿Tú le has enseñado eso?

Él también está mirando cómo Jayden se comunica con Simon sin necesidad de intérpretes.

—Solo un poco. Se buscó la vida para aprender.

Mi padre gruñe, como hace cada vez que digo algo, o que Jayden hace alguna cosa, que le demuestra lo perfecto que es. Creo que le encantaría tener muchas más armas para criticarlo, pero lo tiene difícil. Sobre todo, porque lo quiere como a un hijo.

—No pasa nada si te rindes y admites de una vez que no odias que sea mi novio. —Me aparto para mirarlo a la cara.

—No lo odio a él, y, desde luego, no te odio a ti, pero sí odio mucho que sea tu novio —dice, todo lo serio que puede.

—Mentira.

Sonrío cuando veo que él lo hace.

—Me gusta lo feliz que estás con él, pequeña. Y también me gusta mucho la manera en que te hace sonreír. Pero no pienso admitirlo jamás en su presencia.

Me trago una risita y alzo una ceja, burlona.

—Entonces ¿no he elegido tan mal, incluso aunque sea un Sparks?

—Por suerte, ha heredado lo mejor de Sue.

Nos separamos cuando acaba la canción y la música cambia. Mi madre, que hasta hace nada estaba por ahí haciendo tonterías con mi tío Zack, aparece a mi lado y me besa en la mejilla antes de robarme a papá.

Yo camino hasta donde están Jayden, mi primo y Erin... y ahora también mi hermano.

—Necesito cinco minutos, Jay —susurro en su oído.

Sé por el modo en que me mira que ha entendido la referencia. Ahora estoy segura de que ya lo quería de esta manera entonces, aunque aún no me atreviera a admitirlo.

Salimos a la terraza que hay a un lado del salón. No hay nadie aquí porque estamos en pleno diciembre y hace frío fuera. Por eso lo primero que hace es ponerme su chaqueta sobre los hombros. Sonrío y me la ajusto. Tengo que soltarle la mano para meter los brazos por las mangas y luego caminamos juntos hasta llegar a la barandilla.

—¿Te he dicho ya que estás muy guapo?

Dibuja una sonrisa engreída.

—Todos los días.

—¿Y que eres un poco insufrible?

—He perdido la cuenta. Es mi palabra favorita.

Sacudo la cabeza con desaprobación, pero la sonrisa me traiciona.

—¿Sabes qué día es hoy, señor insufrible?

Finge pensar. Y luego finge no tener ni idea..., pero finge muy mal.

—No, ¿qué día es hoy?

El muy tonto.

—Hoy hace exactamente un año desde que me besaste a traición en un mercadillo navideño —digo, con mi propia y falseada versión de la historia.

Se ríe bajito y su risa hace cosquillear mi estómago.

—Quieres decir que hoy hace un año desde que te pusiste de puntillas para besarme en un mercadillo navideño —corrige.

—Y lo volvería hacer —aseguro, con mi mejor tono dramático.

Se agacha, y frena a escasos milímetros de mis labios.

—¿Somos de celebrar aniversarios tú y yo?

Me inclino hacia delante para acercarme más a su boca.

—Feliz aniversario —susurro.

—Feliz aniversario.

Casi no le dejo terminar de hablar antes de besarlo.

Un año desde aquel primer beso inocente. Desde la intensidad del que me dio después. Y todo lo que vino detrás. Un año. Y aún siento miles de mariposas en el estómago cada vez que me besa. Aún me arde la piel por todas partes cada vez que me roza.

—¿Crees que es prudente besarme así en la boda de tu prima con toda tu familia presente? —inquiere, en tono pícaro, apenas separamos los labios—. Cualquiera podría darse cuenta de lo colada que estás por mí.

Le hago un gesto para que acerque la oreja a mi boca. En cuanto lo hace, muerdo suave el lóbulo y luego susurro:

—Ya se han enterado. Y, no me hagas mucho caso, pero creo que les parece bien.

—¿De verdad?

—Además, no estamos haciendo nada malo, ¿no? Es solo amor.

Frunce el ceño.

—No digas «solo» —me regaña.

—Es mucho amor —corrijo, con una risita.

—Es mucho amor.

Y la verdad es que no sé si se puede querer más.

Pero sé que no se puede querer mejor.

# Agradecimientos

A Haley, por no rendirse, por aceptarse y por volver a brillar.

Como siempre, gracias a la familia de Wattpad por todo el camino recorrido juntas, por disfrutar de esta novela en su versión extensa y por enamorarse conmigo de nuestro dramático Jayden (es menos *dramas* en esta versión, ciertamente). Mil gracias a quienes estuvisteis hasta el final.

A Ángela, por luchar por Hannah cuando tuve que recortar unas poquitas palabras. A Eva, por interesarse por la historia de Styles cuando nadie más lo hizo.

A Crossbooks por darme la oportunidad de completar esta bilogía y darle su cierre a la historia de Haley. Sobre todo, a Irene y a Miriam, que me acompañan en cada paso del camino.

A mi familia, espero que siempre queráis seguir leyendo lo que escribo, gracias por alegraros conmigo por cada nuevo logro.

A Javi, que soporta mis largas horas frente a la pantalla, las cenas tardías por acabar un capítulo y que le cuente todos los detalles de la trama de nuevo cada vez que se me ocurre algo que lo cambia todo.

Y a ti, que sufriste con Haley en la primera parte y has

querido verla salir adelante en la segunda. Gracias por la oportunidad, por el cariño y por otra novela más. Espero que os haya dejado el corazón calentito. No puedo prometer no volver a haceros llorar en el futuro, pero espero que merezca la pena.

Nos leemos en la próxima.

# Trilogía Azar

## ¿El amor está escrito en nuestro destino?

Tú, por pura casualidad

ALINA NOT

Trilogía Azar I

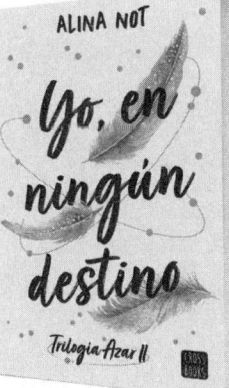

Yo, en ningún destino

ALINA NOT

Trilogía Azar II

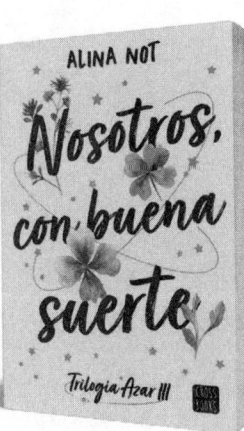

Nosotros, con buena suerte

ALINA NOT

Trilogía Azar III

## ¡Volverás a sentir mariposas con ALINA NOT!

## Más de 200.000 lectoras.

## La bilogía *Cómo llamarte amor* en Booket:

## La trilogía *Bad Ash* en Booket:

## La bilogía *Suelo Sagrado* en Booket: